À L'ÉCOUTE
DU MONDE SAUVAGE

Karine Lou Matignon

À L'ÉCOUTE DU MONDE SAUVAGE

Pour réinventer notre avenir

Préface de Boris Cyrulnik

Albin Michel

Collection Essais/Clés

Ouvrage publié sous la direction
de Patrice van Eersel

« Dans le temps qui t'est donné à vivre, vis – et durant ce temps merveilleux, tu n'aggraveras ni la misère ni le chagrin de ce monde, mais célébreras sa joie infinie et son mystère. »

William Saroyan

« Deux choses sont infinies : l'univers et la bêtise humaine. En ce qui concerne l'univers, je n'en ai pas acquis la certitude absolue. »

Albert Einstein

Préface

On commence à peine à découvrir les animaux. On imagine mal ce qu'est le monde pour eux, on ne soupçonne pas à quel point ils nous permettent de mieux comprendre la condition humaine.

La pensée paresseuse consiste à les représenter comme des machines mobiles, des automates améliorés en quelque sorte. Ce schéma intellectuel nous donne une grande liberté avec eux, on peut tout se permettre : on peut les réparer quand ils sont cassés et quand l'animal-outil devient moins performant, on peut l'ouvrir pour l'étudier et voir comment ses fragments peuvent nous servir, on peut le manger si nous en avons le besoin ou le plaisir.

Dans toutes ces stratégies, on ne sait pas ce qu'est un animal, puisqu'il est ce dont nous avons besoin. Nous avons donc intérêt à ne pas le découvrir, de façon à pouvoir en user, le détruire, le manger, le jeter sans culpabilité. Puisqu'il n'a pas de monde intérieur, disons-nous, ce n'est pas un crime de taper dedans comme on jette des cailloux dans l'eau. Ceux qui réfléchissent comme si seul leur monde existait sont des pervers. Ils se permettent tout, rien ne les culpabilise.

Les performances scientifiques d'aujourd'hui et les observations éthologiques des êtres vivants en milieu spontané démontrent clairement que les animaux ont des mondes mentaux. Mondes sans paroles bien sûr, mais pas sans langage : nos bébés comprennent et se font comprendre bien avant la parole, comme le font les malades déments ou aphasiques. On peut bien s'exprimer et traiter beaucoup d'informations avec des gestes, des cris et des postures.

Depuis qu'on explore les continents animaux, on découvre que la nature est encore plus riche que ce qu'on croyait, mais on comprend aussi qu'on ne peut plus tout se permettre. Si on détruit la nature, on partira avec elle. C'est pourquoi Karine Lou Matignon a donné la parole à des chercheurs de formations différentes. Et tous apportent leur éclairage sur les animaux.

L'historien dit que, pour que l'homme s'arrache à la nature où il survivait douloureusement, il lui fallait la dominer. Il devait comprendre les « lois » de la nature pour les utiliser, et déchiffrer les comportements animaux pour les réduire en esclavage ou les manger. Ces rapports de domination et de violence ont libéré les êtres humains des contraintes naturelles qui les écrasaient. Mais notre victoire aujourd'hui nous donne-t-elle le droit de détruire le monde vivant ? En exterminant les animaux, en démolissant les végétaux, en polluant l'air et l'eau, nous préparons notre tombeau.

Il y a pourtant une belle aventure à partager avec les autres êtres vivants. Le modèle animal est pertinent quand nous observons comment ils s'y prennent pour survivre : notre cerveau archaïque, celui qui permet de manger, de boire, de dormir, de se défendre et de se reproduire est le même pour tous les êtres vivants. Nous partageons avec eux le même cerveau émotionnel qui nous donne la colère, la peur, l'étonnement et la tendresse.

Notre monde de mots compose tellement de récits différents que nous croyons que nous n'avons plus besoin des animaux et de la nature. Mais cette coupure, ce fossé entre les vivants est une forme de surcivilisation qui nous arrache à la nature et nous fait mépriser tout ce qui ne vit pas comme nous.

Malheur au vainqueur ! En les méprisant et en les détruisant, nous partirons avec eux.

Tous les auteurs de ce livre confluent vers la même idée : nous ne pouvons plus *tout* nous permettre. Si nous voulons vivre encore un peu dans de bonnes conditions, il nous faudra vivre *avec* eux.

J'ai été passionné par cette nouvelle pensée que proposent Karine Lou Matignon et les auteurs qu'elle a invités. Quand on lit leurs propos, on découvre sans peine que les animaux nous aident à vivre et à comprendre : quel plaisir !

Boris Cyrulnik

Prologue

Quand j'ai eu cinq ans, mon père a décapité mon chat. Quinze ans plus tard, ce n'est pas la brutalité du décès de mon père qui m'a surprise, c'est le fait que peu avant de mourir il ait éprouvé de la peine à la mort de celui qui était devenu son seul ami : un oiseau. La première fois que j'ai vu cet homme si dur éprouver une émotion, des sentiments, de l'attachement. Je me suis dit alors que si lui avait pu changer et éprouver de la compassion pour une boule de plumes, tout était possible.

Il n'y a pas eu une semaine de ma vie que je n'aie passée au contact des animaux depuis ma naissance. C'est à leurs côtés que j'ai appris à décoder les comportements pour anticiper les événements et réagir en conséquence. C'est par leur intermédiaire, en découvrant leurs mondes, que je me suis questionnée sur la nature humaine. L'imaginaire et le monde animal ont été les deux univers dans lesquels je me suis engouffrée enfant pour fuir une réalité pesante. Une époque où j'entendais souvent dire à mon sujet que j'étais une gamine « sauvage ». Ce qui sous-entendait différente, en marge, suspecte. Alors que dans mon esprit, tout ce qui se rattachait au sauvage incarnait la vie et la liberté. J'étais en friche. Mourant d'ennui à l'école, clandestine parmi mes semblables. Avec le temps, ma route a croisé celles d'hommes et de femmes dont les regards singuliers, les modes de pensée originaux m'ont aidée à trouver ma place en me fabriquant de solides repères. Je me suis sentie alors moins étrangère à cette drôle d'humanité, plus solidaire. Même en demeurant réfractaire aux codes et récitations, j'ai réintégré peu à peu la société, portée par une curiosité de l'Autre.

Au final, la nature, les animaux m'auront aidée à mieux comprendre la condition humaine, les contradictions de ce monde, à lui donner du sens. Depuis, je me suis toujours questionnée sur ce long processus. Et, de fil en aiguille, sur cet héritage naturel en nous, ce principe de vie qui nous anime, cette filiation, cette complicité avec l'animal et son envers – notre cruauté et indifférence avec eux comme entre nous –, sur nos comportements contre nature à l'égard de la planète, sur cette attirance personnelle et permanente pour un monde sauvage, cette boulimie constante de nature, de sensorialité et d'espace. « La liberté de la nature incarnée par l'animal sauvage ou par l'humanité nomade ne nous effraie pas, remarquent Marcel Otte et Pierre Noiret, elle nous dérange profondément, parce qu'elle nous fascine et attise notre "nostalgie des origines". » De ceux qui jugent cette fringale passéiste voire anecdotique, je dirais que le monde de l'artifice et de l'intellect les a rendus sourds et aveugles à l'essentiel.

L'anthropologue et mythologue Joseph Campbell a dit un jour que la société qui saurait comment entrer en lien avec la nature sauvage serait une société planétaire. Un rêve qui n'est pas récent s'est écrit en parallèle à la découverte du monde par les grands voyageurs de la Renaissance, s'est poursuivi à la fin du XIXe siècle par la naissance d'une conception d'une société plus humanitaire puis avec l'émergence de l'écologisme dans les années 70. Une utopie détournée à de multiples reprises mais un rêve qui perdure, renaît de ses cendres. Lasses de l'idéologie du capitalisme mondial et d'une technologie sans âme, nos sociétés réagissent et tentent de réinventer en effet un contrat naturel avec la vie basé sur des valeurs moins mécanistes et mercantiles, orienté vers la solidarité, le respect du vivant.

Une philosophie de vie qui existe depuis longtemps chez d'autres peuples. Des évidences qu'on nous a appris à ignorer pour mieux nous manipuler et faire de nous de sages moutons sous la férule religieuse puis des consommateurs effrénés à l'heure industrielle ; dans tous les cas, des esclaves d'un système. Seulement le vent tourne et comme le souligne le prospectiviste Thierry Gaudin : « Après Descartes qui affirmait que le temps était venu de nous rendre comme maîtres et possesseurs de la nature, il faut maintenant en priorité nous rendre maîtres et possesseurs de nous-mêmes (...) anticiper en esprit le retour de la cohérence avec la biosphère ; intégrer dans notre psychisme les lois de la vie dans ce qu'elle a de plus profond, c'est-à-dire la symbiose, la coopération, l'amour entre les espèces animales et végétales [1]. » Lier et non plus opposer l'homme à la nature, par là concilier justice sociale et respect des animaux, écologie et défense des droits de l'homme, tel est désormais le défi de ce siècle. Il paraîtrait que ce n'est qu'au-delà d'un certain degré de culture que l'homme peut inventer un nouveau contrat naturel avec la vie.

Alors évidemment, en face, les censeurs crient au scandale en opposant changement de comportement et renoncement au progrès. D'autres cyniques soutiennent même qu'il existe des combats autrement plus nobles à livrer ; que défendre les droits de la nature contre une politique économique relève de la tyrannie des bons sentiments.

Après tout, pourquoi pas. On peut, c'est vrai, accepter ce monde qui part en vrille. Oublier que les consommateurs se fabriquent jusqu'à l'aliénation. On peut ne pas chercher à savoir pourquoi et comment nous en sommes arrivés là, ne pas voir qu'il existe ailleurs d'autres façons de considérer la vie. On peut plier devant la corruption des instances, la paresse et la lâcheté des gouvernements et des médias, ou encore répéter crassement que la nature sauvage, c'est déjà de l'histoire ancienne, que l'animal n'existe que pour être bouffé ou transformé, qu'il est hors de question que nos pays occidentaux révisent leur mode d'exploitation des ressources dans la mesure où les pays en voie de développement ne veulent recevoir de leçons de personne.

On peut se cacher derrière l'alibi de la mondialisation qui crée des inégalités sociales, répéter bêtement à l'envi, en ignorant le paradoxe, que la hiérarchie des urgences et des centres d'intérêt nécessite de se concentrer sur l'humain et non la nature, oubliant que les questions écologiques engendrent des problèmes démocratiques, économiques et sociaux, que l'homme est dépositaire d'une supériorité ou bien soumis à des problèmes déjà si contraignants au quotidien qu'il est légitime d'excuser sa cruauté. On peut être comme l'est la France le premier pays de chasse d'Europe et prétendre pour des raisons électorales que les chasseurs sont des instruments efficaces de gestion de la biodiversité. On peut se retrancher aussi derrière le dogme des religions du Livre pour se dédouaner de l'impensable, justifier l'inacceptable et ignorer toutes les traditions spirituelles qui nous rattachent à la nature.

Mais on peut aussi raconter l'histoire et envisager sa suite autrement. Car raconter le sauvage, ce n'est pas seulement évaluer la valeur marchande de la nature, comptabiliser les services qu'elle nous rend, bâiller dans des commissions de réflexion pendant qu'elle meurt, c'est aussi redonner une valeur intrinsèque à cette nature-là : montrer les liens qui nous unissent à elle, la créativité des mondes animaux, comprendre pourquoi la science les envisage désormais différemment, examiner les perspectives de ces nouvelles relations. C'est se laisser enseigner par la pensée de ces sociétés traditionnelles, par la science du concret, cette logique du sensible, cette pensée sauvage définie par Claude Lévi-Strauss et revendiquée par le poète écossais Kenneth White comme « un antidote ethnologique à un état de surcivilisation ».

Ceux qui vont nous raconter cette histoire sont des hommes et des femmes aux disciplines, cultures et visions variées. Des éveilleurs, aux antipodes des donneurs de leçons. Chercheurs, artistes, aventuriers, penseurs, conteurs, dans la lignée des précurseurs, des gens qui agissent et persévèrent, qui proposent des éclairages surprenants. Certains ont tout quitté pour défendre une espèce animale, une forêt, apprendre d'une autre culture, témoigner et transmettre ou bien pour retrouver un sens à leur vie auprès du sauvage ; d'autres créent, étudient, décryptent les mystères de la nature pour nous inspirer, nous donner envie d'agir et réinventer l'avenir.

Des histoires pour envisager la manière dont on peut se laisser inspirer par la nature, ses mystères et ses lois, pour évoluer individuellement et collectivement ; éprouver le sentiment profond d'un environnement partagé, réfléchir aux risques que la vie moderne fait courir à ces liens originels ; mettre en lumière des approches innovantes, résister à la censure et à la désinformation, rappeler qu'on a tous un rôle à jouer et que c'est cette confluence des associations et la multiplicité des compétences et des regards qui feront la différence. Il n'y a pas d'utopie qui soit vaine. Il est dans la nature de l'homme d'espérer.

Première partie

RÉINVENTER LE LIEN

« Un être humain est une partie de l'ensemble que nous appelons univers, une partie limitée dans le temps et l'espace. Il fait l'expérience de lui-même, de ses pensées et de ses sentiments comme quelque chose de séparé du reste, une sorte d'illusion d'optique de sa conscience. Cette illusion est une sorte de prison pour nous, nous limitant à nos désirs personnels et à l'affection pour quelques personnes proches de nous. Notre tâche doit être de nous libérer de cette prison en élargissant notre cercle de compassion pour embrasser toutes les créatures vivantes et l'ensemble de la nature… »

Albert Einstein

Introduction

> « La solitude vous donne la mesure de tout, du temps, de l'espace, de cette harmonie fragile et précieuse entre la nature et vous. Vous n'avez plus le regard sur l'autre ni le regard de l'autre, ni le verbe facile comme échappatoire, vous êtes seul face à la forêt que vous savez peuplée de grands prédateurs, dans une intimité presque charnelle, humble, avec ce sentiment très fort de n'être que de passage. »
>
> Pascal Wick

La gamine et le chien soldat

Elle a quatre ans. Le chien qui se meurt au fond du jardin a les yeux las des vieilles âmes. Parfois, en s'y plongeant, elle y voit luire un éclat. Ce chien soldat a suivi son maître au front en Algérie. Il en est revenu seul, en deuil. Elle se tient souvent assise en face de lui, sous une tonnelle de capucines. Silencieux, les deux s'observent. Dans la fourrure fauve et noir s'est installée une blancheur de neige, il se déplace prudemment. On lui interdit d'entrer dans son chenil, alors la môme passe sa petite main à travers le grillage. La truffe froide et humide de l'animal vient à sa rencontre, son souffle chaud chatouille sa paume minuscule.

Le rituel est bien rodé. Elle rit gaiement ; lui remue la queue. Tous deux comblent leur solitude, les bonheurs sont si simples alors. Le temps passe. Un jour, alors qu'elle y retourne, la capucine s'est fanée et le chien soldat n'est plus là. Les doigts accrochés au grillage, les yeux fixés sur l'absence, la gamine reste là, figée par un sentiment d'abandon. Son premier chagrin d'amour.

L'été suivant, les timides tritons lui racontent un ruisseau bordé de joncs, de chaudes journées d'été en pleine campagne lorraine. Le bruissement des insectes, les cris perçants des hirondelles. Elle s'invente des odyssées. Une fourmilière l'emporte au cœur d'une citadelle. Partout où elle pose ses yeux d'enfant, ce n'est qu'un grouillement de vie qui lui suggère des sensations brutes. Elle saisit l'étrangeté sans souligner les différences et dans cette multitude de mondes et de peuples animaux, doucement, pas à pas, la gamine se situe.

Plus tard, l'adolescence a le goût de l'errance et la vie peuplée de trop d'humains fourbes ne lui convient plus. On cherche tous à occuper la première place dans la vie de quelqu'un et quand ce n'est pas possible, reste à transgresser les règles pour qu'elle conserve un peu d'intérêt. En marge des jours, la gamine croise un chien qui lui rappelle le chien soldat de ses quatre ans. Elle se souvient de cette époque heureuse. Les bêtes sont alors les témoins muets d'un monde qui ne lui plaît pas puis se transforment en compagnons qui ne jugent pas, ceux avec qui les promesses d'amour ne sont pas trahies. Enfin, avec le temps, ils deviennent des passeurs pour reconquérir le monde des hommes. Romain Gary avait raison : « La première chose à faire avec un enfant, c'est de lui donner un chien à aimer (...) l'enfance délinquante, c'est les enfants sans chiens ni chats [1]. »

Les chevaux qui libèrent

Des mômes et des bêtes, des histoires qui se répètent.

La jeune Gretel avait quant à elle trouvé un truc infaillible pour échapper au monde et à la surveillance des adultes afin d'aller dormir avec les chevaux, ses fidèles confidents : elle installait son chien dans son lit à sa place ! Ainsi commence son histoire, un mélange d'aventures et de complicité avec l'animal. Les chevaux ont investi son enfance, lui ont donné des ailes lorsqu'elle s'évadait seule en montagne avec eux. Lancée à toute allure, agrippée maladroitement sur leur dos, elle se régalait alors de voir défiler le paysage, enivrée par le vent, les odeurs, le rythme réconfortant du galop, si proche de la musique des battements du cœur. C'est au cœur des cités et des apparences qu'elle va construire ensuite sa vie sociale et, de New York à Los Angeles, devenir scénariste et réalisatrice, travailler pour le théâtre, le cinéma, le documentaire. Gretel Ehrlich, c'est son nom. Aujourd'hui écrivain, voyageuse et aventurière.

En 1976, la citadine qu'elle est devenue se rend dans les vastes étendues du Wyoming, un État de l'ouest des États-Unis dont un grand tiers se situe dans les Grandes Plaines occupées et parcourues jadis par plusieurs populations natives américaines. L'État le moins peuplé des États-Unis, un écrin de glace en hiver, une fournaise en été. Là où il y a près de soixante millions d'années vivait *Eohippus* (cheval de l'aube), ce minuscule ancêtre du cheval haut d'une vingtaine de centimètres. Nous sommes au printemps lorsqu'elle arrive, c'est la fin du dégel et il fait nuit. De la nature, elle ne voit pour l'heure qu'une flopée de lapins qui déambulent sur la route. Gretel Ehrlich est venue dans les monts Big Horn pour tourner un documentaire consacré au mode de vie des bergers. Elle y débarque seule alors qu'elle aurait dû être accompagnée par son compagnon et coauteur. Seulement voilà, ils viennent d'apprendre qu'il est gravement malade.

Dans la foulée de l'annonce brutale, le temps fugitif ne laisse aucune prise, juste un vertige. Lorsque son égal meurt, elle trouve tant d'indécence à rester en vie qu'à la déchirure s'ajoute bientôt la rupture : elle abandonne la ville pour retourner dans le Wyoming et s'y perdre. Lorsqu'elle arrive à nouveau dans cette nature austère, la tonte des moutons est l'événement majeur du moment.

Gretel relève ses manches, prête main-forte aux hommes, rase des milliers de bêtes deux semaines durant, de l'aube au crépuscule. Gretel coupe ses longs cheveux blonds, jette ses vêtements et son agenda. Elle n'a pas trente ans lorsqu'elle décide de tirer un trait sur sa carrière pour devenir cow-boy.

Elle découvre alors un pays où les animaux sont plus nombreux que les hommes et où ces hommes sont aussi rudes et silencieux que cette nature épurée. Des hommes qui condamnent toute sensiblerie, toute condescendance, dont les mains sont tachées du sang des bêtes mais qui jouent aux échecs avec leurs chiens et partagent un sandwich et une bière avec leurs chevaux. Et dans ces étendues austères où flotte encore l'esprit sacré des bisons mêlé à la mémoire des Crows, des Arapahos, des Sioux et des Shoshones, elle décide de se louer d'un ranch à l'autre et jour après jour de conduire chevaux, vaches et moutons à travers plaines arides et montagnes enneigées. Avec l'impression étrange d'être le dernier être humain sur terre.

Elle croise des antilopes qui se déplacent en bande, des aigles qui rivalisent avec la course des nuages, des buissons d'armoise qui valsent dans le vent et certains de ces chevaux sauvages jugés hors la loi parce qu'ils prennent tous les risques pour venir libérer leurs congénères captifs. En l'absence des mots, elle réapprend la réalité des choses au contact des saisons, des éléments, de la naissance et de la mort des animaux, de ces hommes farouches à l'humour décalé. Elle supporte les épreuves physiques : les chutes, nombreuses, le jean collé à la selle en hiver, la foudre qui s'abat sur elle. « La dureté que j'apprenais n'était pas l'opiniâtreté du martyre, un héroïsme stupide, mais l'art d'endurer. Je me disais : pour être dur, il faut être fragile[2]. » Et c'est tout cet ensemble qui arrime à nouveau son existence à la vie, la réveille et lui rend son équilibre. Elle communique ses sentiments dans un journal puis à une amie, le tout deviendra un livre, formidable, qui m'accompagne depuis quinze ans, *La Consolation des grands espaces*. Elle ne s'y répand pas sur le passé mais sur tout ce qu'elle découvre et endure : « Tout dans la nature nous invite à être nous-mêmes (...) Ce qui nous manque en contact humain, nous le retrouvons en côtoyant les bêtes sauvages (...) L'espace a un équivalent spirituel et peut guérir ce qui est divisé, pesant en nous-mêmes. »

Dès lors, l'avenir est devant elle. Chaque matin, sa destination n'est autre que la ligne de l'horizon et c'est à cheval qu'elle s'y rend, toujours au rythme du cœur martelé par les sabots. Elle s'accroche à ce retour aux sources, à ces retrouvailles avec les complices d'autrefois. Elle recouvre le bonheur de s'allonger sur le sol entre deux chevaux pour se réchauffer ; fait confiance à sa monture pour retrouver son chemin lorsqu'elle est perdue. L'abandon est total, sans calcul. « Le mutisme de l'animal a les qualités purifiantes de l'espace (...), écrit-elle. L'animal nous rattache au présent, à ce que nous sommes à cet instant précis, pas à notre passé ni à ce que nous valons aux yeux de notre banquier. Ce qui apparaît clairement à l'animal, ce ne sont pas des fioritures qui étoffent notre *curriculum vitae* affectif mais ce qui en nous est le fleuve et le lit : agressivité, peur, insécurité, bonheur ou sérénité. Parce qu'ils ont la capacité de déchiffrer nos tics et odeurs, nous leur sommes transparents et, ainsi exposés, nous sommes enfin nous-mêmes. »

Au nom des éléphants

En 1956, le prix Goncourt est décerné à Romain Gary pour son roman *Les Racines du ciel*. L'histoire d'un homme, Morel, un fou magnifique qui, au cœur d'une Afrique coloniale où se croisent chasseurs, missionnaires, colons français, nationalistes africains et contrebandiers, n'a qu'une obsession : sauver les éléphants. D'abord à l'aide d'une pétition puis armé d'un fusil, il parcourt la savane en scandant à qui veut que la survie même de l'humanité dépend de celle de ces fabuleux animaux. Ils ne savent pas, ces imbéciles qui ne voient dans l'éléphant que de l'ivoire ou de la viande, qu'il a une bonne raison de dire ça. Rescapé des camps nazis, il n'a survécu que grâce à sa faculté de rêver à la beauté, à la noblesse et à la puissance fantastique d'un troupeau d'éléphants en liberté ! « Quand vous n'en pouvez plus, faites comme moi : pensez à des troupeaux d'éléphants en liberté en train de courir à travers l'Afrique, des centaines et des centaines de bêtes magnifiques auxquelles rien ne résiste, pas un mur, pas un barbelé, qui foncent à travers les grands espaces ouverts et qui cassent tout sur leur passage, qui renversent tout, tant qu'ils sont vivants, rien ne peut les arrêter – la liberté, quoi ! Et même quand ils ne sont plus vivants, peut-être qu'ils continuent à courir ailleurs, qui sait, tout aussi librement. Donc, quand vous commencez à souffrir de claustrophobie, des barbelés, du béton armé, du matérialisme intégral, imaginez ça, des troupeaux d'éléphants, en pleine liberté, suivez-les du regard, accrochez-vous à eux, dans leur course, vous verrez, ça ira tout de suite mieux[3]... »

Une histoire pas si fictionnée que cela d'ailleurs puisque Romain Gary reçut peu après la publication de son livre une lettre d'un homme, Raphaël Matta, copie vivante du héros de papier. Un Français qui, blessé au cours de la seconde guerre mondiale, avait tout abandonné pour aller sauver la faune africaine et en particulier les éléphants en Côte-d'Ivoire[4]. À l'époque où Romain Gary écrit son livre, ce sont des dizaines de milliers d'éléphants qui sont abattus chaque année. « Tous ceux qui ont vu ces bêtes magnifiques en marche à travers les derniers grands espaces libres du monde savent qu'il y a là une dimension de vie à sauver. » Notant déjà à cette époque que l'espèce humaine était entrée en conflit avec la nature nécessaire à sa survie.

Au-delà de l'histoire du drame de ces géants victimes de la modernité, il y a aussi l'immense écrivain et son rapport personnel à la vie sauvage. Convaincu comme son personnage porte-parole que la protection de la nature n'est pas incompatible avec le progrès, Gary trouvait dans ces éléphants, ces oiseaux, ces espaces l'essence même de la liberté, tant de raisons de résister. L'indifférence à l'autre comme l'inconscience le mettaient en rogne. On dit encore de lui qu'il était dans l'excès parce qu'il ressentait la terre, l'arbre, l'animal intimement, de l'extase à la souffrance. Une aptitude à l'empathie extrême, une sensibilité à fleur de peau. Une grande gueule qui luttait contre les dérives humaines et appelait à l'amitié entre les hommes et les animaux. « Les hirondelles de mer atterrissent parfois si près que je retiens mon souffle et que mon vieux besoin s'éveille et remue en moi : encore un peu, et elles vont se poser sur mon visage, se blottir dans mon cou et dans mes bras, me recouvrir tout entier... À quarante-quatre ans, j'en suis encore à rêver de quelque tendresse essentielle[5]. »

Rechercher ce lien perdu

Comme ces trois-là, ils sont nombreux ceux pour qui l'animal et la nature sont devenus les supports bien vivants d'expériences humaines transformatrices, les fondations d'une pensée fertile. Au cœur du XIXe siècle, alors que le progrès industriel est devenu une religion, le poète, philosophe et naturaliste américain Henry David Thoreau décide de se retirer deux années durant dans une cabane construite au bord d'un étang. De cette expérience naît son célèbre ouvrage *Walden ou la vie dans les bois*, un récit publié en 1854, une ode à la nature et une critique du monde occidental. Thoreau sait observer la vie sauvage, écouter ses rythmes, parler avec les oies ; il plaide pour que l'homme retrouve sa place dans la nature et la respecte. Un vœu qui s'ajoute à un souci des droits de l'homme constant qui inspirera les plus libres et les plus sensibles des esprits, de Martin Luther King à Gandhi. En dépit des critiques de ceux qui lui reprochent autant sa misanthropie que la naïveté avec laquelle la forêt et les rivières l'émerveillent, lui est convaincu qu'une conscience aiguisée de son environnement peut aider l'humain à se métamorphoser en vue de bâtir une société équilibrée.

À l'heure où l'Amérique subit les affres d'une crise économique et sociale, le voyage de l'écrivain Jack London, sur la piste de l'or du Klondike de juillet 1897 à septembre 1898, le bouleverse et le transforme lui aussi. Au cœur de la forêt et des grands espaces glacés, il découvre une force naturelle brute[6]. La nature sauvage du Grand Nord y est aussi magnifique qu'elle est rude. Jack ne trouve pas d'or, tombe même gravement malade, mais cette expérience le réveille à lui-même. Dès lors, il y aura d'un côté l'aventurier amoureux de cette nature dont il se sert pour parler de la société et de l'autre le reporter engagé dans les luttes sociales d'une époque où ceux qui éprouvent durement les hommes sont à l'identique de ceux qui maltraitent les animaux.

Les arpenteurs du Vieux Continent ne sont pas en reste. Peu avant la seconde guerre mondiale, Jean Giono côtoie dans les collines provençales ces derniers hommes de la terre dont on dit qu'ils sont aussi un peu sorciers. Ils possèdent ce savoir ancestral, ce lien inné avec la nature, cette science de l'organique et du sensoriel qu'il n'aura de cesse de défendre. Pour Giono, la crise économique des années 30 et les malheurs humains qu'elle engendre trouvent leur source dans la rupture de l'homme avec les animaux, la terre et les cycles naturels. Seul remède : réinventer ces liens perdus[7]. Une nouvelle alliance qui ne peut s'exprimer selon lui que dans la réconciliation, la fraternité, l'empathie.

Contrairement à ce que certains intellectuels crispés ont tenté de nous faire croire, l'empathie pour l'animal et la nature va bien de pair avec un intérêt pour le respect de la vie en général : « Un homme qui est "bien dans sa peau" est ou bien un inconscient ou bien un salaud, soutenait encore Romain Gary. Personne n'est dans sa peau sans être aussi dans la peau des autres[8]. » Définition même de l'empathie, de l'altruisme, de la compassion et de la sensibilité aux émotions ou plus simplement de la relation avec l'autre. D'où vient donc l'empathie ? Où prend-elle racine ? À une période largement antérieure à l'espèce humaine puisqu'elle remonte aux origines mêmes de la vie. « Quand un atome en attire un autre, c'est déjà de l'amour ! » nous dit le botaniste Jean-Marie Pelt[9]. Les chercheurs d'aujourd'hui découvrent ou redécouvrent que cette aptitude est un moteur du vivant. L'évolution des comportements altruistes chez les plantes et les animaux est en effet un sujet de recherche en vogue ces dernières années, il exploite autant de pistes qu'il suscite de débats[10]. Le sujet n'est pourtant pas neuf.

À la fin des années 60, la microbiologiste américaine Lynn Margulis soutient que la vie sur terre ne se serait pas développée au prix d'une guerre implacable entre les espèces mais, à l'inverse, grâce à d'étroites associations. Une coopération entre organismes étrangers aboutissant à un organisme unique s'agissant dans le cas défendu par Margulis des cellules eucaryotes ou cellules à noyau. Elle soutient que ces cellules complexes seraient nées d'une association symbiotique avec des cellules plus rudimentaires, en l'occurrence des micro-organismes primitifs qui auraient investi une cellule hôte, en échange de quoi ils lui auraient procuré toute l'énergie nécessaire. C'est en 1967 que la chercheuse de Boston, à peine âgée de trente ans, défendit cette théorie que personne ne prit alors au sérieux.

Têtue, Margulis insista et alla jusqu'à appliquer sa thèse à l'origine même de la vie. L'évolution serait le fruit d'un réseau et d'un tissage de synergies et de collaborations appelé « symbiose », une aptitude aussi décisive pour la survie des espèces que la compétition. Selon elle : « La grande vision de Darwin n'était pas fausse, seulement incomplète. » Sans cette synergie entre les espèces, la vie sur terre telle que nous la connaissons n'aurait jamais pu exister. Il faudra pourtant attendre trente ans pour que cette idée d'entraide et d'association entre organismes se répande et soit communément admise.

Au XIXe siècle, tout un courant politique nauséabond détourna les théories de l'évolution de la sélection naturelle échafaudées par Darwin pour l'appliquer aux sociétés humaines : c'est le darwinisme social, porte ouverte au colonialisme, à l'eugénisme, au fascisme et autres dérives. Un esprit de compétition et une loi dite « du plus fort » que la politique, l'économie capitaliste mais aussi l'enseignement ont par la suite largement exploités et développent encore. Pourtant en 1902, l'anarchiste russe Pierre

Kropotkine défendait une théorie contraire : l'entraide comme facteur de l'évolution[11]. Sur la base d'observations en milieu naturel et d'interprétations de travaux scientifiques, il remarqua que les espèces les mieux adaptées ne sont pas les plus agressives mais au contraire les plus promptes à l'empathie et à la solidarité. Un constat qui n'a pas été entendu.

Dans la lignée de ce Russe visionnaire qui appelait déjà à en finir avec la cupidité au profit de l'empathie, de nombreux chercheurs adhèrent aujourd'hui à cette idée que seule une conscience empathique de l'espèce humaine peut métamorphoser notre société, l'émanciper et assurer sa survie. C'est ce que proposent entre autres Jeremy Rifkin (prospectiviste économique et scientifique), Frans de Waal (primatologue), Thierry Gaudin. « Le destin est ironique, fait remarquer ce dernier, les lectures de l'évolution politique s'inspirent des "lois de la nature", plus précisément de la biologie darwinienne. Marx se référait à Darwin. Les libéraux se réfèrent aussi à la "lutte pour la vie" (*struggle for life*), et croient que la "survie du plus apte" est ce qui peut arriver de mieux. Or, même si elle flatte la vanité des puissants et sert leurs intérêts, c'est là une conception simpliste et inexacte des fonctionnements de la nature. La coopération, la symbiose et l'entraide y sont beaucoup plus fréquentes que la bataille. Il y a une bonne raison à cela : les batailles, en général, affaiblissent à la fois le vainqueur et le vaincu. Elles font non seulement des morts, mais aussi des blessés, et des deux côtés. En conséquence, l'animal qui s'en tire le mieux n'est pas celui qui se bat tout le temps, mais celui qui a trouvé moyen de ne pas avoir à se battre[12]. »

Leçons de fraternité animale

À toutes les époques, des témoignages en faveur de comportements altruistes chez les bêtes ont été rapportés. Dans l'Antiquité, Plutarque déjà raconte comment un tigre « à qui l'on avait donné un jeune chevreau jeûna deux jours sans vouloir y toucher. Le troisième, ayant grand faim, il demanda sa pâture avec une telle violence qu'il brisa la cage où il était renfermé : il ne voulait point s'en prendre au chevreau ». Un rapport du Muséum d'histoire naturelle en 1806 rapporte une histoire similaire survenue dans la ménagerie de Schönbrunn en Autriche : un tigre à qui l'on jetait de temps en temps des animaux vivants épargna un jeune chiot et dès lors partagea sa nourriture avec lui dans une parfaite intimité. En 2008, une vidéo a circulé sur Internet montrant un chien tentant de sauver son compagnon accidenté sur une autoroute en Espagne. À noter que deux ans plus tard, on apprenait que pour capturer un chien errant sur l'autoroute, des policiers allemands n'avaient pas trouvé d'autre moyen que de l'écraser !

Tout le monde connaît cette histoire de l'oiseau échoué sur le sol de la cage des chimpanzés du zoo de Bâle. Le moineau fut entouré par les grands singes et de mains en mains amené au gardien. Au zoo de Chester, en Grande-Bretagne, c'est une femelle bonobo qui aida un oiseau étourdi à reprendre son envol tandis qu'au zoo de Milwaukee, dans le Wisconsin, un mâle aidait une femelle aveugle à se diriger. Un soutien identique a été rapporté chez de nombreuses espèces, du rat à l'éléphant en passant par le chien. Pendant longtemps, la science a soutenu que d'une manière générale, les altruistes s'aidaient exclusivement entre congénères d'une même espèce pour favoriser la propagation de leurs gènes. On a vu depuis que cette sollicitude dépasse ce seul intérêt. Nombreuses là aussi sont les publications de chercheurs et de non-scientifiques qui témoignent désormais d'histoires incroyables en milieu naturel entre espèces différentes, humaines compris[13].

Dans des conditions d'expérience, des rats ou des singes à qui on a appris à délivrer un choc électrique en utilisant un levier cessent leur action dès qu'ils comprennent que celle-ci est destinée à leurs congénères. Célèbre également est le témoignage de l'astrophysicien Carl Sagan qui relate une expérience de laboratoire consistant justement à obliger des singes à choisir entre administrer des chocs électriques à leurs congénères et être privés de nourriture. Au final, presque tous les singes ont refusé de faire souffrir les leurs jusqu'à se priver de manger pendant deux semaines. « Ces macaques qui n'ont jamais entendu parler des dix commandements, jamais assisté à un cours d'éducation civique ont un grand courage dans leurs positions morales et leur résistance à ce qui est mal, écrit Carl Sagan. Si les rôles étaient inversés et si des macaques scientifiques offraient un choix identique à des êtres humains captifs, ferions-nous la même chose[14] ? » Pas sûr.

Dans les années 60, Stanley Milgram, un psychologue américain, a apporté la preuve de l'existence d'un phénomène appelé communément « soumission au conditionnement ». Il a réalisé pour cela une série de dix-huit expériences pendant lesquelles un sujet était soumis à la pression d'un expérimentateur hostile. L'une des mises en scène consistait à placer un élève – ce rôle étant tenu par un complice du psychologue – dans l'obligation de mémoriser certains mots et de les restituer dans un ordre précis à un examinateur. Ce dernier était recruté parmi des volontaires à la suite d'une annonce. Cet examinateur avait pour consigne de sanctionner l'élève lorsque ses réponses étaient erronées. Pour cela, il lui administrait une série de chocs électriques d'intensité variable en recourant à des manettes portant des indications allant de « choc léger » à « choc dangereux ». Sur sept cent vingt candidats au rôle d'examinateur, aucun n'a refusé de participer à l'expérience ; 40 % ont administré les chocs les plus violents, pas un n'a montré de compassion pour l'élève qui, sur son siège, mimait la douleur et suppliait qu'on arrête l'expérience. Stanley en a conclu que les volontaires avaient obéi par devoir moral au point d'oublier leur propre individualité et responsabilité « éthique ». Ils étaient devenus le temps de cette fonction partie intégrante d'une structure hiérarchique, la blouse blanche du chercheur ayant joué le rôle de l'autorité initiale que l'on ne conteste pas et qui justifie la situation. C'est ce qu'on appelle le « conditionnement ». Le conditionnement qui éteint tout bon sens, toute spontanéité, toute capacité d'empathie, de révolte, de questionnement.

Coupés de la nature, certains conditionnements culturels nous ont rendus influençables au point de croire par exemple que notre futur repose uniquement sur la course à la compétitivité, qu'une vision mécaniste de la vie n'a jamais eu d'impact sur les liens sociaux, que la nature est corvéable à souhait. Nous rendre plus attentifs à l'animal, cet étranger qui nous ressemble tant, et plus généralement à la nature, ne serait-ce pas là une voie d'accès à une compréhension plus large de la vie et du monde dans lequel nous vivons et par conséquent une clé pour construire une société plus solidaire ?

1
À l'école des goélands

Boris Cyrulnik

> « Une société unie n'est pas une société sans différences, mais une société sans frontières intérieures. »
>
> Olivier Guichard

Il y a les goélands de l'île de Porquerolles, de vieilles connaissances ; sa maison de cœur nichée dans la végétation qui donne sur la Méditerranée et les pointus ; un bureau de poche taillé en écrin d'où, inlassablement, année après année, l'homme tisse ses idées les plus fécondes. À cette nécessité vitale d'écrire, ajoutons la passion du rugby, de la littérature et de la politique, un talent de conteur et l'élégance du danseur de tango argentin qu'il a été. Un beau sourire qui fait feu du malheur et des questions indiscrètes. Et même encore, derrière ce solide gaillard tout en humour, nonchalance et légèreté, demeure à jamais cet enfant qui s'échappa un jour d'une rafle à Bordeaux pendant la seconde guerre mondiale. La disparition de sa famille déportée puis ses errances de foyer en orphelinat le contraignirent au silence, l'obligèrent surtout à rêver. Des rêves pour empêcher que la solitude fige à jamais les espérances et l'emprisonne dans le passé. Des rencontres improbables et fondatrices, un flot constant de questions sur le monde, voilà les ingrédients qui allaient ensuite nourrir celui que tous pensaient fichu. Histoire de rester arrimé au réel, se sentir hors d'atteinte et embellir les jours crus, une boulimie de l'énigme et du travail le conduit à devenir neuropsychiatre, psychanalyste, psychothérapeute, éthologue, écrivain à succès.

Il veut comprendre à la fois l'insensé et le prodigieux de la vie, les hiérarchies qui divisent, le pouvoir des idées, les vénéneuses certitudes. Comprendre pour rester debout. Au tout début de sa carrière, il refuse de choisir entre la psychiatrie et la psychanalyse. L'une soigne l'esprit par la chimie, l'autre par les mots, les camps sont divisés et, dans ces guerres intestines, les patients sont oubliés. Non seulement Boris Cyrulnik croise la parole et la molécule[1] mais il pimente et enrichit sa vision des êtres par une toute nouvelle discipline : l'éthologie. C'est au début des années 70 qu'il applique à l'homme, avec la complicité de ses amis psychiatres Jacques Cosnier et Hubert Montagner, les méthodes d'observation réservées jusqu'alors aux animaux.

Le tollé qu'il suscite alors le stimule pour poursuivre ses pérégrinations hors des clous et du doux ronronnement des théories récitées par paresse intellectuelle. Donner du sens à la vie et maintenir les éclopés au seuil des possibles n'a jamais cessé de guider ce spécialiste des liens d'attachement. Viendra ensuite le concept fameux de RÉSILIENCE ou l'aptitude à se reconstruire après que la vie vous a fait tanguer. Convaincu que les hommes, femmes et enfants peuvent surmonter le pire, que l'espèce humaine peut se réconcilier avec les bêtes, la nature et évoluer au mieux, se bonifier avec le temps. Il y a des hommes comme ça.

« La violence sur les animaux renvoie à celle des hommes »

Pendant longtemps, la maltraitance infantile a été d'usage. Torturer, exploiter, abandonner ou tuer un enfant était normal, rien qui soit contraire aux règles sociales. Ce n'est qu'à la fin du XIXe siècle que l'idée de punir ceux qui tourmentaient l'enfance s'imposa dans les esprits et par voie de conséquence transforma les relations. Ou presque[2].

Le 27 octobre 2008 dans la ville portuaire de Kismaayo, en Somalie, une cinquantaine d'hommes appartenant à une milice se réunit autour d'une enfant de treize ans, Aisha Ibrahim Duhulow. Enterrée jusqu'au cou, la jeune fille est lapidée, reconnue coupable d'adultère après avoir été violée. Un enfant parmi d'autres. Car ce sont encore des millions d'entre eux qui sont exploités, brutalisés, prostitués, forcés à combattre et tués chaque jour qui passe aux quatre coins d'une planète elle-même ravagée. Au nom d'un discours, d'une religion, d'une représentation du monde. Et des millions d'autres dont les rêves et l'intégrité sont manipulés par les campagnes publicitaires des grandes firmes dont le seul objectif est de fabriquer de futurs consommateurs compulsifs. La violence humaine a-t-elle réellement diminué ? Comment la violence physique ou psychologique d'un individu ou d'un groupe peut-elle s'installer, se justifier et se banaliser aux dépens de la nature et des hommes ? Repose-t-elle sur un simple mimétisme, sur des valeurs perverties enseignées comme des vérités ? En quoi l'empathie, l'amour d'un enfant pour un animal, peut-elle cultiver la bonté humaine ?

« Quand l'empathie ne se développe pas, je me comporte comme un pervers, je vis dans un monde où il n'y a pas d'autre, explique Boris Cyrulnik. La société, elle, n'est pas perverse, elle est pervertie. Des pervertis, ce sont des hommes et des femmes normaux qui habitent une idéologie totalitaire, laquelle conduit, sur un plan collectif, à ignorer le monde de l'autre. À partir du moment où ce monde ne représente rien, on peut tout se permettre et se montrer cruel, alors qu'à l'intérieur de leur groupe, ces mêmes personnes peuvent être charmantes entre elles. Les Tutsis étaient pensés par les Hutus comme des cancrelats, les enfants leur jetaient des pierres et trouvaient cela très amusant. Pour les nazis, ceux que l'on jetait dans les fours n'étaient que des morceaux, ce n'était donc pas un crime. Le sentiment de violence chez les humains se soumet essentiellement à des représentations culturelles. Et c'est au nom du bien, de la nation, de la morale ou d'un dieu qu'ils peuvent éliminer des millions de personnes dans des conditions de torture extrême, sans se poser la moindre question et même au contraire en éprouvant une impression d'euphorie et de devoir accompli.

« À l'époque des premiers hommes préhistoriques, tuer à la chasse a sans doute été un moment d'intense sentiment de puissance et de vie. En donnant la mort, nos lointains ancêtres maîtrisaient leur destin et s'élevaient au-dessus des animaux. La violence humaine est différente de la violence animale. Aux sources de l'humanité, la violence était certes partageable avec les animaux. Les premiers hommes étaient continuellement agressés par la nature. Dans les sépultures collectives du Paléolithique et du Néolithique, l'immense majorité des squelettes datés appartiennent à des enfants et des femmes dont les plus vieux ne dépassent pas vingt-cinq ans. À cette époque, toutes les morts étaient violentes. L'homme était la proie constante des fauves. D'ailleurs, on a tout lieu de penser que l'homme de Neandertal a disparu de cette façon-là, alors que Cro-Magnon, plus ingénieux pour développer des techniques, a su résister aux prédateurs. Certains avancent que cette violence originelle aurait laissé des traces dans notre inconscient collectif. En réalité, je ne sais si c'est un vestige archaïque ou un alibi pour justifier notre désir de violence aujourd'hui, quoi qu'il en soit le rituel a donné depuis toujours les codes nécessaires pour contrôler la violence.

« La destruction de l'autre existe chez les animaux, ne serait-ce que pour manger, se défendre ou conquérir un territoire ; mais en règle générale, ils ne sont portés par aucun sentiment de violence, tout simplement parce qu'ils vivent dans un monde de pure perception. Chez les espèces qui font preuve d'un sentiment de morale, c'est-à-dire d'une aptitude à se représenter le monde de l'autre, l'entraide et la violence peuvent naître en même temps. Les grands singes sont parfaitement capables d'empathie, d'arbitrage, de diplomatie, de solidarité, de consolation, de réconciliation, parce qu'ils sont touchés par l'autre et qu'ils savent que la conciliation est plus avantageuse que la bataille – cela dit, ils peuvent aussi tuer, partir en guerre, attaquer des bandes adverses sans avoir été provoqués au préalable, avec des intentions meurtrières et terroristes. L'apparition du sentiment de morale chez certaines espèces animales s'associe donc avec la possibilité de violence, celle qui fait détruire l'autre au nom de la représentation que l'on s'en fait.

« L'empathie est un processus qui requiert un développement constant, une interaction continue entre le cerveau et son milieu. Il est sculpté par lui. C'est-à-dire que si l'on possède un équipement génétique mais qu'il n'existe autour de soi aucune niche sensorielle et affective, on ne développe rien de nos promesses génétiques. Si un enfant, un singe ou un chien est placé en carence affective et sensorielle, son empathie s'arrête. Il y a une atrophie fronto-limbique qui s'opère et par conséquent, ils deviennent incapables d'anticiper, de se mettre à la place de l'autre.

« Quand un enfant fait souffrir un animal, la plupart du temps c'est révélateur d'un trouble du développement. On a fait des expérimentations sur des bébés de dix mois en présence de leur mère à qui l'on demandait de faire semblant de pleurer. Pratiquement tous les enfants venaient embrasser la mère, la caresser, se blottir, lui faire une offrande alimentaire. Entre 2 % et 4 % des enfants battaient la mère qui pleurait. Ces enfants-là avaient des difficultés de développement. Ils sont émus parce qu'ils voient leur mère pleurer mais ils n'ont pas d'empathie, ils sont agacés, apeurés et se sentent agressés par les pleurs de leur mère. En réaction, ils répondent par l'agression. On peut dire la même chose pour les enfants qui torturent les animaux : c'est un signe de mauvais développement. Tous les pervers ont mis au point leurs tortures sur les animaux quand ils étaient enfants, ils sont ensuite passés à l'humain. La violence sur les animaux renvoie à celle des hommes. La plupart de ces enfants cessent de torturer les animaux en vieillissant mais surtout dès qu'ils sont sécurisés eux-mêmes. Leur empathie reprend alors un développement et à ce moment ils ont honte de torturer, ils ont honte de l'avoir fait et deviennent incapables de recommencer.

« Les animaux ont un effet protecteur qui joue un grand rôle dans la résilience des enfants. Pour les jeunes en carence affective, battus ou survivant dans des sociétés en guerre, un animal prend pour eux un effet sécurisant, il devient une base de sécurité. Et dès l'instant où l'enfant est sécurisé, il éprouve le plaisir de la rencontre, de l'exploration et de l'apprentissage. Et à ce moment-là, il peut déclencher un processus de résilience, c'est-à-dire la reprise d'un nouveau développement.

« Je fais partie de ces enfants élevés en isolement sensoriel et affectif. On considérait à cette époque qu'il n'était pas nécessaire d'adresser la parole aux enfants. Il était d'usage de les battre pour les dresser. Les seules relations humaines que j'ai eues dans cette enfance-là étaient avec des animaux. Ils m'écoutaient et je les trouvais passionnants. Dès que je me réveillais, je filais observer les fourmilières pendant des heures. J'ai appris des tours au chien de l'épicière uniquement en cherchant à interpréter son comportement et sa capacité à comprendre. C'étaient des moments d'apaisement, de réflexion, de découverte. J'étais encore au lycée lorsque j'ai lu un livre qui détaillait les expériences du psychologue américain Harry Harlow sur les singes et je me suis dit alors que les animaux avaient beaucoup de choses à nous apprendre. Tout de suite après, j'ai dévoré tout ce qui pouvait être lu sur le sujet et me suis tourné vers la psychologie animale. Seulement, j'ai abandonné cette voie qui consistait alors à dresser des statistiques ennuyeuses et à causer de la souffrance à des rats qu'il fallait poser sur des plaques chauffantes pour juger de leur résistance à la douleur. J'ai trouvé ça émotionnellement insupportable et intellectuellement absurde. Moi, je voulais faire de la psychologie animale, pas brûler les pattes d'un rat ou d'un chien. La délivrance est arrivée avec l'éthologie qui consistait à observer un animal dans son milieu naturel et non plus à le fendre en deux. L'éthologie s'est développée en parallèle avec l'écologie.

Dans un cas comme dans l'autre, il a été question de poser un autre regard sur le monde vivant.

« Quand j'ai commencé à travailler, je provoquais beaucoup d'éclats de rire et d'agressivité, les collègues étaient assez méprisants. Je pense en particulier à un article signé par un grand nom de la psychanalyse qui évoquait “la ridicule éthologie”, parce qu'il pensait que les éthologues faisaient une simple analogie entre les hommes et les animaux. C'est à l'inverse en découvrant le monde des animaux que l'on comprend mieux le monde des humains. Évoquer par exemple l'empathie et la morale chez les animaux m'a permis récemment d'expliquer à des psychanalystes comment survivaient les enfants des rues. Ce sont des voyous mais ils sont pourtant moraux entre eux. Ils sont condamnés par une société folle et ne survivent que parce qu'ils volent et se bagarrent. Avec l'argent volé, ils achètent de la nourriture et des médicaments pour les autres enfants. Au début, c'est donc une pensée courte qui a fait que nous, éthologues, avons été agressés et méprisés. »

L'éthologie : un autre regard sur le vivant

« Les observations venues du monde animal ayant servi à comprendre des situations dans le monde des hommes sont nombreuses. L'éthologie a par exemple changé la prise en charge des enfants. Les théories de l'attachement sont parties de l'éthologie animale, beaucoup de gens s'arrangent pour l'oublier aujourd'hui. Lorsque Nikolaas Tinbergen, fondateur de l'éthologie comparative, a décrit le phénomène d'empreinte chez les goélands, je me suis laissé inspirer par son travail et suis devenu goéland honoraire sur l'île de Porquerolles pendant quinze ans. Moyennant un morceau de pain en guise de prix d'entrée à ce club bien particulier, nous avons pu, mes collègues et moi, réaliser des expérimentations en milieu naturel sans jamais abîmer un seul oiseau. On voyait comment les petits frappaient sur la tache rouge du bec de leurs parents pour réclamer la becquée et stimuler leur régurgitation ; comment les adultes s'associaient pour défendre un jeune ou s'organisaient pour empêcher ce qu'on a appelé l'inceste. Enregistrant les cris des goélands, nous avons réussi à décoder quarante cris différents car, bien entendu, les goélands ne crient pas au hasard. Lévi-Strauss a dit que le monde vivant sort du chaos grâce à la parole, c'est absurde. Avant la parole humaine, il y a un autre ordre, qui est aussi un langage. Sur la base de ce matériau, nous avons ensuite appliqué la même méthode et le même questionnement aux bébés prématurés. Nous avons alors découvert que leurs cris sont structurés et codifiés pour exprimer l'alerte, le plaisir, la solitude, la faim, le désespoir. Ces découvertes animales ont permis de mieux traiter les bébés humains.

« L'éthologie a donc modifié le regard sur les êtres vivants, humains et animaux. Or plus on cherche à découvrir l'Autre, à comprendre son univers, plus on le considère et cela nous évite de commettre des actes de violence. Aujourd'hui, on accepte l'existence d'un monde mental chez les animaux, alors qu'il y a trente ans ce constat suscitait un grand mépris. En continuant à découvrir les animaux notre empathie nous oblige à ne plus faire n'importe quoi à leur encontre. Désormais, on se questionne sur notre consommation de viande, sur l'impact écologique de l'élevage industriel mais aussi sur les conditions dans lesquelles nous élevons, transportons et abattons ces animaux. Ce mouvement va continuer à se développer et je pense que dans l'avenir, on mangera de moins en moins d'animaux parce que nos représentations changent. En découvrant que les poules ont de l'humour, que les cochons savent mentir, que les vaches sont sensibles aux amitiés, on va forcément les respecter, c'est un processus, une évolution. Aujourd'hui, les Chinois sont de plus en plus réticents à consommer des chiens parce que le chien devient désormais un animal de compagnie. Il y a encore quelques années, ces bêtes étaient cuisinées dans des conditions de torture insupportables, pendues vivantes au-dessus d'un feu.

« Quand j'ai fait mes études on me demandait de disséquer des animaux vivants. Ils criaient quand on leur ouvrait le ventre, je lâchais le scalpel, je n'y arrivais pas, le professeur s'étonnait de ma réaction et m'encourageait à poursuivre l'expérience, me demandant si j'éprouvais des émotions en entendant mon vélo grincer. Kant disait qu'il ne fallait pas d'émotions pour être scientifique. Il est en effet très ennuyeux de découvrir que l'autre a des émotions et un monde intime comparable au nôtre car alors cela limite notre pouvoir sur lui. L'évolution de la pensée et les découvertes actuelles conduisent désormais à ne plus pouvoir tenir un tel discours. Pour la philosophie de l'époque, les animaux étaient des machines. Aujourd'hui, les animaux permettent aux philosophes de poser des questions : quand apparaît la conscience ? Qu'est-ce que la parole ? Quelle est la différence entre la parole et le langage ?

« À l'origine, nos ancêtres ont survécu en ayant recours à l'anthropophagie. Outre notre aptitude à faire de l'artifice avec des silex taillés, des armes et des mots, ce qui nous a permis de survivre en tant qu'espèce est notre violence. À cette époque, l'homme était la proie constante des fauves. Nous avons pu créer un monde qui nous a permis d'asservir et détruire les animaux comme les peuples voisins. Mais aujourd'hui que la société a évolué, que nos représentations changent, on ne peut plus se permettre cette violence. On peut à l'inverse cultiver, exalter l'empathie, notamment avec des récits, des contes, des films. Seulement, on ne doit jamais perdre de vue qu'on peut aussi arrêter cette empathie et développer la haine de l'autre par les mêmes moyens. »

Si le processus mimétique ne se met pas en place au début de la vie d'un individu, ses neurones miroirs (dont la découverte, en 1996, a permis d'établir les bases physiologiques de l'empathie chez les mammifères supérieurs et l'humain) ne se développent pas, il ne ressentira donc rien des sensations d'autrui. De la même manière, on peut avoir un cerveau qui s'est développé normalement mais, sous la pression sociale, les modèles culturels, en somme l'influence du groupe, subir la pression mimétique et perdre sa sensibilité. La cruauté et la perversité deviennent alors la norme.

Début 2011, on a vu en Bolivie un projet de charte proposant d'accorder des droits à la Terre-Mère, tandis qu'en Iran, des députés ont déposé un projet de loi visant à interdire et confisquer les chiens jugés impurs, symptômes d'une société occidentale décadente. Deux représentations différentes, avec leurs répercussions propres. On le sait maintenant, la modification du discours social fait évoluer les choses ou à l'inverse les fait régresser. Des évolutions ont eu lieu à partir du moment où certains ont eu l'idée et éprouvé le besoin de montrer au plus grand nombre qu'il était temps de se soucier des conditions de vie des enfants, d'abolir l'esclavage, de donner des droits aux femmes, de lutter contre le racisme, la souffrance animale, etc.

Fruit d'une synergie entre des évolutions à la fois culturelles, technologiques et biologiques, la solidarité et l'intérêt porté à l'autre, humain, animal, nature, sont actuellement des valeurs qui se développent et c'est tant mieux. Le constater ne suffit pourtant pas. L'empathie se cultive, nous dit Boris Cyrulnik, elle se tisse, se développe à la seule condition qu'elle soit entretenue, apprise, répétée, et par conséquent, nous avons intérêt à développer une éducation à la nature pour les enfants et les étudiants si l'on veut des chefs d'État, des patrons d'entreprise, des médecins, des chercheurs et des économistes porteurs d'une vision moins mécaniste. Et d'autant lorsqu'on sait que le manque de relations sensorielles avec elle conduit les enfants à devenir de plus en plus violents et dépressifs[3].

2

Nos compagnons de toujours

> « Une communauté ne peut longtemps se suffire à elle-même ; elle ne peut se développer qu'avec des personnes provenant d'horizons différents et des frères encore inconnus. »
>
> Howard Thurman

Après l'aventure buissonnière de mon adolescence, j'ai cru bon tempérer ma rébellion en développant une pensée rationnelle et analytique. Une façon détournée de me protéger en installant une mise à distance des sentiments. Je me suis laissé alors bercer par les verbiages et la culture jusqu'à la nausée. Jusqu'à me rendre compte que dans l'excès, ce savoir-là n'avait rien d'un habit de lumière mais plutôt d'un scaphandre qui avait étouffé toute la sensorialité et la sensibilité acquises les premières années de ma vie. Une compréhension du vivant qui consiste uniquement à le décrypter de manière intellectuelle sans le ressentir reste partielle. Coupés de la nature et de l'animal, nous ne sommes que des estropiés de la vie.

L'animal habite notre monde mental et physique depuis toujours. Sa présence a façonné nos comportements dès les origines, du prédateur qui imposait terreur et respect aux compagnons universels apprivoisés puis domestiqués procurant un bien-être apaisant et sécurisant. Dans la mesure où les animaux ont participé à la condition humaine, certains ont même développé l'idée que l'évolution du cerveau humain a été influencée par la compagnie permanente des animaux. Quelles que soient les époques et les cultures, la fascination et l'attirance pour l'animal sont une constante. L'homme a en effet toujours montré un besoin intense d'établir et partager un lien complice avec un animal. Une affinité innée à l'espèce humaine qui s'explique probablement par ce que l'on pense être un héritage évolutif, la *biophilie*, dont l'étymologie désigne l'« amour de la vie ». Une hypothèse proposée dans les années 60 par le philosophe et psychiatre Erich Fromm, puis un concept développé par le biologiste américain Edward O. Wilson, spécialiste de l'évolution[1]. Selon lui, il existerait un attachement spontané et inconscient entre les hommes, les animaux et la nature en général qui s'expliquerait par une nécessité intrinsèque de protéger et maintenir l'équilibre de la vie. Au-delà donc des nécessités utilitaires des partenaires animaux dans la chasse, l'élevage, le travail, les mythes ou les rituels religieux, il est demeuré au fil du temps une volonté de partager avec eux affection et protection. Et c'est d'autant plus vrai que nos rapports avec les bêtes ont évolué ces cinquante dernières années.

Les chiens customisés des Japonais d'aujourd'hui n'ont rien à envier aux chiens bijoutés qui mangeaient à la table des nobles romains de l'Antiquité. L'animal de compagnie a toujours existé et son histoire s'est écrite avec l'évolution et la variété des sociétés humaines. L'anthropologie est riche d'exemples d'animaux de compagnie d'espèces variées dans toutes les civilisations traditionnelles. Quant aux chiens, ils existaient déjà en compagnons d'agrément dans la Haute-Égypte, partageaient la vie des enfants, des pauvres et des gens aisés en Grèce cinq siècles avant J.-C., faisaient la joie des matrones de la Rome antique et des cours royales européennes en particulier au XVe siècle. L'archéologie, elle, témoigne de restes d'hommes et de loups il y a plus de cent mille ans, jusqu'à des relations plus étroites encore comme ce chiot lové près d'un enfant dans un site en Israël remontant à douze mille ans avant notre ère[2].

Si le milieu du XIXe siècle voit une explosion du chien de compagnie dans l'aristocratie, c'est aussi l'époque qui, révolution industrielle et explosion des villes obligent, voit la vie sauvage et les animaux domestiques des campagnes disparaître peu à peu au profit des machines. Plus le fossé entre l'homme et la nature va se creuser, plus le phénomène de l'animal de compagnie va se développer. La condition humaine se transformant, les animaux endossent avec le temps de nouveaux rôles. D'outils de travail et d'auxiliaires à la chasse, certains sont devenus des objets pour incarner nos fantasmes et nos projections, d'autres se sont transformés en alliés pour guérir les blessures et la solitude des hommes, véritables médiateurs thérapeutiques[3]. Une thérapie par assistance animale née aux États-Unis et qui a gagné l'Europe depuis trente ans seulement.

De l'animal compagnon à l'animal thérapeute

Au XVIIIe siècle, il était encore d'usage de se débarrasser des malades mentaux, des délinquants et des prostituées en les enfermant pêle-mêle sans autres soins que des coups, des chaînes et des saignées. Un état d'esprit issu du XVIe siècle où la volonté de purger la société de ses éléments dits « déviants » était alors au cœur des mesures de régulation sociale[4]. À la fin du XVIIIe, certains médecins et administrateurs, émus par les conditions dans lesquelles sont traités les malades mentaux, vont tenter d'améliorer leur vie. Les regards évoluant, c'est la psychiatrie qui va naître. Businessman et philanthrope, l'Anglais William Tuke fonde en 1792 le York Retreat, un hôpital pour malades mentaux dont l'un des moyens thérapeutiques consiste alors à proposer aux patients de s'occuper de poules et de lapins pour développer confiance et responsabilité. D'autres tentatives similaires voient le jour en Europe et aux États-Unis, s'ouvrent à différentes catégories de personnes. En 1942, à Pawling dans l'État de New York, l'Air Force Convalescent Center utilise des chiens et des chevaux pour remonter le moral des soldats blessés.

S'agissant des enfants, les cliniciens se sont rendu compte que la présence des animaux dans leur environnement favorise autant leur développement qu'ils tranquillisent leurs angoisses. Pour autant, et comme le font remarquer si justement les éthologues et pédopsychiatres Boris Cyrulnik et Gail Melson[5], les études sur l'épanouissement et l'attachement des enfants ont en grande majorité ignoré l'importance des animaux au profit uniquement des relations humaines. Il a fallu attendre les années 50 pour que des thérapeutes commencent à s'intéresser réellement aux aptitudes naturelles des animaux à soulager les maux d'enfants perturbés physiquement et psychiquement. Et c'est le hasard qui en décida.

Médiateurs à poils et à plumes

Boris Levinson est alors psychologue aux États-Unis. Alors qu'il reçoit en consultation d'urgence un couple et leur enfant autiste, le médecin oublie de sortir son chien de son bureau. Quelle n'est pas alors sa surprise de constater que l'enfant, qui ne communique habituellement pas, tente d'emblée d'entrer en contact avec le brave bâtard. Le scénario se répète à chacune des visites de l'enfant. Levinson a alors l'idée de se servir de son chien comme intermédiaire afin d'entrer à son tour en contact avec le garçon. Et ça marche. Le chien va détendre l'enfant et ainsi créer un pont utile pour permettre au psychologue d'aider son jeune patient. Une expérience que Boris Levinson va ensuite appliquer pour chacune des consultations thérapeutiques qu'il aura avec des enfants. Il publiera articles et ouvrages sur la question. La *zoothérapie* (ou animaux thérapeutes)[6] est née, s'est ensuite étendue, des troubles du comportement à la solitude en passant par les déficits moteurs, la reconquête sociale. Les animaux seront considérés comme de véritables médiateurs thérapeutiques dans les années 70 avec un couple de psychiatres, Samuel et Elizabeth Corson de l'Ohio States University Psychiatric Hospital, qui mènent des études pilotes en la matière en élargissant le concept défini par Levinson aux adolescents et aux adultes en milieu psychiatrique. N'en déplaise aux sceptiques, les preuves cliniques n'ont depuis jamais cessé de s'accumuler pour confirmer le potentiel de guérison des animaux.

Au début des années 70, Ange Condoret, vétérinaire français, est convaincu que l'animal peut stimuler le désir de communiquer des enfants et encourager les enfants à s'exprimer[7]. Il en a déjà eu la preuve avec notamment un jeune trisomique de vingt ans qui sortit de son mutisme en prononçant le nom de la chatte qui était présente à ses côtés depuis un mois. Il décide alors d'appliquer les réflexions de Levinson, qu'il a rencontré, à une école maternelle où les enfants âgés de trois à cinq ans souffrent de problèmes de langage. Les animaux de compagnie font alors partie du programme de soins. Parmi les enfants, une fillette de trois ans et demi souffrant d'autisme, Bethsabée. L'enfant s'isole, demeure muette et prostrée, refuse tout contact physique et des mois durant ne porte aucune attention aux animaux présents autour d'elle. Quand, au bout d'un an, une tourterelle s'envole sous ses yeux. Et là, l'incroyable se produit : son visage s'éclaire d'un sourire, son regard suit l'oiseau qu'elle tente instantanément d'imiter par le son et les gestes. Une cascade d'événements va suivre. Mise ensuite en présence d'un chien, la fillette n'hésite plus : elle le touche spontanément, le cajole et va même jusqu'à lui témoigner de l'affection en l'embrassant. Quelque temps plus tard, elle prononce ses premiers mots et accepte les contacts avec les autres enfants et les adultes.

En Israël, Ilan Kutz, spécialiste du stress post-traumatique, a pris soin de filmer les premières séances de sa rencontre avec son jeune patient : Morad, dix-sept ans. Les images médicales montrent le visage d'un adolescent terrifié, balbutiant des mots inaudibles. Morad ne répond à aucune des questions que lui pose le médecin qui l'examine alors. Dix jours plus tôt, le garçon a été victime d'une expédition punitive par la famille d'une jeune fille avec laquelle ils supposaient à tort une relation. Après avoir été battu pendant toute une nuit, Morad ne communique plus. Il s'est muré dans un mutisme profond, totalement détaché du monde qui l'entoure. Ilan Kutz tente plusieurs traitements classiques qui échouent au point d'envisager l'internement psychiatrique. Devant les suppliques du père qui refuse, Kutz opte alors en ultime recours pour la delphinothérapie et fonde cette fois ses espoirs sur la communication non verbale avec l'animal. Le père de Morad, homme admirable, quitte son travail, son village, vend tous ses biens et part avec son fils à cinq cents kilomètres de chez lui pour rejoindre le Dolphin Reef d'Eilat, dans le sud d'Israël. Le premier jour, Morad reste fermé à l'approche spontanée d'un dauphin, mais le lendemain, il se laisse apprivoiser par l'animal qui vient à sa rencontre. Les jours suivants, dès qu'il se met à l'eau, le regard de l'adolescent change, il revit. Les mois passent, l'eau et les dauphins sont devenus un refuge pour Morad, mais il ne communique toujours pas malgré l'amour et le soutien indéfectible de son père, présent au quotidien. Jusqu'au jour où un rire d'abord puis un mot le ramènent à la réalité[8].

Chiens, chats, chevaux, dauphins et autres animaux ont ainsi permis à de nombreux enfants de sortir de leur gangue. Ils ont montré que nos moyens de communiquer sont multiples et ne relèvent pas seulement du langage. Le toucher, les sons, l'odorat, les échanges visuels comme la gestuelle, les postures sont des canaux de communication tout aussi importants. C'est sur cette sensorialité, source de stimulations, que se joue tout le potentiel des interactions entre un enfant et un animal. Et c'est encore vers lui que l'enfant se tournera pour combler ses besoins affectifs et se consoler en cas de frustration dans le monde des adultes. « Combien de fois Didi, notre cheval, fut-il le confident de mes heures de détresse ? Je ne sais pas, se souvient Condoret. Mais ce que je me rappelle, c'est la qualité de l'accueil qu'il me réservait alors que, chassé par mon père après une vigoureuse correction, je me retrouvais auprès de lui. Je revois encore son œil agrandi et sa tête docile lorsque, recherchant un apaisement, je posais le plat de ma main sur le fin duvet d'entre ses naseaux. Puissance de mon imagination d'enfant ? Véritable désir d'écoute de la part de la bête ? Je ne sais, mais je passais là des minutes heureuses où fondait ma colère, s'anéantissait mon obstination, s'effeuillaient mes vengeances, au simple contact apaisant perçu par ma main. Une main d'enfant, glissant sur le chanfrein d'un animal silencieux[9]... »

*

« Il y a le temps humain. Le temps sauvage. Quand j'étais enfant, dans les forêts du Nord américain, je croyais qu'il y avait non pas quatre saisons, mais des dizaines ; le temps des nuits d'orage, le temps des éclairs de chaleur (...) le temps du sang sur la neige, le temps des arbres frissonnant sous le vent (...) Les enfants sont la nature sauvage. Sans qu'on ait besoin de le leur dire, ils se préparent à ces moments, vivent avec, et en gardent des recuerdos, *des souvenirs : une feuille pourpre séchée dans un livre, un coquillage, une pierre, un bâton, un ruban, vestige de l'enterrement d'un oiseau. Ils se remémorent la paix du cœur, le sang fouetté et toutes sortes d'images. »*

Clarissa Pinkola Estés,
Femmes qui courent après les loups.

*

3

Des « fauves » et des papillons

Samuel Ross

> « Un animal familier est un îlot de bon sens dans ce qui semble être un monde insensé. Dans la relation d'une personne avec son animal, l'amitié conserve ses valeurs traditionnelles. Qu'il s'agisse d'un chien, d'un chat, d'un oiseau, d'une tortue, ou de toute autre espèce, nous pouvons compter sur le fait que notre animal sera toujours un ami fidèle, intime, non compétitif – sans se soucier du bon ou du mauvais sort que la vie nous réserve. »
>
> Boris Levinson

Un petit enclos a été installé sur un terrain vague parsemé de détritus. Nous sommes dans un quartier du Bronx. Une nuée d'enfants approchent, intrigués par la présence d'un poney, d'une ribambelle de lapins et de chevreaux. Sous la surveillance d'un adulte qui se tient en retrait, un jeune garçon d'une dizaine d'années, Matt, présente les animaux aux enfants. Il les invite et les encourage à les caresser, à poser des questions, joue les intermédiaires enjoués et volontaires. Il prend son rôle à cœur, met les gamins à l'aise, rassure les bêtes, montre fièrement comment les animaux qu'il a sous sa responsabilité lui obéissent et se sentent en sécurité à ses côtés. Bien campé sur ses jambes, le sourire aux lèvres, Matt montre une aisance et une facilité à s'exprimer. Il n'en a pas toujours été ainsi. Matt et son frère jumeau sont tous deux nés intoxiqués à la cocaïne. Ils ont assisté à des scènes de violence familiale extrêmes dont une fusillade. Abandonnés au final par leurs parents, les deux frères ont été ensuite séparés. Avant d'arriver à Green Chimneys, un centre pionnier dans la thérapie assistée par l'animal, Matt n'a connu de la vie qu'une succession de foyers et une série d'internements en hôpital psychiatrique. Le garçon était alors incapable d'obéir aux instructions. Impulsif, rejetant l'autorité, la moindre frustration provoquait une crise de nerfs au cours de laquelle il hurlait, lançait des injures, détruisait tout autour de lui, se jetait à terre et frappait le sol. Le reste du temps, l'extrême méfiance qu'il avait envers les autres le conduisait à s'isoler, à refuser tout échange.

Susy, sept ans, a d'abord vu un couple jeter son enfant par la fenêtre puis elle a assisté à la violence de ses propres parents, alcooliques et toxicomanes, à l'agonie de sa mère des suites d'une longue maladie, avant d'être violée par son père. Impulsive, agressive, fugueuse, suicidaire, la petite Susy est arrivée à Green Chimneys ébranlée, sans désir aucun pour vivre et se développer. Sa rencontre avec un lapin en décida autrement. Cette boule de poils dont elle s'appliqua à prendre soin avec douceur s'imposa au final comme le déclencheur pour réapprendre la confiance.

Les cheminées vertes

Des exemples comme ces deux-là, Samuel Ross, fondateur de Green Chimneys, situé à Brewster dans l'État de New York, en détient plusieurs milliers en réserve[1]. Tous racontent la blessure et la renaissance. « Ces enfants ne font plus confiance aux hommes qu'ils considèrent comme des êtres menaçants, remarque Samuel Ross. Ils sont fatigués et en colère, fermés au reste du monde, se sentent non désirés, rejetés. Ils prennent le risque de créer une amitié avec un animal parce que ce dernier ne pose pas de questions, ne les juge pas, et ne racontera leurs secrets à personne. Lorsqu'un enfant arrive ici, il choisit un animal. Quel qu'il soit, le désir de prendre soin de celui-ci exige qu'il en apprenne davantage sur son comportement. De fait, l'enfant est encouragé à s'ouvrir et à établir une relation avec un membre du personnel ou un autre jeune. La confiance et l'amitié établies en raison des besoins de l'animal sont à la base du traitement thérapeutique : l'animal permet ainsi de construire un pont entre l'enfant et les autres, il est un élément essentiel dans le processus de guérison[2]. »

Très tôt dans sa vie, Samuel Ross est frappé de voir qu'un animal peut aider un enfant. En fait, sa toute première expérience en la matière n'est autre que la sienne. Placé en pensionnat, la séparation avec sa famille se révèle douloureuse. Sauf que le jeune Ross va très vite trouver un allié de choix pour combler sa solitude : le chien du directeur. Quelques années plus tard, Samuel croise des jeunes dont la douleur lui rappelle celle qu'il a vécue. Avec au fond de lui cette urgence à aider l'autre, une idée folle et non moins visionnaire germe alors dans son esprit : ouvrir une école où la nature et les animaux seraient là pour procurer réconfort et bien-être aux enfants. Nous sommes en 1947, Samuel est dans sa dernière année à l'université de Virginie. Avec l'aide de son père, médecin, qui se montre d'abord sceptique puis finit par céder au pouvoir de persuasion de son fiston, il se met en quête de l'endroit idéal. À une centaine de kilomètres de New York, dans le comté de Putnam, ils finissent par dénicher une ferme située au cœur de la campagne vallonnée de Brewster : Green Chimneys (les cheminées vertes). Un an après, le lieu accueille onze jeunes enfants au milieu d'une poignée d'animaux. Soixante ans plus tard, ce sont plusieurs centaines de jeunes, d'animaux et de thérapeutes spécialistes de l'enfance, d'enseignants, d'éducateurs et de travailleurs sociaux qui sont réunis dans ce même espace autour de programmes d'enseignement, de thérapie et d'apprentissage désormais connus et reconnus dans le monde entier. Entre les deux, un travail considérable et des rencontres décisives, capitales. Sa femme d'abord, Myra, « sans qui rien n'aurait été possible », soixante ans d'une vie commune entièrement dédiée à Green Chimneys. Le travail de toute une vie. Boris Levinson ensuite, père de la thérapie par l'animal, avec qui Samuel Ross développera de bonnes relations au fil des années, sensible à ses opinions et conseils d'expert. Il y aura aussi le psychologue et enseignant Nicholas Hobbs au début des années 70. Très impliqué dans la psychologie de l'enfance en difficulté, cet homme constate à la fin des années 50 que les États-Unis sont dans une situation similaire à celle de l'Europe après la guerre, s'agissant de millions d'enfants émotionnellement perturbés ou malades mentaux ayant besoin de soins thérapeutiques mais avec un nombre insuffisant de professionnels. Plus que le symptôme d'un désordre et d'une pathologie propres à chaque enfant, Hobbs voit plutôt là l'expression d'un problème de société. Il ne cessera d'ailleurs jamais de colporter l'idée si juste qu'un pays ne peut pas « négliger les enfants, les nourrir à la violence, et s'attendre à ce qu'ils deviennent de bons citoyens, soucieux du bien-être de leurs semblables[3] ». Il s'oppose alors aux traitements lourds classiques, aux systèmes éducatifs répressifs, aux mesures punitives et cherche ailleurs d'autres moyens.

C'est d'abord en France qu'il va se tourner, impressionné par les structures proposées dans tout le pays, des lieux de vie où les enfants vivent en groupes soudés et solidaires, dans de petits établissements résidentiels avec un environnement personnalisé et un personnel issu de l'éducation plutôt que de la santé mentale. Hobbs se montre également fasciné par le rôle des « éducateurs » français et canadiens, sans équivalent aux États-Unis, sorte de parents de substitution formés aux soins de l'enfance, sachant guider, donner de l'espoir, de la confiance et de la joie. En s'appuyant largement sur ses propres expériences et recherches, ainsi que sur celles des autres, Hobbs fonde un centre dans le Tennessee. Là, il va développer une méthode et un programme voués à la rééducation d'enfants perturbés en ciblant essentiellement les points forts des enfants et en partant du principe qu'ils possèdent une formidable envie d'apprendre, de bien faire et d'effectuer les bons choix. Il insiste sur le fait que la vie est à savourer à chaque instant, que la présence d'adultes solides et bienveillants est essentielle, que l'amour de la nature sauvage et le contact avec elle est un facteur important. Un programme qui veillera donc à installer en permanence autour des enfants des sentiments positifs, un environnement agréable et des éducateurs travaillant en étroite collaboration avec leurs familles et leurs communautés. « À bien des égards, je partageais la vision de Hobbs, souligne Samuel Ross. Nous étions tous deux convaincus que des enfants perturbés et souffrant de troubles mentaux méritaient mieux que ce qu'ils recevaient à cette époque, que de nouvelles approches valaient la peine d'être essayées. »

(Re)donner confiance grâce aux animaux

Les idées brillantes de Hobbs vont ainsi inspirer les programmes appliqués à Green Chimneys. Tout comme celles de la psychologue canadienne Jeannine Guindon, fondatrice de la psycho-éducation, un concept et une méthode qui invitent les jeunes en difficulté à se réaliser et à se dépasser. Autre rencontre capitale : Paul Newman. Alors que David, le fils de Samuel, se meurt à trente ans de la maladie de Hodgkin, ce dernier lui suggère de rencontrer Paul Newman qui s'emploie alors à ouvrir un lieu pour enfants malades en phase terminale. La rencontre aura lieu et débouchera sur une longue collaboration entre les deux hommes : « L'amitié et l'esprit de Newman signifiaient beaucoup pour moi, il était une personne très attentionnée, raconte Samuel Ross. Je n'oublierai jamais cet avertissement : "Ne me dites pas ce que vous pensez que je veux entendre. Dites-moi ce que je dois savoir." Une sagesse qui rejoindra d'ailleurs celle d'un enfant qui me fera comprendre un jour que pour obtenir des réponses importantes, il faut avant tout savoir poser les bonnes questions. »

Green Chimneys est aujourd'hui devenu un lieu hors norme et incontournable où viennent se former des spécialistes venus des quatre coins de la planète. Si se développe aujourd'hui un intérêt considérable pour la thérapie animale, Samuel en est heureux. Sans cacher toutefois une inquiétude sur les conditions dans lesquelles les choses se déroulent : « Je frémis à l'idée des dangers qui peuvent résulter si ceux qui fournissent ce service n'ont rien compris à l'animal et aux enfants. Il ne suffit pas d'être formé uniquement avec des animaux ou dans des services sociaux, la combinaison des deux est essentielle. Le thérapeute doit être conscient du tempérament de l'animal, des capacités, de l'histoire, et des réactions de l'enfant. Les questions de sécurité tant pour les animaux que les enfants sont la priorité pour une session réussie. Ni l'animal ni l'enfant ne doivent se sentir menacés. Alors bien sûr, il n'est pas réaliste de s'attendre à ce que nous ayons du succès avec tous les enfants, mais nous essayons. L'empathie avec les animaux peut aussi ne pas fonctionner avec certains d'entre eux et quelques-uns peuvent même se montrer violents à leur encontre. Nous sommes convaincus que la cruauté envers les animaux est un comportement précurseur de la cruauté envers les humains. Nous les aidons alors à comprendre pourquoi leurs actions sont inappropriées, comment ils peuvent mieux faire face à leurs sentiments de colère ou de dépression et comment respecter les autres êtres vivants et prendre soin d'eux. »

Âgés de six à vingt et un ans, une centaine de jeunes vivent aujourd'hui en permanence sur le campus de Brewster pendant une durée de neuf mois à trois ans. Les troubles émotionnels dont ces enfants souffrent sont le résultat de maltraitances physiques et mentales importantes, d'épisodes d'abandon et d'abus sexuels, de parents anéantis par la pauvreté, l'alcool ou la drogue. La plupart sont devenus suicidaires, asociaux, voire meurtriers. Renvoyés des écoles et des foyers, adressés à Green Chimneys par les cours de justice, les hôpitaux psychiatriques, les agences gouvernementales de protection sociale, les conseils scolaires des écoles, par les parents eux-mêmes ou les tuteurs, les jeunes arrivent ici généralement en bout de course, brisés et verrouillés de l'intérieur. Tous manifestent une hostilité à l'adresse de ceux qui prétendent vouloir les aider et rejettent systématiquement toute forme d'autorité. Les brutalités continuelles dont ils ont été victimes les ont conduits à se méfier, à contrôler leurs émotions, à garder le silence ou à rester en retrait, à refuser tout lien de peur d'être trahis à nouveau ; cette situation a paralysé leur socialisation.

Et puis voilà. Le sauvetage d'un animal blessé suivi de son retour dans la nature sitôt guéri donne soudain un nouveau sens à la vie, autant que l'adoption d'un chien abandonné, celle d'un cheval rescapé d'un abattoir, la simplicité des soins quotidiens à apporter à un mouton, un oiseau. Dans tous les cas, l'expérience les renvoie à leur propre vécu et réveille en eux des émotions larvées[4]. Dans la très grande majorité des cas, l'animal provoque une ouverture dont le professionnel de l'enfance a besoin pour élargir la brèche et appliquer ensuite les thérapies classiques appropriées à chaque cas. L'énergie vitale des gamins remonte alors en surface, laisse charrier les douleurs et les réveille à la vie. Doucement, dans le sillage d'une paire d'ailes ou de pattes, ils acceptent la main tendue d'un adulte et réapprennent à vivre.

Dans ce contexte, tout devient un événement qui donne du sens. La naissance d'un animal et la manière dont le petit est materné par sa mère éblouissent le jeune qui n'a jamais pu bénéficier de telles attentions. Même les plus endurcis réagissent. Une bête qui meurt laisse la porte ouverte aux deuils qui n'ont pas pu être faits, aux pleurs trop souvent refoulés. « Ici, explique Samuel Ross, les pertes d'animaux sont comparables aux pertes humaines et les enfants sont particulièrement vulnérables, car ils ont souvent vécu une expérience personnelle difficile avec la mort d'un être cher. Ils passent par les étapes normales de la perte, le déni, la colère, et enfin l'acceptation. La plupart des enfants retournent à un état émotionnel stable après une période de deuil, mais il arrive que des enfants se retrouvent écrasés par la douleur au point d'entrer en dépression, de rejeter l'école voire de songer au suicide. Nous formons alors des groupes pour discuter avec eux de la séparation ou de la mort d'un animal. Tout au long de ce processus de deuil, le groupe de soutien est disponible pour aider les enfants à traverser cette période de transition. Nous leur permettons de participer ou non aux dispositions prises pour accompagner un animal jusqu'à sa fin de vie. »

L'empreinte du sensible et l'émotion qui construit

À l'approche de la mort d'une femelle lama bien connue des jeunes de Green Chimneys, chaque salle de classe fut avertie, le directeur d'école, les surveillants des dortoirs, le personnel et tous les travailleurs sociaux. Les enfants préparèrent des cartes, des dessins et des poèmes. Certains chantèrent, l'un choisit « Ave Maria », l'autre « Shalom Haverim », un troisième une berceuse japonaise. Ils s'installèrent ensuite autour de l'animal, le remercièrent et le caressèrent longuement avant que le vétérinaire procède à l'euthanasie. « L'attention portée à un animal est la première étape vers ce développement que les éthologues appellent l'"éthique humaine". »

En mars 2001, le *Journal News* a rapporté le cas d'un cheval maltraité, Roméo, qui a été sauvé et confié à Green Chimneys. Découvert mourant de faim et couvert de plaies et de cicatrices dans une étable de Brooklyn, l'animal a été secouru par les travailleurs de la Société américaine pour la prévention de la cruauté envers les animaux (ASPCA). Les soins que ce cheval a reçus, l'histoire de son sauvetage, son rétablissement ont eu un grand impact sur les jeunes. « Ce qui peut paraître anodin pour certains ne l'est pas pour des enfants ayant souffert eux-mêmes, précise Samuel Ross. L'expérience de ce cheval leur a permis de voir que des adultes généreux s'étaient préoccupés du sort d'un animal en détresse, une attitude radicalement opposée à la violence et à l'indifférence de ses anciens propriétaires. Ils ont ensuite observé la métamorphose de cet animal. D'abord ébranlé et méfiant envers les hommes, le cheval a montré peu à peu de l'intérêt jusqu'à reprendre confiance et se montrer à son tour généreux et patient. "Dans son regard, j'ai vu une lueur. Une étincelle qui disait : Je suis toujours ici", voilà ce que l'un de nos jeunes résidents rapporta dans ses écrits, alors que le cheval venait d'arriver à Green Chimneys, complètement brisé, pouvant à peine tenir debout. Cet enfant participa avec d'autres à prendre soin de ce cheval. Les animaux que nous avons sauvés ont été et demeurent de véritables cadeaux pour nos enfants. Dans un monde où ils se sentent souvent impuissants pour influencer positivement leur environnement, leur montrer qu'ils peuvent au contraire améliorer les choses est capital. »

De grands bâtiments blancs, des granges rouges et des cheminées vertes, une ferme, des sentiers bordés de plantes, d'immenses jardins, partout des arbres, la forêt alentour, des pâturages et des friches, et partout, des fleurs. « Les fleurs ne sont pas une exception, mais la règle, et la beauté de la nature est ici considérée comme réparatrice et elle l'est bel et bien. » Un havre de paix, une vaste ruche, voilà comment pourrait être décrit Green Chimneys. Un lieu à l'intérieur duquel circulent plusieurs réseaux et une vingtaine de programmes basés sur l'éducation, les loisirs, la formation professionnelle et les services de santé. Pour les résidents à plein temps, une journée typique s'articule entre l'enseignement sur le modèle d'une école classique deux cent dix jours par an et différentes activités autour des animaux et des plantes. Former des chiens d'assistance pour les personnes handicapées participe par exemple à favoriser l'estime de soi de ces gosses, et pour cause : les jeunes qui s'y consacrent deviennent alors ceux qui proposent de l'aide aux autres. Un renversement de situation salvateur. Les nœuds se dénouent, les cuirasses se déchirent. « Chaque progrès est noté, chaque échange avec les animaux observé et évalué afin de prévoir et adapter en conséquence toutes les situations, explique Samuel Ross. Ainsi, si un enfant a peur de venir à l'école, nous amenons un animal qui viendra l'attendre tous les jours à l'arrêt du bus.

Pour ces enfants qui n'ont connu que des milieux urbains dégradés, la beauté et la force de vie qui se dégagent de la forêt et des prairies entourant la ferme complètent aussi et pour beaucoup le pouvoir de guérison des animaux. »

4

Enfance à réconcilier

> « La vraie bonté de l'homme ne peut se manifester en toute liberté et en toute pureté qu'à l'égard de ceux qui ne représentent aucune force. Le véritable test moral de l'humanité (le plus radical, qui se situe à un niveau tel qu'il échappe à notre regard), ce sont ses relations avec ceux qui sont à sa merci : les animaux. Et c'est ici que s'est produite la plus grande déroute de l'homme, débâcle fondamentale dont toutes les autres découlent. »
>
> Milan Kundera

Ces dernières années, des centres plus ou moins similaires à celui de Green Chimneys ont fleuri à travers le monde, avec certes des variantes mais toujours avec le souci de développer chez l'enfant un sentiment d'affiliation avec l'animal et plus globalement la nature. Contraste pourtant étonnant entre cet engouement actuel vantant l'avènement et les mérites d'une ère de l'empathie et la réalité sur le terrain où l'on constate une recrudescence de brutalités sur les animaux [1]. Sur ce point, l'imagination des jeunes en matière de tortures élaborées à l'endroit des bêtes n'a rien à envier à celle des adultes. Les compilations de cas répertoriés par la police, les associations de protection animale et la psychiatrie font froid dans le dos et égratignent considérablement la prétendue innocence des enfants. Qu'en est-il alors de cette attirance innée des jeunes pour les bêtes ? Des enfants dont on sait que leur monde est imprégné d'animaux, réels ou fictifs, et qui selon le pédiatre britannique Donald W. Winnicott font figure d'« objets transitionnels », les préparant ainsi aux relations avec les adultes. Des mômes dont les rêves sont généralement peuplés de bêtes et qui dès l'âge de trois ans s'identifient à leurs complices à poils et à plumes qu'ils considèrent comme leurs égaux. Que s'est-il passé pour que l'idéalisation et la relation complice tournent soudain au cauchemar ? D'où vient cette cruauté ?

Protéger l'enfant et l'animal

En réalité, entre la manipulation maladroite d'un enfant sur un animal ou l'ignorance de ses besoins vitaux élémentaires et la volonté de mutiler et faire souffrir jusqu'à la mort, les formes de maltraitance sont aussi variées que leurs origines. Biologiques, familiaux, culturels, éducatifs, les facteurs sont nombreux. Les cas les plus extrêmes étant le fait de troubles psychologiques importants. Sur ce point, les études psychiatriques ont établi depuis maintenant trente ans que l'expression d'un réel sadisme sur les animaux dans l'enfance constituait un élément récurrent du parcours de criminels violents. Ces dernières années, l'un des cas les plus étudiés aux États-Unis a été celui d'un jeune adolescent de seize ans qui, après avoir battu sa chienne et l'avoir brûlée vive avant de la jeter dans l'eau, frappa sa mère et la tua à coups de couteau pour finir par abattre au fusil de chasse deux de ses camarades de classe. Dans la description écrite qu'il avait faite du supplice de sa chienne, il avait écrit : « Je n'oublierai jamais le bruit de ses os éclatant sous la puissance du coup. Je l'ai frappée si fort que j'ai arraché la fourrure de son cou (...) C'était d'une beauté parfaite[2]. »

Frank Ascione est professeur de psychologie à l'université de Denver. C'est en travaillant sur l'empathie entre l'homme et l'animal qu'il s'est intéressé à la maltraitance perpétrée par des jeunes et des adultes sur les animaux. Examinant tant les racines communes de cette violence que les contextes qui y conduisent, il a cherché à identifier les motivations des enfants ainsi que les signes annonciateurs de situations à risque. En interrogeant un grand nombre de femmes battues réfugiées dans des centres appropriés aux États-Unis, Frank Ascione a pu également établir que le partenaire maltraitant femme et enfants torturait, battait, abandonnait ou tuait également l'animal de compagnie. Témoins de ces scènes, certains de ces enfants ont tenté l'impossible pour protéger leur petit compagnon. Ils ont mis leur vie en danger, ont parfois même abrégé la vie de cet animal pour lui éviter d'être torturé, mais dans tous les cas ils ont montré par la suite une réelle empathie avec la nature, un besoin de protéger les animaux. D'autres, à l'inverse, ont répliqué cette violence. Certains en guise d'exutoire à leur douleur. D'autres par troubles de l'identité. « Les enfants soumis à un régime permanent d'abus physiques, sexuels et émotionnels finissent par se voir eux-mêmes comme mauvais et bons à rien, remarque la pédopsychiatre Gail Melson. Traités comme des monstres, ils se mettent à agir de façon monstrueuse[3]. »

En vue de prévenir ces violences familiales, humaines et animales, de véritables réseaux se sont constitués et continuent à se développer aux États-Unis[4] entre les services de protection de l'enfance, les instances judiciaires, les associations de défense animale et les vétérinaires afin que les enquêtes soient coordonnées au moindre signalement de mauvais traitements[5]. Grâce à ces synergies, la découverte de chiens martyrisés a permis de sauver des femmes et des enfants et vice versa. Gail Melson rapporte le cas d'enfants avertissant un voisin que leur mère s'était enfermée dans le garage pour frapper leur chien à coups de marteau. La protection animale débarquant, elle trouva l'animal agonisant. Examiné par des vétérinaires, il fut prouvé que la bête avait subi de nombreux mauvais traitements au fil du temps. Un constat qui permit à la protection de l'enfance d'enquêter à son tour et de constater que les enfants étaient eux aussi victimes de violences.

Nous sommes des êtres à deux visages

La cruauté est une constante dans l'histoire humaine. Elle fait partie intrinsèquement de l'homme. C'est la part du monstre enkysté en chacun de nous avec quoi il nous faut composer. Comme le souligne Jean Decety, neurobiologiste et professeur à l'université de Chicago, « la nature humaine a été et reste bipolaire[6] ». Une grande partie des travaux du primatologue Frans de Waal en apporte la preuve. Depuis plus de vingt ans, cet homme exceptionnel décode les comportements des grands singes et c'est en étudiant les chimpanzés et les bonobos dont nous sommes si proches qu'il en a déduit que si les premiers incarnent notre personnalité brutale et colérique, les seconds peuvent représenter notre aptitude à l'empathie et à la bienveillance. Les uns belliqueux, usant de stratégies et de coups de force pour gagner le pouvoir ; les autres pacifiques, ordonnés au cœur d'une société matriarcale qui règle en priorité ses conflits par le sexe. Nous sommes cet être double. L'analyse de l'archéologue Jean Guilaine et du paléopathologue Jean Zammit a d'ailleurs montré comment la violence, les supplices, l'exaltation de la guerre ont été et demeurent une constante de notre espèce depuis les plus anciennes civilisations[7].

Quelle différence entre ces molosses dressés à combattre par des jeunes et la pratique de la corrida ? Entre des gamins qui plument un oiseau vivant et la production d'animaux pour la fourrure, nos modes d'élevage industriel, de transport et d'abattage des animaux dit « de consommation » ? Au-delà des prédispositions biologiques, est-ce la société et ses influences qui pervertissent l'innocence des enfants au point d'en faire des monstres ? Si les codes en vigueur d'un quartier, d'une culture ou d'une religion reposent depuis des générations sur la supériorité de l'homme, la hiérarchisation des espèces et l'indifférence à la souffrance, à commencer par celle des animaux, il est certain que les discours pacifistes occidentaux et la grande rhétorique actuelle empathique consistant à appeler à une humanisation du monde paraissent, en face, d'une naïveté confondante.

Pablo Knudsen est un réalisateur français qui s'intéresse depuis des années à la manière dont nous exploitons les animaux. En 2007, il a réalisé un court métrage révélant les principes d'éducation à la violence chez des enfants destinés à devenir toreros dans des écoles de tauromachie du sud de la France[8]. Des gamins à partir de huit ans s'exercent à tuer de jeunes taureaux. « Les enfants n'ont pas de réticences, ils ont été formés, les parents sont derrière, les familles dans les gradins qui les encouragent. Il s'agit pour eux d'une compétition. Par contre, il existe des réticences des jeunes enfants qui sont présents dans les gradins et qui ne sont donc pas directement acteurs mais spectateurs. Ces réticences se manifestent par des pleurs, des cris, des interrogations. J'ai pu entendre des enfants qui demandaient : "Pourquoi on fait subir ça au taureau ?" » Et des parents encourager leurs enfants à se taire et à regarder. À s'habituer à la violence, à la banaliser. « Le message que délivre la corrida, au-delà des discours justificatifs des aficionados, est celui d'une autorisation à mettre en acte ses pulsions sadiques, déclare le psychiatre Jean-Paul Richier à l'origine d'une motion visant à interdire aux enfants de moins de seize ans d'assister à une corrida. Il va à l'encontre du processus civilisateur. »

Un exemple circonscrit autour de cette tradition débilitante qu'est la tauromachie espagnole, dont les tricheries sont encore trop peu dénoncées mais qui s'applique hélas à l'ensemble de notre manière de traiter les animaux – d'un côté les nuisibles, ceux que l'on chasse, de l'autre ceux que l'on adopte, que l'on mange, que l'on expérimente – et plus généralement la nature. Le constat est là : on baigne bien souvent dans une violence culturelle collective qui hiérarchise, érige des frontières, installe des automatismes. Une violence transmissible aux jeunes générations que la société conditionne à la mesure des idées qu'elle défend. À l'occasion d'une réunion consacrée à la violence sur les femmes, l'écrivaine et psychiatre égyptienne Nawal El-Saadawi appela l'assistance à se souvenir des enfants qu'ils avaient été pour en conclure : « Vous découvrirez que chacun d'entre vous s'est élevé contre la discrimination (...) Vous découvrirez que vous vous êtes tous rebellés mais ce qui s'est passé ensuite, c'est qu'on vous a réduits au silence[9]. »

Aujourd'hui, aux États-Unis, des associations travaillent à développer chez les enfants le respect des hommes, des animaux, de la nature. « Plutôt que de voir la fascination pour les animaux comme un trait infantile effacé par la maturité, nous dit Gail Melson, nous devrions voir ce lien naturel des enfants aux animaux comme un don de la nature à notre espèce (...) L'enfance devrait au contraire devenir une époque d'approfondissement de ce lien, un temps où un intérêt respectueux peut se construire grâce à l'accès intuitif des enfants à la vie animale. Les enfants sont des écologistes spontanés et aisément corruptibles mais (...) leur capacité à franchir les barrières des espèces forme la base de leur future gestion de la planète[10]. »

Ainsi, des programmes ont été instaurés pour éviter, par exemple, à des jeunes ayant maltraité des animaux de s'enfoncer dans la criminalité. Project Shiloh, à Fairfax, en Virginie, s'est donné comme mission de briser le cycle de la violence pour les délinquants mineurs en leur inculquant un sentiment de compassion envers les bêtes. La pratique consiste à les former à éduquer des chiens abandonnés et non socialisés en attente d'adoption. Il existe de nombreuses autres associations basées sur ce lien entre l'homme et l'animal aux États-Unis, on peut regretter que la France, paralysée par son héritage cartésien, se distingue une fois encore par son retard en la matière.

Cultiver l'idée de monde partagé, l'émerveillement, les valeurs « féminines »

Pour envisager une société moins égoïste et en résonance avec son environnement, de nombreux spécialistes insistent sur l'urgence à enseigner aux jeunes une nouvelle philosophie de vie et d'éducation basée sur cette idée de monde partagé. Quel intérêt en effet à introduire dans les programmes déjà surchargés des sorties en pleine nature pour aller taquiner la libellule si par ailleurs, le reste de l'année, tout est fait pour ôter tout sens critique aux élèves et futurs acteurs de la société de demain ? Aux yeux de Jean-Claude Michéa, écrivain et professeur de philosophie[11], la politique éducative s'est soumise depuis très longtemps à l'économie de marché. Le but : offrir à la majorité de ceux qui constitueront le gros de la matière productive un minimum d'enseignement et de quoi se divertir, tout en veillant à fabriquer un petit pourcentage d'élites censées diriger les premiers. Michéa en vient alors à poser cette question essentielle : « À quels enfants allons-nous laisser le monde ? »

Comment se soucier en effet de la nature si son observation est enseignée de manière mécaniste, rationnelle, utilitaire ? « La méthode scientifique est enseignée aux enfants à qui l'on apprend dès le collège qu'il s'agit là de la seule procédure fiable pour recueillir des connaissances et parvenir à connaître le monde qui nous entoure, fait remarquer Jeremy Rifkin. (...) On demande aux élèves d'abandonner tout sentiment d'émerveillement, de réprimer leurs passions, de devenir des êtres désintéressés et d'assumer le rôle de spectateurs de l'existence. Comment attendre de quiconque qu'il parvienne à donner un sens personnel à un tel monde ou souhaite y participer ? La méthode scientifique va à l'encontre de pratiquement tout ce que nous connaissons de notre propre nature et de celle du monde, elle nie l'aspect relationnel de la réalité, empêche la participation et ne laisse aucune place à l'imagination empathique. Ce qu'on demande en fait aux élèves, c'est de devenir étrangers au monde qui les entoure[12]. »

Alors comment développer une relation incarnée entre les jeunes et la nature ? Comment leur faire prendre conscience qu'ils font partie d'elle, qu'il existe un lien indiscutable entre ce monde naturel et leur propre biologie, leurs propres rythmes ? Dans son best-seller, *Last Child in the Woods*, l'Américain Richard Louv a suscité un véritable débat national sur cette relation. David Edward Selby, professeur à la faculté d'éducation de l'université de Plymouth en Grande-Bretagne, voit des écoles enseignant de nouvelles valeurs capables « de rattacher les préoccupations environnementales aux questions du développement, aux droits de l'homme et de l'animal, à la paix et à la justice sociale[13] ». Avec un programme en trois points : un premier qui consisterait à envisager d'autres modes de consommation et d'exploitation des ressources en pointant justement le doigt sur les aberrations de notre système actuel ; un second qui permettrait de prendre conscience « qu'il existe en toute chose une forme de conscience et que, si singulière et complexe que soit notre propre conscience, les écosystèmes et tous les êtres vivants possèdent aussi une valeur propre » ; enfin, un troisième point portant sur la nécessité de lutter contre toutes les formes de répression en partant du principe qu'elles sont toutes liées – discrimination des femmes, persécution des minorités ethniques, destruction des écosystèmes.

Quand les hommes détruisent la planète et font la guerre au nom d'un dieu ou d'une économie libérale, ce sont les femmes qui participent bien souvent à sa renaissance. Et, s'agissant de naissance, ce sont encore elles qui, partout, tendent à les limiter, à proposer qu'on « éduque » les hommes. Au Sommet de la Terre de Rio, en juin 1992, un collectif de femmes avait tenu à s'exprimer. Représentant des milliers de femmes à travers le monde, de tous horizons, de toutes conditions, le propos consistait à rappeler leur rôle dans l'éducation, la transmission des connaissances, l'aménagement du foyer et la diffusion de la vie, leur conviction que les modèles de consommation basés sur la concurrence à tout crin – credo et symbole de la vaillance masculine et des sociétés industrielles – imposés au Sud par les pays du Nord, tout comme la vision matérialiste et mécaniste de la nature, étaient destructeurs des peuples, de la planète et des femmes. Elles proposaient un nouveau regard, une nouvelle manière d'aborder la vie et le monde. Afin de transformer la société en profondeur pour assurer l'avenir de notre espèce dans un monde viable, les femmes ont certes un rôle à jouer mais plus encore les valeurs féminines, une vision partagée par un nombre croissant d'hommes, ces valeurs-là n'étant pas réservées uniquement à un genre.

Inventer un nouveau contrat naturel avec la vie basé sur des valeurs féminines, tisser des liens, des réseaux et promouvoir le respect de l'homme et de la nature, voilà donc assurément l'un des enjeux de ce siècle. « L'émergence de ces nouvelles valeurs me paraît désormais indispensable pour faire progresser le monde vers plus de solidarité, de justice, d'équilibre et de paix, souligne Joël de Rosnay. Elles représentent un autre regard sur la nature et la société, d'autres manières d'agir, d'exercer un contrôle ou de transmettre les connaissances propres aux comportements, aux modes de réflexion et d'action des femmes. J'irai même jusqu'à dire que ces valeurs vont devenir indispensables pour construire la société de demain et préserver l'avenir de la planète[14]. »

5

L'école de la nature

> « Je vois un monde dans lequel on comprendra que toute vie est reliée à nous et dans lequel on traitera la vie avec grande humilité et respect. Je nous vois aussi comme des créatures sociales. Et quand j'ai commencé à me demander quel est le problème fondamental pour nous, les créatures sociales, je n'en suis pas revenu tellement ça fait hippie, mais c'est l'Amour. C'est l'Amour la force qui nous rend pleinement humains. »
>
> David Suzuki

Jane Goodall parla de lien, de compassion et d'empathie dans la nature, de rapports d'amitié bien avant tous ces hommes qui aujourd'hui publient des livres et des études sur le sujet[1]. C'est elle qui voilà plus de quarante ans disait déjà des chimpanzés, aussi doués pour l'amitié que la guerre, qu'ils sont comme nous des êtres d'ombre et de lumière ; qui observait que la nature n'est donc pas régulée uniquement par le biais du pouvoir. Née à Londres en 1934, c'est en vivant quotidiennement à partir des années 60 avec des chimpanzés sur les rives du lac Tanganyika en Tanzanie qu'elle a bouleversé l'étude du comportement animal et par conséquent nos idées reçues tant sur eux que sur nous. On ne dira jamais assez à quel point cette pionnière a participé à faire tomber tous ces stupides critères de démarcation entre l'homme et l'animal. Elle a ainsi montré que les chimpanzés – avec qui nous partageons un ancêtre commun, un grand singe qui a vécu voici environ huit millions d'années sur le continent africain – fabriquent et utilisent des outils pour manger – ici, des brindilles effeuillées pour pêcher des fourmis ; là, des pierres pour casser des noix. Elle a montré la patience des mères pour élever leurs enfants, leur capacité à transmettre leurs connaissances, les personnalités différentes d'un individu à l'autre, leurs émotions et réconciliations, leur conscience d'eux-mêmes, ces formes de morale et de politique que le primatologue d'origine hollandaise Frans de Waal viendrait ensuite compléter avec son étude des primates.

Pousses et racines

L'histoire est connue. À l'origine, une idée de son mentor d'alors, le paléoanthropologue Louis Leakey, qui envoya également Dian Fossey étudier les gorilles dans les forêts de montagne du Rwanda, en Afrique centrale, et choisit Biruté Galdikas pour tout apprendre des orangs-outans en Indonésie. Dans leur sillage, d'autres femmes révolutionneront l'éthologie : l'anthropologue Shirley Strum qui a consacré sa vie aux babouins, l'ex-journaliste Cynthia Moss avec les éléphants, Elizabeth Marshall Thomas avec les loups puis les chiens, et bien d'autres. « Je rêvais de pénétrer dans l'univers mental des chiens, écrit Marshall Thomas, dans leur monde subtil de sons et d'odeurs, de savoir quelles pensées les habitent, quels sentiments les agitent… Je voulais être acceptée par eux comme un des leurs[2]. » Toutes ont effectué des observations que les hommes avaient été jusque-là incapables de faire ou presque. En s'immergeant dans l'environnement des animaux jusqu'à intégrer des groupes ou rester en périphérie, elles ont pu ainsi observer leurs activités.

Évidemment que Jane Goodall fut accusée d'anthropomorphisme pour avoir prêté à des animaux, dont les comportements étaient alors censés être stéréotypés, des sentiments et des conduites jusque-là réservés aux hommes. Critiquée pour avoir « manqué d'objectivité », pour leur avoir attribué des noms à la place de numéros, pour avoir soutenu que chaque chimpanzé avait une personnalité unique et une histoire personnelle quand la théorie de l'époque – encore en cours actuellement – consistait à contester l'individu. Et c'est encore en observant une femelle chimpanzé se comporter avec ses petits qu'elle ajustera sa manière d'éduquer son propre fils : « Flo m'a appris à honorer l'enfance et le rôle de la mère dans notre propre société », explique-t-elle[3].

Celle qui voulait, à sept ans, aller vivre en Afrique au milieu des animaux sauvages, aujourd'hui couverte de distinctions dont celle de « messager de la paix » des Nations unies, n'a finalement pas changé d'un pouce sa ligne de conduite. Cette empathie avec tout ce qui vit, cette inclination à s'émouvoir, Jane Goodall aura finalement passé sa vie à la revendiquer, à l'assumer et à la transmettre. Et à montrer que l'on peut être objectif et sensible à la fois. De son point de vue, c'est d'ailleurs la seule manière dont la science devrait être enseignée.

L'importance de la formation et en particulier de l'éducation des enfants au respect de la vie, voilà sur quoi Jane Goodall fonde tous ses espoirs, convaincue que le changement viendra des jeunes, que le fait d'entretenir chez eux cette notion en passant par l'émerveillement à la vie sauvage permettra d'influencer à leur tour leur environnement social, familial et au final la société tout entière. On ne s'étonnera pas alors de savoir qu'un jour de février 1991, en Tanzanie, elle fut sensible à la volonté d'un groupe d'enfants de changer les choses, conscients des problèmes écologiques dans leur quotidien. Tellement touchée qu'elle mit sur pied un programme international, humanitaire et environnemental pour les jeunes : Roots and Shoots, « Pousses et racines ». Tandis que les pousses, d'apparence fragile, parviennent à percer les obstacles pour accéder à la lumière, les racines se faufilent, dans l'ombre, pour faire fleurir les prairies et installer les forêts.

Famine, pauvreté, érosion des sols et déforestation, disparition des animaux, pollution…, autant de crimes et d'écueils à surmonter par respect de l'Autre, humain, animal ou végétal, mais aussi par le nombre.

Car chaque initiative individuelle peut faire la différence tant qu'elle s'associe à un réseau. Aujourd'hui, ce sont quelque neuf mille groupes qui se sont formés à travers cent pays avec cet objectif d'améliorer les choses. De la petite école à l'université, des milliers de jeunes à travers le monde s'occupent tant de l'environnement que des animaux et des communautés humaines. Des projets multiples, variés selon les lieux et les problèmes : planter des arbres là où les sols sont déserts, assainir le lit des rivières polluées, se préoccuper du bien-être des animaux sur les marchés, aider les pauvres, visiter les enfants à l'hôpital, apporter de l'espoir aux jeunes et réduire les tensions dans les camps de réfugiés, construire des maisons, planter des arbres, proposer des solutions concrètes pour éviter le braconnage et le déboisement aux abords des camps, créer un jardin à papillons, améliorer la connaissance des problèmes environnementaux dans les écoles, permettre à des personnes âgées en maison de repos de câliner régulièrement des animaux de compagnie, aider des animaux sauvages à reprendre le chemin de la liberté, cultiver des légumes pour les plus démunis…

Et même si elle reconnaît elle-même qu'il est difficile, face aux drames humains et aux désastres écologiques, de rester optimiste, elle n'a jamais relâché ses efforts et continue sur tous les fronts. De conférence en création de sanctuaires animaliers, de programmes pour la reforestation ou la protection des primates, ou pour dénoncer les conditions de vie des animaux dans les laboratoires d'expérimentation, sans relâche elle sillonne le monde pour alerter l'opinion sur bon nombre de fléaux dont les conséquences dramatiques de notre boulimie de viande : déforestation massive, expropriation de terres cultivables, pillages des ressources naturelles des populations en voie de développement, contribution à l'effet de serre, érosion des sols, pollutions souterraines, pathologies diverses des consommateurs, hécatombes d'animaux élevés et abattus dans des conditions trop souvent effroyables.

Impostures partisanes et idées novatrices

À l'heure où les grands esprits de ce monde appellent à une éducation holistique, en France, en 2011, la préservation de la nature envisage d'autres voies si l'on en croit la ministre de l'Écologie d'alors, Nathalie Kosciusko-Morizet, déclarant aux états généraux de la chasse vouloir accorder à la Fédération nationale des chasseurs le statut d'association de protection de l'environnement. La suite logique de ce qui avait été déjà décidé en mars 2010 par son prédécesseur à travers la signature d'une convention de partenariat donnant carte blanche aux chasseurs pour aller répandre la bonne parole dans les écoles, en l'occurrence apprendre aux enfants la « gestion durable des espèces ».

Dommage que n'y soient pas plutôt abordés les parcours d'Archibald Belaney et de Michel Pageau, tous deux trappeurs dans les immenses forêts du Grand Nord canadien à des années de différence. Si pendant longtemps la chasse fut pour eux une activité quotidienne, chacun prit un jour conscience des dégâts causés par l'homme sur la nature sauvage, à tel point qu'ils se muèrent en protecteurs de la vie animale. « Les créatures ainsi persécutées ne m'apparaissaient plus comme une juste proie, écrira Belaney, mais comme des frères, vivant et luttant avec moi au cœur de la nature sauvage partout ravagée déjà, cette nature rude qui nous était un adversaire impitoyable, mais si noble. Eux aussi combattaient contre ses rigueurs et trouvaient en elle leur patrie. Hommes et animaux, nous étions des compagnons d'armes, les voir assassinés ainsi éveillait en moi une sorte de solidarité, d'esprit de corps ; continuer moi-même à les chasser (...) me semblait maintenant une trahison, l'acte presque d'un renégat aidant un envahisseur à écraser ses compatriotes désarmés[4]. » De son côté, Michel Pageau finira par fonder un refuge pour animaux. Depuis 1987, il initie les enfants à leur respect[5]. Parcours similaire pour Valentin Pajetnov. Formé à la chasse dans les forêts de la Russie, il tue les ours en série au début des années 60. D'abord dans le sillage d'un maître de la chasse puis pour le compte d'une société de chasse russe. Mais, comme les deux hommes précédents, un dégoût le gagne peu à peu. Il reprend alors ses études, devient biologiste, apprend à regarder la forêt et les plantigrades d'une tout autre manière. Jusqu'au jour où lui est confiée une mission bien particulière : étudier le comportement des oursons sauvages. Son existence prend véritablement un tournant lorsqu'il découvre trois jeunes ours abandonnés au fond d'une tanière. Pendant deux ans, il va vivre avec eux au milieu des bois, en se substituant à leur mère mais sans jamais les humaniser, en veillant, toujours, à cultiver leur peur des humains. C'est là qu'il va mettre au point une technique particulière, qu'il utilise encore à ce jour et qu'il a transmise à son fils. Si ces trois oursons qui avaient réussi à réintégrer la vie sauvage ont vu leur vie écourtée en raison des hommes, d'autres ours ont repris et continuent de regagner le chemin d'une liberté totale. Une passion respectueuse, mesurée. « Si je les aimais, je ne pourrais pas leur inculquer la peur des hommes. Or c'est là notre but. L'ours est un animal très intelligent. Si je l'aime, lui aussi m'aimera, car l'amour est souvent réciproque… Dans la profondeur de mon âme, je veux leur faciliter la vie en me privant de les aider, en n'étant pas loyal avec eux. Alors, quand dans la forêt apparaissent les fraises des bois et que, sans se soucier de l'homme qui les a nourris, les oursons, contents, se rassasient, moi, je suis tranquille[6]. »

La chasse en France bénéficie donc d'une bienveillance politique coutumière qui va jusqu'à accepter la présence des associations cynégétiques dans les écoles, tant dans les classes qu'au forum des métiers de la nature, avec un objectif avoué, celui d'« organiser au niveau des fédérations des excursions dans la nature pour les enfants des écoles. Il s'agira de faire assister les enfants à une chasse pour qu'ils en apprécient l'atmosphère et non à une découverte des animaux, qui favorise chez eux le processus de personnification de l'animal[7]. » Une chasse qui n'est pourtant pas celle des sociétés traditionnelles – ou de trop rares Occidentaux – pratiquée dans le respect et le pardon de l'animal, l'équilibre et la nécessité. Une chasse qui n'est pas violente parce qu'elle n'a pas été dénaturée. Qui n'est pas là uniquement pour la distraction.

« Dans la culture autochtone, la chasse est un acte spirituel, indique Charles Coocoo, écrivain, travailleur social et père spirituel des Atikamekw au Québec. L'homme s'imprègne de l'esprit de l'animal, connaît ses mœurs, fait une offrande de tabac et se dirige dans son habitat en ayant à l'esprit que s'il tue, cet acte devient un coup de grâce et non un coup de chance. Il n'a pas le sentiment de prendre cette vie car il rendra à la terre, son origine, ce qu'il n'utilisera pas et ainsi maintiendra l'équilibre du cercle de la vie. Il considère l'animal comme l'un des siens (...) le chasseur est conscient de l'appartenance de l'animal au cercle dont il fait lui-même partie. Il se doit de sauvegarder la dignité de l'animal même dans la mort[8]. » Où sont les chants sacrés et l'humilité des chasseurs du dimanche habillés en tenue militaire ? Initier les enfants à tuer des animaux – ces derniers ayant été pour la plupart élevés ou nourris toute l'année pour satisfaire les adhérents – afin de servir selon les intéressés le « rôle socio-économique de préservation de la ruralité et de la biodiversité » paraît être une démarche bien trouble. D'autant lorsque les faits sont tout autres.

« Les prélèvements sont trop élevés sur certains oiseaux migrateurs, souligne Jean-Pierre Raffin, qui enseigne l'écologie à l'université Paris VII-Denis Diderot. Nous sommes un des rares pays européens à bénéficier de ce triste record, ce qui pose évidemment des problèmes pour la survie de certaines espèces comme l'oie rieuse, la caille des blés, le pluvier doré ou la barge à queue noire. La poursuite de la chasse au détriment de populations fragilisées a été à l'origine de la régression voire de la disparition de certaines souches particulières de perdrix en Bretagne et dans les Pyrénées. Avec une pression de chasse trop importante et une altération des milieux liée à la mécanisation agricole, à des périodes de fauche inadaptées et à l'utilisation des engrais chimiques et des pesticides toxiques pour les êtres vivants, le petit gibier de plaine a considérablement régressé dans les années 50-80. Les remèdes proposés se sont trop souvent limités à des lâchés de gibier achetés à grands frais dans divers pays de l'Est. Les animaux importés n'avaient guère plus de chances de survivre que le gibier local. Par ailleurs, les contrôles sanitaires étant insuffisants et la compatibilité éthologique des animaux importés avec la faune locale ayant été mal évaluée, ces lâchés ont souvent accéléré la disparition de souches locales.

« Les populations des grands animaux habituellement chassés tels le chevreuil, le sanglier, le cerf ont explosé du fait d'une mauvaise application des plans de chasse par les chasseurs au point qu'il existe à présent une surabondance d'animaux dans certains secteurs, au détriment des forêts et des cultures. Il est assez paradoxal d'entendre ces mêmes chasseurs affirmer qu'ils sont les meilleurs gestionnaires de la faune sauvage lorsque l'on constate quels ont été les effets de la gestion cynégétique de ces grands mammifères. Force est de constater que la plupart des organisations cynégétiques se mobilisent beaucoup plus sur des questions de périodes de chasse que sur des questions de qualité des milieux et ont tendance à entraver les protections de ceux-ci. Depuis 1941 la chasse est organisée selon un système étrange (obligation d'adhésion et de cotisation à une seule fédération par département), ce qui conduit à un monopole et à des flux financiers peu clairs donnant une puissance de lobbying devant laquelle les pouvoirs publics reculent souvent. La Cour des comptes avait d'ailleurs constaté en 2000 que des fonds d'organisations cynégétiques servaient à financer des campagnes électorales et que l'actuelle organisation financière de la chasse était confuse et susceptible de donner lieu à des dérives dont elle avait relevé de nombreux exemples[9]. »

Sensibiliser et responsabiliser

Finlande, 1945. Victimes de la chasse, il reste alors moins de dix couples de cygnes sauvages. Dans la foulée de la publication d'un rapport scientifique sur le sujet, un écrivain, Yrjo Kokko, publie un livre en 1950 qui raconte sa rencontre avec les cygnes et leur déclin annoncé. La réaction conduit à une prise de conscience générale qui mène à son tour à une disparition progressive de la chasse et du braconnage. En 1967, l'animal est élu oiseau national de Finlande et son effectif dépasse aujourd'hui les cinq mille individus. D'autres espèces n'ont pas eu la même chance[10].

La croissance économique, technologique et démographique est la première cause de la destruction de la biodiversité. Elle entraîne la fragmentation et la surexploitation des habitats, l'introduction d'espèces invasives, des prélèvements excessifs d'espèces animales et végétales – et des changements climatiques qui conduisent à la disparition de nombreuses espèces. À raison de soixante-seize millions de personnes en plus chaque année – selon l'UNFPA (Fonds des Nations unies pour la population) –, si l'on éduque les enfants à la chasse, la nature sauvage a du souci à se faire et nous avec.

Dommage que les écoles actuelles transversales à l'enseignement officiel qui, elles, associent une véritable initiation à la nature au cœur même des programmes, ne puissent bénéficier des mêmes appuis politiques pour pouvoir se développer et bénéficier au plus grand nombre[11]. En attendant, au cœur de la campagne brésilienne, dans l'État de Santa Catarina, une petite école municipale qui vivotait jusque-là est devenue un véritable exemple en matière d'éducation à l'environnement à tel point qu'elle a reçu le soutien du ministère de l'Éducation brésilien. Une école qui aujourd'hui fait recette et affiche des salles de cours combles. À la clé, les idées novatrices de la directrice, Silvane Aparecida da Silva, consistant à enseigner l'écriture, le calcul et la lecture

« dans un cadre d'éducation environnementale qui, selon elle, amène les élèves à observer, admirer et respecter la nature en participant directement à sa préservation et en s'appropriant cette expérience (...) Les enfants, forts de leur amour pour les oiseaux en tant que symboles de la liberté, parviennent à convaincre leurs parents d'ouvrir la porte des cages, de renoncer à les chasser et de remettre pièges et fusils à l'école [12] ».

Forger la conscience écologique des enfants par une approche des écosystèmes locaux participe au développement du respect des relations humaines. Des écoles privées cultivant cette approche ont fleuri un peu partout aux États-Unis, à quoi se sont ajoutés peu à peu d'autres programmes censés lutter contre la violence. Cette fois l'animal, présent ou non en classe, sert à stimuler la compréhension des enfants sur la nécessité de considérer les animaux avec respect. Ce qui induit un respect de l'environnement et des humains, un lien entre la nature et l'homme et de fait investit les enfants non seulement d'une sensibilité mais d'une responsabilité. « Une nouvelle philosophie de l'éducation, dite "éducation biophilique", est en train d'émerger, souligne Gail Melson. Il s'agit d'étudier le lien d'une communauté à son environnement physique, social et culturel [13]. »

6

Moisson sauvage

David Rosane

« Le rêveur est celui qui ne saurait trouver son chemin qu'au clair de lune, et son châtiment est de voir l'aube avant tout autre. »

Oscar Wilde

Depuis un certain temps déjà, les défricheurs d'idées ont donc flairé le grand tournant et l'annoncent. La fin d'un monde pour un autre. L'abandon obligé d'un mode de pensée, d'action et d'éducation, d'une exploitation industrielle de la Terre et des hommes au profit d'une révolution écologique et solidaire, en quête d'intériorité. Une redécouverte de la planète comme entité biologique et être vivant global fonctionnant à la manière d'un gigantesque système auto-organisé. La Gaïa nourricière et ombrageuse si chère aux Grecs, mère de tous les dieux, redéfinie ainsi par James Lovelock dans les années 70 sur une idée de son ami l'écrivain William Golding. Une nouvelle vision de la Terre fonctionnant sur la base de cycles et d'associations, de connexions permanentes et infiniment complexes entre tous les organismes vivants qui la peuplent, hommes et bactéries compris.

En somme une communautés de vivants. Terre-Mère dont il convient de comprendre la puissance des processus et avec qui l'humanité, composante de sa matière vivante, recherche désormais un état d'équilibre. Une priorité absolue et une prise de conscience qui en croisent une autre : face à une surenchère de marchandises, d'offres et d'informations aliénantes, l'heure est là aussi venue de la responsabilité personnelle. « L'instant du choix, selon Ivan Illich. Ce moment merveilleux où les gens deviennent brusquement conscients de la cage où ils se sont enfermés eux-mêmes, et de la possibilité de vivre autrement[1]. » Ce jour où le retour à une autonomie, synonyme de liberté et d'indépendance, s'impose comme une nécessité vitale pour préserver son identité, se réaliser autrement, se réapproprier sa vie et son environnement grâce à une autre relation avec la nature : la fameuse posture du jardinier-créateur autonome capable de se débrouiller aussi bien avec les nouvelles technologies que de travailler la terre pour s'en nourrir et s'en inspirer. En somme, c'est une manière de se réveiller à la vie en n'abandonnant pas son âme au diable.

Un parcours grandeur nature

Tel aura été le choix de David Rosane, américain d'origine et français d'adoption, à la fois ornithologue, journaliste scientifique, assistant de recherche, enseignant, conférencier, musicien, chanteur, aventurier et… jardinier-agriculteur. Les mots sont rapides, le flot des idées en cascade, et ses silences en disent plus long encore. Entre fougue, indépendance et résistance, il livre aujourd'hui à qui veut ses connaissances scientifiques érudites, fruit de ses expériences de terrain. Il chante et compose aussi sur sa guitare des morceaux de blues, de folk et de punk rock à la manière d'un poète anarcho-pacifiste. Entre deux chansons, il s'intéresse aux propriétés des organismes, à la complexité des écosystèmes, à la théorie du chaos et des systèmes sociaux. Et au travers de toutes ces disciplines, il n'a de cesse de se rebeller contre l'oppression d'une civilisation industrielle qui esquinte la vie sauvage, démolit les hommes et les rend aveugles à la beauté. Fort de ses errances aux quatre coins du monde, David Rosane tente ainsi de modifier humblement et à sa manière le cours des événements en matière d'environnement, d'éducation et de vie sociale, sans avoir vraiment le sentiment d'y parvenir, mais sans craindre non plus d'insister comme d'afficher ses opinions. Opinions qui ne sont pas certitudes. C'est justement dans le doute et le questionnement que l'intuition est venue l'éclairer. Avant de se sentir concerné par tout ce qui vit dans la nature, les choses n'ont pas été aussi évidentes. Un parcours atypique dont on pourrait presque dire sans crainte d'exagérer que les grandes étapes qui le traversent résument à l'échelle d'une vie d'homme l'évolution même de notre génération. Comme il me dira, lors de l'un de nos nombreux entretiens : « D'abord une vision de la nature propre à être répertoriée, cataloguée, fruit d'une projection culturelle, pour en arriver à comprendre aujourd'hui que ce qui définit la nature ce ne sont pas les éléments qui la composent individuellement mais les liens qui les unissent. »

S'agissant des origines, elles remontent une quarantaine d'années plus tôt, en pleine jungle guyanaise britannique, entre le Brésil et le Venezuela. Quand David voit le jour, son père travaille pour une multinationale canadienne qui extrait de la bauxite et fabrique de l'aluminium. L'enfant grandit dans cette forêt primaire ; des oiseaux partout, leur chant assourdissant. Voilà donc sur quel terreau serait née sa passion pour la nature et les volatiles ? Un raccourci un peu facile, réducteur même. Pour le moment, l'esthétique de la forêt, sa sensualité et son abondance ne font que glisser sur lui. Du moins le croit-il.

Après la jungle tropicale, le Vermont à la frontière du Québec. Une maison de campagne près d'un fleuve, dans un village qui connut son apogée à l'heure de l'ère industrielle et où la pauvreté domine désormais. « Une mosaïque de forêts moussues et de prairies, de ruisseaux et de tourbières. Une flore "fleurie" aussi diversifiée que les espèces d'arbres. Des éphémères aux couleurs exotiques dans le sous-bois et des prés entiers irisés de violet et de jaune quand en août vient la saison des verges d'or. Le vert du Vermont est inqualifiable autant que les lumières de l'été. Féerique ? Sûrement. » À six ans, l'enfant redécouvre la forêt, l'humus et la résine qui enivrent, il devient un petit homme des bois qu'une éducation un peu trop rigide contraint finalement à aller bavarder avec les oiseaux au milieu des fougères, un guide d'identification sous le bras. Peut-être parce que, comme l'a écrit Leopardi, « les oiseaux sont par nature les créatures les plus joyeuses au monde ». Cette matrice sauvage lui ouvre la voie, c'est en elle que prend racine et se définit son identité. Seulement voilà, quatre ans plus tard, nouveau départ.

« J'ai été arraché au Vermont puis jeté à l'âge de dix ans dans une garrigue sèche, brûlée, du sud de la France, sur un pourtour méditerranéen en voie de quasi-désertification par rapport à sa nature fonctionnelle pré-agricole et pré-industrielle, retapissée de bitume et de bretelles d'autoroutes et dans une culture qui à l'époque renie largement, par déni, la part du sauvage dans le monde et dans l'individu. Lorsque j'ai tenté de me rapprocher de quelques associations ornithologiques et de protection et d'étude de la nature à Aix-en-Provence, la part émotionnelle et sensorielle d'appréciation de la nature me paraissait refoulée. On devait rester rationnel, froid. J'avais l'impression que mes camarades de l'époque s'obligeaient à étouffer toute la subjectivité en eux par peur d'anthropomorphiser, parce qu'ils croyaient bien faire. Moi, je me prenais pour Thoreau. J'avais un rapport émotionnel, poétique à la nature.

« Du coup, j'ai cru devenir fou bien des fois. Je me sentais en inadéquation sociale. Cela dit, qu'est-ce que la norme sociale ? Martin Luther King disait que ce n'étaient pas les gens qui posaient problème en étant inadaptés à un système mais le système lui-même qui était profondément inadapté à l'homme. » Vient ensuite l'adolescence et la musique apprise en écoutant Bob Dylan et les Beatles. « La musique, c'est l'idolâtrie païenne adolescente, ces grands moments de pseudo-rites initiatiques. J'avais une bonne collection de disques, je voulais devenir à mon tour un roi-soleil sur scène, ce que je n'ai jamais réussi à faire, Dieu merci. J'étais sans connaissance ni sagesse, j'ai arrêté la musique pour construire mon cerveau. »

Arrivent Paris et un avenir tout tracé dans le journalisme scientifique – notamment au magazine *Terre sauvage*. Le voilà coincé dans un bureau sans fenêtre, un téléphone à la main. Et même si parfois une certaine « animalité » le gêne aux entournures, l'homme moderne qu'il est devenu s'emploie à contrôler sa vie. C'est sans compter avec un événement familial qui bouscule soudain le cours des jours, inverse le temps et les priorités. Un choc salutaire. Alors la mémoire lui revient : la spontanéité de l'enfance, l'errance au fond des bois, le ressenti qui rassure et incarne. Il tourne le dos au monde des médias et des artifices pour s'échapper en Amérique du Sud, au Venezuela, où il devient ornithologue et assouvit sa première passion de *wildlife biologist*, autrement dit de naturaliste de terrain autodidacte, collabore pendant dix ans avec l'université Cornell comme assistant de recherche dans l'écologie, l'ethnobiologie et le recensement des oiseaux tropicaux. « Lorsque je suis retourné en Amazonie après l'avoir quittée enfant, j'avais vingt-neuf ans. J'ai été surpris de retrouver des sensations enfouies en moi depuis plus de vingt ans, comme si chaque cellule de mon corps s'en souvenait. Une gigantesque madeleine de Proust que cette forêt, son humidité, ses sons, sa musique, ses odeurs surtout. »

Nous sommes en 1998. Alors qu'il étudie le comportement des variétés d'oiseaux du cru – principalement des oiseaux du sous-bois, alapis, bataras, fourmiliers, tyrans et autres anabates –, il rencontre des Indiens Yekuanas (surnommés « peuple de la pirogue » pour leur compétence à naviguer) issus d'un village situé sur les berges d'une rivière, Ventuari, au cœur de la forêt tropicale[2]. Représentants d'un peuple ayant résisté aux conquistadors, aux évangélisateurs, aux marchands d'esclaves, ils doivent désormais affronter les orpailleurs. Dans ce foisonnement végétal où danse la lumière, comme habité par une vie intérieure puissante, leur mythologie est peuplée d'oiseaux dont ils connaissent les chants et les comportements. « La plupart des personnages ou "héros" de leur mythologie et cosmogonie sont principalement des oiseaux. S'identifier à eux, c'est s'associer au divin. Ainsi la divinité lumière centrale de leur cosmogonie est un grand pivert et son demi-frère déchu, né de son placenta, Odosha, est un hocco – sorte de dindon de forêt énorme – et délicieux ! Müdo, le potoo géant, est l'assistant des chamanes ; Kadou, le caracara à gorge rouge, est le gardien des jardins de manioc, et Konoto, un grand cacique, celui qui parle pour ne rien dire, etc. »

Partage et coopération avec les Yekuanas

Une société où « le rêve est d'une importance ultime, il signifie le voyage prémonitoire de son double dans le monde invisible. Son interprétation à l'aube détermine l'emploi du temps quotidien du village. Le mauvais rêve, par exemple, empêche l'action, car il annonce un mauvais sort que seuls l'immobilité, le chant et la peinture sacrée peuvent conjurer. Le bon rêve, en ce qui me concerne, c'est sans doute celui qui s'y est accompli : celui d'avoir rencontré ces hommes, femmes et enfants, d'avoir oublié pour un moment les oiseaux pour réintégrer réellement le monde humain[3] ». Une société où les chants sont très présents pour préparer la chasse et apaiser le gibier, neutraliser l'esprit des arbres coupés, pour maintenir la solidarité, déposer les peintures sacrées qui protègent de l'obscurité, protéger les petits enfants, purifier la nourriture. Une société « où devenir humain c'est s'embellir et s'embellir c'est aussi sceller son identification aux oiseaux symboliquement capables d'échapper un moment à la réalité en volant, tels des esprits, au-dessus du monde ».

D'emblée, les Yekuanas sont étonnés par la capacité de David à imiter parfaitement les chants des oiseaux ; ils veulent savoir pourquoi il les capture et les relâche, l'interrogent sur sa vie, sa culture, son travail. À son tour, il leur pose des questions. Un échange s'installe, une amitié. Les Yekuanas l'invitent chez eux, lui enseignent leur langue, le font participer à leurs rites, lui racontent leurs récits. Ils veulent tout savoir du monde d'où il vient.

« Étudiant les oiseaux, j'ai donc fait appel à leurs connaissances, mais au bout d'un moment, j'ai compris que je n'étais qu'un colonialiste de plus, dit-il lors de l'un de nos entretiens. Je me suis demandé ce que je pouvais faire pour eux en échange. Lors d'un de mes retours sur Paris, je me souviens avoir lu l'article d'un ethnologue travaillant au Brésil affirmant que la nouvelle ethnologie consistait désormais non plus à "étudier" uniquement une population donnée mais à établir un contrat d'échange avec elle, élaborer un projet ensemble.

« Ça me paraissait tellement plus juste. Ils souhaitaient conserver leurs traditions et demeurer là où ils vivaient tout en voulant posséder des biens matériels occidentaux. J'ai alors proposé au chef du village, qui voulait développer sa communauté, une sorte de "service de consulting" en échange de mon temps passé avec eux. Ce qui a consisté à leur trouver en France et aux États-Unis une aide médicale, essentiellement préventive, contre le paludisme : une aide en agronomie pour, à la demande du chef Isaïas, les aider à faire pousser autre chose que du manioc ; en commerce équitable sur la base de leur artisanat. Seulement en bon anarcho-primitiviste antimondialiste, j'ai aussi insisté sur tous les dangers de ces rapports d'argent qui pouvaient corrompre le village.

« J'ai voulu les alerter sur la nature du changement et de la machine qui allait inexorablement les phagocyter, les aider à s'y préparer, pour qu'ils possèdent quelques éléments de connaissance supplémentaires, une vision du progrès occidental par le biais d'une certaine littérature dissidente et par un condensé de l'histoire occidentale, de la Mésopotamie à la révolution industrielle. Comme je ne voulais pas institutionnaliser mon rapport par la création d'une ONG et voyant que je ne ferais pas grand-chose tout seul, j'ai amené avec moi des amis aux qualités et disciplines différentes, médecins, ingénieurs, agronomes, botanistes, vétérinaires, spécialistes des maladies tropicales, de la culture, de l'art et du marketing, tous susceptibles d'apporter un savoir utile. Ce jour-là, j'ai d'ailleurs été accueilli différemment, c'est-à-dire en tant qu'individu défini par mon lien aux autres. “Je t'ai regardé faire pendant longtemps, me dit le chef Isaïas, et je n'arrivais pas à me faire une opinion sur toi et maintenant, en nous amenant tes amis, je vois que tu l'es vraiment aussi pour nous.”

« Seul ou avec des étudiants, je suis revenu les voir ainsi chaque année jusqu'en 2008, lors de la mort d'Isaïas, pour d'autres projets communautaires comme cartographier leur territoire afin qu'ils puissent le revendiquer auprès des instances gouvernementales qui le convoiteraient ; faire l'inventaire de toute la faune et la flore locales pour que les connaissances des anciens puissent être transmises à l'école, que le lien avec la nature ne soit pas perdu. “Ce que vous appelez l'environnement nous l'appelons notre chez-soi”, disait le chef Isaïas. Puis Hugo Chavez (président de la République du Venezuela depuis 1999) a fermé la frontière de la province d'Amazonas et mon histoire avec les Yekuanas s'est terminée là.

« On m'a reproché à l'époque d'être un facteur de changement et de corruption au même titre que les autres missionnaires. On m'a dit aussi que les Yekuanas avaient besoin de faire entendre leur voix, non pas celle d'un intermédiaire. Ma réponse a toujours été celle-là : à la vue du changement exponentiel induit par la mondialisation ou les transnationales qui changent la donne du pouvoir dans le monde, il n'y a plus d'États-nations régis soit par des luttes verticales intestines, soit par des luttes horizontales entre États, mais plutôt un réseau de riches en haut du monde, et un vaste rhizome de peuples en bas du monde. Nous sommes tous dans le même bateau, eux comme nous, en voie d'acculturation, sous l'emprise d'un nouveau féodalisme, mais mondial celui-là.

« Je leur disais : unissez-vous transnationalement par-delà vos différences avec les autres ethnies et les autres peuples des autres pays, je leur dessinais un rhizome de racines souterraines. Il n'y a pas que les corporations qui défient les frontières – le peuple aussi. De plus en plus d'ethnies se relient au-delà des frontières en Amérique du Nord, se mettent en réseau. Partout dans les pays en voie de développement, ce sont les femmes qui se modernisent tout en maintenant les traditions des anciens. J'ai cru déceler la même tendance chez les Yekuanas… Ce que je voudrais un jour arriver à faire c'est de parler des Yekuanas comme je parlerais de mes meilleurs amis occidentaux, sans les “isme” qui vont avec, qui les isolent tout en mettant ces peuples sur ce piédestal de l'exotique. »

Dans cet apport mutuel, les Yekuanas transforment sa propre vision de la vie. Plus David Rosane se trouve auprès d'eux – un monde qu'il veille à ne pas idéaliser –, plus il se retrouve en lui. Après avoir fui la société occidentale, le voilà prêt à y retourner. Car si pendant longtemps il a eu l'impression d'être différent des autres partout où il allait, son vécu auprès de ce peuple lui a confirmé le sentiment de faire avant tout partie d'une seule et même famille : la planète Terre. Il se dit alors qu'il est peut-être temps de transmettre à son tour ce qu'il a reçu.

Une écologie pragmatiste

New York, 2004. Rosane devient assistant professeur à la CUNY (City University of New York) pour enseigner l'écologie urbaine et industrielle à Manhattan et à Brooklyn à des élèves issus de minorités. Comment raconter le vivant aux jeunes qui figurent la société de demain, aiguiser leur perception du monde, les extraire du conditionnement dans lequel ils sont figés et par là remettre en question les idées reçues qu'ils ont assimilées comme des vérités, générer des envies de vivre autrement, de créer un avenir durable ? Ni discours ni distance : Rosane veut les plonger directement dans l'univers sensible, sensuel et intime de la nature, les éduquer à sa contemplation, à sentir la vie de l'intérieur et par ce biais aborder ce qui nous unit à elle, comme l'impact de nos actions.

« “Si les enfants n'apprennent pas à devenir des adultes qui réfléchissent par eux-mêmes, disait l'écrivain George Orwell, c'est que le système éducatif remplit son rôle social." Aux États-Unis, avec la privatisation des universités, on fabrique des quasi-automates, des "bons élèves", des personnes sans beaucoup de conscience éthique ou morale, des gens qui finissent à Wall Street et ne savent pas forcément mesurer les conséquences de leurs actes. Parce que ignorants, parce que serviteurs volontaires d'un système qui les nourrit grassement. Ou bien des gens qui savent parfaitement les conséquences de leurs actes et ont appris à les refouler, froidement, comme des bons mercenaires surentraînés à savoir tuer de sang-froid, soit de réels pervers, cliniquement parlant, soit à mon avis un vaste assortiment de ces différents types de personnes. En tout cas le système est là pour les récompenser.

« Ces gens peuvent être du reste parfaitement adorables avec leur chien, leurs proches, mais dans un état de totale inconscience avec le reste du monde jusqu'à se comporter comme des psychopathes tels que le démontre le documentaire canadien *The Corporation* basé sur le livre de Joel Bakan *The Corporation : Pathological Pursuit of Profit and Power*, Robinson Publishing, 2005 (Les Multinationales : la recherche pathologique du profit et du pouvoir). En les immergeant dans un environnement naturel, j'ai donc essayé de faire voler en éclats toutes ces instructions sociales et représentations de l'être humain supérieur distinct de la nature ; de leur montrer comment l'économie américaine avait participé à détruire l'environnement dans leur propre pays d'origine par le biais notamment de l'Organisation mondiale du commerce.

« Malgré la densité de la ville en termes humains, il existe au cœur de New York une nature étonnante tant il y a d'ouvertures par lesquelles elle entre et se développe. Des phoques dans la baie de l'Hudson à Central Park qui est une voie de migration pour de nombreuses espèces d'oiseaux et d'insectes en passant par les castors qui repeuplent le Bronx et les coyotes qui réinvestissent Manhattan. Les lieux étaient donc appropriés pour effectuer des observations comportementales sur les animaux qui fascinaient les adolescents parce que le regard porté sur l'animal leur permettait de comprendre leur propre animalité. Avec l'aide d'amis, je me suis d'ailleurs très vite rendu compte que si on explique aux jeunes qui ils sont dans ce monde, dans quelle biosphère ils vivent, on leur permet de verbaliser et donc de comprendre leurs propres angoisses, colères, impuissances et questionnements existentiels. Et de *dire* ainsi par la parole, par l'analyse et ce nouveau *lexicon* qu'apporte la science écologique – et aussi dans mon cours par le biais de l'écologie économique, industrielle et politique – leur propre état d'aliénation (de pauvreté, d'immigrants, etc.) et éventuellement de le transcender.

« J'intégrais aussi l'idée d'écologie humaine, en l'occurrence l'influence de notre espèce sur la planète, pour en arriver à la conclusion que, dans des conditions de développement industriel, nous sommes l'équivalent d'une immense tique, laquelle prend tout de son hôte mais ne rend rien, alors qu'en règle générale, à l'intérieur même d'un écosystème, il s'effectue tout un réseau d'échanges, gage du bon fonctionnement et de l'équilibre de notre planète, échanges qui assurent le recyclage de la matière organique, la stabilisation des climats et des sols avec le maintien de leur fertilité, la régulation du cycle de l'eau, la pollinisation des plantes, la fixation du carbone de l'atmosphère, la production d'oxygène, etc. On est là dans une histoire fantastique à raconter. De la flaque d'eau aux océans, des organismes microscopiques du sol aux grandes forêts, raconter comment chaque milieu abrite une population d'individus qui sont interdépendants les uns des autres, lesquels sont dépendants eux aussi d'autres systèmes, climat ou relief. Un ensemble d'êtres et de cycles bien vivants dont la variété et les interactions constituent la nature.

« Un univers complexe, en constante évolution, où les relations entre les êtres vivants sont multiples et entraînent ainsi une coévolution fondée sur la variabilité génétique et comportementale. C'est ainsi qu'on a aujourd'hui des individus performants qui demain et ailleurs seront remplacés par d'autres, différents parce que les conditions de vie seront devenues différentes.

Depuis quatre milliards d'années, les êtres vivants s'ajustent à leur environnement en se diversifiant, ils s'adaptent ou bien disparaissent. L'homme n'échappe pas à cette règle et pour cause : il est une espèce biologique parmi d'autres, en cela il fait partie intégrante de cette nature.

« Nous sommes arrivés à un stade où il faut qu'on comprenne – et c'est ce que j'ai tenté d'enseigner – qu'on est un seul et même village. Nous sommes la nature, *we are the environment*, dit justement le Canadien David Suzuki. Nés d'une vie cellulaire et de processus biochimiques issus de plusieurs milliards d'années. Une nature qui n'est pas seulement autour de nous, mais aussi en nous. Nos cellules contiennent des composants similaires à l'eau de mer. Tous les atomes d'hydrogène, briques constitutives qui composent notre corps ont pour origine le big bang initial, à l'origine du cosmos, voilà près de quatorze milliards d'années. Quant aux autres atomes – l'oxygène, le magnésium, le carbone –, ils ont été d'abord fabriqués au sein des étoiles brûlantes avant de se disperser dans l'espace après leur mort. Une dispersion qui participera à la formation d'éléments tels les minéraux, les métaux, l'eau, la vie. Quand vous expliquez ça à des adolescents, ils voient, c'est sûr, le monde autrement. »

Au Burkina Faso, il existe un peuple de vagabonds qui erre d'un paysage à l'autre à la recherche de mines d'or. Ils s'établissent d'une colline à une autre, se définissent comme un peuple de « refusants », rebelles aux contraintes et aux hiérarchies. Rosane, c'est un peu ça, sauf que son eldorado à lui, ce sont les trésors que renferme la nature sauvage, les mystères qui entourent cette planète, la magie de la réalité.

« Tu as déjà regardé une cellule, un comportement de piaf, un loup qui chasse, la complexité de l'univers ? me demande-t-il. Pour moi, c'est de la magie pure. Penser l'univers et être en émoi. Pourquoi chercher quelque chose de fort dans l'artifice ? L'esprit de la vie, le souffle, la psyché, c'est bêtement sensoriel. Quand je suis en pleine nature, toutes les cellules qui sont en moi vibrent sur la dominante de la Terre. Réorganiser la société dans le respect de la vie, qu'elle soit humaine ou naturelle, constituerait un progrès moral incroyable. Ce serait un bond en avant hallucinant. On entend toujours : "Ah, oui, mais vous voulez revenir à la bougie." C'est beau une bougie ! Faut-il préférer à la bougie les conséquences du séisme sur la centrale nucléaire de Fukushima-Daiichi au Japon ? Si un journaliste économique, ou un invité à ma table, me dit que je suis un optimiste ou laisse entendre de manière arrogante que je suis un pauvre idéaliste et un anarcho-extrémiste, je réponds que c'est plutôt celui qui croit que le système actuel, tel qu'il est fait, peut continuer pour l'éternité… qui est l'illuminé. Je suis pragmatique. Comme un médecin, un vétérinaire. Je prends un pouls, j'y vois une maladie mortelle, j'essaie d'agir comme je peux.

« Un des fondements de la pensée écologique basée sur les lois de la thermodynamique est de dire que la nature est un phénomène localisé. Dès lors qu'on est dans la grande distribution, on est dans l'entropie, dans la dissipation des énergies de haute qualité. Il y a quinze ans, des universitaires avaient déjà calculé que pour accroître l'économie telle qu'elle doit être maintenue dans ce paradigme expansionniste, il fallait 2 % à 5 % d'énergie de plus chaque année. Le résultat supposait que si nous n'avions plus ni charbon, ni pétrole, ni énergie nucléaire, il faudrait alors brûler toute la biosphère, uniquement pour entretenir la machine pour un an. Pour éviter cette dissipation d'énergie, il est donc nécessaire de revenir à une agriculture et à des économies autonomes, en recyclage permanent, et ça, ça ne peut se faire que dans des structures sociopolitiques régionales. Partout des mouvements s'organisent dans ce sens.

« Comme le souligne l'écologiste Paul Hawken qui a passé sa vie à réfléchir à l'influence de l'économie sur l'environnement, ce n'est pas là seulement une mouvance écologique car, en fusionnant avec tous les mouvements de protection et de respect du vivant, il s'est dessiné l'avènement d'un arc moral, en fait, un mouvement de vie dont personne ne mesure encore bien l'ampleur, l'un des plus grands mouvements de l'histoire humaine. Selon l'analyse de Paul Hawken qui n'hésite pas à évoquer la nature profondément biologique de la pensée morale, c'est un peu le même principe qu'un système immunitaire. Un système organisé avec des petites unités qui se relient les unes aux autres, capable de réagir face à un germe pathogène. Le cerveau humain est un organe social, collectif, et nous sommes actuellement en train de constituer une méta-conscience qui nous dépasse, dont nous ne pouvons pas être forcément conscients, au même titre que le neurone isolé ne peut accéder à la conscience de soi dont pourtant il participe avec des millions d'autres. C'est un peu comme la fameuse noosphère du paléontologue et philosophe Pierre Teilhard de Chardin qui désigne la "sphère de la pensée humaine". Et je suis heureux de pouvoir y participer à mon humble niveau. »

S'ensauvager, se découvrir humain

L'après-New York, ce sera le retour aux racines, le Vermont et la musique, l'étape de la mise en pratique des idées. Se débarrasser du superflu dans les actes pour viser une décroissance individuelle, une vie écologique et une autonomie. Devenir un maillon de ces réseaux porteurs de changement. « Puis arrêter les grandes institutions, les grandes entreprises, qu'elles soient de bonne cause ou pas, comme les ONG. Bosser à New York a été un enfer pour ça. J'ai été mêlé trop à mon goût à des histoires de statut, de pouvoir, au sein de la fac et de la fondation écologiste qui m'embauchaient. Il faut se rappeler qu'une constante de l'histoire, c'est que nous finissons par devenir ceux-là mêmes que nous combattons : des monstres. Encore une fois, l'écologie, c'est du local, du petit donc. Le changement ne peut s'enraciner que dans un vaste écheveau de racines, pour ne pas dire de minuscules unités militantes et activistes reliées les unes aux autres, à l'instar du fonctionnement de la vie – du moins pour que ce grand avenir écologique puisse arriver de manière pas trop brutale, révolutionnaire. La question : est-ce que nous en avons bien le temps ? »

Rosane change à la manière dont il voudrait voir le monde changer. Il devient agriculteur biologique, et commence à restaurer la maison familiale de façon écologique, sa fameuse cabane en rondins. « Nichée dans une sombre forêt d'érables, de hêtres, de bouleaux et de pins blancs à la *Hansel et Gretel*, au bout d'un long chemin en terre et à côté d'un ruisseau qui dévale la pente des "montagnes vertes", nos *green mountains* du Vermont, de la chaîne des Appalaches auxquelles la maison est adossée. Le ruisseau alimente un petit lac et un barrage à castors marécageux en contrebas, à côté desquels s'étalent de grands prés fleuris et un immense potager. Et dans cette nature où je croise des loups et des ours, où j'écoute les oiseaux, où j'aime me perdre en forêt, me dissoudre dans la terre qui donne la vie quand je la cultive, je comprends mon apprentissage, mes difficultés, mes bonheurs aussi.

« Aux États-Unis où la nature est une religion, nous sommes marqués par le fantasme encore très vivant de la "dernière frontière", du *wilderness*, des grands espaces. Attention, ce mythe fondateur n'est pas qu'une simple construction sociale. Il s'agit, c'est vrai, d'une immersion dans la nature sauvage qui relève autant du fantasme, collectif et identitaire, et largement inconscient, d'un possible retour à l'Éden que de la réalité très objective de l'existence d'une nature réellement sauvage que le nouveau monde (par rapport à un ancien monde largement éviscéré de son contenu biologique par des millénaires d'agriculture) recèle encore. La faune y est si abondante. Omniprésente, diverse. Tout l'écosystème, même s'il a été modifié, respire encore la fonctionnalité d'un système sain, productif, au sens de la biomasse. La biosphère en action qui respire. Qui se recycle et renaît d'elle-même. Qui sent bon. Qui pue. Qui fait de la musique – un ruisseau est une symphonie. Qui vous titille, vous maintient en alerte. Vous apaise aussi. Je suis de l'école de la pensée scientifique écologiste et de la biologie évolutionnaire qui dit que nos cellules savent ressentir et reconnaître ce “fonctionnel”, “cette diversité du vivant”, puisque ce sont ces conditions de vie qui ont façonné notre espèce, et que nous sommes donc parés pour les ressentir, en dépendre, et s’en entourer.

« Toute notre promesse génétique est d’y évoluer, et de ne pas en être coupés totalement. C’est notre maison et nos corps savent la reconnaître. Cette réalité d’*Homo sapiens* a été pressentie par les littéraires et les poètes, et le plus ardemment défendue par les immersionnistes et anarcho-primitivistes et autres idéologues du niveau de Thoreau, Edward Abbey, Terry Tempest Williams. Sans contact physique avec cette nature sauvage, privés de ses sons, de ses odeurs, nous ne pouvons pas être nous-mêmes. Nous devenons, comme l’explique l’écrivain et journaliste écologiste Richard Manning, psychotiques[4]. Aliénés. Incomplets. Semblables à ces animaux encagés dans les zoos et les élevages industriels, devenant fous parce que privés de tout ce qui leur est vital. Ça n’a absolument rien de “New Age”, c’est tout simplement, le plus simplement et le plus naturellement du monde, une affaire sensorielle. Quand vous êtes *out there* dans le grand sauvage, que vous vous paumez dans les bois, en fait, vous vous *retrouvez* au vrai sens du terme, car toutes les cellules de votre peau sont appelées à être en action, à répondre à leur propre appel évolutionnaire. À exister. Quand vous êtes dans la nature sauvage, toute votre humanité se réveille en vous. Devenir humain, c’est faire corps avec la matrice originelle du monde. »

Ce contraste entre vie urbaine et nature sauvage, ses créations musicales en sont imprégnées – la musique, les variations et le rythme, qui font partie intégrante de la nature. Tant de traits communs entre musique humaine et musique animale[5]. « Quand on fait l’amour à quelqu’un, on fait l’amour à la terre ; dans cette idée, la baleine ou l’oiseau qui chante, c’est la même chose que le chanteur de blues ou les chants sacrés des Yekuanas, c’est une émanation du biologique, c’est le chant de la Terre. » Sexe et big bang, mortalité, sagesse, symbiose, apocalypse et renaissance, lunes de Saturne et monde des esprits, tels sont les thèmes abordés dans ses chansons. Des textes qui évoquent aussi une rencontre avec un vieux chamane gwich'in (le « peuple du caribou »), Johnny Lonedancer, aux confins du Yukon et aux frontières de l'Alaska.

« Il travaillait comme pompiste dans une station-service, la seule sur huit cents kilomètres de route et la seule route dans l'Arctique canadien. Alors que je l'interrogeais sur le ballet de plusieurs hélicoptères qui allaient forer de l'or dans les territoires indiens, il me dit : "Dans notre pensée, la foudre cherche l'or et lorsqu'elle le frappe, l'or se disperse. Il est alors absorbé par toutes les plantes dont se nourrit le caribou. Nous, on chasse le caribou. Ainsi, l'or est partagé par tout le monde." Ému, je lui demande pourquoi moi qui suis naturaliste, je ne sais pas ça. "Tu viens de finir le premier voyage : celui de la connaissance. Tu commences à peine le second : comment convertir la connaissance en sagesse. Nous sommes tous une famille humaine et cette sagesse doit être partagée." C'est depuis l'application de ma vie.

« Pour paraphraser John Trudell, j'ajouterais que la disparition de la sagesse des anciens, du respect, c'est la même chose que la destruction de la biosphère et c'est la même machine qui a phagocyté la notion même d'esprit. Elle ne fait pas que forer le pétrole, les minerais pour s'alimenter en énergie, elle puise aussi en nous. Nous ne pouvons plus nous reconnaître comme êtres vivants, puisque cette perception ainsi que son contenu ont été en grande partie effacés. »

Toujours dans l'entre-deux : double culture, artiste et scientifique, urbain et sauvage, dans la rigueur et l'irrévérence, l'instinct et la raison. Un peu ours, un peu birdy. « Rien ne s'oppose, tout est complémentarité et participe d'une même recherche, celle d'une unité avec ce qui nous entoure. Nous ne pouvons pas vivre sans dresser des causalités, des "ceci explique cela", d'où venons-nous, où allons-nous, d'où vient le danger, où est le plaisir, la mort, la naissance, notre place dans l'univers, la place de l'univers en nous. Face à toutes ces questions, la musique est pour moi la réponse émotionnelle quand les mécanismes darwiniens du vivant biologique, ou physiques de l'univers, représentent la réponse rationnelle. L'association des deux me permet de me sentir pleinement vivant.

« Le fait d'avoir travaillé en écologie tropicale dans la fôret amazonienne et en écologie urbaine à New York m'a fait prendre conscience que ces deux natures n'étaient finalement pas en opposition mais qu'il s'agissait de deux états du monde, situés sur un même gradient, et ce gradient va de la nature fonctionnelle – écosystémique, productrice de vie, de biomasse et de diversité, en autopoïèse – à une nature dysfonctionnelle, la ville machine, allopoïétique, pyramidale, qui ne fait que consommer et ne produit rien de biologique et qui, pour produire du capital, du pouvoir d'accès aux ressources et du "bonheur", a besoin de cannibaliser les ressources naturelles du monde. La ville est un épicentre, un neurone technologique de l'édifice industriel humain dans son ensemble, de cette machine à tout dévaster désormais mondialisée. Elle et ses banlieues ne peuvent subsister que si elles s'approprient par la violence des ressources énergétiques et biologiques situées en amont : la campagne, la forêt dévastée pour faire place à la production d'huile de palme, des sommets de montagnes explosés pour faire place aux mines de charbon... Auparavant, je faisais donc une distinction manichéenne et fausse entre ville/nature, homme/animal, alors que tout est issu d'une même cellule originelle, que toute vie sur terre, même humaine, même technologique, même culturelle, est indivisible, reliée.

« Seulement, pour que la ville redevienne écologique, sauvage, naturelle, fonctionnelle, il faudrait qu'elle puisse produire sa propre consommation et recycler l'intégralité de ses déchets. Une économie *cradle to cradle*, c'est-à-dire "du berceau au berceau", un concept imaginé par des pionniers de l'écologie industrielle et qui consiste à créer et à recycler à l'infini en s'inspirant de la nature. Maintenant, avec cette conscience durement apprise, je peux jeter un regard, disons, plus généreux sur la ville, ses habitants on ne peut plus biologiques et leurs comportement de primates doués de parole. Un vrai spectacle, surtout pour le nouveau père que je suis, qui emmène son jeune fils observer la nature dans les parcs et pour finir – car finalement c'est le plus important – partage cette conscience avec lui, de l'identification de l'oiseau qui s'envole sous ses yeux à l'origine du brocoli dans son assiette. »

7

Pensées fertiles pour monde en détresse

Philippe Desbrosses

> « Pauvreté et dégradation de l'environnement sont des phénomènes à rétroaction positive, à savoir que les conséquences de l'une rendent l'autre inévitable. Quand on parle de sauvegarder le biopatrimoine, le souci humanitaire est toujours en contrepoint. »
>
> Jean Delacre et Michel Tarrier

« Quand vous marchez sur un sol fertile, vous avez la vie sous vos pieds ! aime à rappeler Philippe Desbrosses. La biodiversité des sols est composée de milliards d'êtres vivants de tailles, de formes et d'activités diverses qui fonctionnent tous en interdépendance – levures, actynomicètes, algues microscopiques, animaux unicellulaires, champignons et bactéries. Plusieurs tonnes de vers de terre par hectare, deux milliards de bactéries au centimètre cube, un million de champignons par gramme de terre. Et toute cette diversité sert à digérer, transformer et régénérer le sol. Elle compose son système digestif ! Ces organismes sont par conséquent indispensables à la fonction durable des écosystèmes. Une grande variété d'organismes vivants présents dans les systèmes agricoles ou environnants remplissent d'innombrables fonctions, comme la décomposition des matières organiques, la lutte contre les maladies et les espèces de ravageurs, la pollinisation, la qualité de l'eau, la rétention de l'humidité dans le sol, la lutte contre l'érosion, etc. »

Philippe Desbrosses est docteur en sciences de l'environnement, expert consultant auprès de l'Union européenne, agriculteur bio en Sologne, où il est directeur du centre pilote de la ferme de Sainte-Marthe. Né à la campagne, il eut d'abord, comme la plupart des jeunes ruraux de sa génération, un désir de grande ville. Il commença même une carrière de chanteur, sans se douter que la nature le tenait…

« J'avais dix-neuf ans, raconte-t-il. La seconde guerre mondiale avait laissé de nombreuses cicatrices sur les corps, la terre et dans les cœurs. Je venais, comme bon nombre, d'une société civile en majorité paysanne qui vivait alors au rythme lent du pas de ses bœufs et de ses chevaux, de ses traditions et de ses rituels, ses fêtes des moissons et ses vendanges. Une énergie des habitudes fondée sur la lenteur et la patience qui soudain se heurte à l'arrivée brutale, fébrile, rapide de la révolution industrielle dans les campagnes, avec des tracteurs, des moissonneuses, des produits chimiques. J'étais au milieu de ces deux mondes, à la fois empreint de nostalgie pour ce passé respectueux des lois de la nature et désireux de profiter d'un monde nouveau, d'abondance et de confort. Attiré par cette vision du progrès mais mal à l'aise devant le pillage et le gaspillage élevés au rang de mode de vie.

« Toute mon enfance, j'avais vu mes parents vivre très simplement, dans l'économie, en respectant le travail, la nature, les plantes, les animaux de la ferme, ce que l'agriculteur et philosophe Pierre Rabhi appelle aujourd'hui la "sobriété heureuse" ou la "simplicité volontaire". Ni régression ni privation mais une utilisation de l'essentiel pour satisfaire ses besoins et gagner en qualité de vie[1]. Ma vision a évolué, la mienne et celle de ma famille comme de beaucoup d'autres paysans lorsque nous avons fini par comprendre que le système qui nous avait tant séduits était là pour servir la prospérité de l'agrochimie et de la pétrochimie, mais pas celle des paysans qui disparaissaient à grande vitesse – et disparaissent encore[2] –, ni celle des animaux, des plantes et des sols qui subissaient et subissent toujours l'assaut d'une armée d'outils et de principes inspirés de la guerre.

« Après la guerre, les industriels ont fait ce qu'il fallait pour recycler leurs stocks de poisons et servir la nouvelle industrie naissante : l'agriculture. Les engrais, issus de la chimie industrielle, ont été fabriqués avec en point d'appui le recyclage d'usines d'explosifs à base de nitrate utilisés par l'armée. Une utilisation à outrance d'engrais artificiels agit au détriment des cycles naturels des sols[3], ils épuisent les matières organiques, empêchent leur régénération par les micro-organismes, modifient la structure du sol qui a du mal à retenir l'humidité. L'eau s'infiltre et lessive les nutriments de la terre, au bout d'un certain temps les plantes dépérissent et la terre arable, vivante, disparaît, elle se minéralise. En trente ans, un tiers des terres cultivables ont été définitivement perdues, soit huit kilos de terre disparue pour un kilo de denrées produites[4].

« À cela s'ajoute la pratique courante de la monoculture qui consiste à ne cultiver qu'une seule espèce de plante pendant plusieurs années sans laisser à la terre le temps de se reposer. Avec par-dessus l'utilisation de pesticides qui détruisent eux aussi la vie dans les sols. Des pesticides issus là encore des armes chimiques utilisées pendant les guerres – des organophosphorés des gaz de combat de la guerre de 14-18 à l'agent orange utilisé comme défoliant au Vietnam en passant par le DDT des années 30[5]. »

La Terre en otage

Dans le sillage des grands principes de l'économie productiviste appliqués à l'agriculture et à l'élevage – comme à la pêche – et des règles édictées par l'Organisation mondiale du commerce vouée à la concurrence libérale au détriment des cultures locales vivrières riches en variétés, les conséquences sanitaires et sociales vécues ces dernières années aux quatre coins du monde ont été catastrophiques : déforestation massive, extinction des espèces, épidémie de grippe aviaire, pollution des nappes phréatiques, maladie de la vache folle, inégalités alimentaires, fragilité de l'autonomie alimentaire de chaque pays, exode des paysans liés depuis toujours aux modes nourriciers ancestraux et accroissement de la pauvreté de ces gens qui rejoignent les mégapoles et bidonvilles après avoir été spoliés par les grandes compagnies industrielles visant le contrôle des espaces, des semences et des animaux d'élevage par l'uniformisation. Hommes, animaux domestiques et nature sauvage sont pris en otages.

« Quel meilleur moyen en effet de rendre esclaves des pays autosuffisants pour satisfaire le développement des multinationales, et ce en les contraignant à produire des marchandises à destination de l'Occident moyennant des devises qui compensent leurs dettes[6] ?

« L'agriculture productiviste a un coût énergétique énorme : en fait, elle consomme davantage d'énergie qu'elle n'en produit ! Un aliment fait souvent trois fois le tour de la Terre avant d'arriver dans l'assiette du consommateur, entre-temps il a gaspillé de précieuses ressources en eau, mais aussi engendré des gaz à effet de serre responsables de la réduction de la couche d'ozone et généré des tonnes de matières polluantes. Pour un steak dans un fast-food, il faut transformer cinq mètres carrés de forêt vierge en pâturage. Les États-Unis consomment ainsi chaque jour mille tonnes de viande de bœuf en boulettes pour leurs Big Mac, participant directement à l'accélération du déboisement en Amérique du Sud et en Amérique centrale. Les forêts de l'Amazonie ont été rasées à 80 % pour devenir des pâturages[7]. Au Costa Rica, c'est soixante mille hectares qui continuent d'être déboisés chaque année pour le bétail.

« Avec le triomphe de la révolution industrielle est venu le temps de l'agriculture technologique déjà amorcée peu après la seconde guerre mondiale pour augmenter les rendements. À cette époque, la démarche était logique, il fallait faire face aux pénuries alimentaires. Mais la prospérité est devenue amère. La recherche génétique propose de modifier le génome des espèces végétales et animales pour en contrôler le développement, privilégier les plus productives au détriment de la variété génétique naturelle à seule fin de rentabiliser les investissements d'une poignée de firmes agro-industrielles. Ainsi, les plantes anciennes et les espèces animales rustiques ont été peu à peu remplacées par des espèces adaptées aux techniques de pointe de l'agriculture moderne. Il existait jadis près de dix mille espèces de blé dans le monde, seules trois souches sont utilisées désormais. En Inde, il ne reste qu'une cinquantaine de variétés de riz dont dix principalement utilisées contre trente mille auparavant. C'est comme pour les pommes en France : mille variétés présentes au début du XXe siècle, contre une vingtaine de variétés en 2011, dont une dominante, la Golden, qui représente 70 % du marché. Deux mille espèces de plantes sauvages disparaissent chaque année. L'introduction de cultures standardisées comme le blé et le riz dans les pays en développement a entraîné des pertes importantes au niveau des cultures vivrières diversifiées.

« Alors qu'avec un plus grand nombre d'espèces mises en culture, adaptées à leur environnement, ces populations pourraient trouver un revenu, un moyen de subvenir à leurs besoins et aussi une possibilité de créer de nouvelles variétés plus résistantes. Certaines populations agricoles le pratiquent comme à Java où l'on peut dénombrer jusqu'à six cents espèces différentes dans un seul jardin, ou bien dans les Andes où les cultivateurs travaillent encore aujourd'hui pas moins de trois mille variétés de pommes de terre (sachant qu'il en existe environ six mille en Amérique du Sud). De la même façon, les espèces animales locales sont souvent mieux adaptées à l'environnement et donc plus productives pour un moindre coût. La diversité du vivant représente une richesse pour chaque pays et permet aux peuples de conserver leur indépendance. Par ailleurs, cette autonomie alimentaire n'engendre pas la destruction de la nature sauvage et le braconnage des espèces animales auxquels les populations sont contraintes quand elles n'ont plus rien à manger.

« Bouleverser un seul élément de la variété du vivant peut désorganiser l'ensemble. Lorsqu'on empoisonne une mésange par des pesticides, on se prive de l'assistance biologique d'un petit animal qui mange et nous débarrasse de six millions d'insectes par saison ! En Indonésie dans les années 80, les prédateurs naturels de la sauterelle, parasite du riz brun, ont été décimés par les pesticides utilisés. Résultat : cet insecte a dévoré la valeur de près de 1,5 milliard de dollars de riz en deux ans. Le gouvernement indonésien a supprimé les subventions aux pesticides pour que les agriculteurs recourent à d'autres méthodes…

« Dans le processus de réchauffement climatique, l'agriculture industrielle a aussi sa part de responsabilité. On estime en effet à près d'un demi-million de tonnes la production de protoxyde d'azote (gaz à effet de serre) pour le seul territoire français du fait de l'utilisation d'intrants azotés dans les cultures ; en y ajoutant le relargage du carbone séquestré dans le sol et le méthane produit par les animaux, nous pouvons imputer à l'agriculture 30 % d'émissions directes de gaz à effet de serre. Relation de cause à effet : un assèchement de certaines zones du fait de l'élévation des taux d'évaporation et de la réduction des précipitations dans des régions comme l'Amérique centrale, l'Afrique australe, l'Australie ou le sud de l'Europe, entraînant une raréfaction d'eau douce avec pour conséquence la réduction voire la destruction des récoltes. En Chine, suite au réchauffement de la planète, les agriculteurs puisent déjà de plus en plus d'eau.

« Vous pouvez posséder le voilier le plus moderne, bardé de toutes les innovations technologiques les plus performantes, il ne vous servira pas à grand-chose si vous n'avez pas de boussole. En l'occurrence la boussole de la science ou de la société tout entière, c'est la réflexion philosophique ou sagesse des anciens qui doit lui indiquer le sens de son engagement et de ses responsabilités pour répondre aux besoins réels et à l'urgence de la situation. Non aux objectifs mercantiles de quelques groupes privés qui s'approprient le patrimoine commun et s'arrogent le droit de bouleverser les écosystèmes, comme dans cette nouvelle dérive totalitaire que constituent les OGM. »

Nos pollutions n'épargnent rien

L'aliment étant porteur de sens, consommer a pendant longtemps été un acte culturel. La consommation est devenue inconsciente. Jane Goodall a mené une enquête sur l'élevage industriel[8] ; le constat et les chiffres qu'elle rapporte sont similaires à l'enquête effectuée au début des années 90 par l'économiste américain Jeremy Rifkin[9] ; elle rejoint les études, plus récentes, de Joan Safran Foer, *Faut-il manger les animaux ?*, de Charles Patterson, *Un éternel Treblinka*, et de Fabrice Nicolino, *Bidoche*, qui rappellent ce que l'on savait déjà sur la souffrance terrible endurée par ces animaux[10]. Cent mille bovins sont abattus par jour aux États-Unis, trois millions par an en France, et pour nourrir les animaux destinés à engraisser les Occidentaux, la culture céréalière occupe un quart des terres cultivées dans le monde au détriment de la nourriture de base des communautés paysannes. Comment ne pas vomir en sachant que 90 % du bœuf du Guatemala – où plus de la moitié de la population qui vit dans la pauvreté est tenaillée par la faim, avec des conséquences dévastatrices sur les enfants – part aux États-Unis pour être transformé en partie en hamburgers et accroître toujours plus l'obésité et son impact sur la santé des consommateurs qui en consomment près de sept milliards chaque année dans les fast-food… ?

Du côté des océans, l'offensive est la même. La liste de poissons condamnés à court terme ne cesse de s'allonger et les conditions dans lesquelles vivent les poissons d'élevage pour pallier la raréfaction des espèces sauvages relève des mêmes dérives que pour les bœufs et les poulets. Les poissons, traités aux antibiotiques et aux hormones, infestés de bactéries, souffrent de stress et par conséquent de maladies.

« La pollution constitue une des causes susceptibles d'affecter la biodiversité des océans. Plusieurs facteurs : le déversement des eaux usées non traitées dans les mers, les résidus agricoles chargés en pesticides, engrais azotés et lisier, qui participent à un phénomène qu'on appelle l'"eutrophisation" et qui correspond au développement excessif d'algues bloquant la lumière du soleil et absorbant l'oxygène. La pollution est importante au niveau des villes en bordure des côtes et pas un endroit n'en est exempt puisque les courants transportent les polluants d'un coin à l'autre de la planète. Au Chili, ce sont les déchets d'usines de pâte à papier, de pétrole, de mines de cuivre qui, chaque jour, rejoignent la mer, sans oublier la pollution issue de l'agriculture industrielle. Un rapport du programme des Nations unies révèle qu'il existe environ cent cinquante zones dépourvues d'oxygène à travers les mers du globe, conséquence d'une abondance d'azote provenant entre autres pollutions des fertilisants agricoles. Faute d'oxygène, poissons et herbiers marins se meurent et affectent déjà les stocks menacés dont dépend la pêche.

« Du fait de la dégradation de la chaîne alimentaire marine, les poissons ne sont pas les seuls menacés. Les métaux lourds et autres produits toxiques qui se concentrent dans les poissons comme les nappes de pétrole dues aux dégazages ou aux déchets divers ingérés et en particulier plastiques tuent chaque année des millions de mammifères marins, d'oiseaux et de tortues dont les populations pour la plupart sont déjà si fragilisées. De fait, certaines espèces d'oiseaux sont menacées comme le phoque moine de Méditerranée, les albatros des mers du Sud, les cétacés, etc.

« Les eaux douces abritent plus de quarante mille espèces aquatiques et alimentent les océans en substances nutritives nécessaires aux terres. Malheureusement, de plus en plus de zones humides sont asséchées quand l'eau douce des nappes, fleuves et rivières est désormais surexploitée et polluée par l'homme. Or, selon un récent rapport de l'Institut français de l'environnement, ce sont les deux tiers des eaux françaises qui sont contaminées par les pesticides, lesquels, rappelons-le, sont suspectés d'entraîner une diminution de la fertilité masculine, des troubles neurologiques, des malformations congénitales chez les garçons, des leucémies et un certain nombre de cancers. Entre 1997 et 2002, la Cour des comptes a noté que 9,2 milliards d'euros d'aide ont été versés pour rendre les eaux de meilleure qualité sans qu'aucune amélioration ait été constatée. »

S'organiser pour résister

« Le grand enjeu, c'est notre capacité à élaborer de nouvelles organisations humaines capables d'embrasser la complexité des problèmes que nous avons créés. C'est donc la solidarité, la coopération, et non pas la compétition et l'individualisme. J'aime beaucoup rappeler cette pensée de Goethe : “Toute entreprise terrestre repose ou provient d'une impulsion céleste”, c'est-à-dire que toute manifestation ici-bas a une origine spirituelle. La foi peut revêtir de multiples formes. Pour autant, elle ne peut avoir comme corollaire que le respect de la nature et des êtres qui la composent, car tout est interdépendant. Le principe de division est un égarement, qui amène la concurrence sauvage et l'affrontement. Donc, la seule chose qui peut inverser la tendance et arrêter la mainmise des agro-industriels sur la terre et les hommes comme la honte des élevages industriels, c'est de continuer à s'opposer en s'associant. On ne lutte contre les ténèbres qu'en ajoutant de la lumière. »

Une prise de conscience a germé ces cinq dernières années. Des solutions existent pour se nourrir sainement et librement, elles se répandent, on invente ici et là d'autres modes de consommation, de vie, de culture de la terre. Des réseaux d'échange de variétés de semences et d'idées, de travail, de formation à l'agriculture bio et urbaine et de soutiens tant locaux qu'internationaux ont vu le jour, foisonnent. Ils participent d'une révolution et d'une mutation, d'une conscience qu'une nouvelle alliance avec la terre peut permettre aux hommes de retrouver liberté et fierté. « Cultiver son lopin de terre, si petit soit-il, est un acte politique, c'est un acte de résistance », défend si justement Pierre Rabhi.

« Ce retour à une économie locale est un signal fort qui montre que la société est en train de s'organiser pour faire face, souligne Philippe Desbrosses. Pour nourrir une population en croissance constante, l'agriculture doit déjà respecter la terre, c'est-à-dire sa capacité de production et de récupération. Ce qui implique de meilleures pratiques agricoles et une diversité des espèces locales préservées. Ce ne sont ni les molécules des laboratoires, ni les logiciels des grandes institutions nationales, ni l'enseignement de l'agronomie tel qu'il est dispensé aujourd'hui et encore moins les 2 % d'agri-managers les plus subventionnés par l'argent des contribuables qui vont sauver l'humanité de la famine si nous les laissons continuer à détruire les sols, à gaspiller l'eau et à saccager les ressources, mais ce sont bien les millions de petits paysans, avec des moyens durables et économiques de bonne gestion des écosystèmes, qui sauveront l'agriculture.

« Face aux poncifs qui consistent à dire que le rendement des semences génétiques est près de 15 % supérieur à une agriculture naturelle, Vandana Shiva, la présidente du mouvement paysan altermondialiste Navdanya, en Inde, qui a reçu le prix Nobel alternatif en 1993, aime à souligner un autre constat : "Dans le monde entier, dit-elle, les statistiques montrent que les petites exploitations qui associent de nombreuses activités agricoles différentes peuvent être cinq à dix fois plus productives à l'unité que les grandes exploitations pratiquant la monoculture." D'autre part, il faut que cesse cette hypocrisie qui consiste à justifier des artifices coûteux et dangereux au nom de la faim dans le monde, alors que l'on continue à mettre des terres en jachère, à imposer des quotas de productions et à détruire des excédents pour cause de surproduction et d'effondrement du marché… Le problème de la faim dans le monde n'est pas agronomique mais politique. C'est l'accès légitime au droit de se nourrir que nous devons instaurer pour les populations non solvables.

« Pour ce qui est de la pêche, il faudrait instaurer des quotas pour réduire les prélèvements, diminuer les flottes, en somme revoir les techniques de pêche dans leur ensemble, et associer l'aquaculture à des systèmes agricoles diversifiés. Dans ce contexte, les différentes composantes d'une exploitation agricole entrent en synergie : le fumier du bétail est utilisé comme engrais, les sous-produits des récoltes sont donnés aux animaux, etc. Pendant des siècles, les agriculteurs d'Asie et d'Europe centrale ont intégré la pisciculture en étang à d'autres systèmes agricoles, comme en Bavière. L'objectif principal était de conserver l'eau pour la donner aux animaux, maintenir la nappe d'eau à un niveau stable pour l'agriculture, les étangs servaient aussi à l'irrigation et continuent d'ailleurs à produire des carpes. Un projet regroupant deux cent cinquante-six fermiers au Bangladesh ayant intégré la pisciculture à la riziculture a révélé des bénéfices supérieurs de 20 % en raison du fait qu'ils utilisaient moins d'engrais et de pesticides. De plus, les rizières sont des réservoirs importants de diversité biologique. Une étude de la FAO (Organisation des Nations unies pour l'alimentation et l'agriculture) aurait dénombré dans une seule rizière plus de sept cents espèces d'insectes et autres organismes.

*

« Dans le cercle de la vie, l'homme n'a pas de place privilégiée. Qu'il s'agisse des quatre éléments : air, terre, eau, feu, du monde végétal, du monde animal et de l'homme, chacun a un rôle primordial à jouer. Tous sont interreliés et dépendants les uns des autres. Si un de ces éléments est en déséquilibre, il s'ensuivra nécessairement une fragmentation du cercle donc une indubitable impossibilité d'harmonie. Par conséquent, il n'y a pas de concept hiérarchique, il n'y a pas d'élément qui occupe une place ou un degré au-dessus. L'homme ne surpasse pas les autres êtres vivants, il les complète (...) l'animal transmet aux humains des enseignements appartenant à la nature sensible, au monde physique, des valeurs et des principes d'ordre moral. Cette relation étroite avec l'animal émane du lien spirituel qui nous lie avec lui et que nous qualifions de relation symbiotique. Nous sommes conscients que ce rapport provient d'une origine commune et nous ressentons une profonde relation de parenté. De cette relation est né un mode de vie spirituel. Chaque geste posé envers l'animal est empreint d'un profond respect, d'une ardente gratitude. »

Charles Coocoo,
maître de cérémonie atikamekws (Québec)

*

Deuxième partie

BESTIAIRE

« Les oiseaux sont et ont toujours été des vieillards réincarnés atteints du syndrome de la Tourette qui ont réussi à déjouer le schéma reproductif. Ils baisent, s'occupent de leurs enfants sans jamais oublier leur véritable mission : hurler à pleins poumons avec une rage démoniaque horrifiée, chaque matin à l'aube, pour nous rappeler qu'ils connaissent la vérité. Dans le monde entier, ils nous hurlent aux oreilles le meurtre et le sang mais malheureusement nous ne parlons pas le langage des oiseaux, les baleines répondent à l'aide d'un message similaire à notre intention : elles s'échouent. »

Kurt Cobain

Introduction

> « Nature et civilisation doivent se ramifier l'une vers l'autre comme le sang et l'air dans les poumons. »
>
> Robert Hainard

Mon grand-père n'empoisonnait pas les rats et les souris de la cave et du grenier. Il avait installé des pièges, les capturait vivants et les relâchait loin de la maison. Les grenouilles, crapauds et orvets servaient d'auxiliaires au jardin en remplacement des poisons vendus en magasin, les taupes étaient les bienvenues pour aérer les sols. Les oiseaux sauvages étaient nourris chaque hiver, les araignées servaient d'insecticide dans la maison, comme les chauves-souris à l'extérieur, et les vers de terre du tas de compost bénéficiaient de toutes les attentions car de leur vie allaient dépendre nos provisions de légumes pour l'hiver. Lorsqu'il sacrifiait, à de rares occasions, un des lapins qu'il élevait, un coup rapide et ferme derrière le crâne plongeait l'animal dans l'inconscience. Tout de suite après la lame d'un couteau aiguisé tranchait la jugulaire avec précision. Aucun cri, aucune expression de douleur. J'étais enfant, je mangeais cette viande sans réserve particulière. En réalité, ce n'est pas le lapin que je mangeais, c'est l'amour de mon grand-père. On mange des idées avant tout, des habitudes, des traditions.

L'abattage fermier d'un cochon changea un jour la donne. C'est moins la mort de l'animal qui me secoua que les conditions dans lesquelles il fut tué. Les coups, les insultes et les rires, le couteau qui n'en finissait pas de trancher, cette vigueur de la bête pour ne pas mourir. Les cris bien sûr, ce regard surtout. Il y eut aussi ces animaux cloués vivants sur les portes des granges pour éloigner le malheur. Ces grenouilles à qui l'on arrachait les cuisses en les laissant mourir ainsi pour une poêlée persillée. Ces chiens et ces chevaux frappés à coups de poing et de bâton pour les dresser et les punir. Ces voisins qui pensaient qu'extirper les yeux des lapins, la langue des poules et des coqs ou les plumer vivants avant de les tuer donnait un bien meilleur goût à la viande. Et tant d'autres bêtes dont les souffrances m'ont interpellée – et révoltée pour longtemps –, autant que les motivations qui conduisaient ces hommes, ces femmes et ces enfants à agir ainsi.

Avec le temps, j'ai voulu comprendre pourquoi on pouvait les torturer sans que ce soit jugé comme un acte abominable. Quelles étaient les conséquences d'une telle vision de l'animal sur les hommes entre eux, sur la nature en général ? « Une culture qui se sent apparentée aux animaux gardera foi en ses racines, souligne l'éthologue Desmond Morris. Si nous oublions nos humbles origines, nous en viendrons à croire que nous pouvons agir à notre guise sur notre petite planète. Alors nous deviendrons les nouveaux dinosaures, les fossiles d'une ère future[1]. »

Le regard paradoxal de la science sur l'animal

« On dit de la passion pour un animal : "C'est compensatoire." Mais tout est compensatoire, nous dit Béatrix Beck, on a des enfants comme remèdes contre la condition mortelle, des amis faute d'absolu. » Les animaux me touchent. Ils me toucheront toujours. Cet intérêt pour eux justifie cet ouvrage, les précédents, ceux à venir. Je connais aujourd'hui suffisamment bien le monde animal pour ne pas avoir une vision angélique et purement sentimentale de la nature et des bêtes. Je sais combien les bons sentiments peuvent porter préjudice à l'animal. Humaniser une bête est de mon point de vue aussi condamnable que la maltraiter car, dans les deux cas, c'est nier qui elle est. Mais il serait absurde de ne voir que la dureté dans la nature pour justifier notre violence et notre indifférence à son égard, comme il serait tout aussi crétin de réprimer notre empathie pour elle au nom d'une idéologie. Je suis satisfaite qu'aujourd'hui enfin, les chercheurs qui étaient jadis critiqués pour oser évoquer l'amitié, la compassion, la morale, l'intelligence et la conscience chez les animaux puissent être entendus et reconnus. Que ces validations – car, après tout, la science redécouvre en cela et affirme ce que d'autres, hommes et cultures, savent et ont admis depuis longtemps – participent à améliorer nos rapports avec eux, avec la nature en général. Un progrès qui peut être perçu par certains comme anecdotique voire pathétique. Raccourci facile. Si pendant longtemps le sacrifice de l'animal a donné un sens à la vie des hommes, à la chasse, dès la préhistoire, comme sur les autels religieux des premières sociétés, la continuité d'une attitude qui consiste à nier le respect de la vie animale nous a conduits aussi à manquer de recul par rapport à la portée même de nos actes sur l'homme – de la justification des hiérarchies à la transgenèse et ses dérives. S'intéresser à l'animal, ce n'est pas donc tourner le dos à l'homme, bien au contraire.

« La protection pure et dure est une dérive, objectait il y a des années le neurobiologiste Jean-Didier Vincent au cours d'un entretien sur l'expérimentation animale. C'est une attitude qui découle d'une incompréhension totale du vivant, le vivant qui est fait de mort, de violence, de chair meurtrie, de corps douloureux. La mort c'est la vie, comme l'a dit Claude Bernard. La nature n'est pas morale[2]. » Contraste saisissant avec ce qui se dit et s'écrit aujourd'hui. C'était il y a seize ans, je publiais alors *L'Animal objet d'expériences*, une enquête menée pendant près de trois ans qui m'avait conduite à revisiter toute l'histoire, fascinante, de la médecine, de la recherche, de la protection animale, à rencontrer des chercheurs expérimentant ou pas sur les animaux, à visiter des laboratoires. Nécessité de comprendre les pour et les contre, les tenants et les aboutissants d'un problème infiniment complexe qui ne se résume assurément pas en quelques lignes ou sur un plateau de télévision. Lorsqu'on évalue le chemin parcouru depuis l'Antiquité, les animaux ont été parfois utiles à certaines découvertes quand d'autres ont eu lieu sans eux – pour autant, ce qui a existé à un moment donné ne doit pas servir à justifier son existence sur le long terme quand d'autres moyens sont possibles. Je n'entrerai pas ici dans le détail, ce n'est pas le sujet. En revanche, ce qu'il convient de souligner, c'est que dans cette quête de connaissance qui remonte à la haute Antiquité, l'animal a été de tout temps considéré comme un objet[3]. Ce qui s'applique aux laboratoires de recherche s'applique évidemment à l'élevage industriel et toute autre forme d'exploitation animale. Surtout lorsque cette exploitation sous-tend une économie importante que le statut d'animal-outil permet justement de faire perdurer – ou quand elle est figée pour des raisons culturelles.

Dans l'esprit de l'immense majorité des chercheurs expérimentant sur des animaux, la hiérarchisation du monde vivant se justifiait et reposait sur l'idée que l'homme, doté de la parole, était le seul à posséder la capacité de penser. On sait depuis que cette idée est fausse et, bien qu'elle survive encore, un cap a été franchi. On aurait pu, c'est vrai, gagner un temps fou en s'engageant dans de nouvelles voies de recherche si de telles positions n'avaient pas muselé des volontés et empêché l'exploitation de nombreuses observations. Pendant longtemps, les chercheurs qui ont étudié le comportement animal ont effectivement craint, selon l'éthologue et pionnier de la conscience animale Donald Griffin, de « ne pas faire œuvre scientifique en se préoccupant de sentiments et de pensées », ce qui conduisait à accepter « un libre arbitre chez l'animal »[4].

Toutes les expériences sur les animaux reposent sur le postulat que d'un point de vue biologique ou psychologique, nos réactions et comportements sont identiques aux leurs. Or, quels que soient l'expérience et son résultat, force est de constater que le chercheur a toujours été confronté à un paradoxe majeur : d'un côté, il n'a cessé de nier nos ressemblances avec l'animal pour justifier le droit de la science à l'utiliser ; de l'autre, il revendique ces ressemblances pour donner un sens à ses expériences. Par exemple, on sait désormais que la capacité à souffrir existe chez l'animal. Mais il a fallu attendre longtemps que la science finisse par le prouver. La question lancinante perdure : a-t-on le droit de faire souffrir un être doté d'une conscience de soi, d'une intelligence, capable de ressentir des émotions ?

« Refuser au chercheur le droit d'expérimenter sur les animaux au nom de la souffrance animale abusivement assimilée à la souffrance humaine, n'est-ce pas identifier l'homme à ce qui est le moins humain : la nature ? » s'interrogeait en 1999 la philosophe Janine Chanteur. On sait bien que ces philosophes-là ont été dépassés depuis longtemps par l'incroyable production scientifique qui chaque année démontre que les hommes sont dotés de compétences qui leur sont propres mais qui n'en font pas l'exception. Le verbiage pompeux, les argumentations fallacieuses et le terrorisme intellectuel de certains sont désormais ridicules face à la réalité. On les entend d'ailleurs beaucoup moins pérorer aujourd'hui qu'ils ne l'ont fait il y a des années. Évoquer la souffrance d'un animal dans le confort d'une salle climatisée financée par les laboratoires pharmaceutiques ou agro-chimiques face à une assemblée de collègues convaincus est un choix. Ce choix devient discutable lorsque les mêmes siègent dans les comités d'éthique censés se préoccuper du bien-être animal. Toujours est-il que cette négation de la sensibilité animale par les chercheurs, issue d'une vision scientiste et d'une longue tradition philosophique, a ouvert la porte à l'exploitation animale de masse et son cortège de supplices. Au fond, nous n'avons jamais eu de droit particulier sur les animaux, juste la prétention de le penser.

La défense animale : une histoire au long cours

Depuis peu, nous découvrons donc que les animaux ne sont plus des machines ; que l'intelligence est une question de degré selon les espèces – ce que Charles Darwin expliquait au XIXe siècle[5] – mais que les compétences sont propres à chacune et que celles des humains ne peuvent absolument pas servir de mètre-étalon. Nous partageons avec eux un héritage biologique et sommes finalement moins à l'image de Dieu qu'à celle du singe. Le piédestal sur lequel a reposé si longtemps notre certitude à nous croire d'essence divine, espèce élue prompte à régir et hiérarchiser le vivant, s'est finalement effondré. Personnellement, je ne m'en sens pas moins humaine. Plus les avancées scientifiques progressent, plus notre sensibilité à l'écologie se développe et plus cette question insidieuse persiste : si les animaux ne sont plus des outils, que devient notre légitimité à les exploiter ? Une question qui en soulève une autre : s'il est acquis que les grands singes ont une conscience et une sensibilité, que dire alors de ces milliards d'animaux maltraités pour nourrir, divertir, soigner, servir la vorace humanité ?

On peut critiquer tant qu'on veut ces gens qui dans les années 70 et 80 se sont infiltrés dans les laboratoires pour filmer l'impensable et avertir la population. Leurs actions ont bel et bien empêché la poursuite d'expériences contestables. Ils ont réussi à faire adopter des lois et des règlements fixant les standards pour les soins et le traitement des animaux de laboratoire, à faire réfléchir plus globalement à la notion de sensibilité chez l'animal. Au début du XIXe siècle déjà, des scientifiques anglais, en visite dans les laboratoires du Collège de France à Paris et des écoles vétérinaires, ont été eux aussi effrayés à la vue de ce qui s'y pratiquait, au point que la Royal Society est intervenue en 1862 auprès de Napoléon III[6]. Aujourd'hui, on voit des journalistes, des artistes, des auteurs pénétrer dans des élevages industriels et des abattoirs pour témoigner à leur tour des conditions de vie et de mort terribles des animaux dits « de consommation » – et rappeler au passage l'impact écologique, social et économique de ces pratiques sur les hommes et l'ensemble de la planète.

En 1905, un militant socialiste, Upton Sinclair, enquêta sur les conditions de travail des ouvriers dans les tristement célèbres abattoirs industriels de Chigago et écrivit un livre, *La Jungle*, relatant l'enfer pour les bêtes et les hommes[7]. En 1964, un des premiers livres à décrire l'élevage intensif voit le jour sous la plume de Ruth Harrison. En 1981, c'est au tour de l'ouvrage *Le Grand Massacre*, une enquête détaillée contre l'élevage industriel cosignée par le Prix Nobel de biologie Alfred Kastler, Michel Damien et Jean-Claude Nouët. Sue Coe, artiste peintre, sort en 1990 un livre de dessins après sept années à visiter les abattoirs dans tout le pays. Qui s'en est alors ému ? Aujourd'hui, le livre de l'écrivain américain Joan Safran Foer *Faut-il manger les animaux ?* est devenu un best-seller. Comme ses prédécesseurs, Safran Foer fait état des mêmes problèmes, à la fois éthiques, économiques et écologiques. Qu'est-ce qui a alors changé dans notre perception pour que nous commencions à comprendre qu'il y a un problème ? Sommes-nous devenus plus sensibles, moins violents et par conséquent plus responsables ? « La compassion est un muscle qui se renforce en travaillant, et l'exercice régulier consistant à choisir la bonté plutôt que la cruauté ne pourrait que nous transformer, explique Safran Foer, nos choix de tous les jours façonnent le monde[8]. »

Évaluer la portée de nos actes passe aussi par la nécessité de s'interroger sur ce qui nous contraint à accepter l'inacceptable. « En mangeant tous ces animaux, qui ont longtemps été nos dieux, nos proches, nous mangeons leurs souffrances, nous incorporons les tortures qu'ils subissent », déclare Jane Goodall[9]. Accepter la souffrance des uns, des autres, le pas est facile, tentant, fréquent.

Des philosophes de l'Antiquité aux premiers mouvements de défense animale, chaque époque a vu ses opposants à la cruauté des hommes envers les animaux tenter d'agir, principalement parce que cette attitude était jugée avilissante. On oublie souvent que Pythagore, Plutarque et Porphyre ont défendu la protection de l'animal sur fond de métempsycose (la capacité chez l'homme à se réincarner dans un animal), mais c'est vraiment après la Révolution française que les choses vont s'accélérer. L'idéal du temps consiste à vouloir libérer toutes les catégories opprimées : esclaves, femmes, enfants, prisonniers, malades mentaux, etc. La sensibilité s'inscrit tant chez les penseurs que les artistes, la morale veut qu'on se soucie de l'autre. C'est d'ailleurs en 1789 que le juriste et philosophe anglais Jeremy Bentham jette le trouble dans les milieux intellectuels et scientifiques en rédigeant un texte soulignant les droits et les devoirs de l'homme envers les bêtes. Le premier mouvement de défense des animaux voit le jour à Londres en 1824 dans l'idée d'éduquer les populations, la violence étant jugée dégradante pour l'homme[10]. Et pour cause, la cruauté est alors partout, au cœur des distractions traditionnelles rurales et urbaines, des superstitions religieuses, de la paysannerie et des corporations de charretiers et d'équarrisseurs. Elle se poursuivra au XXe siècle avec l'élevage et l'abattage industriels, la recherche scientifique.

Aujourd'hui, des cours de « loi animale » sont dispensés dans la majorité des écoles de droit aux États-Unis, la recherche ne cesse désormais de révéler les compétences des animaux, une prise de conscience qui s'est imposée en parallèle à celle de nos liens avec la Terre, de notre place dans la nature. Une évolution au long cours.

1

« Sujets sensibles »

Georges Chapouthier

> « La conscience ne peut se soustraire à une éthique de l'amour et du respect pour toute vie. Il faudra que la philosophie abandonne l'ancienne éthique aux limites étroitement humaines et qu'elle reconnaisse la valeur d'une éthique globale, élargie au-delà de l'humain. »
>
> Albert Schweitzer

C'est le professeur de philosophie de ma fille aînée qui m'a rappelé à quel point il fallait rester vigilant : pour cet enseignant au demeurant fort sympathique, la nature n'avait de légitimité à exister que pour être exploitée par et pour l'homme ; quant aux animaux, ils n'avaient jamais été que des machines pourvues de réflexes conditionnés sur lesquels nous avions encore à ce jour tous les privilèges. Ainsi ce brave homme continuait à enseigner à une multitude d'élèves des concepts éculés arguant qu'il s'agissait là d'une vérité acquise et conforme à la réalité, refusant toute controverse – à commencer par celles de la plupart de ses collègues en sciences naturelles –, ignorant toute avancée. Un « résistant » n'ayant apparemment jamais réfléchi à l'impact d'un tel discours dans l'esprit de tous ces jeunes, futurs citoyens, parents.

Aux côtés de l'homme, les animaux ont depuis toujours connu le meilleur et le pire. Bien malgré eux, ils n'ont jamais cessé de symboliser nos fantasmes autant qu'ils ont servi nos vies et nourri nos ventres. Dans la manière dont nous les manipulons et dont nous nous comportons avec eux, ils parlent de nos pensées, de notre morale, de l'idée que nous nous faisons du monde. Tantôt déifiées, tantôt diabolisées, les bêtes ont ainsi incarné une multitude de représentations culturelles à travers les siècles[1]. Le chat, vénéré chez les Égyptiens, sera brûlé par l'Inquisition pour ses accointances avec le diable. Dans son histoire naturelle, Buffon porte un jugement de valeur sur le tigre et sa description scientifique n'est pour le coup guère objective : « Le tigre n'a que les caractères de la basse méchanceté et de l'insatiable cruauté[2]. » C'est à Aristote, philosophe et naturaliste de l'Antiquité, que nous devons la distinction des cinq sens. Des siècles plus tard, l'Occident chrétien condamne le mauvais usage de ces sens et utilise des animaux pour incarner les péchés qui en résultent dans des ouvrages où la morale religieuse n'a que faire de la réalité. C'est ainsi que le tigre, une fois encore, est associé à l'envie ou à la jalousie tandis que la colère et la calomnie sont incarnées par le lion et la luxure par l'ours. De nos jours, en Palestine, les ânes victimes du conflit politique qui oppose Palestiniens et Juifs sont peints du drapeau de l'adversaire et battus ou brûlés vifs quand ils ne servent pas de bombes vivantes.

À l'époque de la grippe H1N1, imputée aux porcs, et de l'hystérie collective qui s'est propagée plus vite encore que le virus lui-même, les abattages d'animaux d'élevage à grande échelle ont sillonné le monde – sans que la véritable source du problème, en l'occurrence l'élevage industriel, ait été abordée. Au-delà de l'aspect sanitaire et son impact sur la santé publique, nos comportements à l'égard des bêtes, une fois encore, se sont révélés infects. Dans la lignée de la maladie de la vache folle et de la fièvre aphteuse, elles ont payé le prix de notre aveuglement. Un cas parmi d'autres : une vidéo montre en Égypte un homme à bord d'un engin à godet charger des cochons vivants, jeunes et adultes, les jeter dans un camion les uns sur les autres, recommencer l'opération ; le camion décharge ensuite ces animaux comme des cailloux dans une fosse commune avant de les ensevelir pleinement conscients. Cochon dont on sait aujourd'hui qu'il est un animal hypersensible, aussi intelligent qu'un chien, qui a conscience de lui-même, qui tisse des relations sociales fortes, qui aime jouer, qui sait mentir…

Quel a été le cheminement avant que les animaux qui jadis inspiraient les premiers hommes deviennent des objets ? Que faut-il comprendre de la manière dont nos sociétés traitent les animaux ? Comment s'est dessinée la séparation de l'homme avec la nature et vers quoi nous destinons-nous ? C'est de toutes ces questions que je me suis entretenue avec Georges Chapouthier, neurobiologiste et philosophe, directeur de recherche au CNRS, auteur d'essais sur nos relations avec l'animal et la nature[3].

« Maîtres et possesseurs de la nature »

– On dit souvent que c'est la pensée moderne et le cartésianisme qui nous ont poussés à envisager l'espèce humaine à part, à affirmer la séparation de l'homme d'avec la nature et à considérer les animaux comme des outils. Pourtant, les philosophes et naturalistes de l'Antiquité raisonnaient déjà avec cette idée de supériorité de l'homme, non ?

– Il y a eu deux grands courants philosophiques dans l'Antiquité. Le philosophe et naturaliste Aristote, au IVe siècle av. J.-C., qui s'était engagé à classifier la diversité de la faune et de la flore décrivait les animaux sans avoir d'empathie pour eux – c'était d'ailleurs aussi une époque où l'on pratiquait largement la vivisection animale, voire humaine –, alors que Plutarque, philosophe du Ier siècle de notre ère, considérant une certaine sympathie et homologie entre l'homme et l'animal, visait à l'inverse au respect de l'animal. À cela il faut ajouter l'idée que la technique et les compétences des hommes possèdent un pouvoir certain pour dompter la nature, les éléments comme les animaux, même si ceux qui défendent cette idée peuvent aussi parfois prendre des positions très favorables à l'animal.

C'est le cas, par exemple, d'Empédocle (ve siècle av. J.-C.), un ingénieur et philosophe grec qui défend le respect des animaux mais qui s'attache aussi à montrer comment l'homme est capable d'« arrêter la force des vents infatigables ». Le poète latin Lucrèce (Ier siècle av. J.-C.) glorifiait également les compétences des hommes à « dompter » la nature et Cicéron, son contemporain, prétendait, dans son ouvrage *De natura deorum*, que nous étions les « maîtres absolus » des choses que présentent la « terre » et la « mer », car capables de dompter la mer et les vents, et ajoutait que « nous avons pu assurer notre domination sur des quadrupèdes et les utiliser comme montures ou comme bêtes de trait ». Tout cela enracinait donc, durant l'Antiquité, simultanément, un courant anthropocentré et un courant favorable aux animaux.

– Un principe qui sera ensuite accentué par la pensée cartésienne ?

– Effectivement. À partir du XVIIe siècle, la majeure partie des thèses philosophiques occidentales se réclamant de la pensée du philosophe et mathématicien René Descartes vont définir l'homme comme tout à fait à part. Descartes a conçu le corps, celui des hommes et des animaux, comme un système matériel, maladroitement assimilé aux automates de son temps. Il considérait l'organisme comme un matériel analysable. Toute la biologie moderne va naître de cette théorie matérialiste et, sur ce point, Descartes n'a donc pas totalement tort : les corps animaux ou humains sont bien des systèmes matériels. Descartes le formule par la théorie de l'animal-machine et du dualisme entre l'âme et le corps. Alors que l'homme est pourvu d'une âme, l'animal nous est présenté comme étant dépourvu d'âme et de sensations, parce qu'il ne parle pas et que, par conséquent, il ne peut penser. N'ayant pas d'âme, il n'est, pour Descartes, qu'une simple machine !

Ici les thèses de Descartes deviennent franchement fausses. Aucun scientifique moderne ne niera l'existence d'une pensée animale. Évidemment aussi, les conséquences de cette vision sur le respect de l'animal sont tout à fait désastreuses. Nicolas Malebranche, un élève de Descartes, va pousser ensuite cette idée à l'extrême en frappant, dit-on, des chiens et en soutenant que leurs cris sont, dans leur principe, similaires au son d'une horloge qui sonne. Par la suite, au XIXe siècle, Claude Bernard, fondateur de la recherche fondamentale moderne, va développer l'étude physiologique des organismes sur cette idée de séparation absolue de l'homme et de l'animal. L'homme, qui porte alors la responsabilité du sens et du progrès, devient du même coup une créature « étrangère » au sein de la nature.

– Quand René Descartes dit que nous sommes « comme maîtres et possesseurs de la nature », que veut-il dire réellement ? Que les sciences ont désormais pris le pouvoir à une époque où la magie expliquait tout ?

– Il ne fait que pousser à l'extrême un courant de pensée qui remonte à la Renaissance. En ce qui concerne la science, le Moyen Âge est une période de régression par rapport à l'Antiquité. On n'expérimente plus, on se contente de commenter les textes des Anciens comme Aristote ou Galien. Tout change à la Renaissance, quand le centre du discours et la référence obligée, qui était Dieu au Moyen Âge, devient le sujet humain. C'est le début de ce qu'on appelle l'« humanisme ». L'homme vise alors à se réapproprier la connaissance du monde, à expérimenter, au sens scientifique du terme, et pour ce faire, il va utiliser l'animal comme un outil. Le prestigieux virage intellectuel de la Renaissance n'améliore nullement le statut de l'animal. Au contraire.

– L'écrivain et philosophe Montaigne, au XVIe siècle, plaidait pour une reconnaissance de la pensée animale. Pour quelle raison l'opinion a-t-elle retenu et conservé le message de Descartes et pas un autre au fil des siècles ?

– Montaigne est un « îlot » de respect de l'animal au sein du monde de la Renaissance. Il soutient des positions très proches de celles des Anciens qui défendaient les animaux, comme Plutarque, et préfigure aussi beaucoup de positions modernes sur le respect de l'animal. Montaigne n'a guère été entendu sans doute parce qu'il était trop en avance sur son temps. Son époque se situait entre le Moyen Âge et le classicisme, un siècle où, avec la naissance de l'humanisme, on positionnait l'homme comme le petit roi de la nature. Nul doute que tout cela ait contribué à ce que la pensée de Descartes sur les animaux-machines ait été plus popularisée, dans les siècles qui ont suivi, que celle de Montaigne.

Toutefois, après Montaigne, il y a eu, à toutes les époques, des opposants à cette pensée cartésienne abusivement centrée sur l'homme. La marquise de Sévigné, représentante influente de la noblesse, affirmait à propos des animaux de compagnie, à l'époque même de Descartes : « Des machines qui aiment, des machines qui ont une élection pour quelqu'un, des machines qui sont jalouses, des machines qui craignent. Allez, allez, vous vous moquez de nous : jamais Descartes n'a prétendu nous le faire croire. » David Hume, grand penseur écossais, historien et économiste, déclarait en 1739 : « Aucune vérité n'apparaît plus évidente que celle selon laquelle les bêtes sont douées de pensée et de raison autant que les hommes. » Plus tard, Rousseau, Victor Hugo, Michelet... se sont également opposés à la pensée dominante qui voit dans l'homme le maître absolu du monde. Seulement on ne les a pas écoutés, parce que ce triomphe de l'homme sur l'animal a été adopté par l'Église catholique, dont la conception de l'être humain, à cette époque, consistait à dire qu'il était la créature bénie de Dieu et que toute la nature était attribuée à son bon vouloir, pour l'utiliser à sa guise.

Frère Soleil et Sœur lune

– Cela a conduit à quoi ?

– Exploiter l'animal sans frein et penser l'homme comme un être d'exception, différent de l'animal, et doté de tous les droits, a servi tous les courants totalitaires. Si l'homme est le prince absolu de la nature, il a le droit d'abuser de l'animal, mais aussi de polluer les rivières et l'environnement pour asseoir son industrie naissante. On peut aisément passer de la domination de l'homme sur la nature à la domination sociale de l'homme mâle sur la femme ou de l'homme blanc sur les autres peuples. Le post-cartésianisme triomphant, c'est le XIXe siècle scientiste, industriel et technologique, qui voit la supériorité technologique de l'Occident, la colonisation, la place secondaire de la femme (faut-il rappeler que le pays des « droits de l'homme » n'a donné le vote aux femmes qu'en… 1945 ?), voire le développement de toutes les pollutions industrielles et de l'utilisation massive des ressources naturelles non renouvelables.

– Comment cette conception a-t-elle évolué des premiers chrétiens jusqu'à nos jours en passant par le Moyen Âge qui a été terrible pour la nature et les animaux ?

– Tous les textes religieux peuvent être lus et compris de différentes manières et les textes chrétiens ne font pas exception à la règle. Certes les positions chrétiennes postérieures à Descartes nous ont habitués à un faible intérêt pour le respect des animaux. Mais au cours de l'histoire on a pu trouver aussi bien des penseurs peu favorables aux animaux que des ascètes chrétiens ou des moines, oubliés de nos jours, qui leur étaient beaucoup plus favorables ou qui défendaient des positions que nous dirions aujourd'hui « écologiques ». Ainsi Origène, Macaire l'Égyptien, le moine irlandais Jean Scot Érigène, la religieuse allemande Hildegarde de Bingen… Il y en a beaucoup d'autres. Dans des périodes plus modernes, l'héritage de saint François d'Assise, religieux catholique italien[4], perpétué jusqu'à nos jours par les franciscains, a permis de maintenir, à l'époque même du cartésianisme et de l'animal-machine, une certaine présence du respect de l'animal au sein du christianisme.

Le Moyen Âge européen en particulier offre un mélange saisissant de positions contradictoires, puisque les animaux y sont considérés à la fois comme des objets, mis par Dieu au service de l'homme qui peut en user comme il veut, et parfois comme des équivalents des humains, ainsi que ce fut le cas dans les procès d'animaux. Lorsqu'un animal avait blessé ou tué un être humain, il était présenté devant un tribunal, avec des avocats pour le défendre, et il était éventuellement condamné à être pendu, s'il était jugé coupable. Dans le même ordre d'idées, au temps de Louis XII, l'évêque d'Autun voulut frapper d'excommunication les rats, parce qu'ils transmettaient la peste, ce qui ne pouvait être que l'œuvre du diable. Il s'ensuivit un procès que l'évêque d'Autun perdit et nous le savons grâce aux mémoires de l'avocat des rats, Barthélemy Chassanée, qui prit plaisir à relater son succès.

– Cette conception du pouvoir et de la place centrale de l'homme est-elle propre aux religions monothéistes ? Que proposent les grandes religions de l'Orient ?

– Les grandes religions de l'Orient, plus exactement celles de l'Extrême-Orient (hindouisme, jaïnisme, bouddhisme, avec toutes leurs variantes), polythéistes, sont très variées. Mais toutes donnent une très grande place au respect de l'animal, et plus généralement de la nature. Alors que les religions du Livre visent à une domination de l'homme sur la nature, ce n'est pas du tout le propos central des religions de l'Extrême-Orient. Pour elles, ce qui compte, c'est l'amélioration individuelle de l'homme, liée à une croyance dans des vies ultérieures. Selon la théorie de la métempsycose en effet, après la mort l'âme humaine peut être réincarnée dans des corps animaux ou humains. D'innombrables vies successives sont donc offertes à l'âme pour tendre vers une amélioration. Il est clair que cela donne aux animaux, porteurs d'âmes humaines, un statut favorable. En même temps, cette ascèse détourne l'homme de l'intérêt à dominer le monde. Pour le bouddhiste par exemple, il faut renoncer aux désirs du monde, qui sont source de souffrance, et répandre la compassion autour de soi, aux hommes comme aux animaux, qui tous souffrent.

Cela dit, il s'agit là de la théorie religieuse, qui est loin d'être toujours appliquée. Il existe, hélas, dans les pays d'Asie, de nombreux cas de maltraitance des animaux et d'abus écologiques. Dans l'hindouisme, si les membres des castes supérieures sont en principe végétariens, les abus carnés ne manquent pas. La manière de dépecer les animaux vivants sur les marchés d'Asie du Sud-Est est souvent abominable. Comme le dit avec humour Jean-Louis Hue : « Lorsque le jardinier de Fort-Rouge, à New Delhi, plante nerveusement un bâton dans les testicules du bœuf qui tracte sa tondeuse à gazon pour le faire accélérer (...), personne ne s'émeut, bien que le pauvre bovin puisse être la réincarnation d'un quelconque grand-père, digne de plus de ménagements[5]. »

– Cette tendance de l'homme à vouloir maîtriser la nature est-elle au final chevillée au corps de l'espèce humaine ou est-ce la conséquence d'un concept dont les origines remonteraient à la Grèce, au christianisme, à la Bible ?

– Je pense qu'il y a des deux. Comme toute espèce animale, dans le cadre de la lutte darwinienne pour la survie, l'homme a probablement tendance à vouloir maîtriser son environnement pour le transformer et l'utiliser en sa faveur. Le problème, c'est que l'homme dispose, pour cela, d'une arme redoutable, qu'aucun autre animal ne possède à ce degré : son cerveau. Cette tendance a probablement concerné toutes les civilisations. Mais les civilisations du Livre, celles qui s'appuient sur des religions monothéistes, ont probablement grandement accru cette disposition. Ces religions veulent voir leur origine dans le sacrifice d'Abraham, où la Bible rapporte que l'ange est intervenu et a dit à Abraham, en substance : « Ne tue pas ton fils, cela ne plaît pas à Dieu, mais égorger un mouton, ça c'est tout à fait bon pour Dieu ! »

On pourrait sans doute trouver d'autres origines, mais il est clair que les religions monothéistes, par une certaine interprétation de la Bible, ont institué une grave coupure entre l'homme et l'animal, et plus généralement entre l'homme et la nature. Il faut pourtant rappeler que beaucoup de penseurs chrétiens modernes reviennent maintenant sur cette position et proposent d'autres lectures de la Bible. Je pense en particulier au pasteur protestant

Albert Schweitzer. Le désir de maîtrise de la nature n'est donc pas l'apanage de la civilisation occidentale – il est propre à l'homme depuis les origines –, mais c'est certain qu'il a fini par se développer jusqu'à l'obsession dans notre civilisation.

Animalement humain

– L'un des premiers coups importants portés à la conception de l'animal-machine et aux prétentions philosophiques et religieuses nous vient du naturaliste Charles Darwin au XIXe siècle, qui révèle une continuité entre l'homme et l'animal...

– Oui, bien sûr. Les scientifiques évolutionnistes, et notamment Charles Darwin, montrent que nous sommes des primates, très proches parents des chimpanzés, avec qui nous partageons d'ailleurs près de 98 % de nos gènes. Bien entendu, il faut penser que, dans les 2 % qui restent, se trouvent les gènes qui nous permettent, à nous humains, de développer ce cerveau sans équivalent dans le règne animal. Un cerveau qui fait que, tout en étant en continuité avec nos parents et nos ancêtres animaux, y compris sur le plan culturel (certains animaux utilisent des outils, communiquent entre eux, ont des comportements moraux d'aide à leurs congénères handicapés ou montrent des préférences esthétiques pour des formes ou des couleurs), nous menons une vie assez différente de celle de nos cousins. Que nous restons des animaux très particuliers.

L'enracinement de l'homme dans l'animalité a fait couler beaucoup d'encre. À l'origine, les grandes religions monothéistes s'y sont opposées, puis, devant l'accumulation des preuves, ont adapté leur point de vue. Dans la religion catholique, Teilhard de Chardin, prêtre et biologiste, a eu beaucoup de mal à faire valoir un point de vue évolutionniste, maintenant heureusement adopté par l'Église. Il reste toutefois, dans le monde d'aujourd'hui, deux foyers majeurs d'obscurantisme. L'un chez des fondamentalistes protestants américains (qui ont été jusqu'à fonder un « musée de la Création » pour contester le fait de l'évolution des espèces vivantes) et l'autre au sein de certains courants fondamentalistes musulmans, basés en Turquie, et qui inondent le monde de livres luxueux contestant le darwinisme.

Bref, contrairement au généticien André Langaney qui se dit « animal et fier de l'être », beaucoup d'humains se croient et se déclarent encore d'une origine tout à fait différente de celle des animaux. Comme si reconnaître notre origine animale enlevait quoi que ce soit à nos aptitudes intellectuelles et à nos compétences humaines !

– Où en est-on du statut de l'animal aujourd'hui ? S'est-il ou non amélioré ?

– L'animal-objet persiste largement. Il n'y a qu'à voir la manière avec laquelle on a exterminé des millions d'animaux dans les cas d'épidémies, de la fameuse maladie de la vache folle aux récentes alertes de grippes aviaires et porcines. Pour la fièvre aphteuse, une maladie qui ne se transmet pas à l'homme, on a pu entendre : « Ça coûte moins cher de tuer les bêtes que de les vacciner ! » Il s'agit bien là de la persistance de l'animal-objet dans toute son horreur. Dans nos élevages industriels notamment, qui constituent probablement l'une des pires abominations morales de nos jours, les animaux sont traités sans aucun respect pour leur souffrance, ni même pour leur individualité. Les poules ou les porcs sont cantonnés à vie dans des espaces minuscules, bourrés d'antibiotiques pour qu'ils ne meurent pas trop vite, souvent mutilés ou castrés à vif. Et les méthodes de mise à mort ou d'abattage qui terminent leurs pauvres vies n'ont souvent rien à envier aux méthodes d'élevage. On a vu des poussins jetés vivants dans des broyeurs ou des bovins dépecés encore conscients. On pourrait multiplier les exemples.

Il y a eu des progrès, mais modestes. D'abord dans l'intérêt général d'une partie du public pour le respect des animaux. Je me souviens que quand j'ai commencé la recherche scientifique, il y a une quarantaine d'années, le simple fait de s'intéresser au bien-être des animaux de laboratoire était perçu, par le milieu scientifique, comme une « sensiblerie » inadmissible. Ce n'est plus du tout le cas aujourd'hui et le souci du bien-être animal est maintenant une préoccupation majeure des laboratoires de recherche. Sur le plan de la loi, nos textes s'améliorent progressivement, en prescrivant des interdictions pour protéger les animaux domestiques contre certains abus ou pour protéger les espèces menacées. La législation française s'oriente aussi progressivement vers la reconnaissance – à côté d'une part des « sujets de droit » que sont les êtres humains ou certains groupements d'intérêts, qu'on appelle les « personnes morales », et d'autre part des objets comme une table ou une chaise – d'une catégorie particulière d'entités, qui seraient les animaux, et auxquels les textes reconnaîtraient le caractère d'« êtres sensibles ».

Mais le chemin est encore long pour parvenir à une amélioration suffisante du statut des animaux, quand on songe par exemple que des « jeux » cruels comme la corrida sont encore légitimés par la loi au nom de la « tradition ». Une tradition ne devrait être respectée que si elle est respectable. Personne ne songerait, de nos jours, à réclamer des exécutions capitales en public ou des combats de gladiateurs au nom de la tradition.

– On a finalement sacrifié des animaux pour répondre à nos propres dérives puisque ces épidémies que vous citiez viennent directement de la manière dont nous avons conçu l'élevage industriel (concentration d'animaux, nourriture à base de farines de viande dans le cas de l'encéphalite spongiforme bovine dite « maladie de la vache folle »). Est-ce qu'il y a un lien avec ces sacrifices exutoires qui ont jalonné toute l'histoire de l'homme ?

– La notion de sacrifice est une notion complexe. Pour ceux qui le pratiquent pour des raisons religieuses, au nom d'une divinité, « sacrifier n'est pas tuer ». Ce qui fait que le mot même de « sacrifice » a conservé de nos jours une signification plus positive que celui de simple « mise à mort ». Il suggère implicitement qu'il se fait pour une bonne cause. Ainsi, dans le domaine de l'expérimentation animale pour des raisons scientifiques et médicales, qui devrait pourtant éliminer les métaphores religieuses de ce type, on préfère souvent dire qu'on « sacrifie » les animaux d'expérience. Les sacrifices d'animaux pour des raisons religieuses ont eux-mêmes été souvent critiqués. Ainsi, durant l'Antiquité, où se pratiquaient de tels sacrifices, divers penseurs avaient déjà suggéré que c'était offenser les dieux que de croire les réjouir par les actes barbares que constituaient les sacrifices sanglants.

Cela dit, je ne pense pas qu'il y ait un rapport direct entre les sacrifices animaux pratiqués à titre religieux et les dérives industrielles de masse de notre temps, comme les élevages concentrationnaires ou la transformation des herbivores en mangeurs de viande. Je pense que ces dérives résultent d'une société de consommation qui ne vise que le profit et qui a perdu ses valeurs morales.

– Comment cette « philosophie » qui depuis des siècles nous baigne dans des conceptions passéistes doit-elle évoluer aujourd'hui ? Quand a-t-elle commencé à se transformer ? Et jusqu'où pensez-vous qu'elle va aller ?

– C'est très difficile à dire. L'homme occidental s'est rendu compte qu'il n'était plus le roi du monde, que les ressources naturelles sur lesquelles est fondée sa civilisation ne sont pas inépuisables. Il s'ensuit des mouvements écologiques au sens large, qui prônent davantage le respect de la nature et dont l'effet commence à se faire sentir. Très timidement, car nos sociétés comportent une force considérable d'inertie. En outre, l'espèce humaine a conservé un caractère très juvénile. Elle aime jouer et ne prend pas toujours les décisions les plus rationnelles pour son avenir. Mais il est clair, à mon sens, que des normes écologiques sont amenées à se développer. Il n'est pas certain que cela suffise à sauver toutes les espèces en voie d'extinction par la faute de l'homme, mais cela profitera certainement à d'autres.

Quant au respect des animaux en tant qu'individus, leur respect ne s'inscrit pas nécessairement en tant que tel dans les requêtes écologiques. Par exemple, si des militants écologistes, comme Antoine Waechter, ont pris des positions courageuses contre la corrida, d'autres écologistes vantent encore ce spectacle abominable. L'évolution ici est, à mon avis, tributaire d'une amélioration générale de la morale dans nos sociétés, une amélioration qui doit passer par une meilleure éducation éthique des jeunes. Je suis de ceux qui pensent que la morale est une et que davantage de moralité exercée, à l'intérieur de nos sociétés, à l'égard des animaux n'est pas dissociable de davantage de moralité exercée à l'égard de nos semblables. Et que seule l'éducation civique et morale des jeunes peut amener à des améliorations substantielles dans ce domaine. Je forme le vœu que notre espèce, qui durant des millénaires a souvent manifesté un comportement moral détestable, en multipliant les guerres, les viols, les tortures ou les atrocités, puisse trouver, à l'avenir, un mode d'être plus pacifique et plus harmonieux, où les animaux pourraient aussi trouver leur place.

– On entend souvent dire que la seule manière de retrouver une harmonie avec la nature et les animaux, c'est de leur attribuer des droits, mais est-ce bien raisonnable dans la mesure où ce sont des hommes qui vont les instaurer et les exercer ?

– Je suis un chaud partisan des « droits de l'animal ». Il n'y a pas d'opposition de fond entre le respect de l'animal et le respect de l'homme ou entre les droits de l'animal et les droits de l'homme. Des exemples malheureux où on se comporte aussi mal avec l'animal qu'avec l'homme, il y en a des quantités considérables : les enfants maltraités se trouvent souvent dans des familles où les animaux le sont aussi ; en période de vacances, les animaux sont abandonnés sur les routes comme les personnes âgées dans les hôpitaux ; on a éradiqué les bisons pour faire disparaître les Indiens, etc. Les droits de l'animal et de l'homme vont généralement dans le même sens parce que encore une fois, la morale est une. Nous sommes une civilisation très juridique, qui s'exprime en termes de droit et de responsabilité. C'est la raison pour laquelle je pense qu'il faut donner des droits aux animaux et imposer des règles juridiques qui les protègent.

Bien entendu, il s'agit de droits octroyés par les humains et en aucun cas de droits que les animaux pourraient eux-mêmes revendiquer ! Les droits de l'animal ne sont pas les équivalents des droits de l'homme. Ils traduisent, en quelque sorte, l'inverse des devoirs que l'homme s'impose à l'égard des animaux. En d'autres termes, si j'ai le devoir de ne pas crever les yeux d'un chien, cela donne le droit au chien de ne pas avoir les yeux crevés par moi. Ceux qui prétendent imposer, par la loi, des devoirs à l'homme à l'égard des animaux mais ne pas donner de droits aux animaux jouent en fait sur les mots. Le but est de donner des contraintes légales pour protéger les animaux, même des hommes qui ne les aiment pas. En ce sens, à mon avis, les droits de l'animal sont déjà parmi nous et la requête vise surtout à leur systématisation ou à leur extension. Par exemple, la loi protège déjà les faisans tenus en captivité contre des mauvais traitements, mais si un faisan s'échappe de l'élevage, il devient alors un animal sauvage qui n'est plus protégé par la loi contre des tortures éventuelles ! On pourrait multiplier les exemples.

Les droits de l'animal ne pourraient évidemment être défendus que par des médiateurs humains, susceptibles de représenter juridiquement l'intérêt des animaux, comme c'est déjà un peu le cas quand des associations de protection animale poursuivent devant les tribunaux des auteurs de sévices graves infligés à des animaux domestiques. De la même manière que des humains privés de certaines de leurs facultés (jeunes enfants, handicapés, comateux…) sont, fort heureusement, représentés et défendus par des médiateurs. De la même manière enfin que certaines entités abstraites non humaines, comme les « personnes morales », sont représentées et défendues par des médiateurs.

– N'y a-t-il pas là un risque de retomber dans le piège des hiérarchies et du pouvoir de l'homme qui peut décréter que telle espèce vaut plus qu'une autre ?

– La loi et la morale discursive qui la sous-tend sont des créations de l'homme. Bien entendu, c'est l'homme qui va décréter comment il faut appliquer les droits de l'animal, de quelle manière il envisage de protéger tel ou tel type d'animaux, avec des risques d'erreur, souvent liés à une insuffisance de connaissances scientifiques. Ce fut le cas aussi pour des droits concernant les humains. Jusqu'à une date récente, on considérait que puisqu'ils ne parlaient pas, les jeunes enfants ne souffraient pas et on pratiquait sur eux des opérations chirurgicales sans anesthésie. De même, jusqu'à une date récente, des règlements imposaient la pratique de l'anesthésie, lors des opérations chirurgicales, dans les laboratoires qui pratiquent l'expérimentation animale, mais uniquement pour les animaux vertébrés. Les récentes connaissances sur la sensibilité et la grande intelligence des pieuvres ont amené à étendre les mesures de protection aux mollusques de ce groupe et la question se pose pour les grands crustacés comme les homards. Guidé par ses connaissances scientifiques, l'homme devra assumer ses choix dans ses définitions des droits de l'animal, et, à l'occasion, savoir reconnaître et regretter ses erreurs.

Le droit des silencieux

– Le juriste américain Christopher D. Stone, qui au début des années 70 avait défendu l'idée qu'il fallait donner un statut à chaque être naturel (en l'occurrence le droit d'agir en justice pour des séquoias millénaires menacés par le projet d'une société), a fini par dire qu'il s'agissait d'une ânerie, qu'il s'était trompé. Les peuples premiers dont les rapports avec la nature sont plus équilibrés que nous ne devraient-ils pas plutôt nous inspirer ?

– Je ne suis pas certain que l'action en justice en vue de protéger les séquoias millénaires soit une ânerie. Ma conception des droits de l'animal est aussi celle d'un texte conçu en 1978 par des associations de protection animale et qui s'appelle « Déclaration universelle des droits de l'animal ». Le texte a été revu et amélioré en 1989. Il vise à forger une relation harmonieuse entre l'homme et les autres espèces animales tout en respectant les contraintes écologiques que constituent les équilibres naturels. Il est intéressant de constater que ce texte, écrit par des Européens dans un esprit complètement rationnel et à partir des connaissances scientifiques d'aujourd'hui, rejoint des positions de l'Extrême-Orient. Je m'étais moi-même amusé à comparer les différents articles de la Déclaration universelle des droits de l'animal aux convictions du jaïnisme, une religion de l'Inde très proche du respect de l'animal.

Cette parenté, au moins dans les conséquences pratiques, de deux positions philosophiques d'origine très différente, explique peut-être aussi pourquoi les religions de l'Orient, très « continuistes » dans leur esprit entre les animaux et les hommes, n'ont pas eu de mal à s'accorder avec le darwinisme, alors que les religions du Livre ont pris, à son propos, des positions qui frisaient souvent le ridicule. Il reste que, sur le plan pratique, et sans nécessairement partager leurs convictions religieuses, nous devrions sans doute nous inspirer des peuples qui vivent en meilleure harmonie avec la nature, en Extrême-Orient, mais aussi chez les peuples dits « premiers ».

– L'homme est-il au fond un atout qui s'ignore ou un gros problème pour la nature ? Comment envisagez-vous l'avenir de nos relations avec elle ?

– L'homme a inventé des choses merveilleuses, mais sur le plan moral, il est une catastrophe ambulante et son histoire une succession de guerres et d'atrocités. Pour autant, il n'y a pas de fatalité, il est possible que notre humanité, par ses prises de conscience récentes, puisse dépasser cette crise pour construire une civilisation plus équilibrée. Maintenant, il faut garder à l'esprit que « sauver la planète » ne veut pas dire grand-chose. La nature survivra très bien si l'homme disparaît, elle évoluera différemment, c'est tout. Dans sa chute, l'homme emmènera, bien entendu, toutes les espèces qu'il a commencé à faire disparaître, mais les autres lui survivront et certaines suivront une évolution que nous sommes loin de pouvoir imaginer aujourd'hui. À l'époque où régnaient les dinosaures, les mammifères, petits, cachés et peu nombreux, vivaient en retrait des géants. Qui aurait pu parier sur eux pour prendre d'assaut la planète il y a soixante-cinq millions d'années ?

– Si le vivant évolue en permanence, si les espèces se transforment, vivent et s'éteignent depuis des milliards d'années, vouloir conserver la nature intacte paraît finalement impossible. Or on entend dire sans arrêt qu'il faut protéger et sauver la planète, conserver les espèces. N'y a-t-il pas là une contradiction ? Que doit-on protéger en somme ?

– Personne n'envisage sérieusement de conserver la nature intacte. Elle évolue toute seule. Mais ce qu'il faut éviter, c'est un bouleversement trop rapide et trop violent, comme pourrait le produire l'homme du fait de sa très grande puissance intellectuelle et technique. Ce qu'il faut protéger, à l'échelle de notre époque, qui n'est qu'un tout petit moment de l'évolution de la vie, et dans notre propre intérêt, c'est l'équilibre passager entre les espèces qui nous entourent et une espèce très dangereuse pour l'environnement et pour elle-même : la nôtre. Une espèce qui, heureusement, a aussi la capacité de comprendre sa situation et d'en tirer, si elle le veut, les conséquences pratiques et morales.

2
Dans l’intimité des bêtes

> « L’univers est un, et son origine ne peut être que l’éternelle unité. C’est un vaste organisme dans lequel les choses s’harmonisent et sympathisent réciproquement. »
>
> Paracelse

Toutes ces années, j’ai trouvé auprès d’hommes et de femmes qui n’étaient pas chercheurs une connaissance très fine de l’animal. Dresseurs, soigneurs, éleveurs, bergers, naturalistes amateurs, photographes, réalisateurs animaliers, cavaliers… Ils ne tarissent pas d’histoires concernant les animaux qui ont peuplé et croisé leur vie. Des histoires bien vivantes, chaudes et odorantes, loin des théories. Décrivant chez l’animal des individualités, des compétences, des liens particuliers entre eux, quelles que soient les espèces, sauvages ou domestiques. J’ai toujours été étonnée de constater à quel point ces personnes ont un savoir exceptionnel de l’animal, étonnée de voir comment la recherche s’est toujours employée à ignorer ces données-là, au prétexte que les conditions d’observation n’obéissent pas au classique protocole scientifiquement requis.

Dialogues sensoriels

Bernard a d'abord tenté des études vétérinaires mais les a abandonnées rapidement : il n'a jamais compris qu'on puisse entreprendre un soin sur un animal sans prendre d'abord le temps de le saluer. Dans les veines de son père, jockey pendant vingt ans, coulait déjà le sang de plusieurs générations de soigneurs. Moitié normand, moitié lorrain, Bernard a souvent dérobé dans les prés les chevaux malades abandonnés sans soins par des propriétaires peu scrupuleux, avant de les restituer une fois guéris. Il a toujours été comme ça, Bernard, généreux et spontané. En prise avec la matière.

« J'observe, je respire, j'écoute, confie-t-il. Le regard d'un cheval m'indique qui il est et me donne 70 % du diagnostic en cas de maladie. À l'odeur, je sais reconnaître un état fiévreux. Je me mets en phase avec eux. Au point que si un cheval se repose, je suis capable d'entrer dans son box et lui recoudre une plaie ouverte sans qu'il réagisse, rien qu'en vidant mon propre esprit pour ne pas déranger le sien… Ce n'est pas une question de savoir ni d'apprentissage, mais de paix intérieure. Il s'agit de se dépouiller de sa nature humaine viciée par la routine et le confort, les conventions et les préjugés, savoir réouvrir une partie de soi, instinctive et pure, que l'éducation a fermée précocement. La civilisation actuelle fait que le développement de ces perceptions sensorielles n'existe plus. Comprendre un animal et échanger avec lui par la gestuelle, les sons, le toucher est la chose la plus naturelle qui soit. »

Marion, elle, récupérait des chevaux maltraités, abandonnés, cassés. À chaque cas, elle analysait la situation dans son ensemble et proposait une solution individuelle. Lorsqu'elle accueillit Taïga, le grand cheval était dans un piteux état tant physique que psychologique. Il se laissait dépérir. Après avoir effectué un bilan et des analyses pour écarter toute pathologie, elle trouva la solution ailleurs : dans le regard des hommes. Quotidiennement, elle fit en effet admirer le cheval meurtri à un collectif d'humains dont la mission consistait alors à contempler le pauvre animal décharné avec des yeux éblouis, à s'extasier haut et fort de son panache. Indifférent au départ, le cheval redressa peu à peu la tête, cessa de transpirer, son allure fut moins hésitante et son œil attentif. Au fil des semaines, des mois, il retrouva confiance en lui et en l'humain. Dès que son mental fut soigné, le corps suivit, la bête se transforma physiquement au point de gagner un peu plus tard le respect auprès de ses propres congénères et prendre la place du dominant dans un groupe.

Volga était à l'inverse un cheval terriblement impressionnant. Condamnée à l'abattoir pour son irascibilité suite à de mauvais traitements infligés par un cavalier, la bête, un étalon entier, était splendide, mais elle inspirait tant la crainte que plus personne n'osait l'approcher, sinon de loin et à chaque fois en portant sur elle un regard de frayeur ou de mépris. Reclus dans sa solitude, sa colère et surtout sa peur, l'insoumis attendait son heure. Marion prit du temps, beaucoup de temps. D'abord pour faire connaissance, pour qu'il s'habitue à sa présence, puis pour entrer dans son monde et réinstaller un lien. Le cheval trouva bizarre que ce petit bout de femme ne fuie pas ou ne le maltraite pas à chaque fois qu'il faisait claquer ses mâchoires sous son nez. Il se fatigua lui-même, cessa de vouloir l'agresser et accepta qu'elle demeure à ses côtés, sans bouger, d'une humeur égale. Une fois cette relation posée, elle prit soin de l'entretenir, geste après geste, jusqu'au cadeau ultime de l'animal : une promenade avec lui en pleine nature, d'abord à ses côtés, puis sur son dos.

Dans ces histoires, chaque infime victoire fut célébrée avant même d'être accomplie. J'ai retrouvé ce mode de communication auprès de Bartabas, le fantastique artiste-écuyer qui me confia un jour au cours d'un entretien : « Le geste juste au moment opportun s'obtient avec délicatesse. Il ne s'agit pas d'apprendre au cheval à faire un mouvement mais de travailler la qualité du geste. À ce stade, le geste n'a plus d'importance, ce qui compte c'est son intention. Quand l'homme ne s'approprie plus le cheval mais qu'il devient une part de lui-même, quand le dressage devient acte d'amour, on ne sait plus qui donne et qui reçoit, qui domine et qui obéit tant l'écoute réciproque est totale. (...) L'animal est comme un miroir. D'ailleurs, c'est la définition même du dressage : tu construis une grammaire puis un vocabulaire et enfin un dialogue. Le cheval reflète l'identité et la qualité d'être de l'homme qui le côtoie, résulte de son histoire et de ses aspirations[1]. »

« On ne peut utiliser un traîneau sans avoir quelque lien empathique avec son attelage, en particulier avec le chien de tête, sans la connaissance d'une “langue” commune au chien et à l'homme, écrit l'éthologue Jean Malaurie, amoureux de l'Arctique depuis cinquante ans. Je me suis interrogé sur cette convivialité avec mon propre attelage. Au bout de quelques mois, je pouvais “comprendre” mes neuf chiens. Leurs divers grognements, leur démarche, leurs poils plus ou moins hérissés, leurs petites oreilles triangulaires pivotant selon les mots, ces échanges de regards personnels avec chacun d'entre eux (...) ces mille détails par lesquels ils s'exprimaient (...) mes chiens aux yeux brun et noir, attentifs à mes moindres gestes, fauves dans le combat, innocents et tendres dans notre liaison intime et privilégiée, nuit et jour, ils sont à l'écoute. Leur humeur est avant tout le reflet de la mienne : un attelage, c'est un couple[2]. »

L'ornithologue amateur et musicien américain David Rothenberg, enseignant en philosophie à l'Institut technologique du New Jersey, joue de la clarinette avec des oiseaux, des grillons et des baleines dans les eaux d'Hawaii[3]. Il suscite des réponses, une connivence au niveau des échanges de rythmes entre lui et ces animaux. D'autres avant lui – comme les zoologues Jim Nollman et Paul Spong – ont eux aussi pratiqué il y a des années le jazz, le reggae et le rock avec des orques, des loups et des baleines en milieu sauvage. Complémentarité des regards entre l'audacieux zoomusicologue François-Bernard Mâche envisageant une partition primitive commune entre l'homme et certaines espèces d'oiseaux chanteurs et le biologiste Michel André dénichant une analogie entre les rythmes utilisés par les cétacés pour communiquer entre eux et ceux des chœurs polyphoniques africains. Quelle différence entre les chamanes qui questionnent les esprits animaux dans leurs rêves au rythme des tambours et des chants sacrés et ces hommes qui parlent aux bêtes en musique ?

Émue de cette complicité entre les animaux et nous, je l'ai toujours été. De ces correspondances qui nous font nous sentir moins seuls. Troublée de savoir que les fourmis s'isolent pour mourir, que les abeilles reconnaissent les visages, que l'on célèbre encore les funérailles des tigres en Indonésie, que ce rituel est enseigné aux jeunes[4]. La sensibilité n'est pas une faiblesse. Que de plus en plus de chercheurs, sans rien perdre de leur rigueur, se montrent désormais sensibles, réceptifs à la nature, aux animaux laisse augurer d'une science qui n'a pas fini de nous conter de fabuleuses aventures intellectuelles et sensorielles.

À questions subtiles, réponses intelligentes

La manière dont nous appréhendons le monde dépend de la manière dont nous le pensons. Or ces représentations sont soumises, c'est bien connu, à notre culture, notre environnement, aux origines, au déroulé de notre histoire personnelle. Pendant des siècles, il a été commode de prétendre que nous pouvions nous arroger des droits sur la nature et les animaux. Jusqu'au jour où la nouvelle est tombée : nous sommes une espèce parmi d'autres qui, chemin faisant depuis la naissance des bactéries et des premiers poissons, a connu un ancêtre commun avec les grands singes dont il s'est séparé il y a entre six et huit millions d'années.

Ainsi donc le développement des sciences naturelles et les observations de Charles Darwin sur le terrain permirent de redéfinir la place de l'homme dans la nature. Par la suite, la psychologie animale et plus encore l'éthologie, dont Darwin a été un des précurseurs, allaient considérablement transformer notre vision de l'animal. Dans les années 30, un physiologiste allemand,

Jacob von Uexküll, quitte la paillasse des laboratoires pour s'immerger dans les prairies et les bois[5]. De là naît un concept fabuleux, celui d'*Umwelt*, qui désigne le monde propre subjectif de chaque animal. En clair : à chaque espèce son monde ! Une perception de son environnement qui dépend de ses compétences sensorielles. Ainsi le monde du serpent sensible à la température n'est pas celui d'une chauve-souris réceptive aux ultrasons, qui n'est pas non plus celui d'une mouche capable de voir les ultraviolets[6]. Nous sommes très loin des tests en laboratoire alors en vogue au début du XXe siècle où les animaux, toujours considérés comme des machines, doivent répondre à des situations créées artificiellement : difficile dans ces conditions de comprendre la biologie réelle d'un animal.

Dans les années 50, les béhavioristes observent encore le comportement des animaux en les soumettant à des conditionnements – en clair, on apprend à un animal à réagir à un stimulus, quel qu'il soit, un son, de la nourriture, un objet, une lumière – pour obtenir une réponse souhaitée par le chercheur. En cas de réussite, il est récompensé et dans le cas contraire sanctionné. À cette époque, pour étudier par exemple la dépression humaine, on attache un chien par des harnais sur un sol grillagé qui délivre par intermittence des décharges électrique puis on le place dans une sorte de cage séparée en deux dont un côté est électrifié, l'autre non. Un signal sonore lui indique qu'il lui faut passer de l'autre côté s'il veut éviter le courant. Un chien « normal » se protège du courant. En revanche, un animal que l'on a auparavant traumatisé par des décharges a appris l'« impuissance » et ne bouge plus. C'est la « résignation apprise », que l'on utilise encore aujourd'hui en pharmacologie, avec des rats suspendus par la queue ou plongés dans l'eau pour juger de leur combativité face au stress après leur avoir injecté des molécules censées soulager les humains de la dépression.

Récompense ou punition, dans tous les cas, le chercheur conditionne l'animal à réaliser ce qu'il souhaite, loin de la réalité de l'animal. Avec les conséquences que de telles expériences impliquent car si l'expérience peut être totalement stupide, c'est l'animal qu'on jugera comme tel, pas l'homme qui en a eu l'idée. En face, Konrad Lorenz, médecin et zoologiste passionné par la nature. Il a obtenu d'innombrables données sur le comportement animal en devenant le parent d'oies et de choucas dont il a suivi ensuite les générations. Il a créé du lien, c'est-à-dire une relation et un attachement entre lui et l'animal, et découvert par ce biais, entre autres phénomènes, celui de l'imprégnation : un animal adopte comme parent le premier objet mouvant qu'il perçoit dans les heures suivant sa naissance – entre la treizième et la seizième heure chez le poussin qui est alors capable de s'attacher à n'importe quoi, objet, animal ou humain. Considérer ces oiseaux comme des machines et les conditionner à la manière des béhavioristes aurait-il permis à Lorenz de déceler leur monde intime et par là une palette infiniment variée de comportements ?

Comme le souligne la passionnante éthologue et philosophe liégeoise Vinciane Despret, l'intelligence des animaux n'a été constatée que parce qu'on a bien voulu leur poser des questions subtiles. Ces questions se sophistiquant avec les années, les animaux nous sont apparus de plus en plus doués et étonnants. C'est ce qui d'ailleurs nous conduit depuis peu à découvrir que des espèces jugées jusque-là stupides voire nuisibles – et par conséquent exploitables et destructibles – ne l'ont finalement jamais été.

*

Au début des temps,
il n'y avait pas de différence
entre les hommes et les animaux.
Toutes les créatures vivaient sur terre.
Un homme pouvait se transformer en animal
s'il le désirait
et un animal pouvait devenir un être humain.
Il n'y avait pas de différence,
les créatures étaient parfois des animaux
et parfois des hommes.
Tout le monde parlait une même langue.

Légende eskimo

*

3

Les animaux rendent les hommes intelligents

Vinciane Despret

> « On ne saurait définir l'homme sans le faire de l'animal. C'est dans leur relation qu'ils se définissent l'un par rapport à l'autre, ou, mieux, que l'un croit définir l'un par rapport à l'autre. »
>
> François Poplin

Vinciane Despret travaille au département de philosophie de l'université de Liège et enseigne l'éthologie des sociétés animales à l'université libre de Bruxelles[1]. À la question : « Comment en êtes-vous arrivée à vous intéresser à l'animal ? », l'éthologue répond sans hésiter : « En fait, si je devais résumer très simplement, c'est l'intelligence des hommes qui m'y a amenée. J'avais remarqué qu'avec l'animal, les hommes étaient plus intelligents. Ensemble, il y avait de l'intelligence. »

Au départ, un parcours classique : des études de philo suivies par une maîtrise en psychologie clinique. Troublée par les cours d'éthologie d'un professeur, elle se passionne très vite pour les hommes et les femmes qui étudient les animaux. « Il y a une poésie dans l'éthologie, beaucoup d'humour parce que les animaux sont drôles et que les éthologistes les voient comme des êtres qui font des choses un peu bizarres et qu'ils les reconnaissent pleinement dans leur bizarrerie. Par rapport à la psychologie humaine, je trouvais qu'il y avait deux fois plus d'humour, d'inventivité, d'amour de la vie. » Alors que le département de philosophie de l'université de Liège l'engage peu après qu'elle a obtenu son diplôme, elle concilie ses deux voies de recherche en se lançant dans l'étude des sciences consacrées à l'éthologie. Inspirée par les réflexions des philosophes Isabelle Stengers et Bruno Latour sur la pratique scientifique et la manière dont les chercheurs questionnent leur sujet de recherche, Vinciane Despret décide de suivre un scientifique dans sa pratique au quotidien.

Regards croisés et interactions entre la science et l'animal

« Au cours de mon travail de fin d'étude en éthologie portant sur les origines de l'altruisme, raconte-t-elle, j'ai été confrontée à une abondante littérature sur les oiseaux. Le problème, c'est que mon émerveillement a très vite laissé la place à une grande lassitude tant les lectures étaient rébarbatives parce que théoriques et répétitives. Ma déception était à la hauteur de l'ennui. Et puis voilà que je tombe sur deux articles. L'un d'un biologiste et ornithologue israélien, Amotz Zahavi, sur le cratérope écaillé et l'autre de deux auteurs anglais sur l'accenteur mouchet. J'étais sidérée : ces études présentaient des oiseaux qui avaient échappé au rouleau compresseur du réductionnisme et des statistiques. Étaient-ils à ce point différents de toutes les autres espèces ?

« À soixante-dix ans, Zahavi n'avait pas publié beaucoup d'articles scientifiques et aucun livre, ça voulait dire qu'il y avait là quelque chose de l'ordre de la marginalisation. Je me suis interrogée : le cratérope était-il marginalisé parce qu'il était lui-même trop fantasque et dans ce cas, Zahavi avait peut-être commis l'erreur de sa carrière en le choisissant ou bien au contraire cet oiseau était-il comme les autres mais il avait eu la chance – ou la malchance – de tomber sur un éthologiste excentrique ?

Je me demandais si ce que le chercheur avait transmis dans ses études nous en apprenait plus sur sa propre personnalité ou sur le tempérament des oiseaux. J'avais envie de comprendre comment les éthologistes fabriquent des théories, quelles étaient les conditions dans lesquelles Zahavi recueillait ses données… »

Dans ses articles, Zahavi avait décrit la vie de chacun des individus d'un groupe de cinquante oiseaux sur une durée de quinze ans. Sur le terrain, Vinciane découvre effectivement un oiseau extraordinaire : « Le cratérope est vraiment un oiseau très comique, très inventif, avec lui c'est tout le temps un soap opera. » Un petit passereau des déserts (péninsule arabique, Jordanie, Israël) au plumage terne gris-brun, à l'apparence somme toute banale, mais au comportement pour le moins étonnant. Il aide les nichées non apparentées, nourrit des congénères adultes. Des oiseaux qui vivent donc en groupe, se toilettent mutuellement, dansent et se baignent ensemble, s'offrent des cadeaux. « La hiérarchie est pondérée par le statut ; le statut étant obtenu par l'oiseau en fonction des manifestations de bravoure qu'il montre aux autres. » Des oiseaux dont les attitudes sont si incroyables qu'elles font penser à celles des mammifères.

Mais ce qui frappe le plus Vinciane est leur danse : « Ils forment une ligne de quelques individus, un peu à la manière des danseurs russes, se serrent les uns contre les autres, jusqu'à ce que brusquement l'un des oiseaux saute par-dessus l'autre, et aille s'insérer entre deux compagnons, plus au centre de la ligne de danseurs. Ils changent ainsi de place les uns après les autres, en s'insérant le plus possible au milieu. Parfois, la ligne peut se transformer en une sorte de boule, au sein de laquelle chacun essaye d'occuper la place centrale. Chaque oiseau est ainsi, dans une bousculade organisée qui les secoue tous, alternativement à des places différentes des extrémités et du centre de la ligne ou du cercle formé. La danse peut durer plus de trente minutes et réunir tout le groupe. Elle a généralement lieu, juste au moment du lever du soleil, quand tout est encore dans une semi-obscurité[2]. » Une danse ayant, selon la théorie de Zahavi, une fonction : déterminer la capacité de chacun des membres à prendre des risques pour les autres. Occuper la place centrale, coincé entre tous les autres, suppose en effet un danger en cas d'attaque d'un prédateur. D'autant que chaque danse a lieu au plus mauvais moment (au réveil, quand les animaux sont affaiblis par le jeûne de la nuit) et à l'endroit le plus dangereux qui les place donc à portée des prédateurs.

« J'ai eu la chance qu'un sociobiologiste anglais vienne nous rejoindre sur le terrain, raconte-t-elle au cours de notre entretien. Lui ne voyait les oiseaux que comme des gènes et des véhicules pour gènes. Il y avait également l'assistant et successeur de Zahavi, lequel avait suivi une partie de ses études aux États-Unis. Il filmait les oiseaux pour produire des statistiques mais en même temps les mettait en scène de manière exhibitoire. Pour lui, la danse était assimilée à une compétition pour montrer sa supériorité et par conséquent déterminer sa place hiérarchique. Sa vision, différente, était tout aussi plausible que celle de Zahavi… À mon retour, j'étais un peu désorientée pour écrire un article philosophique sur la base d'une étude éthologique de terrain.

« J'ai alors lu *L'Invention des sciences* d'Isabelle Stengers et *La Vie de laboratoire* de Bruno Latour. La philosophe Isabelle Stengers contestait ces scientifiques qui s'adressaient à des êtres en les considérant comme des molécules et non pas des êtres intentionnels. Pour Bruno Latour, philosophe des sciences, sociologue et anthropologue, un être est d'autant plus intéressant qu'il suscite d'autres questions et met plus de gens au travail. Objectivement, j'avoue que le cratérope décrit par Zahavi était beaucoup plus intéressant, suscitait plus d'hypothèses même si les oiseaux des autres existaient aussi. Mon questionnement n'en finissait pas : comment une théorie scientifique se construit-elle ? Comment rendre compte des multiples influences qui participent à son élaboration : la culture de chacun, la question du genre, masculin ou féminin, le contexte de l'étude sur le terrain, l'animal observé car il faut être deux pour construire un regard et on peut se demander comment était l'animal avant que le chercheur ne l'observe… »

Si vivre auprès des animaux transforme les hommes, l'inverse est également vrai. Tous les gens qui possèdent un animal ou travaillent avec des animaux le savent. Sur le terrain des études éthologiques en milieu sauvage, c'est la même chose. Ainsi, les animaux observés par les chercheurs sont capables en côtoyant ces derniers de modifier leurs relations sociales. Le cas des corbeaux, dont on sait désormais qu'ils sont capables de faire preuve d'imagination pour résoudre des problèmes, notamment d'utiliser des outils pour attraper leur nourriture à la manière des grands singes, en est un exemple. Le corbeau vénéré chez les uns n'est pas du tout le même corbeau que l'on trouve dans les cultures qui l'ont associé au malheur. Tel est le constat de l'ornithologue américain Bernd Heinrich. Dans les deux cas, les corbeaux se conduisent différemment. Joueurs, inventifs et proches des humains là où ils ont toujours été appréciés, on leur découvre des compétences fabuleuses, alors que les corbeaux qui ailleurs n'ont cessé d'être traqués pour être tués sont craintifs, se cachent et par conséquent ne suscitent pas l'intérêt des chercheurs.

À toutes les époques, les hommes et les animaux se sont donc mutuellement influencés. Aujourd'hui, l'impact des sociétés humaines continue de transformer ces relations de bien des façons. Des transformations aux répercussions multiples. Au Bangladesh, la mégapole de Dacca ne cesse de s'accroître un peu plus chaque année. Une démographie humaine si dense qu'elle dévore le territoire des animaux sauvages et, de fait, provoque l'intrusion de ces derniers et parfois même leur installation dans le paysage urbain. C'est le cas des singes qui cavalent dans les rues pour se nourrir et peuplent les toits pour s'y réfugier en société. Se refusant à les tuer mais tenus de se protéger de leur aptitude très élaborée à dérober tout ce qu'ils trouvent, les hommes ont préféré grillager leurs fenêtres et balcons. Les hommes ainsi en cage sont devenus les jouets d'observation des singes sauvages urbanisés qui s'amusent des conditions de vie des humains.

Une éthologie en pleine révolution

Plus que jamais, l'éthologie évolue aujourd'hui à grands pas. Les chercheurs installent davantage de liens avec les animaux qu'ils observent, à l'inverse de ce que préconisait jusque-là le protocole strict requis, basé sur une objectivité rigoureuse.

Entre 1962 et 1968, la primatologue et zoologiste Thelma Rowell observa des babouins au cœur d'une forêt de l'Ouganda. Sa patience et ses observations permirent de découvrir des comportements dont on était loin de soupçonner l'existence, loin de l'agressivité, de la compétition et des hiérarchies décrites auparavant par ses collègues chercheurs. Le regard porté sur les animaux ayant changé, les réponses données par eux étaient différentes. Des années plus tard, la primatologue voulut savoir si les singes étaient au final naturellement plus intelligents que les autres espèces ou bien si ces autres espèces n'avaient tout simplement pas eu la chance de bénéficier des bonnes questions. Il s'avéra que les questions posées aux singes étaient inspirées de l'anthropologie et du social dans le souci de définir l'homme, alors que les autres espèces devaient se contenter d'un questionnement portant sur les comportements de base – reproduction, accès à la nourriture, etc. C'est ce qui la conduisit à s'intéresser à l'organisation sociale des moutons à la fin des années 80, animaux méprisés qui jusqu'alors avaient été observés précipitamment, un mois par an et à l'époque des amours, autrement dit en pleine compétition sexuelle. Thelma Rowell les observa une année durant et découvrit une vie sociale paisible et riche construite autour de l'amitié et de la réconciliation, chacun veillant à maintenir une harmonie et une bonne entente au sein du groupe. Les moutons étaient soudain devenus sociaux et intelligents !

« Différences des regards et complémentarités qui rappellent les fameuses observations de Charles Darwin et de Pierre Kropotkine, remarque Vinciane Despret. On peut comprendre ces différences à la manière dont la philosophie des sciences les a longtemps envisagées. Le philosophe Bertrand Russell proposait, dans *Histoire de mes idées philosophiques*[3], une boutade assez exemplaire de ce type d'analyse. Il s'étonnait que "les animaux, apparemment, se conduisent toujours de manière à prouver la justesse de la philosophie de l'homme qui les observe. (...) Au XVIIIe siècle, les animaux étaient féroces, mais sous l'influence de Rousseau, ils commencèrent à illustrer le culte du Noble Sauvage dont Thomas Love Peacock se moque dans *Sir Oran Haut-Ton*. Pendant tout le règne de la reine Victoria, les singes furent de vertueux monogames, mais durant les années 20, leurs mœurs se détériorèrent d'une manière désastreuse (...). Quant aux théories de l'apprentissage, dans ces expériences qui se fondent sur l'observation des animaux, on ne peut manquer de s'étonner que les animaux observés par les Américains foncent avec frénésie jusqu'à ce qu'ils tombent par hasard sur la solution. Les animaux observés par les Allemands restent tranquillement assis à se gratter la tête jusqu'à ce qu'ils aient élaboré une solution dans leur for intérieur".

« Russell n'est ni le premier ni le seul à envisager les choses sous cet angle, et encore tout récemment, j'ai entendu des éthologues affirmer eux-mêmes, il est vrai en souriant, que sous les gouvernements de gauche, les animaux sont généralement plus solidaires, sous ceux de droite, plus compétitifs. Thelma Rowell, elle-même, reconnaît que les choses ne sont pas aussi séparées que ce que les scientifiques souhaitent, et remarque que, de fait, à l'époque de Thatcher, on ne parlait plus que de compétition dans les histoires de l'éthologie.

« Dès lors, la différence des observations qu'on ne pouvait manquer de remarquer entre le naturaliste et anarchiste russe Kropotkine et l'Anglais Darwin a bel et bien alimenté quantité d'analyses en termes d'"influences du social", voire de "parasitage" de l'idéologie sur la science. Kropotkine lui-même devait anticiper ces analyses. En effet dans son livre, *L'Entraide, un facteur de l'évolution* (1903), il nous fait part de son étonnement de ne rencontrer au cours de ses promenades aucun des phénomènes de concurrence et de compétition relatés par Darwin. Les animaux, dit-il, sont beaucoup plus solidaires que ce que le concept de concurrence vitale ou de lutte pour la survie laisse entendre. Il proposera une version de la sélection naturelle nettement moins compétitive et mue par des mécanismes de solidarité, d'entraide et d'amitié.

« Par exemple, constate Kropotkine, les problèmes de surpopulation face aux ressources sont généralement résolus autrement que par les combats : ainsi, la migration d'une partie du groupe est souvent adoptée, notamment chez les castors, et cette stratégie constitue justement un facteur d'évolution. Les épistémologues (par exemple, Antonello La Vergata, 1992) qui se sont intéressés à Kropotkine ont montré que ce qu'on appelle le "complexe discursif" du naturaliste peut être analysé comme un discours ayant créé des affinités électives avec un système sociopolitique particulier, une utopie anarchiste en l'occurrence. On notera que si Kropotkine pouvait aisément prêter le flanc à ce type de critique, Darwin lui-même n'y a pas échappé. Marx a ainsi relevé, chez Darwin, les surprenantes similitudes supposées entre les animaux et les plantes de sa propre société anglaise, avec sa division du travail, sa concurrence, ses ouvertures de nouveaux marchés, ses inventions et sa malthusienne lutte pour la vie.

« Or cette analyse occulte une dimension importante. On fait comme si la nature était d'emblée uniforme, comme si elle présentait partout les mêmes expériences, les mêmes usages, les mêmes habitudes. Cette uniformité supposée masque en fait une autre lacune : la nature est totalement absente de ces analyses. On reproche aux naturalistes la similitude ou la proximité (ou la connivence) de leurs discours avec ceux du contexte politique, social ou culturel, mais en fait on ne prête attention qu'aux discours. Ce qu'on reproche aux naturalistes (donner trop peu de poids au témoignage de la nature) devrait d'abord être reproché à ceux-là mêmes qui les critiquent.

« Qui dit que Darwin et Kropotkine ont observé la même

nature ? C'est la question que se pose un historien des sciences, Daniel Todes, qui va revisiter les observations de Kropotkine et les resituer dans leur contexte matériel (et non plus idéologique comme on a pris l'habitude de le faire). Il découvre alors que le terrain auquel Kropotkine a affaire n'est pas un terrain darwinien : les steppes décrites regorgent de possibilités au regard de la densité populationnelle. Les conditions y sont très rudes, et la lutte pour la survie prend son sens par rapport à ces conditions. La concurrence y apparaît donc sous des formes très différentes et les solutions envisagées par ceux qui la vivent peuvent être donc des solutions originales par rapport aux solutions qui avaient imprimé leurs histoires dans les schémas de Darwin.

« Kropotkine sait que son terrain n'est pas le même que celui de Darwin, puisque la rareté de la vie, la dépopulation, et non la surpopulation, sont à cette époque le trait distinctif de cette immense partie du globe que nous appelons Asie septentrionale. Il le sait d'autant mieux que son exil lui offre tous les points de comparaison : il a passé une bonne partie de sa vie en Russie avant que ses idées politiques ne le mènent à demander asile à l'Angleterre. La terre de Russie n'est pas du tout semblable à celle à laquelle se confronte Darwin, et ceux qui l'habitent ne peuvent, dès lors, se comporter de la même manière que ceux dont parle ce dernier. L'ethos des organismes vivant dans des plaines immenses et riches, leurs manières d'être et de vivre avec les autres doivent en être profondément différents. Ces observations mènent alors Kropotkine à douter, non de la compétition, mais de l'importance qu'on lui avait attribuée. Et s'il a posé une question particulière à son terrain et à ses animaux, c'est d'abord parce que c'était la singularité même de ce terrain et de ses animaux qui exigeait ce genre de questions.

« Certes, Kropotkine était anarchiste, et cela a dû compter. Comme a dû compter le fait d'être rendu sensible, par son exil, à la diversité des natures ; sans doute autant de motifs qui l'ont encouragé à la suspicion, et plus particulièrement à la suspicion par rapport aux généralisations : celles-ci sont souvent mal ou peu fondées. Sans doute également Kropotkine pourrait-il faire figure de précurseur dans cette lignée de penseurs (allant de William James à Bruno Latour ou Philippe Descola, en passant par Donna Haraway) qui ont envisagé qu'il n'y avait pas une nature, mais une pluralité de natures, témoignant chacune, par son existence, de la pluralité des usages et des modes de survie réussie : la coopération en est un, les transformations par les effets de la compétition en sont un autre.

Éthologie féminine contre éthologie masculine ?

« Dans sa longue enquête auprès des primatologues, qui donnera le livre *Primate Visions*, Donna Haraway a interrogé la question du genre, en reprenant un constat qui, bien que circulant parmi les primatologues, restait très controversé : les femmes auraient modifié profondément les études des primates parce qu'elles auraient abordé le terrain avec des questions et des méthodologies différentes de celles qu'avaient jusqu'alors adoptées leurs collègues masculins. Les babouins observés par les femmes scientifiques sont nettement moins agressifs, moins intéressés par les conflits, bien plus gentils avec les femelles, et surtout, beaucoup moins motivés par des questions de dominance et de hiérarchie. Shirley Strum ira même jusqu'à affirmer que la dominance est un mythe.

« Les femmes observeraient-elles différemment des hommes ? L'hypothèse a eu un certain succès et a été tout aussi intensément contestée. La primatologue Linda Fedigan affirmera d'ailleurs à son sujet que poser la question du genre (du/de la scientifique) en science, c'est comme allumer une allumette pour vérifier s'il n'y a pas une fuite de gaz. Donna Haraway va reprendre chacune des hypothèses affirmant le fait que les femmes auraient profondément modifié les choses, les analyser, les resituer dans leur contexte historique et politique. Elle va également inscrire ces explications ou ces hypothèses dans le contexte de lutte dans lesquelles elles ont été proposées ou construites – car ce n'est pas innocent et sans conséquence d'affirmer qu'on fait (ou qu'on ne se reconnaît pas comme faisant) de la science en tant que femme.

« Commençons par ce qui est le plus visible : on se rend compte que beaucoup de femmes primatologues vont s'intéresser aux femelles, les grandes délaissées de ces histoires d'origine dans lesquelles les primates étaient invités à jouer. Cet intérêt aura des conséquences pratiques évidentes, qui vont modifier non seulement les questions qu'on peut adresser aux singes, mais plus radicalement ce qu'on sait d'eux (notamment, pour les babouins, le fait que les mâles ne vivent que de manière temporaire dans les groupes). Donna Haraway dit à cet égard que le fait de s'intéresser aux femelles a complètement restructuré le champ des histoires possibles. Cette hypothèse peut en effet étayer l'idée que les femmes scientifiques ont changé quelque chose, mais elle ne permet en rien d'affirmer qu'elles ont eu cet effet "en tant que femmes".

« Certaines primatologues, comme Linda Fedigan, franchiront cependant le pas. Et l'on retrouvera, dans les arguments qu'elles proposent à Haraway, des explications mettant en avant certaines manières de "faire science" relevant des caractéristiques "féminines" ou traditionnellement dévolues aux femmes. Que cette façon particulière de faire science soit ou non féminine, il n'en reste pas moins qu'elle caractérise bien les changements de pratiques qui se sont opérés à la fin des années 60, et qu'elle est souvent revendiquée par des femmes scientifiques.

« Haraway remarque l'existence d'un thème unificateur de cette primatologie pratiquée par les femmes : ce renoncement au contrôle, cette volonté d'être connectée au problème de celui/celle que l'on interroge plutôt qu'à une théorie qui détermine les réponses se subordonnent, selon Haraway, à une haute tendance au scepticisme par rapport aux généralisations, une tendance à une préférence pour les explications imprégnées de spécificité, de diversité, de complexité. Cette suspicion est de fait bien présente, bien récurrente, et elle a eu pour effet de miner pas mal d'évidences et de théories tenues pour acquises, comme la théorie de la dominance – dont on remarque qu'elle a été contestée majoritairement par des femmes. La suspicion par rapport au silence des femelles d'abord ; avec son corollaire, la suspicion pour la distribution très inégale des régimes d'activité (seuls les mâles étaient socialement actifs dans les conceptions traditionnelles). Cette remise en question de ce à quoi il fallait être attentif (les relations de hiérarchie et de dominance, les activités sociales des mâles, les conflits pour le pouvoir ou pour les femelles) s'est accompagnée d'une suspicion par rapport aux modèles qui avaient fondé ces questions[4].

« Or si ces femmes scientifiques ont pu être attentives aux stéréotypes véhiculés par les modèles de la primatologie, aux dualismes, aux catégories, c'est parce qu'elles étaient femmes dans une condition historique particulière, fin des années 60 et durant les années 70 : une condition historique marquée par la mise en question radicale des rapports de pouvoir. Pour le dire autrement, ces femmes scientifiques ont appris à penser leur pratique, à remettre en cause les réflexes et les présupposés en pleine époque du féminisme, de revendications des minorités, voire de décolonisation.

« Haraway a publié de nombreux articles sur cette recherche en primatologie, outre son énorme livre. Ils sont tous écrits dans la même perspective critique, féministe et politique. Or, au cours de ses travaux ultérieurs, les primates seront plus rarement évoqués : ils ont laissé la place à d'autres créatures, en l'occurrence les chiens. Lorsque les primates sont à nouveau convoqués, ils le sont pour de tout autres raisons, qui montrent l'évolution du travail de l'historienne des sciences. Les singes ne viennent plus offrir le support d'une déconstruction critique ou d'une analyse rendant visibles les rapports de pouvoir, les enjeux stratégiques, économiques, politiques. Ils sont à présent invités à témoigner de la possibilité de se définir, avec les animaux, comme des espèces compagnes, dans des relations quotidiennes, marquées par l'exigence du respect – au sens étymologique du terme, celui de “rendre le regard”. Ainsi, la primatologue Barbara Smuts, qui avait fait l’objet d’une longue analyse dans *Primate Visions*, est à nouveau évoquée dans le dernier livre de Haraway, *When Species Meet*. Mais l’histoire dans laquelle elle apparaît à présent ne s’adosse pas à un contexte historique ou politique dont il s’agirait de déconstruire l’influence : c’est une histoire singulière de rencontre d’une humaine avec des babouins, une histoire dans laquelle Haraway célèbre le fait que Smuts n’a pu réussir son travail de recherche que parce qu’elle avait appris à répondre aux propositions des babouins, aux regards qu’ils ne cessaient de lui lancer lorsqu’elle s’approchait d’eux.

« Haraway définit la relation que la primatologue a tissée avec ses babouins comme une relation responsable, une relation entre êtres capables de se répondre[5]. Elle cite Barbara Smuts, et le choix de la citation témoigne du changement qui s’est opéré entre le livre sur les primates et *When Species Meet* : “En reconnaissant une présence aux babouins, je faisais montre de respect, et en répondant d’une manière que je leur empruntais, je faisais savoir aux babouins que mes intentions étaient inoffensives et que je supposais qu’eux-mêmes, de la même façon, ne me voulaient aucun mal.” Ce faisant, écrit Haraway, Smuts donne raison à Jacques Derrida : la question de la réponse est “une question dont la forme change tout”.

« La dresseuse de chiens et philosophe Vicki Hearne écrit que la relation des humains et de certains animaux est une relation morale, qui implique des engagements réciproques. Il n’est pas étonnant, dit-elle, que le langage des dresseurs soit un langage “moralement chargé”, un langage “philosophiquement responsable”, dans la mesure où les animaux, implicitement ou explicitement, sont capables d’une compréhension morale, délicate et complexe quoique non infaillible, “qui est à ce point inextricablement liée à leur relation avec des êtres humains qu’on peut dire qu’elle constitue cette relation”.[6] »

Questionner les éleveurs et leurs animaux

« Jusqu'à présent, je m'étais focalisée sur les animaux étudiés par des scientifiques. Je précise que je ne me suis pas attachée à tous les animaux et à tous les éthologistes, bien au contraire, j'ai été extrêmement sélective, et je me suis laissé guider par un critère : celui de réfléchir et de relayer les éthologistes qui arrivaient à rendre leurs animaux intéressants. Autant dire, alors, pour être schématique, qu'un chercheur qui fait courir des rats dans un labyrinthe ne me mettra pas au travail.

« Voilà pourquoi j'ai pu écrire sur des animaux aussi disparates que des cratéropes écaillés, des babouins, un cheval, des corbeaux, des perroquets, etc., et délibérément négliger (parfois à tort) quantité d'autres animaux. Thelma Rowell a constitué en quelque sorte une transition dans mon travail, elle observe des animaux à l'origine peu "éthologisés", des moutons, puisqu'on pensait, dans le domaine des recherches scientifiques, qu'ils étaient socialement peu sophistiqués et pas trop intelligents : on avait de ce fait tendance à ne pas leur poser des questions complexes sur leur sociabilité ou leur intelligence. Les recherches menées à leur sujet se cantonnaient donc au domaine des questions alimentaires (comment le mouton transforme de l'herbe en gigots). L'originalité de Thelma Rowell a été de monter un dispositif de recherche dans lequel elle a posé aux moutons des questions qui avaient été adressées aux singes, des questions sur leurs compétences sociales (comment ils créent des liens, comment ils les maintiennent et les préservent, comment ils s'organisent, comment ils résolvent les conflits, etc.). Sa réussite a été de susciter et de rendre perceptibles des compétences très intéressantes, inédites dans les recherches.

« Mais si les moutons pouvaient entrer dans la sphère des animaux dont j'avais envie de suivre les histoires, c'est parce que je pouvais, avec eux, rester dans un domaine qui m'était familier, et dont je connaissais les codes et les usages dans les pratiques de savoir : le domaine des scientifiques. Lorsque Jocelyne Porcher, l'une des meilleures spécialistes des relations entre l'homme et l'animal dans les systèmes d'élevage, m'a proposé de travailler avec elle et d'aller rencontrer des éleveurs, j'y ai vu à la fois une opportunité et une difficulté[7]. Une opportunité parce que, d'une part, j'allais faire connaissance avec des animaux, des vaches et des cochons, dont je ne savais rien, puisqu'ils n'ont pas été éthologisés (ou souvent si mal !), d'autre part j'allais pouvoir explorer un autre domaine de pratiques de savoir, dont j'ignorais tout. La difficulté était de ne pas trop bien savoir ce que je pourrais demander à ceux qui en étaient les spécialistes, ou plutôt comment je pourrais le leur demander. Ce qui m'intéressait, c'était finalement d'apprendre avec eux ce que j'apprends avec les scientifiques que je suis, que j'accompagne, dont je lis les travaux : qu'est-ce qu'ils peuvent nous apprendre de leurs animaux ? Qu'est-ce qu'ils savent ? Et, surtout, comment ils le savent ? Par quels dispositifs ingénieux, par quelles procédures, avec quelles questions ont-ils fait en sorte que les animaux manifestent des compétences aussi intéressantes ?

« Avec les scientifiques, ces questions ne sont pas compliquées à poser et à explorer. Les chercheurs ont été formés en se les posant, et souvent, s'ils sont intéressants, c'est également parce qu'ils ont remis en question les procédures qu'ils ont apprises, au contact des animaux qui "demandaient plus" (c'est souvent comme cela qu'ils le disent) : ces chercheurs peuvent alors rendre compte des modifications et des raisons qui les ont menés à inventer de nouveaux dispositifs. Quand Thelma Rowell dit qu'on ne doit plus poser aux moutons des questions de moutons parce que cela ne leur laisse aucune chance et qu'elle a de bonnes raisons de penser qu'on doit donc leur poser des questions semblables à celles qu'on a adressées aux singes, elle ne fait rien d'autre, et elle explique pourquoi elle pense devoir le faire. Donc travailler avec les scientifiques sur la manière dont ils apprennent de leurs animaux n'a rien de compliqué, il suffit de le leur demander ou de chercher dans leurs articles.

« Mais avec les éleveurs ? Comment les interroger sur la manière dont ils apprennent des choses à propos de leurs animaux ? S'agissait-il en outre de bonnes questions à leur adresser ? Jocelyne Porcher n'avait pas ces inquiétudes. Ce qu'elle voulait explorer n'était pas de savoir ce que les éleveurs savent et comment ils le savent – elle a travaillé depuis assez longtemps avec eux pour répondre à ces questions. Elle voulait explorer la question du travail des animaux. Au cours des enquêtes précédentes, elle était arrivée à la conclusion qu'une manière intéressante et juste de parler des relations des éleveurs et de leurs animaux était de considérer qu'ils *travaillaient ensemble.*

« Considérer qu'hommes et animaux travaillent ensemble permet de penser la relation sous de multiples aspects, que d'autres concepts ne peuvent saisir : le jugement que les animaux portent sur les humains, sous la forme du "jugement du lien", le contraste entre exploitation et collaboration, la question du sentiment d'accomplissement, celle du don et de l'échange, etc. Or, même si Jocelyne, au cours de son travail antérieur, avait entendu de multiples anecdotes qui montraient que les animaux collaborent activement au travail de leur éleveur, prennent des initiatives pour le rendre possible, ont une part autonome dans ce travail, la question était généralement ressentie comme illégitime. Quand elle demandait aux éleveurs : "N'avez-vous pas le sentiment que vos animaux travaillent avec vous ?", ils refusaient généralement cette proposition en affirmant : "Non, les animaux ne travaillent pas. C'est nous qui travaillons." Et pourtant, les anecdotes témoignaient du contraire. Jocelyne voulait donc prolonger avec eux cette discussion.

« En préparant l'enquête avec elle, je me suis rendu compte qu'une autre question m'intéressait – et ne m'éloignait pas tant de mes interrogations initiales finalement, mieux même, elle pouvait croiser mes interrogations quant à ce que les éleveurs savent et comment ils le savent. Cette question est celle de la *différence.* Comme philosophe, j'ai été abreuvée d'affirmations émanant des philosophes les plus divers posant assez péremptoirement la différence entre l'homme et les animaux (ou l'animal). Je passais généralement, devant ce genre de revendication de l'"exceptionnalisme humain", de la stupéfaction (mais comment peuvent-ils affirmer telle ou telle différence, tel ou tel propre de l'homme ?) à un sentiment croissant d'irritation. »

Quand les bêtes parlent aux hommes

« Cela me remet en mémoire cette remarque du naturaliste Bruce Bagemihl qui écrivait : "Il y a une longue et sordide histoire des affirmations de l'unicité de l'homme. Toutes ces années, j'ai lu que les humains étaient les seules créatures qui rient, qui tuent d'autres membres de leur propre espèce, qui tuent sans le besoin de manger, qui présentent une réceptivité sexuelle des femelles permanente, qui mentent, qui montrent un orgasme féminin, qui tuent leur propre jeune. Peut-être, continue et commente Bagemihl, la seule vraie différence entre les espèces est que les gens, au contraire des animaux, ont tendance à faire des généralisations simplistes."

« Poser ces deux questions, celles du travail et de la différence, je l'ai appris, s'est constitué comme un chemin très fiable par rapport à ce que je cherchais. Les éleveurs m'ont appris quantité de choses – dont j'étais à cent lieues de m'imaginer qu'elles soient possibles – concernant l'intelligence, les compétences, l'intelligence relationnelle de leurs cochons et surtout de leurs vaches (visiblement les vaches sont plus explicites sur ces questions, ou bien aurais-je une préférence ?). Les éleveurs que nous avons rencontrés construisent avec leurs animaux des relations qui produisent un savoir passionnant, et ce savoir les rend attentifs et sensibles, ce qui induit des relations encore plus fiables et plus fécondes. Ils adoptent une posture "juste" avec leurs animaux, leur reconnaissant leur part de travail et d'intelligence dans la construction de la relation : "L'animal nous comprend mieux nous que nous, nous ne comprenons les animaux, nous a dit l'éleveur portugais Manuel Calado Varela ; les animaux savent ce que nous voulons, mais nous, nous ne savons pas ce qu'ils veulent, eux." Plusieurs témoignages très similaires à celui-ci évoquent le fait que les animaux nous comprennent de manière parfois incompréhensible pour nous.

« Dans ces élevages, hommes et bêtes se parlent, se font des propositions, s'accordent et s'offrent des modes de subjectivité : les animaux "font attention" à leur éleveur et sont d'excellents traducteurs d'intentions, en tout cas là où les éleveurs font attention à leurs animaux et s'avèrent eux-mêmes de passablement bons traducteurs d'intentions. Les anecdotes étaient drôles, poétiques, passionnantes, loin des abstractions et des généralités. La différence se décline tout en surprises : la vache, c'est un herbivore qui a du temps pour faire les choses. L'éleveur qui signe cette définition, Philippe Roucan, nous raconte un peu plus tard dans l'entretien : "C'est un peu comme un enfant à qui l'on fait un cadeau à chaque fois qu'on lui rend une visite. Et le jour où l'on vient sans cadeau... Par exemple, nous, quand on va voir les vaches sans les changer de pré, ça ne leur va pas très bien. Elles vont gueuler. Mais moi je leur dis : J'ai le nom de celles qui crient !" » Le rire fut longtemps le propre de l'homme, nous rencontrions des éleveurs qui rient avec leurs animaux. Cherchez la différence...

« Dans certains élevages, les animaux parlent, ils répondent et ils peuvent même rétorquer, ne serait-ce que pour juger du travail de leur éleveur, voire pour l'engueuler. La preuve, les vaches de Bruno Greindl savent qu'il y a "des limites à ne pas dépasser. Elles vis-à-vis de nous, et nous vis-à-vis d'elles ; il y a un moment où elles vont nous expliquer que ça suffit". L'humour avec lequel Philippe Roucan répond à ses vaches qui manifestent leur mécontentement signe et accompagne un passage : celui des animaux dans le monde du "parler pour parler". Cet humour sanctionne et célèbre l'active inversion des rapports, la transgression des catégories, l'impertinence joyeuse des échanges proposés. Quant à la possibilité de compter sur les animaux, et de compter sur le fait de se faire comprendre et de comprendre leurs réponses, écoutez ce qui suit, et que nous raconte l'éleveuse française Mme Rabat : "On était partis pour la journée, c'était l'hiver, on est rentrés à sept heures du soir, sept heures et demie. Quelqu'un nous appelle en disant : Vous avez une vache en difficulté le long du grillage, et elle n'arrive pas à faire son veau apparemment. Il bruinait, il y avait du brouillard. Elles avaient treize hectares, les vaches, mais je savais à peu près dans quelle zone les chercher. J'y vais avec la torche, tout d'un coup j'entends des roulements de sabots. Le troupeau m'avait détectée, tout le troupeau m'arrivait dessus. Je dis : Hop, c'est moi. Elles me reconnaissent, tout le monde s'arrête. Pendant deux minutes, elles s'arrêtent comme ça, je parle pour qu'elles me reconnaissent. Je les vois faire demi-tour et repartir. Et je leur dis en plaisantant : Vous ne voulez pas m'amener chercher Semba ? Et elles m'ont emmenée à la vache. Elles ont toutes fait un demi-cercle autour, le long du grillage, elles ont attendu là. La vache effectivement était couchée ; elle ne pouvait plus se lever. Elles savaient pour quoi je venais, et je pense qu'elles devaient savoir, peut-être, que je pourrais faire quelque chose pour elle."

« Visiblement, à cette époque de mes recherches, j'avais encore quantité de choses à apprendre, tant à propos des animaux qu'à propos de ce qu'est "savoir". Et si les manières dont les éleveurs savent ne suivent sans doute pas les procédures des scientifiques, elles n'ont toutefois rien à leur envier du point de vue de la réflexivité – les éleveurs ne cessent de juger et de remettre en question ce qu'ils pensent et savent de leurs animaux, souvent avec humour. De ce type de savoir, on peut penser qu'il a vraiment été construit non pas "sur le dos" des animaux, mais avec eux. Du moins, dans les élevages où ils sont heureux. Les bêtes comme les gens.

« Je suis optimiste sur l'avenir, je l'ai toujours été. Que les vaches et les moutons aient droit aux mêmes scientifiques que les grands singes est une avancée fantastique. Le résultat de ces recherches entraîne en réaction une curiosité et une complémentarité entre les disciplines, la naissance de réseaux, d'une prise de conscience des éleveurs, d'une mobilisation du public, d'une nouvelle compréhension générale de la nature animale et de la nature en général. L'écologiste, philosophe et anthropologue américain David Abram considère qu'une bonne partie de la rupture de nos relations sensuelles quasi phénoménologiques avec le monde et la nature s'est opérée au moment où l'on est passé à une écriture dont les lettres perdaient tout contact avec la forme et la matière des choses. L'épellation est devenue une abstraction totale par rapport à la nature, une rupture avec sa sensualité à l'inverse des sociétés traditionnelles. Il cite aussi un texte de Socrate qui s'éloigne de la ville avec Phèdre ; tous deux vont s'installer sous les arbres et Socrate dit : “On n'a rien à apprendre des arbres, c'est dans la cité qu'on apprend les choses.” Aujourd'hui, nous sommes dans cette période de rupture mais, comme le souligne Abram, rien n'est perdu, il faut juste retourner à cette sensualité et sensibilité. Comment ? Par des trajets initiatiques individuels, des petites choses au quotidien. Écouter le chant d'un oiseau par exemple… »

*

Le chant du merle

« On peut deviner, tellement le silence qui entoure le chant du merle tremble comme s'il cessait de respirer, que le sort de la Terre entière ou peut-être l'existence de la beauté elle-même à ce moment repose sur ses épaules. Pour le merle, on sent que le terme "importer" prend tout son sens. Je crois qu'en fait, c'est avec lui que l'importance est arrivée sur la Terre (...) C'est comme cela que je vois la création. Chaque être a inventé une qualité du monde et l'a fait exister pour les autres. Mais il en reste l'inventeur, celui qui mène sa propre qualité à la perfection, et dont les autres ne feront jamais que prolonger l'inspiration. Le merle a inventé l'importance, et toutes les choses qui importent à présent et tous ceux pour qui quelque chose importe, c'est à lui qu'ils le doivent. Les corneilles, elles, ont inventé le sautillement. Avez-vous déjà vu deux corneilles (...) sautiller ? C'est l'acmé du geste, l'essence du sautillement. Le sol lui-même joue avec elles, il les renvoie un tout petit peu plus loin, hop, hop, hop, comme s'il s'incurvait légèrement, mais on ne le voit pas, pour les faire rebondir. Les corneilles et la terre ont dû apprendre ensemble puisque la terre semble savoir exactement comment actionner leur ressort. Il s'agit peut-être là d'une co-invention. »

Extrait d'un texte non publié de Vinciane Despret

*

4

Leçon d'altérité

Yves Christen

« Ceux qui regardent souffrir le lion dans sa cage pourrissent dans la mémoire du lion. »

René Char

Les animaux ont été mis en demeure d'expliquer le vivant et davantage encore la place de l'homme dans la nature, mais à vouloir *nous* comprendre, nous avons fermé les yeux sur *eux*. Et voilà donc la suite logique de l'histoire : après avoir pris enfin le risque et la liberté de s'intéresser réellement à eux, de leur poser de nouvelles questions, des chercheurs iconoclastes ont été surpris par la richesse des réponses. Par voie de conséquence, les études se sont alors répandues, multipliées, toutes plus inventives les unes que les autres, des animaux sauvages aux domestiques, des dits « nuisibles » aux bêtes d'élevage, des éléphants aux poissons en passant par les insectes et les oiseaux.

Les faits sont là : les animaux possèdent bel et bien une intelligence, une conscience, une mémoire (indissociable des capacités d'apprentissage et d'innovation), des comportements sophistiqués qui dépassent ce que l'on a coutume d'appeler, à tort, des « réflexes ». Certains veillent et enterrent leurs morts, aident leurs prochains, composent des mots, des phrases, savent les distinguer et répondre à des problèmes humains, peuvent compter – capacité même très répandue dans la nature, de l'abeille au grand singe en passant par l'oiseau –, comprendre la notion d'absence et de rien, reconnaître les visages humains, se souvenir de leurs congénères après une séparation de plusieurs années et s'en réjouir – ou pas. D'autres vont se montrer sensibles à la beauté ou à l'inverse faire la guerre (les grands singes comme les fourmis sont capables de faire des esclaves), avoir le sens de l'humour, de la morale, de l'entraide et du jeu, tisser des relations sociales, des amitiés (inter-espèces comprises), éprouver l'ennui, le plaisir, la tendresse, la colère, la souffrance, toute la palette des émotions humaines, utiliser l'art du mensonge, transmettre des traditions, faire preuve de créativité, se reconnaître dans un miroir, savoir qu'ils savent (métacognition), anticiper l'avenir, faire référence au passé. Tous ont un langage et des compétences qui leur sont propres, variables selon les espèces. De quoi méditer cette si juste réflexion faite par l'éthologue Boris Cyrulnik il y a déjà près de trente ans : « Le jour où l'on comprendra qu'une pensée sans langage existe chez les animaux, nous mourrons de honte de les avoir enfermés dans des zoos et de les avoir humiliés par nos rires. »

Forts de ces constats issus de travaux scientifiques où s'entrecroisent et se complètent les disciplines (de la primatologie à la zoologie en passant par les neurosciences et bien sûr l'éthologie), certains chercheurs n'ont alors pas hésité à proposer une véritable réflexion sur l'altérité et plus encore sur l'individualité et l'identité unique et complexe de chaque animal. Yves Christen est l'un d'eux et son travail participe pour beaucoup aux réflexions actuelles portant sur l'évolution du statut des animaux et l'exploitation qui en est faite. Biologiste spécialisé dans les domaines de la génétique et des neurosciences, directeur d'une grande fondation scientifique[1], il a introduit en France la sociobiologie qui a pour but d'étudier les bases biologiques des comportements sociaux et depuis des années ne se lasse pas de révéler les compétences extraordinaires des animaux à la lumière des avancées de la recherche. Ses derniers ouvrages sont des sommes érudites et passionnantes qui en font état, récapitulant toutes les données en vigueur, les complétant avec ses propres expériences et réflexions, apportant les preuves incontournables pour qui pourrait encore en douter que les animaux n'ont plus rien à envier au propre de l'homme.

Yves Christen soutient aujourd'hui que les animaux sont des personnes, ont une histoire. Un constat qui « semble ruiner l'absurde vision de l'insignifiance de la bête[2] ». À la fois du côté de la science et de l'animal, porté par une empathie pour les bêtes qui lui vient de l'enfance, il propose un autre regard sur elles. Un plaidoyer qui n'est cependant pas venu du jour au lendemain. Pour que sa propre vision du monde animal change, il a d'abord fallu qu'il croise « le regard de l'Autre », en l'occurrence le regard d'un chat sauvage très particulier.

Rencontres félines

Sa première vraie rencontre avec un léopard a lieu un matin de juin 1995 dans les herbes hautes de la réserve de Londolozi en Afrique du Sud[3]. L'animal, une femelle, porte le nom de Mother-of-two. « Cet événement constitue la véritable origine de mon addiction féline, explique Yves Christen lors de notre entretien, et je la dois à un pisteur shangaan, Simon Mathebula, capable de lire le sol et les indices laissés par les bêtes avec une habileté extraordinaire. » Le début d'une longue série de rendez-vous qui le conduit alors à côtoyer la mère de la belle Tugwaan, une femelle de quatorze ans. C'est elle qui va le laisser entrer sur son territoire, un paysage de savane et de forêt truffée de clairières, sillonné de rivières bordées de broussailles, et l'inviter à partager les mystères de sa lignée, de son monde intime et de son peuple. « Un peuple, comme une personne, c'est un destin particulier. » Tugwaan lui révèle en effet qui elle est en tant qu'individu mais aussi en tant que membre d'un clan possédant une histoire.

« Le suivi de la lignée de cette femelle s'effectue depuis septembre 1979. Une autre femelle de Londolozi, simplement connue et identifiée comme “la Mère”, s'est laissé voir de plus en plus fréquemment par les guides et notamment par l'un d'entre eux, Lex Hes. Cela a permis de commencer à dresser l'arbre généalogique de cette lignée. La première dans l'intimité de laquelle j'ai réussi, pour une modeste part, à pénétrer. J'en ai depuis connu pas mal d'autres. Mais même aujourd'hui, elle reste celle qui m'a fait voir le plus de choses imprévues et passionnantes. Ainsi, Tugwaan fait partie de la quatrième litière, celle née en avril 1984. Mother-of-two est l'un des deux enfants de sa seconde litière mise au monde en août 1992. À partir de 1995, j'ai pu rencontrer et identifier la plupart des enfants issus de cette lignée, mais aussi voir disparaître Tugwaan, Mother-of-two ainsi qu'un grand nombre de leurs petits. Dès lors que l'on peut ainsi pénétrer un tel univers familial et observer quelques-uns des événements qui lui donnent toute sa richesse, y compris les plus dramatiques, le regard sur les animaux concernés change. On ne peut plus les voir comme simplement des objets beaux à photographier. Leur vie adopte une valeur certaine, une existence propre, et leur communauté gagne le rang de peuple.

« D'un coup vous voyez se révéler un monde qui fait sens, il y a soudain un moment où l'on voit les êtres dans leur singularité, ce n'est pas qu'on ne les avait pas vus auparavant, mais peut-être qu'on n'avait pas accordé l'attention nécessaire pour percevoir l'essentiel. J'ai été ainsi amené à penser que dans l'esprit animal il y avait quelque chose à saisir et cette réalité s'est traduite chez moi par la découverte de l'altérité. Je ne veux pas dire que j'ignorais auparavant l'existence de l'altérité et l'usage que les philosophes pouvaient en faire, seulement je n'en avais pas fait l'application concrète vis-à-vis de l'animal. À cette époque, ce dernier n'était encore à mes yeux qu'un objet d'observation dont la beauté me procurait un plaisir. Par la suite, j'ai été amené à me dire que derrière cette beauté se cachait aussi un esprit et qu'il méritait le regard qu'auparavant je lui refusais. Quand vous entrez dans la vie des êtres, ceux-ci prennent une épaisseur particulière, ils cessent d'être un représentant de leur espèce pour devenir une personne individualisée.

« Cette plongée dans le monde léopard a largement contribué à bouleverser ma vision de l'animal en général. Surtout parce qu'elle m'a révélé un univers de signification que je connaissais pour une part, mais en ne lui accordant qu'une importance théorique. Ma formation est celle de la recherche fondamentale, qui conduit à s'interroger sur le monde sur un mode objectif, sans s'impliquer de façon personnelle. Tant qu'on fait de la biologie moléculaire, cette démarche "objectiviste", imposant une claire absence de lien avec l'élément observé, se justifie pleinement. Mais dès lors que l'on se pose la question du sens, on ne peut éviter de se mettre, dans une certaine mesure, à la place du sujet observé. C'est la raison pour laquelle j'ai proposé dans mon livre *Le Peuple léopard* d'envisager ce que j'appelle "l'ethnologie animale", c'est-à-dire l'étude des animaux comme composants de peuples. C'est pour la même raison que s'impose la question de l'altérité : quand l'autre prend chair, la possibilité d'une étude neutre sans influence de l'observateur sur le sujet observé, et réciproquement, devient illusoire.

« Le scientifique est homme de savoir, objectif, et ne se contente pas d'idées toutes faites. Il formule des hypothèses et cherche à les vérifier. Ce faisant, il doit effectuer des tests sur plusieurs individus différents et analyser ses résultats en termes statistiques. Tout cela suppose une forme de négation du cas individuel. On le voit bien en médecine : si un seul sujet jugé atteint d'une maladie mortelle guérit, comme par miracle, on aura tendance à penser que le diagnostic était sans doute inexact. Tout cela est très logique. En outre, le chercheur se méfie, et pour de bonnes raisons, des anecdotes. Elles sont souvent déformées et parfois même imaginaires. Son devoir est de vérifier. Mais lorsqu'il s'agit d'un événement singulier, unique, ne concernant qu'un individu, la chose devient bien difficile. Cela pose un problème de taille dès lors que l'on souhaite répondre aux philosophes qui affirment l'originalité spécifique de chaque sujet humain, par rapport aux animaux non humains jugés non individualisés. Fort heureusement, la recherche progresse et on dispose désormais de nombreuses études sérieuses mettant en évidence la réalité des différences individuelles de personnalité dans plusieurs espèces animales. Il s'agit là d'un fait impossible à contester.

« La thèse qui oppose la nature à la culture pour justifier la primauté de l'homme sur l'animal a pour point de départ une erreur sans cesse répétée et tenue pour une évidence bien qu'elle constitue manifestement un non-sens, à savoir que la culture s'oppose à la nature comprise ici comme la biologie. Ce préjugé est absurde. Pour ma part, je pense, avec Gregory Bateson, qu'il faut distinguer parmi les objets du monde ceux qui concernent les vivants et les autres. Tout ce qui est en rapport avec les premiers relève de la biologie de façon directe ou indirecte, qu'il s'agisse de corps vivants, de leurs déjections ou de vêtements, de maisons, d'outils, d'objets manufacturés. Ce sont des fabrications d'êtres vivants – humains ou non humains –, des compléments du corps ; en cela ils se différencient radicalement des objets sans caractère organique. La logique de cette façon de voir est de se dispenser de tout recours à ce que j'appelle l'hypothèse "du Saint-Esprit ou du Martien". La culture ne vient pas de forces extraterrestres ; elle vient de vivants habitant notre planète. Elle est en quelque sorte "sécrétée" par des animaux humains et non humains. La culture fait partie intégrante de la nature. »

Personnes animales

« En publiant *L'animal est-il une personne ?*, ouvrage dont le titre est en forme d'interrogation mais dont chaque lecteur comprendra qu'il répond par l'affirmative, mon but n'était pas d'entrer dans une querelle sur le vocabulaire. En recourant à ce concept j'entends affirmer l'individualité de chaque sujet animal et le fait que, dans son réseau de relations, chaque individu occupe une place singulière. Il convient dans ces conditions de ne pas se limiter à des questions telles que la survie d'espèces menacées ou l'avenir de la biomasse. La disparition d'un sujet animal particulier ne saurait être compensée par l'apparition d'un autre. Ce que je dis s'applique, par exemple, à la question de la chasse : le problème qu'elle pose n'est pas uniquement celui de la protection des espèces car, même si elle y contribue, on peut toujours lui opposer le fait qu'elle tue des personnes. Le léopard, en tant qu'espèce (*Panthera pardus*), n'est pas véritablement menacé, ce qui n'est pas le cas en revanche de ses sous-espèces : le léopard de l'Amour, celui de Perse et celui de Chine. Menacé ou pas, inutile de dire que je considère le meurtre d'un léopard – ou de tout autre félin – comme moralement condamnable. Le braconnage comme danger pour l'espèce léopard doit aussi être examiné à la lumière de la notion de personne animale. Certes, tuer une panthère dans l'Okavango n'a aucune conséquence sur le devenir de l'espèce, mais cela ne signifie nullement que ce ne soit pas grave car une personne léopard a été tuée ».

À propos de l'individualité animale, Yves Christen cite encore les travaux de l'éthologiste russe Zhanna Reznikova qui révèlent que même les fourmis, confrontées à des problèmes, réagissent différemment les unes des autres. Autant dire qu'on ne devrait plus considérer ces fameuses « régulations des populations animales » ou déplacements comme quelque chose d'anodin. Car ces régulations et déplacements sont pratiqués dans le cadre d'une gestion lorsque les animaux sont en surnombre sur un territoire confiné imposé par les hommes ou lorsque les prédateurs ont disparu. « Transplanter un éléphant hors de sa société d'origine n'est pas sans conséquence. Non seulement son existence va s'en trouver modifiée, mais c'est aussi la vie de sa famille qui va changer. Il va manquer parce qu'il est différent des autres et qu'il occupe une place précise dans un réseau social. Son absence ne fait pas rien. »

Individualité ou pas, certains soutiennent que reconnaître chez l'animal ce qui faisait jadis le propre de l'homme et insister sur le fait que l'homme fait partie, biologiquement, de l'évolution revient à rabaisser celui-ci, à le rendre insignifiant par rapport aux autres espèces. D'autres se montrent plus logiques. Le philosophe et chercheur Jean-Marie Schaeffer soutient ainsi qu'« une bonne partie de nos comportements les plus destructeurs et autodestructeurs ne relève pas des caractéristiques que nous partageons avec les autres animaux, mais de celles qui sont le propre de l'homme[4] ».

« Il a bien sûr raison, commente Yves Christen. S'il existe une différence claire entre l'espèce humaine et les autres espèces animales, c'est bien celle-là : nous sommes plus agressifs, plus puissants, plus destructeurs. C'est d'ailleurs ce qui nous a donné la suprématie sur tout le reste de la planète… Cela dit, n'oublions pas que d'autres espèces ont également conquis la planète : souris domestique, surmulot, pigeon, moineau, blatte, etc. Il s'agit cependant principalement d'animaux capables de vivre à nos côtés… Toutefois, mon souci n'est pas de rabaisser l'espèce humaine mais de reconnaître leurs véritables mérites aux personnes animales. Aucun être n'a jamais tiré gloire à mépriser les autres. Les savants et les autres créateurs ne tirent pas leur prestige de l'élimination de leurs compétiteurs mais de leurs découvertes et réalisations propres. Considérer qu'il nous faudrait rabaisser l'animal afin de nous maintenir dans un état d'autosuffisance me semble constituer une idée particulièrement perverse car elle suggère implicitement que, pour que notre espèce soit estimable, il lui faudrait dénigrer les autres espèces.

« À chaque fois que je partage la vie des léopards, je découvre des choses nouvelles et vois s'écrouler des idées reçues. Le fait qu'on ne soit pas capable parfois de trouver une compétence chez l'animal ne prouve pas qu'elle n'existe pas. C'est tout simplement que nous n'avons pas eu la capacité de la trouver à un moment donné. On a longtemps cru que l'animal était incapable de savoir ce qui se passait dans l'esprit d'un autre. Des expériences ont montré depuis que l'animal peut se mettre mentalement à la place d'autrui, ce qui du reste paraît essentiel pour assurer leur survie. L'animal est riche en mondes et configurateur de monde pour reformuler la sentence du philosophe allemand Martin Heiddeger, qui pensait comme beaucoup que l'animal était sans raison. Le cerveau n'est pas un outil qui de manière passive capte le monde qui nous façonne, il crée un monde. L'animal lui aussi fait des hypothèses sur le monde qui l'entoure et dont il a une conception.

« Lorsque je me retrouve dans la brousse, particulièrement à Londolozi, j'éprouve de plus en plus une sensation de non-étrangeté. Car, s'il est clair qu'une bonne part du plaisir que j'en tire est de changer d'univers, de quitter la vie "civilisée" pour retrouver le monde sauvage, celui-ci me semble en fait de plus en plus familier. J'y découvre à chaque voyage des événements inédits, des choses insoupçonnées mais rien d'intrinsèquement exotique. Et, à l'inverse, de retour vers la "civilisation", j'ai de plus en plus un sentiment d'étrangeté, singulièrement à la lecture ou à l'écoute des médias ! Mon dernier périple, en mai 2011, m'a apporté sa moisson de faits intéressants ou de dénouements imprévus. L'un des plus intéressants concerne un petit-fils de Mother-of-two. Sa fille Dudley a mis au monde deux enfants mâles en octobre 2006. Tâche difficile car les mâles sont plus voraces que les femelles. Chose extraordinaire et supposée ne pas se produire, la grand-mère a adopté un des deux en juin ou juillet 2007. J'ai pu alors observer le développement de l'un et de l'autre. Je croyais que le jeune resté avec sa mère deviendrait le plus costaud des deux car Mother-of-two était déjà bien vieille et les jeunes mâles ont besoin d'énormément de viande pour prendre des forces rapidement. Bientôt elle aurait du mal à chasser. Je l'ai d'ailleurs vue régulièrement et encore bien peu de temps avant sa mort survenue en juillet 2009. Son petit-fils devenu fils adoptif, et désormais appelé 5-5, a survécu comme il a pu, suivant parfois son père, lequel le reconnaissait en dépit du fait qu'il ne le voyait pas avec sa mère, l'une de ses partenaires sexuelles habituelles. Mais courant 2010, 5-5 a pris force et courage. Et en mai 2011 je l'ai vu défier le plus costaud des léopards du coin, le fameux Camp Pan, une bête bâtie comme un char d'assaut. Et c'est 5-5 qui a eu le dessus. Une fois de plus mes prédictions étaient fausses. Et tout porte à croire qu'avoir été élevé par une dame de la classe de Mother-of-two, fût-elle affaiblie, constituait un réel avantage... »

Parler avec les bêtes et comprendre leurs pensées intimes

D'audacieux chercheurs se sont ainsi laissé emporter dans d'incroyables découvertes scientifiques qui croisent l'un des rêves les plus vieux de l'humanité : communiquer avec les animaux. Ils se sont rendu compte au final que les animaux sont plus bavards qu'on ne le pense et que les moyens qu'ils utilisent pour communiquer entre eux comme avec nous sont variés, car si l'homme est doté d'un langage élaboré, les animaux peuvent eux aussi utiliser toutes sortes de signaux pour se faire comprendre. Chimique, comportemental, tactile, électrique, le langage des bêtes s'exprime également par les vocalises, le chant et les rythmes. L'eurythmie est à la base même de la communication animale. C'est ainsi que les cétacés et les loups, qui possèdent une signature acoustique personnalisée, s'identifient et se parlent d'un groupe à l'autre. Il est possible à un homme de provoquer l'intérêt d'un animal, fût-il un insecte, pourvu qu'il respecte le rythme qui convient à cette espèce. Des expériences ont même montré que par leurs rythmes, mélodies, refrains, l'étude des chants des oiseaux met en évidence des convergences avec les musiques humaines. Comme l'homme, l'animal joue avec les sons. L'oiseau mais aussi la baleine, comme le compositeur, se constituent un répertoire qui leur sont propres et le remettent à jour d'une année à l'autre.

Des découvertes qui, ajoutées au reste, ont permis aussi de montrer que la communication humaine ne se limite pas au langage verbal et que la linguistique n'induit pas tous nos comportements. Qu'en est-il aujourd'hui de notre capacité à interpréter les messages transmis par les animaux ? Que se passe-t-il entre eux et nous sur le plan de la communication ? Au-delà des simples rencontres olfactives et sonores, et de ces signaux du corps qui composent un langage sans paroles, parviendrons-nous un jour à communiquer véritablement avec eux ? Bien sûr, en apprenant le langage humain, certains animaux nous ont déjà offert le privilège de partager leurs sentiments intimes.

Si les grands singes sont incapables de parler faute d'un organe vocal, ils conçoivent cependant ce mode de communication au niveau même de leur cerveau. Dès les années 50, des chercheurs ont enseigné à des grands singes le langage des signes américains (ASL ou Ameslan). Ces travaux ont eu le mérite de nous révéler que ces animaux avaient accès au contenu sémantique des mots, un héritage provenant sans doute de notre ancêtre commun. Ces études ont bouleversé les théories des linguistes et notre perception du monde animal. À la lumière des travaux de la primatologue Sue Savage-Rumbaugh, on connaît les facultés intellectuelles de deux bonobos nains : Kanzi et Panbanisha. À l'aide d'un ordinateur portable proposant des lexigrammes, ces singes communiquent avec les humains en construisant eux-mêmes leurs phrases. Ils sont aussi capables de dessiner ce à quoi ils pensent, d'utiliser habilement les outils mis à leur disposition. En 1971, Penny Patterson, une jeune psychologue américaine, enseigne le langage des signes à une petite femelle gorille, Koko, dans le cadre d'une étude sur le comportement[5]. Le dialogue s'installe et ce qui devait être un travail de laboratoire prend rapidement la forme d'une incroyable amitié qui perdure encore. Koko permettra ainsi aux hommes de comprendre son monde intime et de partager ses émotions comme sa tristesse à la mort de son petit compagnon, un chaton. Un sentiment exprimé également par son autre compagnon, un gorille surnommé Michael, qui expliquera les conditions dans lesquelles sa mère avait été tuée dans la jungle, par des braconniers.

« Ces dernières années, explique Yves Christen, les études sur l'animal nous ont apporté beaucoup mais elles devraient également dans l'avenir déboucher sur une remise à plat complète de la question du langage. Traditionnellement on dit que seuls les humains ont un langage : est-on en droit de dire ça ? Que sait-on vraiment ? On sait que les animaux ont la capacité de communiquer entre eux des informations, comme on sait que plusieurs espèces animales ont des vocalisations qui ne sont pas neutres quant à leur signification et que des animaux de plusieurs espèces ont été capables de comprendre le langage humain et d'y répondre. Ce sont des faits. La majorité des expériences conduites autour du langage imposent à l'animal d'apprendre notre langue, mais on n'a jamais tenté d'apprendre le langage animal. Depuis quatre ans seulement, certains chercheurs se sont demandé si les aboiements des chiens pouvaient être considérés comme un véritable langage, s'ils avaient une signification. Bien sûr, on s'apercevra que ce que se disent les chiens, ça a du sens. Je pense qu'un jour on aura même l'occasion de communiquer verbalement avec les animaux, on l'a déjà fait avec des langages d'humain, on devrait logiquement aller plus loin et comprendre ce que les animaux pensent de nous. La réalité dépasse effectivement parfois la fiction. Et, dans le cas de nos rapports avec les animaux non humains, il ne faut pas sous-estimer les surprises qui peuvent survenir. Pour l'heure, nos investigations ont été surtout contraintes, prenant la forme d'une véritable mise en demeure : l'animal se trouve dans la situation de l'invité à une émission de télévision qui doit répondre par oui ou par non, sans possibilité d'exposer un point de vue réellement original.

« Comment ne pas être frappé par le fait que lorsque nous, humains, qui nous considérons comme tellement supérieurs à eux, communiquons avec des animaux, nous les contraignons à "parler" notre langage ? C'est certes plus facile pour nous, mais est-ce logique ? Certainement pas. Je sais bien que les linguistes me répliqueraient qu'il ne saurait en être autrement, les animaux n'ayant pas de langage. Cet argument est sans valeur. Car de deux choses l'une : ou les bêtes ont une forme de capacité linguistique et nous devrions alors la décoder au moins aussi facilement qu'elles parviennent, elles, à comprendre la nôtre, ou bien elles n'en n'ont aucune et alors toute communication devrait être impossible. La vérité est que les expérimentateurs ne se sont même pas posé la question, allant directement au plus facile. Et, chose extraordinaire, cela a marché : des bonobos comme Kanzi et Panbanisha ont bien voulu comprendre l'anglais et communiquer avec des humains par moyen d'un *keyboard* (ordinateur proposant des symboles), des perroquets gris comme Alex se sont mis à apprendre et parler la langue anglaise, des chimpanzés, des gorilles et des orangs-outans ont accepté de comprendre et parler le langage ASL, des dauphins se sont mis à pratiquer plusieurs types de langages arbitraires construits par des chercheurs, etc.

« On peut tirer de ces expériences de nombreux enseignements en rapport avec les capacités linguistiques animales : 1. des animaux peuvent comprendre un langage parlé ou artificiel humain ; 2. ils peuvent adopter des règles linguistiques précises et cela est particulièrement net dans le cas des dauphins, lesquels ont suivi les règles imposées de façon stricte ; 3. ils peuvent répondre, dans certains cas au moins, à nos questions soit par signes, soit par l'usage d'un *keyboard*, soit en langage humain (en l'occurrence en anglais) ; 4. ils peuvent ainsi non seulement répondre à des questions mais aussi étaler leurs sentiments ou faire des remarques à propos, comme lors des conversations entre humains, non imposées par le contenu des questions. À cela s'ajoutent d'autres constatations, en particulier le fait que certains animaux (oiseaux, dauphins) disposent d'expressions vocales complexes dont rien ne dit qu'elles ne suivent pas des règles linguistiques précises. On se demande, dans ces conditions, ce qui reste de l'idée selon laquelle seuls les humains disposeraient d'un véritable langage.

« Peut-être la récursivité, c'est-à-dire l'utilisation du langage pour construire des propositions s'emboîtant les unes dans les autres jusqu'à produire une infinie complexité (exemple : "je vois que vous buvez un verre de vin", qui peut donner "vous voyez que je vois que vous buvez un verre…" puis "je vois que vous voyez…" et ainsi de suite). Tout cela est passionnant, mais si nous parvenions non plus à contraindre des animaux à s'exprimer dans nos langues mais à utiliser les leurs, nous obtiendrions des informations infiniment plus intéressantes. Cela sera-t-il possible un jour ? Pourquoi pas ? Certains s'efforcent de capter les signaux naturellement émis par les dauphins dans l'océan. Il n'est pas interdit de penser qu'on puisse en décoder la signification et, dans un second temps, commencer à balbutier des mots ou des bouts de phrases. Nul doute que nos premiers essais devraient amuser les dauphins, mais comme ce sont des gens très convenables, peut-être nous écouteraient-ils avec beaucoup de politesse et accepteraient-ils de nous servir de professeurs de langue étrangère. D'autres travaux en cours concernent le décodage du langage par gestes de certains grands singes, notamment des orangs-outans. Il n'est pas impossible que cela débouche sur l'établissement d'une sorte de dictionnaire anglais/français/orang-outan. Vous le voyez : il y a encore du pain sur la planche pour des chercheurs doués d'imagination… »

*

Washoe, une femelle chimpanzé, morte en 2007 à quarante-deux ans, a été le premier grand singe à qui le langage des signes américain fut enseigné. C'est le psychologue Roger Fouts, aujourd'hui fondateur de l'Institut de communication entre les humains et les chimpanzés à Washington, qui, à la fin des années 60, fut chargé de cet apprentissage. Non seulement Washoe apprit à communiquer avec les hommes, mais elle enseigna ce langage à son propre fils puis communiqua avec d'autres chimpanzés formés eux aussi à ce mode de communication.

Lorsqu'elle était enceinte et que Roger Fouts lui demandait : « Qu'y a-t-il dans ton ventre ? », elle lui répondait sans hésiter : « Bébé, bébé. » « Lorsque Kat, une bénévole venue travailler quotidiennement avec Washoe, tomba enceinte, la guenon était fascinée. Elle adorait lui toucher le ventre en lui demandant des nouvelles de son bébé. Malheureusement, Kat fit une fausse couche et resta plusieurs jours sans venir au labo. Quand elle revint, Washoe l'accueillit joyeusement en se jetant dans ses bras, puis elle se détourna pour bien lui faire comprendre qu'elle lui en voulait de son absence. Sachant qu'à dix-sept ans Washoe avait perdu deux petits, Kat décida de lui révéler la vérité. « Mon bébé est mort », lui dit-elle en langage des signes. Les bras de Whashoe, croisés sur la poitrine comme si elle portait un enfant – ce qui signifie « bébé » en Ameslan –, retombèrent. Elle avait compris. Elle baissa la tête puis regarda Kat dans les yeux et signa « pleurer » en touchant sa joue juste sous l'œil. Le soir même, au moment de son départ, Washoe voulut la retenir en signant : « Câlin, s'il te plaît... »

« Les singes ont conscience de la mort et peuvent être déprimés lorsqu'ils y sont confrontés, explique Roger Fouts. À un jeune singe qui refusait d'avaler son repas, j'ai demandé de penser aux pauvres chimpanzés qui n'avaient pas assez à manger en Afrique. Et cela a marché. Exactement comme cela peut fonctionner pour un bébé humain. »

Le jour où la guenon, élevée pendant des années à l'écart de ses congénères, les découvrit pour la première fois, elle les désigna comme de « sales bestioles noires », incapable de s'identifier à eux. Mais la grande découverte de Roger Fouts fut de s'apercevoir que tous les chimpanzés de l'institut continuaient de parler entre eux en Ameslan en dehors de la présence des hommes. Washoe a ainsi enseigné à son fils adoptif, Loulis, que les autres chimpanzés appelaient « joli garçon », le langage des signes. Les premiers mots qu'elle signa à son intention furent : « Venir embrasser. Vite ! »

Les chercheurs ont ainsi enregistré six cent douze conversations sans présence ni intervention humaine avec des dialogues allant jusqu'à vingt-neuf échanges consécutifs. « Une preuve décisive de l'aptitude naturelle des singes à parler, dit Roger Fouts. Il faut se rendre à l'évidence : non seulement les singes se parlent entre eux, mais lors de leurs échanges, ils manient le passé, le présent et l'avenir. Ils ont intégré la notion du temps... Ils s'interrogent sur leurs actions ("Où vas-tu ?", "Que fais-tu ?"), s'inquiètent de l'heure des repas ("L'heure de manger ? – Non. Pas encore. Plus tard", "Boire quoi ? Lait ? Jus de fruits ?"), imaginent des jeux ("Poursuivre, moi ?", "Viens chatouille", "Jouer colin-maillard"), s'interpellent ("Où sont les livres ?", "Donne-moi boire !", "Non, va-t'en !", "Je veux ta glace !", "Donne-moi ta couverture"), manifestent leur affection ("Viens m'épouiller", "Embrasse-

moi, je t'aime !", "Viens dans mes bras, bon !", "Amie gentille"). Plus passionnant encore, ils se parlent souvent à eux-mêmes, signant dans l'air leurs rêveries intérieures. Ainsi, un enregistrement vidéo montre Washoe installée sur un arbre signer pour elle-même : "Tranquille", "Loulis, où est Loulis ?", "Fleur, je veux une fleur. Belle, sent bon." Comme les autres grands singes à qui l'on a enseigné l'usage d'un langage symbolique, Washoe a su, de son propre chef, inventer de nouveaux mots : "Pomme qui est orange" pour une orange dont elle ignorait le nom, "eau-oiseau" pour décrire un cygne, "eau-écouter" pour l'eau pétillante ; "métal-chaud" pour un briquet, "fruit-boire" pour un melon, "nourriture-pleurer-faire mal" pour un radis. »

Karine Lou Matignon, « L'abc de la culture chimpanzé. Et en plus ils parlent », *Jonas*, septembre 2001.

*

5

Sensibilités animales

Marc Bekoff

> « On a commencé par couper l'homme de la nature et par le constituer en règne souverain ; on a cru ainsi effacer son caractère le plus irrécusable, à savoir qu'il est d'abord un être vivant. Et, en restant aveugle à cette propriété commune, on a donné champ libre à tous les abus... »
>
> Claude Lévi-Strauss

« L'un est jeune, assez beau, il ressemble à un petit griffon beige. L'autre est un vieux bâtard blanc avec une tache noire sur le dos. Ils traversent au feu rouge sur les passages cloutés. Le jeune s'engage le premier, s'arrête au milieu de la rue, laisse passer le vieux et repart derrière lui. Quand ils mendient, toujours devant le même restaurant parce qu'ils savent qu'ils ne seront pas chassés, le jeune, propre et mignon, quémande la nourriture et la rapporte à son copain qui attend en retrait[1]. »

Pendant longtemps, les chercheurs ont prêté peu d'intérêt à de telles observations et si d'aventure elles devaient être soulignées, il était courant de faire remarquer que les animaux avaient agi portés seulement par un intérêt génétique dans le but unique d'assurer la pérennité de l'espèce. Qu'importe donc qu'un éléphant soutienne un congénère malade des heures durant et montre de la tristesse à sa mort – l'équivalent de notre stress post-traumatique ; qu'une souris soit sensible à la douleur d'une congénère ; qu'un rat et un chien rient ; qu'un poisson souffre ; qu'un loup pleure l'absence de son compagnon ; qu'une loutre joue avec un poisson-lune ou qu'un corbeau s'amuse à glisser ventre en l'air sur une plaque de verglas ; que des dauphins, des éléphants et des bonobos se réjouissent de la naissance d'un nouveau-né ; qu'une pieuvre se mette en colère ; qu'un cheval ait un grand sens de l'humour[2] ; qu'une vache montre de la tendresse pour son veau et même s'échappe pour parcourir des kilomètres et le retrouver ou encore qu'une jeune femelle chimpanzé joue à la poupée avec un bâton ; que les macaques femelles montrent des attitudes identiques aux mères humaines envers leurs bébés et ainsi changent le ton de leur voix, leur sourient, maintiennent un contact visuel, effectuent des mimiques, les embrassent[3]. L'angoisse de projeter sur les animaux nos propres sentiments a ainsi empêché la communauté scientifique – et par extension la société – de les regarder vraiment, donc de les considérer.

Le perroquet vexé, la louve en deuil...

Dans les années 90, lorsque le primatologue Frans de Waal utilise le terme de « réconciliation » pour décrire les retrouvailles amicales entre deux individus, ce que Jane Goodall avait déjà constaté dans les années 60, ses pairs et collègues s'en agacent. Or les termes liés à l'agression ou à la violence n'ont en revanche jamais posé de problème. Pour de Waal, « recourir à des termes différents pour désigner les comportements de l'homme et des animaux conduit souvent à voiler des ressemblances fondamentales[4] ». Longtemps la vie affective des animaux n'intéressera personne ou trop peu. Seront en revanche célébrées, conduites et réitérées sans fin des recherches sur l'agressivité, le stress, la douleur. Combien faut-il de temps pour qu'un animal puisse mourir de soif, de chaud, de froid, de solitude, d'anxiété, de dépression, de coups, de brûlures, d'empoisonnement ?... Inutile d'aborder la pensée, les intentions et encore moins les émotions animales. Un sujet tabou quand bien même des pionniers tentèrent d'apporter un éclairage.

En 1872 déjà, Darwin fait état de la capacité des animaux à ressentir bonheur, souffrance, peur, jalousie..., dans un célèbre ouvrage intitulé *L'Expression des émotions chez l'homme et les animaux*. Vingt ans plus tôt, un naturaliste, Edward P. Thompson, publie lui aussi un livre, *The Passions of Animals*, dans lequel il soutient que les animaux possèdent une vie affective. Une encyclopédie médiévale d'histoire naturelle, *De animalibus*, écrite entre 1258 et 1262, rapporte même sous la plume du théologien Albert le Grand la description du chien capable d'empathie et d'amour pour son maître[5]. Quant au philosophe et naturaliste grec Théophraste au IVe-IIIe siècle av. J.-C. il attribuait déjà aux hommes et aux animaux une parenté tant du point de vue anatomique qu'affectif. Il nous aura donc fallu un temps fou pour admettre que les animaux ressentent des émotions semblables à celles que nous éprouvons, que du ver de terre à la baleine en passant par l'abeille tous possèdent une conscience.

« La conscience a existé dans le monde vivant bien avant l'homme, souligne Boris Cyrulnik. Elle n'est pas de nature spirituelle ni d'essence surnaturelle et n'est pas davantage le résultat d'une combinaison neurochimique. Pour qu'elle se manifeste, il faut que l'être vivant répondre à une représentation et non pas à une perception, or la représentation est possible dès que le phénomène de la mémoire apparaît. La capacité animale de former une image de soi, d'éprouver des émotions, de mémoriser, de rêver est donc bien réelle, même si elle est graduelle car variable selon les espèces. De nombreux insectes, mollusques et crustacés sont capables de mémorisation. Nous partageons avec les animaux les mêmes émotions fondamentales de sexualité, de faim, de protection des enfants, de colère, d'abattement, de souffrance et aussi de joie et de plaisir. Nos molécules et hormones sont identiques tout comme la manière de traiter les informations ; la seule différence, elles ne sont pas déclenchées de la même manière. Si l'on vous montre un tableau de Picasso, sa vue vous ravit parce qu'il s'agit de votre peintre préféré. Mais vous pouvez toujours le proposer à votre cheval, il y a fort à parier qu'il restera indifférent. Contrairement à lui, votre émotion est ici déclenchée par une représentation culturelle. En revanche, proposez-lui à la place du peintre un champ de luzerne et son plaisir sera tout aussi intense que le vôtre parce que c'est le cerveau limbique que nous avons en commun qui va supporter cette sensation de plaisir émerveillé. Sa culture à lui, c'est la luzerne[6]. »

Le vétérinaire Philippe de Wailly raconte comment l'un de ses « clients », un perroquet amazone à front jaune cherchant sans cesse à séduire son élégante maîtresse, exprima un sentiment de honte lorsque sous ses yeux il chuta du haut de son perchoir… et s'écria : « Merde ! » Sur quoi, vexé, il n'osa plus soutenir le regard de son adorée pendant quelques heures, replié sur lui-même au fond de sa cage. Nombreuses sont les observations faites par les primatologues de singes trompant la vigilance d'un mâle dominant pour s'accoupler avec ses favorites jusqu'à placer leur main devant leur sexe en simulant un comportement honteux sitôt découverts.

La douleur des chimpanzés devant la mort semble être acquise depuis que Jane Goodall a décrit un jour la réaction d'un chimpanzé, Flint, âgé de huit ans à la mort de sa mère, Flo : « Flint resta plusieurs heures auprès du corps de Flo, tirant de temps en temps sur sa main. Au fil des jours, il devint de plus en plus apathique et léthargique. Trois jours après la disparition de sa mère, on allait le voir grimper à un arbre et contempler le nid où peu de temps auparavant, il dormait avec elle. Il finit par perdre toute son énergie et mourut dans le mois qui suivit probablement d'une gastro-entérite. Une jeune mère, Molly, perdit son premier enfant, elle continua de s'occuper du petit corps comme s'il était encore en vie pendant plus de trois jours. » Frans de Waal explique que lorsqu'un singe blessé saigne, les autres viennent le lécher, le caresser, éponger la plaie avec des feuilles alors que si un singe mort saigne, ils manifestent des signes d'angoisse mais n'empêchent pas le sang de couler. Qu'en est-il de la femelle dauphin ou cachalot qui durant plusieurs jours transporte avec elle son jeune décédé ? Ressent-elle une forme de chagrin ? Ont-ils besoin d'être mis en présence de la mort pour comprendre qu'elle est irréversible ? Ils éprouvent en tout cas une émotion déclenchée par une absence. Un jeune wapiti fut observé veillant la dépouille d'un congénère du même âge après qu'il eut été tué par des coyotes. Comme pour ce singe désespéré par l'absence de sa mère ou ce chien par la mort de son maître, ces animaux ont perdu un univers de référence affective. Lorsque l'inséparable d'un chercheur de Jouy-en-Josas perdit sa compagne de cage, il se montra perturbé. Huit mois plus tard, alors qu'on lui faisait entendre les vocalises de sa compagne disparue, il délaissa instantanément la nouvelle femelle pour se ruer sur le haut-parleur.

Au sens émotionnel du terme, lorsqu'un animal a des troubles de l'attachement, il peut devenir fou de douleur ! « Lorsque les oiseaux sont fortement imprégnés par la personne qui les nourrit et qu'elle disparaît, explique Boris Cyrulnik, l'oiseau se laisse mourir de faim, il meurt de chagrin. Si l'être d'attachement s'en va, le monde de l'animal est vide, donc il se laisse mourir[7]. » Spécialiste des loups, l'Allemand Werner Freund m'a raconté comment l'une des meutes qu'il observe en captivité depuis des années s'est comportée autour de la mort du mâle dominant : « J'étais entré dans l'enclos pour sortir le cadavre. Plusieurs loups m'ont alors coupé le chemin pour m'empêcher de sortir, j'ai déposé le corps à terre. La louve alpha, compagne du mort, est venue se coucher à ses côtés. Elle est restée là pendant une semaine, nuit et jour, sans boire ni manger, empêchant quiconque de s'approcher du cadavre. Ce n'est qu'au bout de huit jours que j'ai pu, avec son accord, ôter le cadavre et la hiérarchie s'est immédiatement reconstituée. »

Aux observations comportementales sont venues s'associer d'autres découvertes dues aux progrès technologiques. Elles ont permis par exemple de mettre au jour les neurones de l'empathie chez les singes mais aussi chez les baleines – neurones présents chez l'homme, utiles au traitement et à l'expression des émotions dont le sentiment d'amour et par conséquent aux interactions sociales[8]. Autant de révélations qui relancent le débat sur la légitimité éthique de nos comportements vis-à-vis des animaux.

Le rire des aras

Professeur de biologie à l'université du Colorado aux États-Unis, auteur de nombreux articles et de plus d'une vingtaine de livres consacrés aux animaux, Marc Bekoff étudie leur comportement depuis plus de trente ans[9]. Inspiré par le zoologiste Donald Griffin, l'un des premiers à défendre la conscience animale, c'est avec Jane Goodall qu'il cofonde en 2000 l'association Ethologists for the Ethical Treatment of Animals (Éthologie pour le traitement éthique des animaux). La vie de Marc Bekoff change le jour où, dans le cadre de ses études en biologie, il doit sacrifier un animal de trop, en l'occurrence un chat dont le regard le marquera à jamais. Du jour au lendemain, il renonce à faire souffrir intentionnellement d'autres animaux et décide de s'intéresser à leurs mondes mentaux.

« J'ai toujours été attiré par les animaux, me confie-t-il, sensible à leurs joies, leurs douleurs et leurs souffrances. Enfant, j'interrogeais continuellement mes parents sur ces questions. Je me sens très lié à tous les animaux et à la nature en général, il y a là un sentiment d'unité très fort qui de toute manière est de l'ordre de l'évidence puisque nous partageons une seule et même planète.

« Pendant longtemps, les chercheurs se sont eux-mêmes censurés ou ont rejeté ces voies de recherche par peur de manquer de crédibilité aux yeux de leurs collègues, et lorsqu'ils osaient souligner la joie ou la peine d'un animal, ils veillaient toujours à y associer des guillemets.

« Que l'on reconnaisse aujourd'hui l'existence et la richesse de la vie affective chez les animaux est une grande évolution, cela reflète un énorme changement dans les sciences. Lorsque j'ai commencé à en parler, bien peu de gens s'y intéressaient alors. Aujourd'hui, les études se multiplient. Cette dynamique est actuellement en train de modifier notre regard sur les animaux, ce qui va conduire à modifier nos attitudes à leur égard, à ne plus les considérer comme des outils bien que ce soit encore malheureusement le cas dans la recherche scientifique et l'élevage. Nier les compétences des animaux permet d'installer une distance avec eux et évite ainsi d'avoir à supporter un sentiment de culpabilité. Nous en savons désormais suffisamment pour arrêter de torturer les animaux. L'heure est venue de passer à l'étape supérieure. Le processus est lent mais je suis optimiste. Le lien qui nous unissait jadis aux animaux tend à réapparaître, une certaine forme de respect parallèle à un besoin de renouer avec la nature. Ce sentiment de proximité est ancien et naturel, notre génétique le réclame. Apprécier un paysage, le vol d'un oiseau peut nous aider en effet à retrouver ces rythmes naturels que nous avons perdus en menant une vie artificielle. »

Marc Bekoff vit entouré d'animaux sauvages et domestiques dont la fréquentation quotidienne n'a jamais cessé d'entretenir sa curiosité et son empathie pour ce monde. Une proximité qui nourrit encore les récits qu'il fait de la vie des animaux à ses étudiants, plus parlants selon lui qu'une suite abstraite de chiffres et de statistiques. Au cours de ses conférences, il enseigne toujours les travaux de Konrad Lorenz et de Nikolaas Tinbergen, défend auprès de ses élèves une éthique, la nécessité de voir les animaux en tant qu'individus, capables de prendre des décisions dans des situations variables et imprévisibles. Il les encourage à se montrer respectueux envers la nature, à s'impliquer dans des actions humanitaires et environnementales. Le chercheur ne s'obstine pas à convaincre à toute force ceux qui refusent de partager ses idées. Il s'investit en revanche et sans relâche pour fournir un maximum de connaissances aux gens ouverts et curieux, enfants compris.

Souvent, il raconte l'histoire de Jasper, un ours-lune soustrait d'une de ces fermes chinoises immondes dans lesquelles, comme lui, des milliers d'ours noirs d'Asie sont maintenus leur vie durant dans des cages exiguës. La raison ? Extraire chaque jour un peu de bile de leur vésicule biliaire afin de fabriquer une de ces potions fantasques dites « traditionnelles ». Les animaux sont littéralement compressés par les barreaux de leur cage. Incapables de se lever, se retourner, s'asseoir, ils demeurent dans une seule et unique position jusqu'à leur mort, un cathéter fiché dans le ventre. Pendant quinze ans, Jasper a été ainsi tenu captif puis, une fois libéré, s'est montré d'une telle douceur et d'un tel optimisme auprès des hommes qu'il est devenu pour Bekoff et pour longtemps « une leçon d'inspiration ».

Un sentiment partagé par le réalisateur et écrivain américain Michael Tobias qui, lui racontant les péripéties amusantes de son ara rouge pour inventer des jeux, le taquiner et trouver matière à rire avec lui, lui confia aussi cette pensée si juste : « S'il est vrai qu'un oiseau arrive néanmoins à trouver de l'humour dans ce monde de fous, à partager sa joie avec les quelques personnes auxquelles il fait confiance, nous devons alors tenir compte de l'innocence impressionnante que le reste de la création s'efforce de nous offrir à titre d'exemple. Si nous négligeons d'apprécier et même de vénérer le rire des aras ou si nous omettons de prendre part au dialogue que le règne animal nous propose, ou d'être calmes, humbles et sereins devant le pur miracle de la vie, alors nous resterons certainement dans l'histoire de la biologie comme le pire, le plus minable et le plus éphémère des échecs de toute l'histoire de l'évolution[10]. »

6

Des « machines » qui pleurent

> « Nous avons vu que les sens et les intuitions, les différentes émotions et facultés, comme l'amour et la mémoire, l'attention et la curiosité, l'imitation, la raison, etc., dont l'humain se vante, peuvent être trouvées à l'état naissant ou même pleinement développées chez les animaux inférieurs. Les animaux, dont nous avons fait nos esclaves et que nous ne voulons pas considérer comme nos égaux. »
>
> Charles Darwin

La parole a donc été pendant longtemps un critère pour différencier l'humain de l'animal. Un statut qui, selon Boris Cyrulnik, « n'a pas changé depuis qu'il a été énoncé en Occident par les Grecs il y a vingt-cinq siècles [1] ». Sur ce principe des séparations, des hommes ont été brûlés par l'Église lorsqu'ils ont voulu prétendre le contraire [2]. Un état d'esprit qui conduisit à considérer pendant longtemps les sourds comme des débiles et à opérer les nouveau-nés sans anesthésie jusque dans les années 60. Puis on a montré que les êtres qui n'ont pas l'usage de la parole peuvent penser. Aujourd'hui, certaines voies de recherche restent encore minées. Elles concernent le bien-être animal et la vision que nous avons des animaux d'élevage. Mais les choses progressent.

Il y a les faits rapportés, heureux ou malheureux. Ici, dix

vaches suspendues par les pattes à la chaîne d'abattage et découpées ou ébouillantées vivantes[3] ; là, des veaux de quelques jours qui, dans les locaux de l'abattoir où ils viennent d'être emmenés, tètent les doigts de ceux qui les tuent. Ces animaux qui éprouvent des émotions et ceux que l'on dévore au rythme effarant de plusieurs dizaines de milliards chaque année (hors poissons) sont pourtant les mêmes. Dotés donc des mêmes circuits neuronaux que les nôtres. Je ne peux pas prétendre que la maltraitance dans les élevages, les transports et les abattoirs est une pratique systématique, on ne peut pas dire non plus qu'elle est une exception. Il existe des techniciens animaliers qui mènent leurs tâches du mieux qu'ils peuvent malgré les pénibles conditions de travail qui sont les leurs pour un salaire de misère ; des éleveurs attentifs à leurs bêtes pour qui le lien entre l'homme et l'animal veut encore dire quelque chose[4]. Seulement l'envers existe aussi et les rapports de visites d'abattoirs et d'élevages, en France et ailleurs, sont là pour le prouver.

« De nombreux animaux meurent dans des conditions effroyables », insiste Jane Goodall en invitant ceux qui en doutent encore à lire entre autres documents le reportage de Gail Eisnitz sur les abattoirs de Chicago, *Slaughter House*[5]. Dans ses textes, la primatologue fait souvent référence aux chaînes de montage des usines Ford, illustration dramatique des temps modernes, inspirées des sinistres abattoirs de Chicago, lesquels ont été pensés par leurs concepteurs à la fois pour gagner du temps et donc de l'argent mais aussi pour abrutir les hommes, les empêcher de réfléchir. Selon Goodall, « tous les grands mangeurs de viande devraient lire l'essai de Charles Patterson, *Un éternel Treblinka*, où il cite des témoignages de rescapés des camps et des textes du grand écrivain Isaac Bashevis Singer dénonçant l'abattage industriel. Beaucoup de gens lui reprochent de comparer le massacre des prisonniers à celui des animaux, de déconsidérer les humains et les placer au même niveau que les bêtes. Mais la cruauté ne se divise pas ! Dès que nous ne considérons plus les humains comme tels, nous les traitons dit-on "comme des animaux". Or traiter sans aucune compassion les animaux, les considérer comme des objets industriels et plus comme des espèces souffrantes, est déjà une cruauté indéfendable[6] ».

Une autre grande dame, la philosophe Élisabeth de Fontenay, nuance ce point de vue et rend elle aussi hommage à Singer dans son livre *Le Silence des bêtes* : « Le scandale de la souffrance des hommes a été d'emblée vécu par Singer dans une communauté de destin, dans un rapport de consanguinité avec les bêtes. (...) Non, aimer et respecter les animaux ne conduit pas inéluctablement à la misanthropie, au racisme et à la barbarie. Oui, les pratiques d'élevage et de mise à mort industriels des bêtes peuvent rappeler les camps de concentration et même d'extermination mais à une condition, que l'on ait préalablement reconnu un caractère de singularité à la destruction des Juifs Europe, ce qui donne pour tâche de transformer l'expression figée "comme des brebis à l'abattoir" en une métaphore vive. Car ce n'est pas faire preuve de manquement à l'humain que de conduire une critique de la métaphysique humaniste, subjectiviste et prédatrice[7]. »

Élevages barbares

La rationalisation des méthodes d'élevage a bel et bien entraîné un véritable bouleversement de la condition ouvrière et animale. Un constat qui n'ôte en rien la cruauté des charretiers, éleveurs et ouvriers des abattoirs des siècles passés à aujourd'hui[8]. Reste que l'ère industrielle et l'enseignement agronomique auront, comme le rappelle le neurobiologiste spécialiste du bien-être animal Robert Dantzer, « habitué des générations d'éleveurs à considérer l'animal comme une machine thermodynamique destinée à transformer de l'énergie en viande ou en lait et non comme un être vivant et sensible ». Un monde où les relations affectives entre l'homme et la bête ont été réprouvées et le sont toujours car censées perturber la production ; un monde où la véritable nature des animaux a été volontairement ignorée.

Si la volonté d'industrialiser l'élevage est déjà revendiquée par les zootechniciens français de la fin du XIXe siècle[9], elle explosera dans les années 60 sous l'impulsion des banques et des industries agro-alimentaires. Dès cette époque, on voit apparaître les élevages en batterie dont d'immenses acouvoirs géants de plus de cinq cent mille œufs déversant chaque jour des milliers de poussins sur des tapis roulants où ils sont triés automatiquement. « Les coquelets sont directement conduits vers la chaudière où ils sont enfournés vivants, faisant office de combustible pour chauffer l'ensemble de l'installation, souligne Philippe Desbrosses ; dans d'autres systèmes, ils sont tués au dioxyde de carbone ou jetés vivants dans les broyeurs des équarrissages[10]. »

Une pratique à laquelle j'ai assisté personnellement à de nombreuses reprises, récupérant parfois en catastrophe et avec les moyens du bord quelques dizaines de malheureux. Voir une avalanche de petites boules de plumes pépiantes déversées d'un camion-benne dans un broyeur ne laisse pas insensible... Quant aux élus condamnés à devenir des poulets, ils terminent dans d'immenses hangars sans jamais voir la lueur du jour. « À partir du moment où nous sommes dans une logique de profit, l'instrumentalisation du vivant touche aussi les animaux, remarque encore Philippe Desbrosses. Plus le nombre d'animaux est élevé, plus la somme versée à l'éleveur sous forme de primes l'est aussi : primes à l'abattage, primes aux bovins mâles, primes au maintien des troupeaux d'allaitantes, etc. À quand une prime à l'élevage de qualité ? »

En attendant que le fruit des recherches actuelles en laboratoire sur les protéines végétales et la viande artificielle puisse un jour nourrir l'humanité, la réalité actuelle mérite qu'on s'y penche. Une détresse animale qui n'épargne pas les éleveurs chargés de rentabiliser ces élevages, lesquels appartiennent à des industriels qui leur fournissent nourritures et animaux, viennent les récupérer un peu plus tard, réalisent d'importants bénéfices au détriment même de l'éleveur et des employés contraints à s'endetter, à augmenter la cadence et à produire toujours plus pour survivre. Un processus qui au final conduit à encombrer les marchés, à provoquer des désastres écologiques et sanitaires avec notamment l'émergence de virus. « Il a été prouvé scientifiquement, notamment chez le porc, que les conditions d'élevage sont responsables de ces mutations virales, précise le médecin et environnementaliste Lylian Le Goff[11]. Or, au lieu de les mettre en cause, on les avalise et on fait le choix de solliciter la recherche pour mettre au point de nouveaux vaccins contre les maladies émergentes du porc et du poulet… Le porc est l'hôte qui permet aux virus aviaires et humains de s'hybrider et de gagner en virulence pour ensuite infecter l'homme. »

Il y a donc ce que nous pensons savoir de la réalité et ce que nous ne voulons pas voir. Les considérations ampoulées de ceux qui soutiennent encore que la « sensibilité » à l'égard des bêtes est d'un goût douteux me font penser à ces conversations de salon où l'on traitait jadis de l'esclavage en buvant du thé. On privilégie des sujets de recherche, en l'occurrence des études animales éclairant indéfiniment les origines de l'homme ou les comportements humains, au mépris d'études, jugées beaucoup moins nobles, sur le bien-être des vaches et des poulets. Et si ceux-ci font l'objet de recherches, les objectifs sont autres.

Dès les années 70 et 80, les industriels ont financé les laboratoires de recherche publics et privés pour modifier le génome des animaux d'élevage afin d'augmenter la production de lait. Le biologiste Jacques Testart s'interroge dans son ouvrage *Le Désir du gène* : « S'il s'agit de produire davantage (de lait, de viande, etc.), osons demander dans quel but puisque nous, c'est-à-dire les pays développés, produisons déjà trop, ce qui amène à détruire les stocks et à acculer les paysans à la faillite. Déjà 20 % d'humains utilisent sans partage 80 % de la production mondiale, tous biens confondus. Nous n'avons pas d'information annonçant que tout excédent nouveau, tel celui généré par les animaux transgéniques, servirait à rééquilibrer cette injustice. À quoi peut-il servir alors, si ce n'est à augmenter encore la surproduction face à des demandeurs non solvables, et à consommer davantage d'énergie comme chaque fois qu'augmente la productivité ?... Apprécions la performance technique qui fait produire une substance rare dans le lait d'une vache ou d'une lapine. Mais à qui est destinée la précieuse molécule ainsi obtenue ? Quels pays sont capables d'acquérir l'animal transgénique en acquittant les droits afférents[12] ? »

Des études pour rendre donc le lait moins gras, la laine plus épaisse, la viande plus savoureuse ; pour accélérer la croissance, créer des animaux capables de consommer moins tout en produisant plus ; de supporter les maladies dont ils sont victimes du fait des traitements qu'on leur inflige ; pour améliorer le confort des animaux – taille des mangeoires, système d'attache – de manière à limiter les problèmes de santé et ainsi optimiser la productivité ; pour commander des rapports capables de justifier les cruautés infligées et les rendre acceptables ; déterminer par exemple les marqueurs d'un bien-être censé assurer la pérennité de certaines pratiques et ainsi soutenir que les truies sont heureuses d'être sanglées au sol et maintenues dans des stalles exiguës tout le temps de la gestation et de l'allaitement[13], que les oies et les canards sont satisfaits d'être gavés. Une pratique interdite dans de nombreux pays mais vantée et défendue en France comme un atout inscrit au patrimoine, un produit de luxe. Qu'est-ce qu'on ne ferait pas pour vendre et ingurgiter un organe de dix fois son volume normal atteint de stéatose hépatique et faire passer pour naturelles une vie d'oiseau immobilisé dans des stalles de gavage, une alimentation administrée par pompe pneumatique en quelques secondes grâce à un tuyau enfoncé jusque dans l'estomac et pour légaux des manquements au bien-être animal pourtant inscrit dans la législation française et européenne. Dans ces rapports et ces études pour la plupart financés par les deniers publics, rien en revanche ou si peu sur la complexité de leur vie sociale et leurs mondes mentaux, leur capacité à souffrir ou à ressentir du plaisir.

Libertés ignorées

En 1964 déjà, Ruth Harrison, écrivain britannique vouée à la cause animale, invita le public et les hommes politiques à porter un regard sur le problème des méthodes d'élevage intensives en publiant *Animal Machines*. L'effet fut tel que le gouvernement créa un comité scientifique chargé de réfléchir à ces questions. Quinze ans plus tard, il fut édicté « cinq libertés » fondamentales propres aux animaux d'élevage : 1. être préservé de la faim, de la soif et de la malnutrition ; 2. être préservé de la peur et de la détresse ; 3. être préservé de l'inconfort physique et thermique ; 4. être préservé de la douleur, des blessures et des maladies ; 5. être libre d'exprimer des modes normaux de comportement. Des libertés reconnues ensuite par un grand nombre de pays pour étayer la notion de bien-être animal[14].

Des libertés chimériques. Pendant longtemps, les émotions positives des animaux n'ont été étudiées que par rapport à l'homme et limitées à des expériences consistant à savoir ce qui fait l'éveil, l'attention, la violence, le plaisir : on prend un animal et l'on injecte en petites quantités certaines substances chimiques dans des régions particulières de son cerveau ; plus tard, il sera sacrifié et son cerveau analysé. Dans le souci de comprendre par exemple les mécanismes du plaisir, on fait appel depuis un demi-siècle à une expérience d'autostimulation : à partir d'une électrode fichée dans une zone du cerveau et reliée à un stimulateur distribuant un léger courant, le rat, le singe, le chat ou bien le dauphin peuvent eux-mêmes se stimuler en appuyant sur un levier.

Le bien-être des animaux d'élevage en tant que tel est donc resté inconnu jusqu'à des études récentes. Pour certains chercheurs comme Christine Nicol, professeur sur le bien-être animal à l'université de Bristol, les objectifs sont désormais beaucoup plus clairs : « Notre défi est de montrer que chaque animal que nous avons l'intention de manger ou d'utiliser est un individu complexe, et d'ajuster notre culture et nos conditions d'élevage en conséquence[15] ». Des chercheurs de cette université ont ainsi montré comment il existe au sein des troupeaux de vaches des relations d'amitié fortes entre certains individus tandis que d'autres peuvent bouder ou éprouver entre elles des inimitiés et rancunes des mois et des années durant. Non plus des outils, on vous dit, mais des vaches qui aiment jouer, sont sensibles à l'affection témoignée par les éleveurs, qui établissent des hiérarchies sociales et des règles de vie, se reconnaissent après une longue séparation, sont capables de mentir et ruser, de ressentir des émotions fortes comme la douleur, la peur et l'anxiété[16].

Donald Broom, professeur de bien-être animal à l'université de Cambridge, soutient quant à lui que les vaches sont parfaitement aptes à relever des défis intellectuels à la manière des animaux réputés plus intelligents. Pour preuve, une étude montrant qu'elles savaient comment ouvrir une porte pour obtenir de la nourriture. Alors qu'un électroencéphalogramme mesurait leurs ondes cérébrales, celles-ci ont révélé leur enthousiasme dès qu'elles trouvaient la solution. Pour Jon Watts, scientifique de l'université du Saskatchewan, au Canada, qui étudie depuis des années la vie sociale et les processus cognitifs des bovins, « pratiquement tout est anormal dans la façon dont on traite les bovins. D'un point de vue psychologique, ce sont des animaux sauvages entassés dans des prisons artificielles. Les gens se soucient de la façon dont on traite les animaux dans les zoos, mais ils devraient aussi se préoccuper de celle dont on traite les animaux d'élevage parce que ce sont les mêmes[17] ». Un point de vue partagé par Dan Weary, professeur à l'université de Colombie-Britannique, lequel a mis en lumière le traumatisme et la détresse des jeunes génisses qui sont menées dans des salles de traite le lendemain même de la naissance de leur veau alors que ces derniers sont abandonnés à leur solitude dans des stalles étroites.

Selon Jocelyne Porcher : « L'animal est comme l'homme, un être d'émotions ainsi que les descriptions suivantes en témoignent : "Je vois venir vers moi une bête féroce, mes jambes se dérobent sous moi, mon cœur bat plus faiblement, je pâlis, je tombe, et je m'évanouis", écrit Sartre. À quoi répondent, comme en écho, les descriptions par un porcher d'un cochon stressé : il s'essouffle, il tremble, il pâlit, il crie si on le touche et il finit par s'écrouler[18]. » Le porc possède lui aussi une vie émotionnelle riche et des capacités cognitives très développées et sur certains plans même largement supérieures au chien. Formant des attachements sociaux très importants, c'est un animal sensible à la rupture de ces attachements. Un groupe de cochons laissé en semi-liberté se comporte comme une horde de sangliers sauvages : une matriarche gère le troupeau très hiérarchisé, fixe les heures des repas, autorise les jeunes à se reproduire ou non. Jusqu'à l'âge de huit mois, les petits peuvent être nourris et protégés par d'autres femelles du groupe et lorsqu'une mère part en quête de nourriture, une autre assure la garde. Comme chez les hyènes, les filles des truies dominantes ont tendance à occuper elles aussi des positions importantes.

À propos des moutons, des chercheurs de l'institut Babraham de Cambridge ont confirmé que ces animaux en apparence peu expressifs bénéficient en réalité de capacités cognitives et émotionnelles variées, des moyens de communication sophistiqués, peuvent eux aussi reconnaître leurs congénères familiers jusqu'à concurrence de cinquante individus et se souvenir de leur faciès pendant plus de deux ans et même après une année d'intervalle. Possédant des cellules nerveuses spécialisées dans la reconnaissance visuelle des visages, ce système semblable à celui des primates laisse envisager selon les chercheurs que les moutons possèdent « des référentiels sociaux qui se rapprochent des nôtres ». Ils ont également décrit comment les moutons forment des relations d'affection très fortes entre eux – également envers les humains – et dépriment en cas de longues séparations. Liens d'amitié que l'on retrouve aussi chez les poules dont on sait désormais qu'elles aiment jouer, sont émotives et réceptives au plaisir, au mal-être et à l'absence de leurs congénères. L'éthologue autrichien Konrad Lorenz qui a étudié le comportement des oies sa vie durant soulignait à propos des oies cendrées qui ont perdu leur partenaire : « Elles présentent tous les symptômes décrits chez les petits orphelins humains. Le tonus du sympathique diminue, ce qui provoque un affaissement de la musculature et un enfoncement des yeux dans leurs orbites[19]. »

Oui, la souffrance animale existe

L'animal disposant de tous les éléments pour faire l'expérience du plaisir, de la joie, de la satisfaction est par conséquent tout aussi capable d'éprouver la souffrance mais on a préféré occulter cette évidence. Et l'on mégote encore à ce jour sur ce qui fait la différence entre douleur et souffrance. La douleur serait une réaction physiologique alors que la souffrance exigerait une représentation de soi. « Pour "souffrance", tout le monde n'est pas d'accord sur la définition. Certains l'envisagent comme un phénomène spirituel spécifique à l'être humain, précise Georges Chapouthier. Pour "douleur", on s'entend autour de la *nociception* qui est la sensibilité aux agents nocifs à l'organisme, liée à des émotions. Mon point de vue consiste à dire qu'il y a souffrance lorsque la douleur est liée à des phénomènes qui relèvent de la cognition, c'est-à-dire d'une certaine conscience du monde environnant, donc, selon moi, il y a souffrance chez tous les animaux qui possèdent un cortex cérébral, en l'occurrence les vertébrés, ou un équivalent comme chez les pieuvres[20] ».

« Un animal souffre lorsqu'il n'arrive pas à exprimer le répertoire de son comportement naturel, explique Robert Dantzer. Cette définition remet en question tout le système de l'élevage industriel qui impose aux animaux des conditions de vie inadaptées à leur biologie. Ce qui stresse un animal d'élevage est une situation que l'animal ne connaît pas, l'incertitude, au sens où il est incapable de savoir comment cette situation va évoluer et son incapacité à intervenir. On a toujours considéré le stress de l'animal du point de vue de l'homme, pas du tout de celui de la bête.

Dans le stress, ce sont ses capacités de perception et de représentation qui sont en jeu. Le stress ne survient que sur un organisme qui est capable de comprendre ce qui lui arrive et varie d'une espèce à l'autre. Ceux qui travaillent sur les réglementations d'élevage préfèrent de beaucoup raisonner à partir des réactions des animaux à l'environnement qu'à partir de leurs capacités émotionnelles, et donc tous les travaux sur les animaux d'élevage font l'impasse sur ce répertoire. On oublie que l'animal d'élevage est aussi capable de plaisir et à l'inverse de souffrance[21]. »

Les structures cérébrales impliquées dans la souffrance font partie du système limbique, autrement dit le cerveau des émotions que l'on retrouve chez tous les mammifères. L'animal répond généralement au danger par des modifications physiologiques, biochimiques et comportementales telles que la transpiration, l'augmentation du rythme cardiaque, la pilo-érection, la miction et la défécation. Si la souffrance aiguë se manifeste par de l'agitation, de la peur et des cris semblables aux situations de combat ou de fuite, la douleur chronique conduit à l'inverse à un repli silencieux de l'animal et à une détérioration de sa santé. Dès le début des années 50, les études psychologiques ont suscité une foule de travaux. Enfermer des animaux en isolement complet pendant des mois, voire des années, pour évaluer ensuite leur comportement, a fait l'objet de nombreuses expériences (placer un animal dans une cage ou une cuve d'acier sans aucun moyen de voir ni d'entendre le moindre signe de vie extérieur). Au bout d'un certain temps, l'animal se recroqueville. Parfois, il sursaute, se redresse, bien éveillé, s'affole, gémit, comme si se manifestait à lui une présence étrangère, puis retourne à sa prostration. Au bout d'un certain temps, il ne bouge plus. Les chercheurs en ont déduit que les réactions de l'animal étaient assimilables aux hallucinations des humains lorsque le cerveau en carence sensorielle se laisse aller à produire des images en guise de protection psychique. Les animaux en captivité dans les zoos, les élevages ou isolés dans les laboratoires parce que porteurs de virus développent ce type de comportements stéréotypés : ils se balancent d'un pied sur l'autre, frottent leur museau contre la grille et lorsque l'enfermement est trop long se recroquevillent et ne bougent plus ; la mort physique a précédé la mort organique. « On sait désormais que l'animal partage avec l'homme certains éléments de conscience, notamment une représentation mentale de ce qu'il fait et de ce qu'il a l'intention de faire, explique Robert Dantzer. Si cette conscience embryonnaire détermine l'aptitude à la souffrance, alors l'animal dispose de tous les éléments pour en faire l'expérience. À la fin des années 60, on a eu enfin la certitude que les réactions physiologiques au stress des animaux n'étaient pas purement réflexes[22]. »

Alors que les singes et les éléphants sont très perturbés par le décès de l'un d'entre eux, les animaux d'élevage menés à l'abattoir ont-ils une idée de la mort ? Les chercheurs commencent à travailler sur ce sujet. Ils perçoivent le corps mort de l'autre et surtout l'angoisse générée par la peur mais pas la mort dans le temps. Les cris de ceux qui sont prêts à être abattus et l'odeur répandue dans un tel environnement participent à leur stress. Car l'urine d'un animal effrayé contient des composantes qui induisent la peur. La souffrance de l'un se propage donc à l'autre. L'angoisse émotionnelle des congénères participe ainsi par contagion à l'exacerbation de la peur de chaque individu, d'où les mouvements de panique, de refus d'avancer, les tentatives de fuite, etc.

Les attitudes changent. D'un côté, de plus en plus de chercheurs reconnaissent que les émotions de ces animaux, proches de celles des humains, devraient conduire à réviser les lois en matière de protection et de bien-être. Comme toujours lorsqu'il est question de sensibilité animale et d'ouverture, la France s'illustre par ses retards contrairement aux Anglo-Saxons et au Canada où les effectifs de chercheurs sont nombreux à soutenir des études en croisant leurs disciplines. De l'autre, résultats scientifiques et comportements du public conditionnent peu à peu les industriels à réagir[23]. « Les animaux, comme les hommes, ne sont pensés en tant que victimes que depuis deux ou trois décennies, souligne Boris Cyrulnik[24]. Auparavant, l'humain altéré n'était qu'un vaincu. Quant à l'animal, il ne pouvait même pas être diminué puisqu'il n'était qu'un corps, une machine biologique. Or on ne blesse pas une machine, on la répare quand elle est cassée et on la jette si elle est usée. »

Depuis une dizaine d'années, de nombreux travaux ont montré également que les poissons, possédant un système limbique, sont à même d'éprouver eux aussi douleur et émotions comme la peur, qu'ils sont des êtres conscients, intelligents et sensibles, capables de ruser, de transmettre des traditions, d'utiliser leur mémoire. Dans la foulée de ces travaux, le Conseil de l'Europe a proposé en 2005 certaines recommandations à l'usage des pisciculteurs visant à s'assurer du bien-être des poissons dans toute la chaîne de l'élevage, du transport et de l'abattage.

Aujourd'hui, les études se multiplient dans le monde entier et si les acteurs de la pisciculture sont réceptifs à ces avancées – car de la santé des poissons dépendent leurs revenus –, les pêcheurs restent en majorité indifférents au fait de laisser suffoquer les poissons sitôt hors de l'eau ou de provoquer l'éclatement de la vessie et des yeux des poissons lorsque la remontée du chalut est trop rapide, notamment dans la pêche aux espèces des grands fonds[25]. Quant aux crabes, une étude conduite par le professeur Robert W. Elwood de la Queen's University Belfast, en Irlande du Nord, a montré que ces animaux ressentent eux aussi la douleur[26]. Pour l'heure, seules des directives ont été proposées pour protéger les crustacés dans les manipulations d'ordre scientifique. Reste que l'endormissement préalable par le froid, efficace chez tous les animaux hétérothermes (dont la température interne varie en fonction de celle du milieu), pourrait être, selon Georges Chapouthier, proposé comme alternative à l'ébouillantement classique.

*

« Le meurtre d'une vache et le meurtre d'un homme sont les deux côtés d'une même médaille. La vache est un poème de compassion. Quand je vois une vache, je ne vois pas un animal qui doit être mangé. Elle est pour moi un poème de pitié. Je lui rends un culte, et je défendrai devant le monde entier le culte qui lui est rendu. Je crois à la protection de la vache dans un sens beaucoup plus large que celui qu'on lui donne actuellement. La protection de la vache n'est pas simplement la protection de la vache. C'est la protection de toute vie, de tout ce qui dans le monde est faible et impuissant. La protection de la vache signifie la protection de toutes les créatures muettes créées par Dieu. Les espèces inférieures nous adressent un appel d'autant plus puissant qu'il est muet... La protection de la vache signifie fraternité des hommes et des bêtes. »

Jean Herbert, *Ce que Gandhi a vraiment dit.*

*

7

Élevage à la chaîne et abattage automatisé

Entretien avec Jean-Pierre Kieffer

> « À partir du moment où l'on rend fou un animal pour avoir le droit de le tuer, c'est un meurtre. »
>
> Romain Gary

« Mon ambition a toujours été de soigner les animaux. Comme beaucoup d'enfants, je voulais devenir vétérinaire. Mais c'est la présence d'animaux à la maison qui a été déterminante. J'ai toujours vécu avec des chiens, des lapins et mes parents accueillaient souvent des chats. Ma vocation est venue vers douze ans alors que notre chienne cocker Penny avait mangé une lame de rasoir que ma mère avait laissée sur une table basse. Saignement, affolement, visite urgente chez le vétérinaire. Les morceaux de la lame étaient plantés dans la gueule du chien, mais d'autres avaient été avalés… L'issue semblait fatale, le vétérinaire voulait même pratiquer l'euthanasie, prévoyant une mort douloureuse. Mais ma mère a eu la volonté d'essayer de la sauver : ingestion de petits morceaux de coton, de haricots verts et laxatifs, des remèdes de grand-mère, et au bout de longues heures, les morceaux de la lame de rasoir ont été éliminés. Ce qui aurait pu être un drame a déclenché ma vocation et je me voyais opérer cette chienne pour lui sauver la vie, ce que le vétérinaire affirmait à l'époque comme impossible… C'était dans les années 60. Puis j'ai lu des livres sur les animaux, j'ai découvert l'univers du biologiste Jean Rostand qui, dans ses *Pensées d'un biologiste*, écrivait que pour un naturaliste la nature n'était pas "un simple champ d'étude, une collection d'objets dont il s'agit de démonter le mécanisme : elle lui est une source d'émotions". Plusieurs années plus tard, je me suis installé dans la ville où je suis né, à quelques centaines de mètres du cabinet où mes parents avaient conduit Penny.

Assister les bêtes

« Durant mes premières années d'études vétérinaires, un essai philosophique m'avait profondément marqué : *Le Hasard et la Nécessité* de Jacques Monod. J'avais vingt ans quand ce livre a été publié. Il s'inscrivait dans le courant des idées neuves apparues après 1968. Cet essai philosophique apportait pour moi des explications scientifiques, logiques et rationnelles à des phénomènes pour lesquels j'avais reçu des réponses enseignées au catéchisme. Que l'homme, comme les animaux, soit le fruit du hasard et de la nécessité et non pas d'un prédéterminisme était pour moi une réponse qui me donnait l'envie d'étudier la génétique, l'embryologie, l'éthologie. Il y a eu aussi cette phrase de Plutarque : "La bonté envers les animaux est un exercice préparatoire devant mener à l'amour de l'humanité." Une phrase magnifique qui exprime l'amour du vivant. Nous appartenons tous à la même famille, au "miracle de la vie". C'est dans cet esprit que des vétérinaires ont guidé mon exercice et ma passion pour les relations entre l'homme et l'animal, des hommes comme Fernand Méry, grand défenseur de la cause des bêtes, et Ange Condoret, spécialiste des relations entre l'enfant et l'animal.

« Plus de quarante ans se sont écoulés depuis mon entrée dans une école vétérinaire. Nos relations avec les animaux ont fortement évolué pendant ces années. Je me souviens d'un premier contact avec eux à l'école vétérinaire de Toulouse : la mise à mort dans des conditions ignobles d'un vieil âne à qui l'on injectait du formol dans les veines pour permettre aux étudiants sa dissection sur plusieurs jours. L'animal hurlait et nous avions été plusieurs à nous opposer à cette pratique, qui a été abandonnée ensuite.

« Les écoles vétérinaires réservent une place de plus en plus grande à l'étude du comportement des animaux : animaux de compagnie bien sûr, mais aussi animaux de rente. Un enseignement du bien-être animal a été instauré. Les étudiants (80 % sont des étudiantes) sont de plus en plus sensibles à la cause animale et participent souvent activement aux actions des associations de protection animale. Les rapports avec les animaux ont évolué dans les milieux professionnels de l'élevage, le plus souvent sous l'effet des contraintes réglementaires, mais aussi pour certains par une prise de conscience et la poussée des consommateurs. L'exemple le plus caractéristique pour moi est l'observation des animaux présentés sur les marchés aux bestiaux. Il y a trente ans, des vaches de réforme en misère physiologique étaient très fréquemment exposées. À présent, c'est beaucoup plus rare.

« Au tout début des années 80, j'ai rencontré une femme remarquable, Jacqueline Gilardoni. Révoltée par les méthodes utilisées pour abattre les animaux, elle a consacré sa vie à la cause animale pour humaniser leur mise à mort et fondé en 1961 une association dont j'ai l'honneur d'être le président depuis dix ans, l'OABA (Œuvre d'assistance aux bêtes d'abattoir). Tout a commencé pour elle en 1957 lorsque son chemin a croisé celui d'une vieille ânesse échappée de l'abattoir de Menton. Un animal qui lui a fait découvrir le monde rude des abattoirs pendant quatre années. L'usage des pistolets d'abattage n'était pas obligatoire et la plupart des animaux de consommation étaient égorgés en pleine conscience. Ainsi a-t-elle bataillé pour obtenir la fabrication d'appareils d'insensibilisation et une réglementation pour rendre leur emploi obligatoire. Cette rencontre m'a convaincu de l'utilité de son combat auquel j'ai adhéré immédiatement.

« La notion d'animal comme "être sensible" est très récente, elle n'apparaît dans une loi en France que dans le dernier quart du XXe siècle[1] et n'a pas cessé d'évoluer ces dernières années. L'approche adaptative repose sur la longue tradition zootechnique, elle concerne les efforts de l'animal pour s'adapter à son environnement, et les mesures reposent sur des indicateurs physiologiques liés à la santé et à la production. L'approche cognitive, plus récente, prend en compte la perception par l'animal de son environnement[2]. »

Adapter les conditions d'élevage à l'animal

« La compréhension du comportement animal devrait permettre d'adapter les conditions d'élevage à l'animal et non plus l'inverse. Seulement, dans la pratique, les contraintes économiques de rentabilité prévalent encore sur les études scientifiques pour améliorer le bien-être. Pour réduire la peur et la douleur des animaux, la réglementation impose des mesures de protection animale strictes qui ne sont pas toujours respectées. Nos enquêteurs constatent parfois des locaux vétustes, des équipements mal entretenus, du matériel défectueux voire manquant, un personnel insuffisamment formé et des cadences trop importantes d'abattage à la chaîne en rituel. Mais le gros problème dans les abattoirs français est la dérive de l'abattage sans étourdissement. Une dérogation est tolérée pour l'abattage rituel. Ainsi les trois quarts des moutons sont égorgés à vif, en France, alors que la demande correspondant au rite religieux ne représente que 10 % à 15 % des abattages. Le nombre d'animaux tués dans ces conditions dépasse le marché réel des consommateurs pratiquants car pour gagner du temps et de l'argent, les industriels de la viande font désormais l'économie de l'insensibilisation des animaux.

« C'est pourquoi le consommateur doit devenir un "consomacteur". Il doit choisir, en ne cédant pas à des envies souvent entretenues par le marketing et la publicité, mais en réfléchissant avant de consommer. Encore faut-il qu'il soit informé, car l'information permet d'orienter vers un choix éthique, entraînant des modifications de la demande et donc une réponse des producteurs sous la forme d'élevages soucieux du bien-être animal[3]. La France est une plaque tournante du transport européen des animaux. Ainsi, des veaux viennent d'Irlande, sont débarqués à Cherbourg, puis transportés en camion jusqu'en Italie pour y être engraissés. Des bovins sont embarqués dans des conditions souvent difficiles au port de Sète ou de Marseille, destination le Moyen-Orient. Des porcs bretons partent pour l'Allemagne pour s'y faire abattre car les coûts d'abattage sont plus faibles. Beaucoup de souffrances durant ces longs transports pour des raisons purement économiques. L'animal est alors vraiment considéré comme un simple produit de commerce au niveau mondial.

« Il peut paraître utopique de faire de l'élevage tout en voulant "rendre heureuses les bêtes", car ces bêtes sont élevées pour être mangées, donc tuées… En revanche, en "produisant" moins, on peut produire mieux. Les animaux sont alors mieux traités et les éleveurs sont fiers de leur métier. Ce n'est pas le cas dans les grandes exploitations industrielles où les animaux sont des éléments de production au vrai sens du terme. Dans ces élevages, le lien entre l'éleveur et l'animal est celui d'un industriel avec des produits. L'élevage porcin en France est à 90 % industriel et nombre d'éleveurs avouent ne pas aimer leur métier et même ne pas donner à manger à leurs enfants ce qu'ils produisent.

« En élevage industriel, les contrôles sont avant tout sanitaires pour éviter les pertes économiques. En revanche, dans nos campagnes, seulement 1 % des exploitations sont contrôlées annuellement[4]. Sur le terrain, on peut déplorer le peu de solidarité paysanne lorsqu'un éleveur est en détresse : les animaux souffrent alors d'abandon de soins et souvent ce sont les associations qui sont appelées à intervenir pour accueillir ces animaux[5]. Le système de la politique agricole commune (PAC) peut avoir des conséquences perverses sur les élevages qui accueillent de trop nombreux animaux pour toucher les primes. Ce n'est plus l'élevage qui produit la richesse mais les aides accordées par la simple détention d'animaux, le plus souvent sans contrôle de ces conditions de détention. La conditionnalité des aides au bien-être animal n'a qu'un faible impact compte tenu des rares contrôles a posteriori et des faibles sanctions en cas d'infraction : pénalités plafonnées à 5 % de retenue des aides… Un éleveur de bovins des Côtes-d'Armor expliquait, lors d'une réunion de l'OABA, que certains professionnels reprochaient que l'on pense au bien-être animal mais pas au bien-être de l'éleveur. Sa réponse était claire et directe : pour lui, il n'y a pas de bien-être de l'éleveur sans le bien-être de ses animaux. L'élevage des porcs est un bel exemple, avec la reconversion vers un élevage sur paille et en plein air, pour ne plus subir les conditions concentrationnaires des exploitations industrielles. Un éleveur nous avouait : "Je retrouve ma dignité d'éleveur[6]." »

8

Offrandes animales et prières sacrées

> « L'homme est le seul animal qui peut être l'ami de ses victimes jusqu'à ce qu'il les dévore. »
>
> Samuel Butler

Il y a belle lurette que les prières sacrées des chasseurs-cueilleurs adressées en guise de remerciements aux esprits des animaux tués n'ont plus le moindre écho. Il est question désormais de mort automatisée et de débitage hypertechnicisé de carcasses animales désincarnées. Comment en est-on arrivé là ? L'histoire commence avec la prévoyance des hommes du Néolithique qui firent de l'élevage le ressort nécessaire à l'épanouissement économique et démographique humain. Tandis que les animaux permettaient à nos ancêtres de s'humaniser par le partage, les bêtes se sont rapidement vu attribuer des rôles précis, doter de symboliques puissantes, tantôt déifiées, tantôt honnies. Dès lors, la viande n'était plus un aliment comme les autres, sa consommation réglementée, comme si un risque étrange mais bien réel s'était mis à peser sur l'homme. Pour le botaniste et anthropologue Jacques Barrau, cette ambiguïté vient, « d'une part, de ce sentiment de culpabilité qu'engendrent le sacrifice et la consommation de bêtes avec lesquelles nous nous sentons des affinités et, d'autre part, de ce quasi irrépressible désir de nous approprier leur énergie, leur "souffle vital", en les dévorant [1] ».

Aucune civilisation n'échappe à cette ambivalence, à ce pas de deux permanent entre plaisir et aversion. Alors on s'arrange comme on peut. C'est ainsi que les anciens Grecs ne mangeaient aucune viande de boucherie qui n'ait été sacrifiée sur les autels, toute viande non saignée se révélant immangeable parce que le sang, l'*anima*, le principe vital, était réservé aux dieux. En Égypte, les fermiers sédentaires de la vallée du Nil étaient friands de cochon, jusqu'à ce que sa consommation diminue, au IIe millénaire av. J.-C., lorsque cet animal s'est transformé en offrande exclusivement dédiée à Osiris, dieu du Nil et de la végétation – sauf les nuits de pleine lune, où le porc pouvait fugacement flatter les palais humains.

Des rituels à l'industrie

Les règles en matière de consommation animale ont ainsi pris racine dans le terreau anthropologique de la religion et de la mythologie, puis se sont diversifiées et complexifiées. « S'interdisant de manger des viandes non saignées, mais refusant de verser le sang des victimes sur leurs autels, les chrétiens de l'Antiquité proscrivirent aussi la consommation des animaux sacrifiés selon les rites païens, note l'historien Jean-Louis Flandrin. À partir de là, on aurait pu imaginer deux attitudes : ou bien renoncer totalement à l'alimentation carnée comme impure, ou bien désacraliser la mise à mort des animaux. C'est la seconde que l'Église a officiellement choisie. Jusqu'au XVIIe siècle, on assiste à une lente réification de l'animal – que la théorie cartésienne de l'animal-machine achèvera d'affirmer –, à une banalisation de sa mise à mort et à l'effacement des scrupules chrétiens envers l'alimentation carnée[2]. » Les écorcheurs ont forte réputation. La boucherie devient un art[3]. Puis s'opère une nouvelle transformation dans les consciences et les modes à partir du XVIIIe siècle : on commence à dénoncer le caractère sanguinaire et barbare de l'alimentation carnée. Tandis que le végétarisme se développe en parallèle avec les mouvements de défense des animaux, les mangeurs de viande délaissent certains abats qui choquent les sensibilités, comme par exemple les yeux de veaux. Pourtant, la chosification de l'animal se poursuit.

Au milieu du XIXe siècle, sous l'impulsion du développement industriel, les abattoirs quittent le cœur des villes pour s'installer en périphérie, dans des lieux clos, interdits au public. Les élevages et les abattoirs deviennent géants, automatiques ; les animaux sont abattus à la chaîne. On ne sacrifie plus, on ne tue pas davantage ; désormais, on abat – un terme qui selon l'anthropologue et philosophe Noélie Vialles désanimalise la bête et l'assimile à l'arbre ou à la matière inanimée. Même la préparation et la présentation des morceaux carnés sur les étals des boucheries dissimulent l'animal : le sang est absent, les fourrures et les plumes disparaissent. On veut bien manger de la viande, mais pas l'animal.

Cette banalisation de la mise à mort et de l'élevage concentrationnaire nous a conduits à des paradoxes : d'un côté, nous humanisons les animaux familiers qui partagent nos foyers, nous sauvons les espèces sauvages en voie de disparition ; de l'autre, nous méprisons les animaux que nous considérons comme nuisibles, élevons chaque année pour les tuer et les manger des milliards d'animaux dans une indifférence totale. Jamais le détachement, la distanciation et finalement la coupure entre l'homme et l'animal n'ont été aussi fortement symbolisés que par l'élevage moderne. On ne sacrifie plus à un dieu mais l'on abat au nom d'une logique industrielle.

Transformer la chair en fable

« En abattant un mammouth ou une girafe, la victoire de l'homme préhistorique sur la nature a sans doute donné un prétexte à des rites et à des fables sociales et surnaturelles, remarque l'éthologue Boris Cyrulnik. Dès le début de l'aventure humaine, la signification de la viande est devenue fondamentale et même fondatrice[4]. Sous des prétextes religieux, on a toutefois très vite différencié les animaux consommables, admis de Dieu ou des dieux, des non-consommables ; la chair et le sang ont été tantôt interdits car jugés impurs, tantôt réhabilités comme source de vie. Alors que le cheval a été abondamment chassé avant sa domestication, l'homme a renoncé à s'en nourrir dès que cet animal est devenu un partenaire au quotidien. Le cas échéant, sa consommation pouvait donner lieu à un rituel doté d'un sens religieux afin d'effacer le sentiment de culpabilité. Au XIIe siècle, les rois irlandais devaient s'unir à une jument blanche au cours de la cérémonie d'intronisation. L'animal était ensuite abattu, ses restes étaient bouillis dans un chaudron et proposés aux convives au cours d'un grand festin. “Le sacrifice est un partage avec Dieu et les hommes”, souligne le sociologue Claude Fischler[5]. Agneaux, moutons et chèvres rôtis sur les bûchers ont été, avec les bœufs, les premières offrandes rendues à Dieu. Les prêtres chaldéens, grecs ou romains prédisaient l'avenir dans les entrailles des animaux immolés.

De la cervelle de singe à l'escalope de veau ou de poulet, en passant par le rat grillé, chaque civilisation a consommé et consomme encore la chair animale en vertu de certaines règles édictées par la culture et par la religion. Selon la Torah, la chair animale doit être débarrassée de son principe vital, le sang, qui est réservé à Dieu. Selon Jean-Louis Flandrin, « ce n'est pas au niveau du rationnel qu'il faut chercher l'explication des attitudes chrétiennes envers la viande ; c'est au niveau des mentalités, dans l'image que l'on se fait de la viande et du sang au début de l'ère chrétienne[6] ».

Quant aux raisons qui ont poussé la religion catholique à rendre obligatoire la consommation de poisson une fois par semaine, on pense qu'au Moyen Âge cet aliment représentait la seule source de protéines disponible à moindre coût pour le peuple, habitué à manger des bouillies de fèves. Toujours est-il que, jusqu'au XVIIe siècle, l'Église imposa le jeûne du carême pour marquer la soumission à Dieu, mortifier le corps et développer la vie spirituelle. Il y avait donc les jours « maigres », à base de poisson, où l'alimentation carnée, supposée flatter les sens et réveiller les vices, était strictement interdite, de même que les relations sexuelles, et les jours « gras » [7].

9

La peur du sauvage

> « Là où nous avons raison, il ne repoussera jamais de fleurs. »
>
> Yehuda Amichaï

Forêt irrévérencieuse

L'opposition entre la civilisation et la nature sauvage a pris racine dans l'humus sur lequel les premiers villages ont été plantés. Une opposition qui s'est développée jusqu'à l'excès avec les Romains et les Grecs pour qui la cité symbolisait la culture alors que la forêt qui cache le ciel représentait l'inhumanité et la bestialité. « De l'Angleterre à l'Italie en passant par la Gaule et l'Espagne et dans tout le bassin méditerranéen, les forêts étaient partout, précise le professeur de littérature Robert Pogue Harrison, passionné par la place de la forêt dans la mémoire culturelle, elles étaient des refuges d'indépendance culturelle[1] », avant que la Rome et la Grèce antiques n'entrent en conflit avec elles. La nécessité d'étendre les empires, de faire la guerre, construire des navires, cultiver les sols et figer la nature par le contrôle eurent raison des forêts.

Rebelote au Moyen Âge qui confronte deux mondes avec d'un côté l'espace social – le château, les villages, les cultures, la prairie – et de l'autre l'espace sauvage inextricable, un lieu forcément terrifiant, diabolique, recelant une vie si puissante qu'elle pouvait, disait-on, pervertir l'ordre social, empêcher l'homme de se civiliser. Alors on brûla les forêts comme on tua leurs habitants et leurs ambassadeurs les plus monstrueux parce que les moins contrôlables – bêtes et hommes – et l'on fit disparaître les cultes dédiés à la nature des peuples forestiers pour ériger des croix à la place des arbres sacrés. C'est d'ailleurs à cette époque que le dieu Pan, représentation symbolique de la forêt, devint le diable et le loup son allié. Alors que l'ancien dieu de la forêt évolue en être lubrique, le loup biologique terrorise les croyants pour renforcer l'autorité religieuse. Il est traqué, empoisonné, brûlé ou écorché vif.

« L'Église chrétienne qui visait à unifier l'Europe sous le signe de la croix était fondamentalement hostile à cette barrière impassible de nature inculte, raconte Robert Pogue Harrison. La bestialité, la chute, l'errance, la perdition – telles sont les images que la mythologie chrétienne associera de plus en plus aux forêts. D'un point de vue théologique, les forêts représentaient l'anarchie de la matière, avec toutes les images de sombre incomplétude associées à ce concept néoplatonicien rapidement adopté par les Pères de l'Église. Étant l'envers du monde pieux, les forêts étaient considérées par l'Église comme les derniers bastions du culte païen. Dans les ténébreuses forêts celtiques régnaient les druides ; dans les forêts d'Allemagne étaient des bois sacrés où des barbares infidèles se livraient à des rites païens ; dans ces forêts nocturnes, en marge de la ville, les sorciers, les alchimistes et les farouches survivants du paganisme concoctaient leurs méfaits. »

Buffon, dans un texte de 1764, décrit la nature sauvage comme affreuse. Une vision manifestement héritée des descriptions des premiers Européens parvenus en Amérique du Nord qui ont été choqués en découvrant les marais, les arbres morts et les miasmes des grandes forêts sauvages. Il considère, comme nombre de ses contemporains, que la nature ne peut être belle que si elle est organisée par l'homme. Plus tard, Freud soutiendra que la culture est là pour arracher l'homme à la nature, le protéger de ses forces[2]. De quoi donner raison au philosophe humaniste italien Giambattista Vico pour qui la barbarie naît de la réflexion[3].

« La pulsion destructrice envers la nature a trop souvent des causes psychologiques qui dépassent l'envie de biens matériels ou le besoin de domestiquer l'environnement, souligne Robert Pogue Harrison. Il y a trop souvent une rage délibérée et vengeresse à l'œuvre dans l'agressivité contre la nature et ses espèces, comme si l'on projetait sur le monde naturel les intolérables angoisses de finitude qui rendent l'humanité otage de la mort. Une espèce de rage puérile pousse à faire autour de soi des victimes pour exorciser en soi la douloureuse cruauté du destin[4]. »

L'homme a toujours ressenti une crainte viscérale pour ce qui le dépasse, ce qu'il ne domine pas. Si certains peuples ont trouvé le moyen de maîtriser la vie en considérant la nature sauvage comme une alliée – chasseurs-cueilleurs, pasteurs animistes et nomades – et en passant avec elle un pacte à base de rituels, d'autres se sont donné comme objectif de la dominer en l'organisant. Ils ont créé des dieux à leur image, transformé les concurrents en monstres et édicté une dictature des croyances qui inventera l'idéologie de la sorcellerie et des boucs-émissaires. Dans le sillage des arbres chevelus et des loups surgit bientôt la suspecte et organique nature féminine. Liées à la nature sauvage, les femmes deviennent contrariantes et malsaines. Ainsi les sorcières seront pourchassées pendant des siècles et avec elles disparaîtra la belle Artémis, déesse de la forêt et de la fertilité.

Le retour de deux mal-aimés

Ironie du sort, c'est justement en France, depuis les années 60, le retour et la progression de la forêt et l'augmentation des ongulés, conséquence de la déprise agricole, qui ont participé au retour du loup, comme un peu partout en Europe. Représentant symbolique de ce sauvage, avec l'ours, l'un des premiers dieux des hommes[5], dont certains ne veulent plus. Les grands carnivores ont toujours eu à payer le prix de l'humanisation en marche. Ils sont devenus indésirables partout où l'homme a revendiqué un territoire et envisagé une économie à long terme.

Au début des années 90, le loup a réinvesti le Mercantour après plus d'un demi-siècle d'absence. En provenance d'Italie, où il n'a jamais disparu, plus précisément des Abruzzes, il continue sa reconquête spontanée et naturelle, comme d'ailleurs un peu partout à travers le monde. Si au Moyen Âge rendre cet animal responsable des pires maux a permis au peuple d'exorciser sa souffrance, le poids de la famine et des épidémies, la croyance s'est propagée jusqu'à nous. À l'heure où l'élevage ovin n'existe plus que par le biais des primes européennes, le retour du loup a permis aux éleveurs de crier leur révolte. Une polémique qui dure en France depuis vingt ans, alors que là où les hommes ont accepté de coexister avec les loups et les ours, notamment en Italie dans le parc des Abruzzes, la manne touristique a permis la pérennité et l'expansion du pastoralisme mais aussi la renaissance de villages et la création de milliers d'entreprises familiales. Depuis trente ans, les produits locaux italiens portent en effet l'effigie de ces deux grands prédateurs que sont l'ours et le loup, et ce sont deux millions de visiteurs chaque année qui ont aidé au maintien des populations locales, de l'élevage et de l'artisanat dans les vallées. Un bel exemple de symbiose.

« Le refus de la diversité biologique repose sur les mêmes réflexes que ceux qui alimentent la xénophobie, remarque le grand spécialiste en écologie Jean-Pierre Raffin. C'est le même rejet de l'autre, du différent, de celui qui gêne parce qu'il n'est pas comme nous, ne fait pas comme nous. J'ai souvenir de cette réflexion d'une classe de petits Gitans alsaciens à l'occasion d'un concours de dessin sur le thème de l'ours organisé en 1988 par La Maison de Valérie lors de l'exposition du Muséum national d'histoire naturelle "D'ours en ours". Ces enfants disaient :

“L’ours c’est comme nous, les Gitans, un animal rejeté, mal-aimé parce que différent...” Tant que culturellement notre société n’aura pas accepté la diversité, la différence, nous aurons du mal à avoir de bonnes politiques de la nature. Nous sommes à ce titre le dernier pays européen alors qu’il faudrait au contraire montrer au reste du monde combien la nature peut être un atout et aussi combien il est nécessaire de réenchanter le monde. Nous en avons les capacités et je suis toujours étonné de voir que la France est capable de lancer Ariane et de fabriquer Airbus mais incapable de conserver son patrimoine biologique, quelques loups et une malheureuse poignée d’ours ! »

Ces animaux qu’on dit « nuisibles »

Une expérience a été menée par deux chercheurs, Christopher Bird et Nathan Emery, dans les laboratoires de l’université de Cambridge en Grande-Bretagne sur des corbeaux freux. La problématique consistait à se demander si le maniement de l’outil était ou non inné chez les corvidés. Contrairement à leurs cousins de Nouvelle-Calédonie qui sont capables de fabriquer des tiges terminées par des crochets afin d’attraper leur nourriture, aucune observation similaire n’avait été faite s’agissant des freux. Sans aucun entraînement, les oiseaux ont pourtant fait preuve d’un savoir-faire impressionnant pour, spontanément, au premier essai, sélectionner le bon outil ou le créer – comme saisir un morceau de fil de fer qui leur était proposé, le courber et crocheter ainsi l’anse d’un panier au fond duquel avait été déposée une larve.

La famille des corvidés comprend corbeaux, corneilles, choucas, pies, geais... Autant d’oiseaux dotés comme la science en témoigne de comportements intelligents et infiniment complexes – ils savent également compter, faire preuve d’empathie, de comportements de deuil, d’humour, ont conscience d’eux-mêmes comme la pie, etc. Ils n’en sont pourtant pas moins considérés comme des « nuisibles » avec, pour la France, d'autres espèces d'oiseaux et de mammifères. Il y a vingt mille ans, les hommes peignaient les animaux qu'ils jugeaient dangereux sur les parois des cavernes, aujourd'hui on établit des listes noires.

Une liste noire qui n'arrange en réalité que ceux qui la défendent, qui ne repose sur aucun fondement scientifique et, plus grave encore, qui est admise par ceux qui nous gouvernent pour l'unique raison que ceux qui l'imposent sont des électeurs. Chaque année en effet, cette liste édictée par le ministère de l'Environnement est imposée sur le territoire français par les préfets après avis du conseil départemental de la chasse et de la faune sauvage, autorité où les chasseurs, personnels de l'Office national des forêts et des administrations sont majoritaires face à deux naturalistes et deux scientifiques seulement. Or, en l'absence de chiffres fournis par les scientifiques sur les populations visées, seuls ceux fournis par les chasseurs et les piégeurs font foi. Dans d'autres pays, ce sont des comités similaires qui déterminent quelles espèces représentent une menace pour la santé ou la sécurité publique ou pour les activités de chasse, agricoles, forestières et aquacoles, pour la faune et la flore.

Si certains animaux peuvent, il est vrai, contrarier le quotidien des hommes du fait d'un territoire naturel de plus en plus réduit, d'une élimination systématique des prédateurs naturels ou de l'introduction d'espèces exotiques, il semblerait toutefois logique que le sort de ces animaux résulte d'une réflexion appropriée et d'une synergie entre des compétences complémentaires dont les scientifiques et les naturalistes ne devraient pas être exclus. « La notion de nuisible n'a pas grand sens en soi, souligne Jean-Pierre Raffin. Nuisible pour qui, où et quand ? La buse variable ou la belette, qui s'alimentent essentiellement de petits rongeurs préjudiciables en certains cas à l'agriculture, ne sont-elles pas perçues comme "nuisibles" par les chasseurs au motif qu'il leur arrive effectivement de capturer du petit gibier ? Les animaux jugés à tort nuisibles sont généralement situés au sommet d'une chaîne alimentaire. En d'autres termes, la dynamique de leur population et leurs chances de survie sont directement liées au nombre de proies sur leur territoire. Lorsque les effectifs des proies sont élevés, le prédateur s'adapte. Si celles-ci disparaissent, eux-mêmes disparaissent. Il est donc faux de prétendre qu'ils sont nuisibles parce qu'ils consomment ou risquent de consommer trop de proies[6]. »

Ici la buse ou le renard. Là-bas les girafes, les tigres et les éléphants. La protection de la nature passe bien souvent au second plan avec la pression des populations quels que soient le lieu et les raisons. En 2009, une étude a montré qu'en l'espace de quinze ans, les effectifs de plusieurs espèces animales (girafe, impala, antilope, phacochère…) avaient diminué du fait de la pression des villages massaïs en Afrique de l'Est dans les espaces réservés initialement aux animaux sauvages. La raison : un abandon de la culture pastorale semi-nomade pour l'élevage et l'agriculture sédentaire. Des projets ont depuis été mis en place pour permettre à ces populations de bénéficier du tourisme en échange d'une protection de la faune.

Aucun programme de sauvegarde ne peut en effet fonctionner si les problèmes économiques, sociaux, politiques des populations locales ne sont pas d'abord pris en considération. Dans le nord de l'Australie, ce sont des dromadaires qui, poussés par la soif, envahissent les villes et se nourrissent des pâtures réservées aux éleveurs de bétail. Pour résoudre le problème – né de l'intervention de l'homme qui a introduit cet animal au XIXe siècle –, le gouvernement a décidé un plan de gestion consistant à développer la consommation en viande de la bête ! Un défi de taille que d'inventer pour l'avenir des formes de relation entre les hommes et la nature sauvage qui rendraient possible une cohabitation. Un peu partout, des solutions ont été néanmoins trouvées pour que les hommes se rendent compte de l'intérêt financier à protéger cette nature.

Avec ses six mètres de hauteur et son cou qui ne comporte que sept longues vertèbres, la girafe est considérée par les scientifiques comme un excellent modèle pour étudier l'effet de la gravité sur la circulation sanguine. Si plusieurs millions d'années d'évolution ont été nécessaires à celle dont les Grecs pensaient qu'elle était née d'un chameau et d'un léopard pour acquérir une anatomie hors du commun lui permettant de dévorer la cime des arbres, il aura pourtant fallu quelques dizaines d'années à peine pour mettre en péril l'une de ses neuf sous-espèces : la girafe blanche. Ce fut en effet à partir des années 70, période au cours de laquelle une importante sécheresse eut raison du bétail dans l'ouest de l'Afrique, que le braconnage décima la population de ces ruminants au long cou. Vingt ans plus tard, on comptait moins de cinquante individus dans le seul pays du Niger, oubliant qu'elles évoluaient jadis du Sénégal au Soudan. La destruction de leur environnement dans un pays où la démographie humaine est en constante augmentation rend délicates aujourd'hui encore les conditions de leur survie. De la coupe des acacias, principale nourriture des girafes, à la transformation de la savane en culture et pâturage, en passant par la perception très prédatrice de l'animal par les populations, difficile pour elles de survivre. C'est pourquoi des mesures de protection drastiques ont été mises sur pied grâce à une alliance franco-nigérienne, basées sur une agriculture mieux pensée, une éducation dans les écoles et surtout un développement économique local[7]. N'étant plus pourchassées, ces grandes bêtes d'ordinaire craintives cohabitent désormais avec les villageois avec qui elles se partagent ce qui reste de la savane.

L'animal bienfaiteur des hommes

C'est au cœur des montagnes des Virunga, une chaîne volcanique qui s'étend du Rwanda à la République démocratique du Congo et à l'Ouganda, que vivent les gorilles. Chaque année, au Rwanda, ce sont pas moins de vingt mille touristes qui vont à leur rencontre. Une manne financière importante qui permet d'assurer leur protection mais aussi de rebâtir un pays après le génocide de

1994 qui causa la mort de plus d'un million de personnes en trois mois. Le gorille fait ainsi entrer chaque année dans les caisses du pays plusieurs millions d'euros qui participent à assurer un avenir aux communautés rurales. Des artisans aux hôteliers en passant par les petites auberges dont les revenus sont reversés aux veuves de guerre, le tourisme fait désormais vivre la population. On ne s'étonnera donc pas d'apprendre que cet animal, dont on compte désormais quatre cents individus, est dès lors devenu l'emblème du pays. Une marque d'intérêt et de respect qui tranche avec une époque où le sort de ces grands singes menés au bord de l'extinction par un braconnage systématique n'émouvait ni le gouvernement ni la population. Il aura fallu la ténacité de la primatologue Dian Fossey, qui vécut avec eux pour les étudier et empêcher leur disparition. Quarante ans après la mort de celle qui fut assassinée pour s'être opposée à leur massacre – et qui est enterrée aujourd'hui au milieu de ses gorilles –, les mentalités ont changé. Les communautés locales ont enfin compris que le gorille est une chance pour leur propre avenir. De fait, une éducation est dispensée dans les écoles afin que les jeunes soient sensibilisés à cet animal. D'anciens braconniers se recyclent grâce au tourisme, des patrouilles sillonnent les forêts pour déjouer les pièges des chasseurs.

Même chose à Madagascar ou aux Galápagos où les populations locales sont impliquées dans le processus de partage des ressources financières dues à l'écotourisme. Pour les Ibans qui vivent dans la forêt de l'État malaisien du Sarawak, le tourisme a également changé leur regard sur la protection des orangs-outans, considérés désormais comme un précieux capital. Créée en 1986, la réserve de Popenguine, au Sénégal, est gérée par des femmes qui demeurent dans leur village en périphérie et tirent des bénéfices de cette gestion. Il s'agit d'une forêt aujourd'hui préservée après avoir été fortement dégradée suite au surpâturage et aux coupes de bois pour le chauffage.

Les cas des tigres en Inde et des éléphants en Afrique

Des centaines de millions d'hectares boisés ont été détruits en Inde par le surpâturage et l'utilisation du bois de chauffe, conséquence d'une explosion démographique. L'Inde est en effet le pays le plus peuplé de la planète après la Chine. Sans un projet de sauvegarde du tigre initié en 1973 par Indira Gandhi, les tigres auraient déjà disparu depuis longtemps[8].

En quarante ans, toutes les ressources en bois et en pâturages dont bénéficiaient jusqu'alors les villageois aux portes des réserves ont été épuisées. Le pâturage a repris dans les sanctuaires réservés aux tigres, les coupes de bois aussi. Les couloirs forestiers qui permettaient théoriquement aux tigres de se rejoindre d'un parc à un autre pour se reproduire ont été exploités. À quoi se sont ajoutés des empoisonnements et un braconnage permanent au profit de la contrebande chinoise. Résultat : retranchés dans des zones appauvries, les tigres survivants s'attaquent aux hommes et au bétail.

Fateh Singh Rathore a été et demeure une des grandes figures de la protection du tigre en Inde. Il avait compris à quel point hommes et tigres sont liés. Raison pour laquelle sur les cinquante mille hectares de forêt vierge du parc de Ranthambore, là où jadis sa famille princière chassait le tigre traditionnellement, il a travaillé sa vie durant à protéger les hommes pour qu'en retour ils protègent le tigre. Ainsi a-t-il ouvert un hôpital, créé des pépinières de tecks et d'arbres fruitiers, développé un élevage laitier, monté une coopérative artisanale pour faire travailler les femmes et promu l'usage de la bouse de vache en guise de combustible pour remplacer le bois de chauffage. Dans le parc de Chitwan au Népal, une partie des recettes générées par le tourisme ont servi à la construction de dispensaires sanitaires et d'écoles et entraîné la création d'emplois pour la population locale. Résultat : dans cette région, plus qu'ailleurs, le braconnage a diminué.

Si à l'époque d'Alexandre le Grand et de Gengis Khan le tigre était considéré comme une divinité et régnait de la mer Noire aux plaines de Mongolie, les choses ont bien changé. Et pour cause. Comment envisager la survie d'un tel animal dans un pays où la mort d'un seul tigre rapporte le salaire d'un ouvrier sur cinq ans ? C'est la question qui se pose depuis des années pour le tigre de Sibérie ou de Mandchourie qui vivait auparavant dans les forêts et les plaines du nord-est de la Chine, du sud de la Sibérie et dans la péninsule coréenne, et qui subsiste aujourd'hui dans la région de la vallée de l'Amour en Russie. À la gestion désastreuse des forêts s'est ajoutée la mauvaise foi des multinationales japonaises, coréennes et américaines à qui ont été cédés des milliers d'hectares de massifs forestiers sur lesquels elles opèrent par coupes franches. Les sols appauvris, non replantés, se sont ainsi transformés en régions désertiques qui ont morcelé le territoire du tigre, fait disparaître ses proies et facilité la pénétration des chasseurs et des braconniers qui servent les réseaux mafieux friands de peaux et de produits dérivés à destination de la Chine. Un pillage des ressources naturelles de la taïga qui s'est opéré depuis le dégel soviétique et la levée du rideau de fer à la fin des années 80.

Maurice Hornocker, l'un des meilleurs spécialistes du tigre au monde et cofondateur du Siberian Tiger Project, veut encore croire lui aussi au lien qui unit l'homme au grand félin et inciter les uns et les autres à revenir à des modes de cultures forestières traditionnelles dans la région de la vallée de l'Amour : « Autrefois, le commerce des produits comestibles récoltés dans les forêts tels que les baies, les champignons, le ginseng et le miel sauvage était pratiqué dans beaucoup de communautés. C'est pourquoi nous travaillons avec les chefs de nombreux villages pour faire revivre ces industries domestiques économiquement viables[9]. »

Au Botswana, les éléphants sont mal perçus par les populations locales, jugés dangereux et accusés de détruire les cultures. Une fondation, Living with Elephants, travaille à réconcilier hommes et animaux. Un problème récurrent partout où les éléphants, faute d'espace, croisent les hommes. Compétition territoriale oblige, les accidents sont de plus en plus fréquents. Depuis quelques années, les chercheurs ont suivi l'émergence d'un phénomène étonnant chez les éléphants : une explosion de « délinquance » de la part de jeunes pachydermes orphelins réunis en bande que leur manque de structure sociale et de repères conduit à agir avec violence à l'encontre des hommes et d'autres animaux. Ainsi, d'un continent à l'autre, on a vu des éléphants attaquer des villages ou « rançonner » des véhicules transportant des denrées alimentaires en Thaïlande dans la réserve naturelle de Khao Ang Rue Nai, agresser des vaches en Inde, des rhinocéros en Afrique. Un comportement dû au massacre de leurs familles en raison du braconnage et des plans de régulation des populations. Souffrant d'un syndrome post-traumatique semblable aux humains, les jeunes se retrouvent dans l'impossibilité de contrôler leur agressivité et leur stress.

Le rôle primordial des matriarches éléphants a été élucidé dans les années 70 lorsque les spécialistes se sont rendu compte que des jeunes livrés à eux-mêmes finissaient par mourir de stress et de faim. Guide de la troupe dont elle a la responsabilité, la femelle la plus expérimentée s'entoure de ses sœurs, ses filles et leurs petits. Elle connaît la cartographie exacte de son territoire et sait mener son clan là où il faut pour survivre au mieux. Un savoir qu'elle a hérité des matriarches qui l'ont précédée. Raison pour laquelle lorsque l'une d'entre elles meurt, le traumatisme est tel qu'il désorganise le groupe. Lorsqu'on sait que les liens tissés entre les éléphants durent toute une vie, qu'ils possèdent un langage complexe, des traditions, une mémoire, qu'ils veillent les malades et les morts, qu'ils possèdent un système de communication élaboré par infrasons, savent reconnaître les barrissements de chacun des individus qu'ils croisent dans leur vie, on ne s'étonnera pas de cette réaction.

La fin d'un monde

1955. Lorsque l'Américain Peter Beard décide d'envoyer tout balader et devenir aventurier, il a à peine dix-sept ans et un tempérament de feu. Il débarque dans l'Afrique légendaire de l'écrivain Karen Blixen dont il devient l'ami, où la faune sauvage abonde et règne, où il n'y pas de routes, pas de clôtures. Mais c'est déjà l'époque des premières réserves, le trafic d'ivoire le dispute au contrôle des populations animales qui désorganise l'harmonie naturelle. Les années 60 voient la population humaine exploser, les villages et les fermes se répandre. Dix ans plus tard, Beard survolera et photographiera des milliers de cadavres d'éléphants au milieu d'une savane dépouillée. Morts de stress, de soif et de faim, confinés, parqués dans des réserves dites « naturelles » censées les protéger, trop étroites pour eux. Les hommes inventeront alors les abattages légaux. Un principe simple en soi : réunir tous les animaux et en tuer un maximum « pour leur bien ». « J'ai assisté à ces boucheries, écrira Beard. Et j'y ai vu l'avenir du monde. L'impact extrême de notre espèce, de notre irréversible explosion démographique… La fin de la nature annonçant celle des hommes[10]. »

Celui qui un jour n'hésita pas à enfermer un braconnier dans son propre piège à éléphants, qui a échappé par deux fois à deux attaques graves des géants, aura vécu comme il l'a souvent écrit « la fin d'un monde », titre de son premier livre où il retrace l'histoire d'une terre, l'Afrique, détruite par les hommes, la misère. Il aura aussi connu l'immense espoir d'une Afrique libre, juste avant que l'ère post-coloniale ne révèle ses terribles désillusions.

« Les éléphants étendaient leur règne des régions les plus arides jusqu'au cœur des forêts pluviales. La nature était omniprésente. Elle palpitait. Il y avait des millions de flamants roses. Buffles, élands et rhinocéros parcouraient chaque colline. L'Afrique, la vraie. La grandeur, la démesure, l'infiniment vigoureux dans un décor d'euphorie. Les volcans noirs du Rift, les lacs étincelants. Au nord, les déserts blancs et les tempêtes de sable. À l'ouest, les neiges célestes du mont Kenya[11]. » Vision d'une nature sauvage au vrai sens du terme que notre génération et toutes celles à venir n'auront jamais. Ce constat, cette perspective me glacent d'effroi.

10

Un peu d'humilité

> « Comme l'a observé l'anthropologue Loren Eiseley, toutes les anciennes cités sont tombées, et quand "ceux qui travaillaient la pierre et l'or sont partis depuis longtemps, seul l'ours se tient debout sur ses pattes, et les léopards s'abreuvent aux rares flaques qui subsistent". »
>
> Janine M. Benyus

« J'étais au départ intéressé surtout par l'aspect scientifique de l'animal qui a déterminé ma vocation, raconte l'éthologue Pierre Jouventin, mais dans l'intimité des différents oiseaux et mammifères que j'ai étudiés dans leur milieu naturel, ma vision de la biologie s'est très vite focalisée sur l'écologie et l'éthologie, disciplines qui m'ont amené à m'interroger d'une part sur la nature et d'autre part sur le comportement animal. Ayant par exemple passé près de neuf ans sur le continent antarctique et les îles qui l'entourent, j'ai eu tout loisir après mon travail de recherche de réfléchir sur les relations entre l'animal et l'homme, puis de me rendre compte que c'est un piège sémantique qui exige, pour en sortir, des connaissances et de la réflexion, puisque l'on y oppose une espèce énigmatique à au moins deux millions d'autres très différentes[1]. »

Ni inférieurs ni supérieurs à aucune autre espèce, juste différents. Difficile de nous poser en élus. C'est en tout cas ce que le paléontologue américain Stephen Jay Gould a toujours laissé entendre avec humour : « Nous ne sommes qu'un minuscule rameau du luxuriant buisson de la vie. Les mammifères auxquels nous appartenons ne représentent qu'un petit groupe de quelque quatre mille espèces sur le million d'espèces animales multicellulaires. Et sur ce million, 80 % sont des arthropodes, en majorité des insectes. Plus généralement, la plupart des organismes vivants sont des bactéries (...) la forme de vie dominante sur terre. (...) Dans nos représentations de l'évolution, nous dessinons les bactéries, puis les méduses, puis les trilobites, puis les dinosaures, et les dernières scènes montrent toujours des êtres humains, tandis que les plus grands succès de l'évolution mammalienne, les chauves-souris, les rats et les antilopes, restent invisibles. C'est une vision erronée où notre attention se focalise sur des lignées, une vision déformée où nous distinguons quelques espèces parmi des milliers. (...) La seule chose que l'on puisse dire, c'est que toutes les espèces finissent par disparaître. Il y a deux à trois millions d'années coexistaient une demi-douzaine d'espèces d'australopithèques, dont une a donné naissance au genre *Homo*. À l'époque florissant, puisqu'il y a eu *habilis*, *ergaster*, *rudolfensis*, *erectus*. Aujourd'hui, il n'y a plus qu'une seule espèce. Nous ne sommes pas les seuls dans ce cas et, en général, on les appelle des "échecs" de l'évolution : par exemple le tuatara, reptile de Nouvelle-Zélande, ou encore le pangolin. Et même les chevaux, que l'on présente souvent comme un triomphe de l'évolution, ne sont plus représentés que par huit espèces[2]. »

À quoi ressemblerait un monde sans hommes ? Dans un essai de vulgarisation scientifique, le journaliste et universitaire Alan Weisman avait mené une enquête originale, histoire d'explorer le futur[3], selon lui, pas de doute possible : si l'homme disparaissait, la nature reprendrait ses droits. En un siècle, les immeubles des grandes villes auraient disparu sous la végétation, les herbes puis les arbres envahiraient les rues, les prédateurs chasseraient les herbivores. Les terres cultivées d'Europe seraient envahies par des lupins et des chênes, les loups et les ours. Un éden ? Pas si sûr. Si nous disparaissions, nous laisserions aussi derrière nous des dizaines de milliers d'ogives nucléaires et plus de quatre cents centrales nucléaires.

Si on peut sans mal imaginer une planète sans humains, il est en revanche difficile de prétendre que les hommes pourraient vivre sans animaux ni nature sauvage. Tant sur le plan biologique, psychologique, environnemental que spirituel, ce serait la perte de nos racines et donc d'une part de nous-mêmes. Trop peu ont réfléchi à la valeur de la nature autrement qu'en termes économiques – les grandes campagnes de défense de la biodiversité se limitant à réclamer sa protection pour les services économiques rendus à l'humanité, les molécules à exploiter pour nourrir ou soigner les hommes.

Pour Robert Pogue Harrison le risque est ailleurs : dans la perte des repères, l'oubli de sa propre relation à la nature. « La nature sait mourir, mais les êtres humains savent surtout tuer, dans leur incapacité à réaliser leur écologie. Parce que nous sommes les seuls à habiter le *logos* (dans son premier sens, celui de la relation des hommes à la nature sur le mode de l'ouverture et de la différence), nous sommes les seuls à devoir toujours réapprendre à mourir et nous sommes les seuls à échouer. Il reste une seule certitude : quand nous ne tenons pas au monde le discours de notre mort, nous lui tenons un langage de mort. Et quand nous tenons au monde un langage de mort, la légende des forêts sombre dans le silence[4]. »

Troisième partie

LA NATURE, SOURCE D'INSPIRATION

« Notre génération n'est pas encore arrivée à comprendre l'importance qu'il y a pour l'homme à savoir comment l'humain se rattache au reste de la vie. »

Pierre Teilhard de Chardin

Introduction

> « Toujours il y a une vieille mémoire qui remue en nous, quelque chose qui chante de l'autre côté, qui appelle, ou qui hante. (…) C'est un pays, un là-bas où l'on avait couru, joué, toujours joué, un grand espace ensoleillé qui nous habite quand même entre nos quatre murs et nos complets-vestons si étriqués. Il y a une vieille musique, un vieil oiseau sauvage jamais attrapé qui bat quand même des ailes dans notre cage. »
>
> Satprem

On nous dit des tas de choses. Que la transformation s'annonce socio-politico-économique mais aussi spirituelle, que pour changer le monde il faut nécessairement renouveler sa propre vision des choses, et que pour se changer soi il faudrait pouvoir commencer par se réconcilier avec la nature, retrouver ce sens du sacré qui, parce que nous l'avons perdu, nous a conduits à piller la planète.

« Va prendre tes leçons dans la nature », recommandait Léonard de Vinci. Retrouver le cap en se laissant inspirer par elle. Vœu pieu et naïf à l'ère du modèle unique, des programmes télé débilitants, des OGM ; à l'heure où la croissance économique reste l'objectif préféré de nos élites, où les trois quarts de la planète meurent de faim, où règnent les guerres, la corruption, les réseaux mafieux et les fondamentalisme religieux, où chacun doit trouver des solutions pour vivre ou survivre au quotidien quitte à vendre son âme au pire, où l'écart est immense entre les belles idées, les discours mondains et la réalité sur le terrain, où les puissants continuent de coloniser et les pauvres d'apprendre à haïr les premiers pour des générations.

Apprendre de la nature. S'en inspirer. Pour construire de nouvelles technologies, d'autres modes de consommation, d'existence urbaine, de recherche, de calculs et d'échanges économiques, de gouvernance, de pensée, de prières, d'éducation. Pour interpréter et raconter différemment la vie, la science, si loin des conditionnements enseignés jusque-là, limitant notre conception du monde à une pensée tronquée, à un système mécaniste reposant sur l'idée insensée que tout est séparé. Selon le physicien Fritjof Capra : « Il y a déclin d'une culture lorsqu'elle devient trop rigide dans sa technologie, ses idées, son organisation sociale pour faire face au changement extérieur. Cette perte de flexibilité est accompagnée d'une perte générale d'harmonie qui conduit inévitablement à des désordres sociaux. Pendant cette période de déclin, des minorités créatives apparaissent et transforment les éléments anciens en de nouvelles configurations[1]. »

Le temps d'un nouveau pacte

Au temps où la révolution industrielle était en marche et où les campagnes perdaient leurs travailleurs au profit des villes, où les métropoles grossissaient, il y eut des poètes comme le Belge Émile Verhaeren pour louer la beauté de la modernité, des grandes cités censées libérer l'homme du dur labeur de la terre. Aujourd'hui, les villes sont devenues pour beaucoup des mégapoles invivables et notre monde réel est désormais en interaction permanente avec l'espace numérique. Une hypertechnologie et un environnement artificiel qui viennent se surajouter au superficiel. Dans cette course au contrôle généralisé et à la surconsommation de nos sociétés, on oublie que la Terre tourne sans ces gadgets, qu'ailleurs il existe d'autres visions du monde et du vivant, que la nature sauvage, dans son infinie diversité, n'est pas seulement ce réservoir de molécules et de produits actifs identifiés par les grands laboratoires pharmaceutiques cotés en Bourse et revendiqués par les esprits mercantiles, qu'elle ne doit pas être protégée uniquement au bénéfice de l'homme[2], qu'elle porte en elle autant de formes, de signes et de couleurs qui ont une raison d'être et qui nécessitent d'aiguiser notre regard tant pour retrouver une certaine liberté que pour prendre conscience du monde auquel on appartient. Comme le dit Stephen Jay Gould, « nous ne pouvons pas gagner la bataille qui consiste à sauver les espèces et l'environnement sans forger un lien émotionnel entre nous et la nature »[3].

Comment entretenir cet attachement, construire un monde plus habitable, redonner du sens à nos existences, sinon en exaltant notre capacité d'émerveillement ? « Un véritable humanisme serait d'accéder à cette compréhension profonde que tout est beau et sacré et que tout mérite notre enchantement, m'a fait remarquer un jour l'agriculteur et philosophe Pierre Rabhi. Mon rêve est que nous aboutissions à cette ultime évolution, qui nous mettra en fusion avec tout le réel. À ce moment-là, notre mission aura été accomplie. »

On dit que l'animal est sans âge, que son propre cœur est accordé à celui de la forêt, qu'il en est le roi, le gardien de la vie sauvage, que s'il venait à disparaître, c'est toute la forêt qui disparaîtrait avec lui. Un secret inconnu, une vie splendide cachée au cœur des bois où jamais nul homme n'est jamais entré. Telle est la rumeur à propos d'un vieux cerf aussi puissant et rusé qu'un tigre, personnage récurrent personnifiant la nature chez Maurice Genevoix. Maître de l'observation animale, ancien chasseur et soldat rescapé de la guerre de 1914, l'immense écrivain a su évoquer la conscience des bêtes comme personne[4], célébrant la beauté rude et farouche de la nature et des bêtes qui la peuplent et l'incarnent, les liens de connivence qui les unissent. Dans ses fables, les animaux victimes de la traque obsessionnelle des hommes deviennent des médiateurs. Guidant les humains au cœur des forêts et des collines, dans une nature primaire originelle, ils les invitent à renoncer à tuer, leur offrent un accès à la connaissance. Une révélation transformatrice au terme d'une immersion sensorielle.

Le cinéaste Hayao Miyazaki n'est pas un écologiste et il avoue même avoir porté un intérêt plutôt tardif à la nature. Une nature qui détient cependant une place privilégiée dans ses œuvres cinématographiques, et dont il est persuadé qu'elle reprendra un jour le dessus sur l'homme, qu'elle renferme, comme le veut la tradition shintoïste, influencée par la nature et les croyances animistes, des êtres surnaturels invisibles. Miyazaki est un poète qui se demande si une graine contient en somme le rêve de l'arbre ou bien la grandeur de la vie elle-même. *Princesse Mononoke* (1997), l'une de ses œuvres d'animation, raconte l'histoire d'une jeune fille qui défend la forêt contre les hommes alors qu'ils ont rompu le pacte qui les liait à la nature jusqu'à la détruire et tuer avec elle le dieu cerf de la forêt. Dans les contes de Genevoix et de Miyazaki, la nature tantôt agonise, se révolte, guide les humains en leur ouvrant les yeux, le cœur et l'âme, leur offre une chance de se racheter, de renaître à leur histoire, tant sur un plan individuel que collectif.

Ces fables rejoignent en réalité la trame et la philosophie des grands mythes grecs comme celles des cosmogonies des peuples premiers. Né du vent, le cerf des Huichol de la Sierra Madre au Mexique symbolise une plante hallucinogène, le peyotl, et, par voie de conséquence, lui aussi ouvre les portes de la connaissance et du monde des esprits. D'un récit mythologique à une peinture rupestre, d'une gravure égyptienne à une fable populaire en passant par les visions chamaniques, les œuvres d'art initiatiques dessinées par certains peuples – Navajos, aborigènes, Huichol, Ojibwé, etc. –, la sculpture totémique en hommage à l'animal considéré comme l'ancêtre et le protecteur du clan et jouant de fait un rôle capital dans l'identité culturelle des hommes et leur organisation sociale, les animaux et la nature ont toujours inspiré les humains. Guides, parents, messagers du bien ou du mal, partout et à toutes les époques ils ont servi de supports et de symboles à nos représentations avec une infinie variété de nuances.

« Non, le monde sauvage n'est pas un luxe »

Aspirer à la liberté, voilà un état d'esprit qui pendant longtemps fut celui des peuples mongols dont le totem était alors le loup. En 1967, Jiang Rong a vingt ans lorsque le leader de la Chine populaire, Mao Zedong, instaure une immense chasse aux sorcières contre les « révisionnistes ». C'est le début de la Révolution culturelle. L'université est fermée, les bibliothèques sont incendiées. Un an avant que Mao décide d'arracher à leurs études des milliers de jeunes Chinois pour les envoyer au fond des campagnes afin d'être « rééduqués » par le travail au contact des paysans mongols qui élèvent moutons et chevaux, Jiang Rong décide de lui-même de quitter Pékin. Il se fait affecter le plus loin possible, en pleine nature, dans la steppe Olon Bulag, là où règnent encore les loups et les cavaliers nomades héritiers de Gengis Khan. Un pays sans frontières, où les hommes sont libres et où le ciel et la terre se rejoignent. Il y restera onze ans.

Des années plus tard, il écrira son histoire à travers un récit d'initiation et un hymne écologique vendu en Chine à plus de vingt millions d'exemplaires, *Le Totem du Loup*, une histoire qui raconte comment ce peuple craint autant qu'il vénère cet animal qu'il a choisi pour emblème[5]. Un animal indomptable dont les techniques de survie les inspirent : l'esprit de compétition, la patience, la liberté, la résistance, la force du groupe. Un animal qui ne leur laisse aucun répit en attaquant leurs troupeaux mais qui en même temps protège la steppe en régulant les gazelles, les marmottes et les rats. Une cohabitation parfaite entre les hommes et la nature et une culture alors sur le point de disparaître. En quelques années, la planification imposée par Pékin va pourtant éliminer les loups associés aux réactionnaires et avec eux la culture mongole condamnée pour faire perdurer des traditions chamaniques compatissantes envers ces animaux. Une décision qui va conduire les éleveurs mongols à se sédentariser, à devenir agriculteurs et à perdre l'esprit du loup, à savoir un mode de vie et une pensée libres.

S'inspirer de la nature sauvage pour rejeter une société pesante n'est pas une idée nouvelle. Elle a traversé tout le XIXe siècle, époque où les héros romantiques et transcendantalistes se réfugiaient auprès de la nature pour y trouver une source d'expériences utiles et du sens à leur vie, un thème que l'on retrouvera ensuite avec la beat generation des années 60[6]. Aujourd'hui encore, cette nature libre, tant par son contact direct que par les récits qui parlent d'elle, demeure un moyen de résister, de dépasser la laideur actuelle des activités humaines et leur impact. « Non, le monde sauvage n'est pas un luxe, mais une nécessité de l'esprit humain, aussi vitale pour nos vies que l'eau et le bon pain, écrivait Edward Abbey dans les années 60. Une civilisation qui détruit le peu qui lui reste du sauvage, du rare, de l'originel, se coupe de ses origines et trahit le principe même de la civilisation. Si l'homme industriel continue à proliférer et à étendre son champ d'action, il réussira ce qui semble être dans ses intentions : s'interdire l'accès au naturel et s'isoler dans une prison synthétique qu'il aura lui-même bâtie. Il fera de lui-même un exilé de la terre et il connaîtra alors, enfin, s'il est encore capable d'éprouver quoi que ce soit, la souffrance et l'agonie de la privation finale. Il comprendra ce que les prisonniers indiens zia voulaient dire quand leur mal du pays devenait un chant : "Mon pays là-bas, maintenant, je m'en souviens ; et quand je vois la montagne au loin, alors je pleure, alors je pleure, au souvenir de mon pays[7]." »

L'homme a inventé l'agriculture chimique, l'élevage industriel, les usines de pâte à papier, l'arme atomique, les parades militaires et les statues de cire à la gloire des VIP en remplacement des monuments mythiques figurant des êtres hybrides, à la fois humains et animaux, censés représenter la vie et la mort, le vent et les océans. Ambivalence oblige, il a aussi inventé la poésie, le cinéma et les contes. Si le cinéma, par définition, est une plongée hors de la réalité, il est aussi un outil formidable pour sublimer l'envoûtante beauté de la nature, s'immerger en elle et ainsi réveiller les sens et les consciences. Or la vision des poètes, des conteurs, des cinéastes et bien d'autres a été et demeure une alternative cruciale au matérialisme et à la technologie, un bon moyen de rester connecté à la vie[8].

1

Si la Terre m'était contée

Henri Gougaud

> « Les histoires, les contes de fées, les mythes aiguisent notre vision des choses, en nous aidant à mieux les comprendre, de sorte que nous pouvons retrouver et suivre la piste tracée par la nature sauvage. L'enseignement des contes nous donne la certitude que la piste n'a pas disparu. »
>
> Clarissa Pinkola Estès

Henri Gougaud est l'un de ces conteurs qu'on appelle passeurs de mémoire et de sève. Un ancien qui se souvient des racines, un connecteur avec l'invisible, un joueur divin, un bon vivant. Un peu sorcier, un peu chamane. Tout à la fois. Et les contes sont ses seuls vrais maîtres. Ce qui le fascine, c'est l'art avec lequel ils ont traversé les siècles, même bien après que le mythe eut été remplacé par le *logos*, la raison logique de la philosophie occidentale, la manière dont ils se sont faufilés d'un soir de veillée dans un village africain à un monastère tibétain, dont ils ont circulé, poursuivi quoi qu'il arrive leur bonhomme de chemin, inspiré toutes les traditions spirituelles. « Par exemple, me raconte Henri Gougaud, on a retrouvé la plus ancienne version écrite d'un conte, le conte des deux frères, sur un papyrus égyptien, de 1300 av. J.-C. Comment cette histoire a-t-elle fait pour traverser les siècles et aujourd'hui encore se répandre à travers toute l'Europe ? Combien d'œuvres dites "immortelles" ont disparu alors que le Petit Chaperon rouge, Blanche Neige et Cendrillon n'ont jamais cessé d'exister ? »

Un questionnement né dans l'émotion. Des études moyennes au lycée de Carcassonne puis à l'université de Toulouse et durant ce parcours mollement vécu, sans conviction, une seule idée en tête : la poésie. Plus ému par *Le Temps des cerises*, l'art populaire et les ex-voto que par le *Requiem* de Mozart et les grandes œuvres de la peinture sacrée, Gougaud croise un jour un professeur passionné par la tradition orale. Il découvre que l'ère moderne n'a pas tué la culture des paysans illettrés et des peuples oraux, que l'ethnologie a su collecter les contes à travers le monde et qu'à travers ceux-ci, issus des quatre coins de la planète, la Terre est toujours une mère vivante et les animaux des partenaires conscients. La voie est dès lors tracée, l'homme qui se rêvait écrivain deviendra conteur. Et tant pis si ça ne fait pas très sérieux.

Des contes nourris de nos plus anciens rêves

« Vivants et immortels, ainsi sont les contes, voilà mon avis. Les peuples primitifs ont toujours considéré les contes comme des êtres doués d'une force propre. Il m'a été rapporté que les Indiens de la cordillère des Andes estiment qu'ils sont semblables à des oiseaux, qu'eux seuls peuvent voir ceux qui perçoivent l'au-delà des apparences. Ils sont, disent-ils, amenés par le vent dans les villages, ils nichent dans les arbres, comme de vrais oiseaux. Ils viennent parfois se percher sur la tête d'un homme. Cet homme croit qu'il se souvient d'une histoire, mais non, c'est l'histoire qui a faim d'être entendue. Elle fait partie, comme nous, de la chaîne de la vie, elle désire être nourrie de mots afin de prendre les forces dont elle a besoin pour aller plus loin, dans d'autres villages. Les contes appartiennent à chacun et à personne, ils se métissent, ils apprennent d'autres langues, passent des huttes africaines aux brumes occidentales, ils nourrissent les uns en se nourrissant du savoir, de la vie et de la sagesse des autres… ils veulent être mangés et donner de la vie. À une époque où l'on échange des informations, les contes demeurent des nourritures pour l'esprit qui l'assimile, c'est tout. Leur compréhension n'est ni immédiate ni spontanée. D'ailleurs n'essayez pas de les comprendre, ce n'est pas le plus important, écoutez-les plutôt comme un ami qui parle [1]. »

Gougaud se méfie de la soif des chercheurs de vérité, de la pesanteur rationnelle qui nous pousse à l'analyse qui aveugle plus qu'elle n'éclaire ; de la raison qui isole, qui coupe l'homme du cœur de la nature sauvage, qui corrompt l'innocence de l'enfance, tout en sensation, en émerveillement des choses de la vie, du sensible de la Terre. L'enfance qui, comme le poète, le conteur, connaît le langage des ours et des fleurs. Gougaud se méfie donc des dogmes, des théories, de tout ce qui est figé. Il se dit de plus en plus animiste par la fréquentation des contes, confie ne pas aimer les histoires qui finissent mal parce qu'il constate qu'elles lui ôtent des forces, n'aime pas non plus la lucidité qu'il compare à une lumière froide, la froideur du mental, de la méthodique intelligence. Il pense que les contes font partie d'un vaste chantier susceptible de nous libérer de l'endoctrinement dans lequel nous sommes maintenus captifs. Comment ? En nous faisant rêver.

« On ne sait pas d'où viennent les contes. Probablement que les religions et les mythes sont nés du sentiment de fragilité des hommes face à la nature, à l'inconnu. Face à la foudre, au soleil qui se couche, ils ont eu besoin de réponses. Ce sont les réponses qui structurent le psychisme, pas les vérités qui, elles, peuvent être cruelles, destructrices. Les réponses en principe sont toujours constructives donc les mythes ont apporté des réponses pour tenter d'apaiser l'angoisse d'être au monde. Le conte est un enfant du mythe, c'est de la force de rêve mise en mots car les contes naissent aussi des rêves et, quelles que soient les origines des contes, on retrouve les mêmes structures archétypales. Toutes les sociétés dites "primitives" ont toujours laissé une grande part aux rêves. Ceux-ci sont devenus des récits. »

Les rêves, là où se cache notre imaginaire animiste, aux sources de l'humanité. Les Égyptiens, Grecs et Romains ont consacré une attention particulière aux rêves, considérés comme un cadeau des dieux, et à leurs interprétations à tel point que des temples dits "d'incubation" furent construits au sein même des cités. On venait y dormir pour rêver et faire déchiffrer ses rêves. On sait bien que les rêves ont toujours été un moyen de résister à l'oppression en maintenant l'intégrité d'un individu jusque dans son inconscient, en refoulant toutes les formes de conditionnement. Décryptés en Occident au travers de ses fonctions avec l'étude du système nerveux central, analysés par les psychanalystes qui nous parlent de refoulement et d'inconscient collectif, les rêves jouent encore un rôle important dans la vie quotidienne et les coutumes d'un grand nombre de sociétés traditionnelles qui les utilisent pour communiquer et renforcer les liens au sein de leur communauté comme pour approfondir l'identité de chaque individu. Ils emportent encore loin les chamanes, ces guides spirituels et médecins, qui conversent avec les plantes, les âmes et les maîtres des animaux. Des rêves des aborigènes d'Australie racontés sous la forme de peintures aux rêves des Guarijos, à la frontière entre Venezuela et Colombie, les récits millénaires n'en finissent pas de circuler.

« Nous sommes tous des haricots ! »

Les contes permettraient donc de rester libres, à l'écoute du monde sensitif, de se relier aux autres, à la nature, protégés des artifices et de la censure. Les contes initiatiques des sociétés traditionnelles ont germé et grandi dans le terreau des religions primordiales, l'animisme en particulier, qui dit que tout est vivant – plante, animal, minéral –, que cette vie qui coule en chacun permet d'installer une relation et que nos destins sont communs.

« Enfant, en classe, à l'occasion d'un cours sur la germination des haricots, j'ai eu pour mission de planter une graine, de l'arroser et d'attendre sa mise au monde. Je me suis demandé comment le haricot allait bien pouvoir se débrouiller tout seul dans le noir. J'ai levé la main et posé la question qui a bien fait rire la classe et m'a rendu honteux : comment le haricot sait qu'il doit pousser vers le haut ? Quarante ans ont passé et un ami indien me confie un jour une poignée de haricots rouges, me propose de les planter et me dit : "Si tu sais les écouter, ils auront quelque chose à te dire." Et d'ajouter : "Parle-leur, ne les laisse pas seuls." À ce moment-là, la question de l'enfance est revenue et j'ai pu trouver la réponse. C'était la mémoire, bien sûr. Le souvenir de la lumière était inscrit au fond de cette graine comme elle est inscrite en chacun de nous. Quarante ans pour m'apercevoir qu'à espérer une lumière, perdus dans nos obscurités, nous sommes tous des haricots. Nous sommes tous animés et au service de la même chose qui est la vie. C'est cet élan, ce désir qui fait qu'on a plutôt envie d'aller jusqu'à demain. Tout ce qui vit sur terre ressent ça. C'est notre ressenti de base à tous ! Au coin de ma rue, une touffe d'herbe s'est frayé un passage dans le béton. Nous avons en commun elle et moi la même impatience, le même désir de vie et de lumière, c'est notre appétit.

« Les contes nous répètent depuis toujours que nous ne sommes pas seuls, que tout ce qui nous environne est aussi vivant que nous le sommes, que le visible et l'invisible sont les deux seuls vrais pays du monde et qu'entre eux sans cesse on s'observe, on se visite. Pour ne plus être seuls. Appliquez-vous à écouter la plainte des arbres, le sommeil des cailloux, ce que dit le regard des bêtes, et peut-être entendrez-vous battre, un jour, le cœur du monde.

« Les contes ont vécu dans ce qu'on appelle la nature, qui était le cadre de vie normal, ordinaire d'une majorité d'êtres humains, il y a encore un siècle ou deux. Et puis il y a eu ce basculement des campagnes vers les villes et avec lui l'oubli des choses essentielles, un oubli qui fait que l'on emploie aujourd'hui le terme "environnement" pour évoquer la Terre-Mère et la nature sauvage. Si nous n'avions pas oublié ces mots-là, simples, si nous avions toujours considéré la Terre comme une mère bien vivante, il n'y aurait pas besoin aujourd'hui d'écologie et de partis politiques. »

Lorsque Gougaud dit à son fils de cinq ans qui vient d'entrer dans la forêt et en ressort en pleurant, couvert de griffures, qu'il a oublié de se présenter à elle, de lui demander l'autorisation d'entrer, qu'elle s'est sans doute défendue de cette intrusion impromptue, ce n'est pas la même chose que lui expliquer que la forêt doit être préservée parce qu'elle possède une valeur économique.

C'est bien simple, Gougaud compare notre raison à une « austère bibliothèque » et la parole conteuse à un être innocent, pourvu d'un rire d'enfant qui traverse cet espace rigide pour gagner notre jardin, notre nature. « Si la bibliothèque est le lieu où l'on peut réfléchir, concevoir, engranger des connaissances, échafauder des théories ou des lois utiles à notre santé sociale, le jardin, lui, est le lieu où l'on pousse, où l'on grandit, le lieu où s'accomplit le mystère de la vie, de la germination, de toutes les floraisons possibles. Il est le lieu de notre croissance[2]. »

« Pourquoi croyez-vous que le Christ ou le Bouddha ont passé leur temps à nous raconter des histoires, des contes, des paraboles ? Parce qu'ils avaient à nous cultiver, au sens le plus agricole du terme. Ils voulaient nous donner accès à des vérités qui ne poussent pas dans les appartements, des vérités qu'aucun raisonnement ne peut contenir[3]. »

*

« Pour moi, le cheval est un être surnaturel, arrivé sur terre par erreur. À l'origine, Dieu l'avait sans doute créé pour son usage personnel. En attendant d'apprendre à s'en servir convenablement, il l'avait laissé gambader au paradis, peut-être également pour donner un peu de compagnie à deux autres de ses créatures, dont il était aussi très fier, Adam et Ève. Avec ces derniers, hélas, il lui fallut bien vite déchanter. Bien que créés à son image, Adam et Ève ne tardèrent pas à très mal se comporter.

C'étaient, en effet, des gens assez mal élevés : lorsque le bon Dieu les chassa du paradis, ils ne prirent même pas la peine de fermer la porte derrière eux. Le cheval en profita pour s'échapper. C'est ainsi, à mon avis, qu'il s'est retrouvé sur terre.

En fait, je soupçonne le Créateur d'avoir laissé faire – et peut-être même d'avoir manigancé tout ça dans un seul but. Adam et Ève avaient commencé à lui désobéir, à contester son autorité. Sur terre, leurs semblables, du moins certains d'entre eux, se mirent à douter même de son existence. Le Tout-Puissant eut alors l'idée de leur envoyer le cheval.

Le cheval n'est-il pas, en effet, la meilleure preuve de l'existence de Dieu ? »

Jean-Louis Gouraud,
historien du cheval, texte non publié.

*

2

Fraternités végétales

Gilles Clément

> « J'ai pensé que c'est la grandeur de la vie elle-même qui est dans cette graine, ou bien le rêve de l'arbre… »
>
> Hayao Miyazaki

Dans mon jardin, chaque plante a une histoire. Elles sont toutes complices de la mienne. Celles qui sont rattachées à mon enfance, les grandes voyageuses, transmises sur plusieurs générations. Des variétés anciennes qui ont migré avec les hommes et les femmes de mon arbre généalogique, que mes propres filles ont cueillies, respirées, à l'ombre desquelles elles ont joué. Où festoient à chaque saison renards, blaireaux et merles. Celles qui ont creusé leur sillon, des fleurs apportées par les oiseaux, la progéniture des grands chênes. Les adoptées, les sapins de Noël rendus à la terre, les arbustes recueillis sur le sol des haies et des petits bois rasés. Et tant d'autres.

Miroirs de la société qui les expose et en dispose, l'histoire des jardins raconte aussi celle des hommes. Objets de culture et métaphore de la domination de l'homme sur le sauvage, ils n'ont pas toujours été l'expression d'un dialogue fraternel entre l'homme et la nature. Si le premier jardin dans la ville fut créé aux environs de 4000 av. J.-C. en Perse avec pour mission de symboliser le paradis des origines, les jardins de la Grèce, de Rome ou du roi

Louis XIV proposeront par la suite de marquer la puissance politique des hommes. En France, l'art des jardins s'enracine au XVIIe siècle, l'époque cartésienne consiste alors à dire que la nature ne peut être belle que si l'homme l'organise. Une conception inverse aux traditions romantiques anglo-américaine et allemande tournées vers la nature sauvage originelle, comme à celle de la Renaissance italienne qui, en redécouvrant l'esthétique des Anciens, transforme le jardin en un espace de liberté où il fait bon s'évader.

À Paris, la création des espaces verts dans la ville trouve sa source au début du XXe avec cet argument que la nature est un élément indispensable à la bonne santé de la population. À la fin du XIXe, en pleine révolution industrielle, les jardins ouvriers, rebaptisés plus tard « familiaux », sont créés en France dans les villes ou en périphérie en remède au déracinement des ouvriers arrachés à leur terre pour emplir les usines [1]. Ils se développeront partout dans le monde, tant pour lutter contre la faim ou la délinquance que pour maintenir des liens sociaux. L'historique des jardins égrène ainsi son lot d'analyses, de lieux de convivialité, d'objectifs, d'identités culturelles, d'espaces multifonctionnels ; il suit le cours de la pensée : après la représentation du pouvoir et de l'hygiénisme vint le temps de l'écologisme.

Et puis il arrive que l'on rencontre un jardinier pas comme les autres, qui n'utilise pas de termes techniques, de raisonnements compassés ni de slogans à la mode, mais qui parle en toute simplicité de bon sens et de nature vivante, colorée, parfumée, de paysages fabriqués par le vent et les oiseaux, de services rendus par les plantes et les animaux, « ces êtres qui ont beaucoup à nous apprendre », dit Gilles Clément. Un jardinier qui, depuis très longtemps, par amour pour elle, s'est associé à la nature sauvage afin d'en exalter le meilleur.

Jardiner avec la nature, pas contre elle

Son repère niché dans la nature, comme le cours de son existence, ses créations et pérégrinations, les fables qu'il écrit et raconte, son savoir scientifique couplé à une âme d'artiste (il est entomologiste, jardinier, botaniste, dessinateur, écrivain, enseignant, musicien et grand voyageur) sont nés d'un désir de résistance[2]. Résistance aux normes, à l'ennui, à la rectitude des idées autant qu'aux massifs trop artificiels. Nés d'une enfance inspirée par un mélange de lumières et de senteurs, d'Oran la radieuse aux tourbières de la Creuse. Avant que la nature sauvage et nourricière devienne partenaire à part entière, elle est d'abord un terrain de jeu et de vie, ce refuge où les repères sont plus clairs, plus stimulants, quand ils nous échappent ailleurs.

Les racines de l'enfance plongent alors dans une vallée en friche au milieu de laquelle un jardin a été conçu. Un petit enclos dont il s'occupe à l'adolescence, se pliant aux contraintes et prescriptions familiales qui consistent à batailler contre les plantes et les animaux jugés indésirables. Le jeune Gilles Clément prend plaisir à voir que la nature ne se laisse pas faire. Quoi qu'on tente contre elle, avec une inventivité étonnante elle trouve toujours un moyen de se rebeller, de contourner les règles, d'aller là où elle veut. Première leçon. À quoi s'ajoute une attirance pour tout ce qui n'est pas dans le jardin mais se situe alentour, la grande variété des plantes sauvages et des insectes colorés, la transformation continue du végétal, l'association des uns avec les autres. La vraie vie, celle qui annonce des lendemains possibles.

Des années plus tard, c'est là, dans cette lande odorante et palpitante, qu'il s'installera, créant d'abord son jardin et paysage avant d'y planter sa maison. Un mode d'existence simple et un lieu d'expérience qui va orienter ensuite toute sa pratique. Un lieu où il accueille avec curiosité l'irruption du sauvage sans chercher ni à s'en débarrasser ni à le domestiquer – friches, épines, jeunes plants, vieilles souches, insectes, petits animaux… ;

où il marie les perspectives aux reliefs changeants, veille à conserver un équilibre entre les ombres et la lumière par la diversité des feuillages, aime à se laisser surprendre par la désinvolture, la désobéissance et les caprices des vagabondes, ces plantes qui se déplacent en bandes souvent même à plusieurs reprises dans une même année. Entrer en connivence avec la nature, voilà le secret. Ainsi suit-il son déplacement sans la contraindre plus que nécessaire. De là lui viendra l'idée du « jardin en mouvement ». Une réflexion et une méthode qui vont mettre plus de vingt ans à entrer dans les pratiques du paysage et du jardinage.

« Au départ, m'explique Gilles Clément, mon souci principal a été de préserver des plantes et des insectes que je voyais quand j'étais enfant. Pour cela, j'ai été obligé d'inventer et d'introduire de nouveaux modes de gestion. Je ne voulais pas faire un jardin classique. Beau ou pas beau, là n'était pas le problème, je voulais avant tout que ce jardin puisse continuer à vivre et à m'étonner par sa qualité et sa puissance à vivre. La façon dont nous ordonnons et classifions les choses est strictement culturelle. La nature, elle, a d'autres systèmes d'ordonnance, s'en inspirer est à la base de la relation que j'entretiens avec elle. Laisser les plantes libres de leurs mouvements naturels et du choix de leur emplacement. Essayer de vivre sans aller contre la nature mais en allant avec, voilà le principe. Comprendre comment elle fonctionne, infléchir l'énergie et le mouvement de certaines espèces, ne pas provoquer de rupture dans la chaîne écologique. Ne considérer aucun animal, aucune plante comme un nuisible, ce qui d'ailleurs n'a aucun sens. Accepter au contraire les insectes et les larves qui feront le régal des oiseaux et des reptiles, le passage de la taupe qui en labourant la terre aère et permet à de nouvelles espèces d'apparaître.

« Quand tout à coup une plante est arrivée sur un chemin que j'avais tracé, je me suis posé la question de savoir ce que je devais faire : est-ce que je conserve cette plante parce que je la trouve belle, parce qu'elle a de l'importance ou bien est-ce que je l'enlève pour préserver le chemin ? Je l'ai gardée et j'ai changé mon chemin. Voilà comment ça a commencé. Peut-être parce qu'il y a eu la volonté d'avantager la décision prise par les espèces. Et donc de privilégier les énergies qu'elles nous offrent gratuitement. S'opposer à elles représente à l'inverse ce que j'appelle une dépense de l'énergie contraire : du temps, des machines, de l'argent, des produits polluants.

« J'ai voulu diminuer cette part-là, oublier la contrainte intégrale et le désherbage absolu qui nécessitent un assaut violent, une lutte permanente, privilégier la variété des espèces, et tout cela m'a entraîné vers le respect du déplacement spontané des plantes, une méthode de jardinage sur la base d'un questionnement et d'une observation constante des plantes et des animaux, du partenariat qui existe entre eux. Au bout d'un moment, le jardinier suit le mouvement, il travaille bien sûr, il réfléchit pour y trouver sa propre place, mais il prend aussi en compte la nature, ce qui n'a jamais été enseigné dans les écoles et les pratiques courantes. On voit encore beaucoup trop de jardiniers agir et se transformer en militaires, mener une véritable guerre contre la nature, affublés de masques et de combinaisons. C'est très étrange comme état d'esprit.

« Lorsqu'on prend en compte la nature et qu'on l'observe, on comprend très vite que chaque espèce est effectivement tributaire d'une autre : on appelle ça la “symbiose”. Par exemple, il existe une très jolie forme d'entraide et d'équilibre entre un papillon rouge et noir, la goutte de sang, appelée aussi écaille du séneçon car sa chenille jaune et noir se nourrit sur le séneçon jacobée qui est une vivace à fort pouvoir de colonisation dans les prés. Quand la population des chenilles est trop importante, celle de la plante diminue, ce qui conduit l'année suivante à moins de chenilles et donc davantage de séneçons. L'un régule continuellement l'extension de l'autre. En revanche, la disparition totale de la plante conduit à celle du papillon. Ailleurs, on observera qu'un arbre à la ramure importante va produire un espace d'ombre suffisant qui va profiter à toute une flopée d'espèces de plantes fuyant la lumière du soleil, plantes qui vont induire l'apparition d'animaux. Si l'arbre disparaît, cette population s'évanouit avec lui[3]. »

Un proverbe chinois l'affirme : « Si tu veux être heureux toute ta vie, fais-toi jardinier. » Gilles Clément n'a pas besoin qu'on le lui répète, il l'a toujours su. Alors que l'adolescent se meurt d'ennui sur les bancs de l'école, un professeur en sciences naturelles le bouscule en lui transmettant la passion de la biologie. « Je me suis mis très tôt en marge des règles et des croyances. Au quotidien, les gens autour de moi ne semblaient pas heureux, ils avaient des activités, des emplois qui ne les épanouissaient pas. En les voyant souffrir autant, je me disais que je n'allais pas pouvoir devenir adulte dans ces conditions. Alors quand, en classe de seconde, mon professeur m'a suggéré de suivre un parcours d'ingénieur agronome et d'architecte paysagiste, j'ai soudain pris conscience qu'il m'était possible de trouver ma place dans la société tout en retrouvant les sensations agréables de liberté et de bien-être de mon enfance au contact de la nature. Je me suis réveillé. »

Remettre du sauvage dans la ville

De l'Amérique du Sud à l'Afrique s'ajoutent ensuite des voyages, le genre d'odyssée qui permet de s'ouvrir à la diversité humaine, animale et végétale et de voir dans le désordre naturel un ordre biologiquement vital. Ses carnets de notes et de dessins en poche, Clément s'en va traverser le monde à la rencontre du végétal. Une exploration de l'ailleurs, joyeuse et salvatrice, qui va continuer à aiguiser ses sens, son esprit critique et le conduire à introduire tout naturellement dans son travail l'idée d'un brassage universel. Le refus d'un système capitaliste où règne la compétition et qui réduit tant la mort de la nature sauvage que l'oppression des hommes à des dommages collatéraux, Gilles Clément l'exprimera dans sa vision d'un « jardin planétaire », une création qui raconte la diversité des espèces vivantes sur la

Terre, la place et le rôle des animaux et des hommes dans ce mélange, ce métissage permanent, et pense à la meilleure manière de profiter des bienfaits de cette nature multiple sans la détruire. « La magie provient du magicien. Celui qui propose l'inattendu. La nature invente, certes, mais elle n'invente pas isolément. L'homme en fait partie. Et l'homme, dans son immense propension au rêve, est le meilleur magicien de la Terre. Il accélère les processus de transformation et parfois il en crée de nouveaux[4]. »

Le « tiers paysage » est un fragment du « jardin planétaire », né dans le Limousin alors que Gilles Clément le sillonne en quête d'une diversité qu'il ne retrouve pas, perdue, anéantie, entre des forêts stériles, artificielles et des prairies pauvres. Et voilà que cette diversité, il la déniche dans les délaissés, ces endroits abandonnés par les hommes parce que inaccessibles aux machines : les friches, les marais, les landes, les tourbières et les sommets de montagne. Un petit peuple végétal et animal oublié que l'on trouve aussi en milieu urbain : les bords des routes, les voies ferrées, les talus et autres espaces de transition dont on pense qu'ils ne valent rien alors qu'en réalité, ils recèlent une étonnante diversité sauvage et, de fait, représentent l'air de rien « un véritable trésor génétique, un trésor d'émerveillement, un trésor tout court ». Gilles Clément propose cette nouvelle richesse dans le *Manifeste du tiers paysage*, traduit très vite en plusieurs langues. Après les vagabondes, les négligés ont désormais droit de cité.

Il y a ainsi ce que l'on voit, ce que l'on ne sait pas voir, ce que l'on ne veut pas voir. Et lorsque Clément marche dans l'herbe, là où le commun des mortels ne décèle rien de spécial sinon du banal, de l'insignifiant, parfois même du vulgaire, de la saleté, le jardinier, lui, raconte une histoire extraordinairement sensuelle et sensorielle.

« Écoutez : la brisure des flouves sèches, certains chaumes résistent et se redressent, leur fût lisse glisse sur la peau sans retenue. Les petits trèfles collent, attirés ; ils ont assez de fraîcheur pour délivrer à la ronde une brume emportée ; ils nourrissent l'air de la nuit et viennent se plaquer à la voûte. Il faut attendre un peu, attendre une délivrance, un laissez-passer ; lorsque à nouveau les pétioles se retirent, les folioles s'ouvrent vers le ciel, on peut aller plus loin. Il faut marcher lentement, comme jamais un homme ne marche, au rythme des échanges, en retenant son propre poids à chaque point d'appui, en orientant sa progression suivant les inflexions du sol, les messages. Sinon, comment saurait-on que le duvet des molènes tremble comme les vibrisses d'un chat au contact du chaud ? Les glumes des stipes s'entrechoquent alors que le vent est absent, le chiendent s'ancre à chaque choc pour mieux tenir au sol, il se prépare ; l'herbe à Robert s'ouvre, elle s'abandonne, le gouet se rétracte insensiblement comme pour mieux s'enfoncer dans la terre, disparaître, le gaillet s'étale, dirige ses agaces pour qu'on les emporte, la bryone et l'herbe aux femmes battues s'envrillent[5]… »

« Qu'est-ce donc qu'une mauvaise herbe sinon une plante dont on n'a pas encore découvert les vertus ? », disait Ralph Waldo Emerson. Là où certains voient dans les herbes et les fleurs non invitées par l'homme une perte du pouvoir humain sur la nature, Gilles Clément distingue une chance, mieux, « les pages neuves » pour écrire une nouvelle histoire.

Des études et des volontés ont montré depuis quelques années qu'il était possible au cœur des villes, sans bouleverser les modes de vie des gens, de maintenir une flore diversifiée en respectant certaines pratiques de fauche des espaces verts, en évitant de traquer le moindre brin d'herbe sur les bords de trottoirs, les murs ; en associant des espèces végétales pour favoriser la venue d'insectes pollinisateurs, et en laissant les animaux sauvages se réinstaller dans ces refuges ; en renonçant surtout à ces espaces verts où un massif de fleurs aseptisé trône au milieu d'une pelouse rasée d'où rien ne dépasse. Les ingénieurs, architectes et paysagistes ont depuis les années 90 pensé un retour au naturel champêtre et sauvage dans la ville.

« Aujourd'hui, la société évolue vers une responsabilisation sur le vivant, explique Gilles Clément, l'écologie a permis de changer notre façon de voir les choses, notre rapport à la nature ;

une conscience s'est formée. Le jardinier qui avait traditionnellement le rôle de l'architecte a dû inventer de nouvelles techniques pour protéger cette diversité du vivant dont nous dépendons. Dans la manière de penser la nature au cœur des villes, on a assisté à des changements d'une ville et d'un pays à l'autre. Des décisions ont été prises pour peu à peu supprimer les produits chimiques biocides censés traiter les plantes, pour considérer la vie sauvage différemment. De telles décisions ont modifié l'aspect de certains paysages au sein de l'espace public, on a désormais des morceaux de nature et des animaux qui surprennent par leur apparition imprévue ; de là, la population urbaine accepte ou non cette présence. Et par rapport à cette acceptation, tout n'est pas réglé, l'évolution est lente, il reste à faire des efforts de pédagogie pour comprendre que la nature sauvage, ça n'est pas "sale", ça n'est pas synonyme de "nuisances", d'"indésirables" ou d'"abandon".

« On peut toujours faire des lois, si on ne comprend pas ce qu'est une fleur, un animal, un arbre, ça ne sert à rien, les lois seront contournées. Il restera toujours un écart entre les grandes stratégies nationales et les initiatives locales et individuelles. Par contre, si on apprend aux gens à reconnaître la diversité autour d'eux, à comprendre l'utilité des espèces dans l'écosystème, ça change tout. Raison pour laquelle il est important d'enrichir le contenu des enseignements dispensés dans les écoles. Je suis toujours stupéfait de voir débarquer des étudiants qui veulent devenir paysagistes et qui n'ont aucun savoir en botanique, qui n'ont aucune connaissance zoologique. Pour pallier ces manques, une école est née dans l'Essonne, l'École du jardin planétaire, un premier pas[6]. »

Cette diversité au cœur des cités s'inscrit-elle dans une perspective de développement durable ? « La durabilité n'a aucun sens dans la nature, elle évolue tout le temps. Je reste méfiant par rapport à cette notion qui sous le couvert de l'écologie a permis la destruction des forêts par l'accroissement des cultures d'huile de palme puis par le marché des agrocarburants. Un vaste mensonge qui permet de diminuer les subventions dans les cultures biologiques pour favoriser les agrocarburants. Les politiques n'ont pas pris la mesure des problèmes, mais au niveau des actions locales, des réseaux s'organisent pour réagir. Les liens solidaires vont faire basculer les choses, modifier les comportements et, en inventant une nouvelle économie[7], permettre une décroissance ou plutôt une gestion raisonnable des ressources et des productions avec, parallèlement à cela, un accroissement de la connaissance notamment dans les domaines de la pensée, de l'art, de la culture. Ce qu'on ne fait pas actuellement puisqu'on entraîne les enfants dès la maternelle à être compétitifs, à se développer dans une stratégie de mise en concurrence les uns par rapport aux autres. »

En réponse à la barbarie des idées, à la technique, à la superficialité, voilà donc le remède : des fleurs de pissenlit, du muguet des bois, des fleurs de bitume et des buissons à papillons. Point d'effets, de la justesse. Un équilibre pour rester arrimé à la terre, ancré à ces racines-là. Ainsi va le jardinier, homme sauvage et fier de l'être, qui laisse la nature nomade l'apprivoiser, se réjouit des trouvailles qu'elle lui propose, des surprises qu'elle lui réserve.

3

De nature poétique

Kenneth White

> « Or rouge sur les collines, rivières fumant dans le soleil du matin, traces de neige sur les hauteurs, et partout des corbeaux… »
>
> Kenneth White

Une poignée d'indices. D'abord, un atelier aux fenêtres duquel jouent les vents, la brume et les giboulées. L'une donne sur la mer, l'autre sur les terres. Le bruit des vagues, les ombres des arbres. Sous le regard d'un chat sauvage et d'un harfang des neiges affichés sur les murs, des manuscrits aux épaisses feuilles recouvertes d'aquarelles, sa plume et sa coquille Saint-Jacques encrier. Et puis des pierres en talisman, qui proviennent du monde entier. Une bibliothèque dite « atlantique » et parmi ses six mille volumes, des amitiés littéraires qui durent, dont *Feuilles d'herbe* de Walt Whitman et *Walden ou la vie dans les bois* de Thoreau[1]. Trois idéogrammes chinois se dissimulent parmi d'autres signes : « Deux ailes et une blancheur, le soleil pris dans les branches d'un arbre, et puis le soleil et la lune ensemble, le tout signifiant "persévérer dans la lumière du matin" », écrit-il dans *La Maison des marées*. C'est dans une vieille ferme bretonne isolée, sa « maison des marées », sa Gwenved (en breton « la terre blanche »), une vieille bâtisse en granit et en schiste dressée sur les terres armoricaines, que s'est installé depuis longtemps le voyageur, poète et écrivain écossais Kenneth White, l'un de nos plus grands auteurs contemporains[2]. « Voilà mon ermitage, mon laboratoire cosmopoétique, mon phare intellectuel. » L'homme ressemble à ces cygnes sauvages décrits sur l'un de ses livres. Non pas ceux dont on pensait jadis qu'ils étaient domptés et polis, indéfiniment flegmatiques sur les eaux calmes des bassins, mais plutôt ces farouches arpenteurs du monde.

En quête de sens, l'homme a donc sillonné sa vie durant l'ailleurs, des rivages aux confins, tant sur le terrain que par le vagabondage de l'esprit. Il y a trente ans, face aux menaces pesant sur la planète aux prises avec le monde moderne et son mythe du progrès, cet amoureux de la nature et des cultures, si loin des modes, a fait naître un mouvement fameux où se mêlent science, art de la pensée et poésie, qu'il qualifie de « mutinerie visant à se préoccuper de la Terre d'une manière profonde », une audacieuse théorie ambitionnant de réconcilier l'homme avec elle : la géopoétique[3]. C'est ainsi, à l'heure de l'indifférence et des frustrations générales, que le poète plaide pour la beauté du monde et cherche, comme d'autres avant lui – Nietzsche, Rimbaud, Thoreau –, à transmettre cette nécessité de se questionner et de demeurer avant tout l'esprit ouvert aux autres et à la nature. Il le répète, le nomadisme intellectuel suppose de nourrir, enrichir les cultures qui, séparées les unes des autres, se figent et s'appauvrissent, « perdent leur force ».

Le sauvage a donc trouvé sa place dans la géopoétique comme Kenneth White, ce fils de cheminot né sur la côte ouest de l'Écosse a forgé la sienne dans ce monde. Comment ? En revendiquant sa propre vision de la réalité par la poésie, un peu à la manière de ces sociétés traditionnelles où la réalité physique et bien charnelle se marie à l'onirisme : « Quand Jean-Baptiste prend son tambour, il n'est plus Jean-Baptiste Mackenzie. Hors de lui-même, il voyage au pays où les truites et les saumons abondent, et sur l'immense toundra où des troupeaux de caribous, des milliers de caribous, migrent d'un lieu à l'autre, bois dressés, sabots soulevant la neige ou pulvérisant la glace. Il voit tout cela. (…) Il parle des caribous et des feuilles de la forêt. (…) Il parle des oiseaux. (…) Mais il ne fait pas qu'en parler, il s'envole et vole avec eux, jusqu'à l'Arctique[4]. » Préférant le naturalisme celte et païen, les chamanes et les moines hérétiques et navigateurs aux guerriers des religions monothéistes qui selon lui ont coupé l'homme de la nature et par conséquent de lui-même, Kenneth White pense que tout n'est pas perdu à condition de rester à l'écoute de la vie. Il propose de se libérer des cages dans lesquelles on s'enferme en revenant à « l'esprit des choses quand les esprits circulaient dans le monde ».

Monde ouvert

« Tout a commencé pour moi dans un territoire de vingt kilomètres carrés autour d'un village sur la côte ouest de l'Écosse, se souvient-il. Enfant et adolescent, j'étais à l'aise dans mon village, je connaissais tout le monde, je faisais un tas de petits boulots, je livrais le lait, les journaux, je travaillais dans des fermes, plus tard sur les bateaux qui sillonnaient l'estuaire de la Clyde. Mais à partir de mes quatorze ans, j'ai commencé à passer le meilleur de mon temps dans l'avant-pays et l'arrière-pays du village. L'avant-pays, c'était le rivage, avec le rythme des marées, les plages qui changeaient perpétuellement de configuration, les cris et les coups d'ailes des oiseaux marins. L'arrière-pays, c'étaient d'abord des champs cultivés, des prés avec vaches et brebis, j'avais pour ces bêtes une énorme sympathie, ensuite la forêt avec ses hérissons dont je suivais les traces, ses hérons dont j'admirais le grand vol nonchalant, et ses chouettes avec lesquelles je communiquais en imitant leurs cris. « Après la forêt, c'était la lande aux arbres rares, ici et là un sorbier, où marchant des heures entières je n'étais accompagné que du vent, me sentant de plus en plus en dehors de moi-même. Et puis, tout en haut, ce que j'appelais "la montagne", mais qui était en fait la masse frontale d'un glacier. De là-haut, j'avais une vue immense sur l'estuaire, les promontoires, les îles.

« Je reviens souvent sur cette expérience première, qui était fondamentale, et je l'ai répétée depuis dans plusieurs parties du monde, en la prolongeant, en l'approfondissant, en lui donnant des latitudes et des longitudes nouvelles. En écoutant les conversations dans mon village, j'avais l'impression que personne ne comprenait personne, que les dialogues n'aboutissaient jamais. Alors je rentrais chez moi, et je transcrivais ces conversations en leur donnant une logique. J'ai écrit d'abord pour y voir clair, pour déblayer le terrain. Je savais que je n'avais pas de langage à ma disposition pour dire l'expérience que j'en avais, pour décrire la nature réelle de tous ces phénomènes que je percevais : cette "existence extatique", si je puis dire, et cette sensation de "monde ouvert" que me procurait mon poste sur les hauteurs. J'étais, littéralement, enfant (*infans*), c'est-à-dire pas encore doué de langage, d'un langage adéquat s'entend.

« J'avais à disposition les imitations des cris d'animaux et d'oiseaux – onomatopées encore présentes aujourd'hui dans mes textes. Bref, j'étais à la recherche d'un langage qui soit près des choses de la Terre, je n'accepte pas l'idée que le langage humain soit uniquement humain, interhumain, sans rapport aucun avec l'univers, qui exprime une expérience profonde, une dimension élargie de la vie, tout en étant clair, précis, accessible. À cette époque, la rencontre la plus marquante pour moi a été celle d'un vieux naturaliste anarchiste qui habitait mon village. Le petit boulot que je faisais à ce moment-là consistait à faire signer par tous les habitants le registre des votants pour les élections locales. Mon vieux bonhomme a refusé de signer. J'étais interloqué. "Tu veux savoir pourquoi ?" m'a-t-il demandé. J'ai répondu que oui. Alors il m'a fait entrer chez lui, et m'a expliqué la théorie anarchiste. Et il avait une bibliothèque richement pourvue en livres sur la nature et sur la pensée orientale dont quelques textes originaux : des sutras et des *Upanishad*. Dans l'un d'eux, la *Chandogya Upanishad*, je suis tombé sur une petite phrase qui m'a illuminé le cerveau : "Tu es cela." Ce qui signifie que l'être humain n'est pas enfermé dans sa personne, dans son identité, déterminée par toutes sortes de pratiques sociales, toutes sortes de systèmes idéologiques. Il y a en chaque individu le pouvoir de s'ouvrir à autre chose, de s'ouvrir à l'univers. »

À la fin des années 60, il quitte la Grande-Bretagne pour Paris qu'il passe des années à explorer. « Mais les villes ne sont plus ce qu'elles avaient été censées être, des concentrations de forces politiques et culturelles, elles sont devenues des foyers de pathologie. Plutôt que de continuer à y traîner en poussant des complaintes ou en faisant des commentaires *ad nauseam*, je savais qu'il fallait aller ailleurs. » Il y aura une ferme ardéchoise pour se perdre dans la nature sauvage puis les Pyrénées-Atlantiques et la chaîne des Pyrénées en point de vue. Seulement, une autre envie le taraude. À la recherche de lieux denses où vivre et travailler, « des lieux où l'on peut vivre profondément et où l'esprit peut prendre son envol », il rejoint les rivages de la côte Nord face à l'archipel des Sept-Îles, un sanctuaire d'oiseaux : fous de Bassan, macareux, pingouins tordas, cormorans huppés, guillemots, fulmars, mouettes tridactyles. L'heure de son ermitage atlantique.

« Habiter poétiquement la Terre »

« Si mes livres sont marqués par une traversée des territoires, pour augmenter ma connaissance et ma sensation de la planète, ils sont marqués tout autant du désir d'habiter poétiquement la Terre. Si je tiens à habiter un lieu le plus pleinement possible, le plus poétiquement possible, je voyage aussi beaucoup non pas en tant qu'"écrivain-voyageur" mais en tant que parcoureur de territoires, explorateur de cultures, qui essaie d'aller toujours jusqu'au bout du chemin. Au moment de la Révolution française, le marquis de Sade déclarait : "Encore un effort, citoyens, si vous voulez être vraiment républicains." Dans le contexte de la géopoétique, je pourrais dire : "Encore un effort, compagnons, si vous voulez vraiment être des habitants de la Terre"... étant entendu qu'il ne s'agit plus maintenant de la "chose publique" interhumaine, mais de la "chose planétaire" générale.

« Si j'ai passé la plus grande partie de mon enfance et de mon adolescence dans la nature, je suis né à Glasgow où j'ai fait mes études. Or c'est dans ma ville natale que fut élaborée la première analyse critique du capitalisme, *La Richesse des nations* d'Adam Smith, professeur de morale et de littérature à l'université. Dans ce livre, que j'ai lu à dix-huit ans, Smith étudie dans le détail le mécanisme de ce système et prévoit pour l'avenir, si le système suit sa logique jusqu'au bout, une diminution progressive de la saveur de l'existence, de la puissance de l'esprit, un mépris pour l'éducation, sauf dans le sens très restreint d'instruction et de formation – rien à voir avec le développement de l'intelligence, l'épanouissement de l'être –, un manque total de culture, avec à sa place une prolifération de "produits culturels" à consommer, un abrutissement général. Le rapport à la nature est primordial. Pensez à un monde qui s'en serait totalement coupé, à un monde exclusivement interhumain, ce serait un cauchemar. Mais il faut comprendre et s'entendre sur ce qu'est "la nature", et il faut que le rapport soit à la fois complexe et fin. Quelle est la solution pour se réconcilier avec elle ? La solidarité, le tissage de liens en réseaux ne suffit pas. On reste dans la sociologie, dans le convivial, c'est-à-dire dans le secondaire. Il faut une pensée, un langage, une culture. Ce qui passe effectivement par une métamorphose complète, une mutation profonde.

« Il est toujours nécessaire de "prendre des mesures". Mais il est bon, en tout premier lieu, de bien préparer le terrain. Sinon, on prend des mesures sans tenir compte de la complexité des choses, la plupart du temps ce sont des demi-mesures qui aggravent la situation au lieu de l'améliorer. Alors on les abandonne pour les remplacer par d'autres, et ainsi de suite. Les religions monothéistes ont toujours eu tendance à insister sur un "autre monde", un domaine transcendantal, à l'encontre des religions polythéistes, païennes, qui animent, mettent de l'esprit dans la nature. Une vieille histoire juive hassidique dit que quand à un moment donné de l'histoire humaine un Dieu unique s'est déclaré, tous les autres dieux sont morts de rire. En fait, par la suite, l'histoire de la religion monothéiste a peu donné lieu à rire. Au contraire, cauchemar, violence, croisades ("Dieu avec nous"), etc. Injonction aussi à croître et à multiplier, en considérant tout ce qui n'est pas humain sur la Terre, nature, animaux, non seulement comme secondaire, mais à exploiter sans retenue. Quant au christianisme, il a vu la Terre plutôt comme une vallée de larmes, un lieu de souffrances et d'épreuves par lequel il faut passer moralement afin de mériter la vie après la mort.

« Bien sûr, il y a des chrétiens qui sont parfaitement conscients de tout cela et qui font des aménagements personnels, des adaptations intérieures. En se disant, par exemple, qu'il faut respecter la nature comme la Création de Dieu, et en laissant tomber la croyance dogmatique pour une plus ou moins vague spiritualité. Il y a donc une évolution lente. Mais des résidus, à mon sens, empêchent d'aller plus loin, de pénétrer dans un champ tout à fait différent. Je me suis beaucoup intéressé aux peuples premiers. Ils apparaissent partout dans mes livres. Je pense à la culture amérindienne, aux Aïnus du Japon, aux peuples de la Sibérie. Je me suis plongé des années durant dans ce qui constitue sans doute leur base primitive : le chamanisme. Il y a là énormément de choses à apprendre : des manières de vivre, avec les éléments, les animaux…, accompagnées d'une puissante poétique du monde. Mais je ne verse dans aucun néochamanisme, aucun néoprimitivisme, qui sont une tentation pour beaucoup. Je pense qu'il faut extrapoler. Inventer et mettre en place l'équivalent de ces cultures pour nous aujourd'hui. »

4

Cœur océan

Richard Cannavo

Il y a la vie qui nous emporte et nous submerge, la vie quotidienne, trépidante et souvent vaine – bien qu'elle soit censée nous faire vivre ! Et puis il y a la vraie vie, apaisante et sereine, celle qui nous enrichit vraiment, et qui nous fait frôler l'essentiel. La première se déroule dans la lumière sale des villes, au long de ces jours sans couleur où le monde alentour semble plongé dans un tunnel, ces villes qui d'année en année se ternissent, où les murs et les visages s'écaillent, et d'où monte une vague et sournoise odeur de putréfaction.

L'autre vie est ailleurs. Plus secrète. Et précieuse. Nous avons tous dans le cœur un morceau de Bretagne qui sommeille, pathétique et sublime, un lieu d'extase et d'agonie entre flots et nuages. Un chenal, un bras de mer incertain dans la brume, des lames courtes courbées sous le fouet d'un vent d'hiver, avec des crêtes d'écume argentant la grisaille. On peut rester là des heures, devant l'océan couché comme un gros chat au pied d'une pointe rocheuse, pour de longues croisières immobiles à regarder les vagues, les goélands et les bateaux. Sur les rochers de l'Atlantique, sur cette ligne brisée où la terre vient se jeter dans la mer, où la mer vient se cogner contre la pierre, on ressent la vibration profonde des choses, et leur beauté.

La lumière de Bretagne donne à la vie une sorte de pureté

insoupçonnée : sous ce ciel de cristal où les nuages couleur d'ecchymose semblent glisser vers l'infini, monte la sensation étrange de tutoyer l'éternité. Il flotte dans l'air humide une odeur de feuilles mortes et de varech, une odeur de temps qui passe. Soudain la question n'est plus « pourquoi vivre ? » mais « pourquoi mourir ? ». Devant la naissance on s'extasie ; devant la mort on détourne les yeux : entre les deux il y a le fossé de la vie, qu'on a su plus ou moins remplir.

Le soleil a disparu derrière une frange de nuages, et l'horizon s'est dilué dans les tons gris à la manière d'une aquarelle. Sur la plage battue par le vent un chien joue à chasser les mouettes. Quelques bateaux amarrés dans le port se balancent au gré du courant en faisant tinter leurs drisses. Échouée au pied d'un ponton, une carcasse de chalutier finit de s'enfoncer dans la vase. La mer, secouée de vagues lourdes, est à présent blanche d'écume. La mer qui cerne l'horizon, ouvrant sur l'infini mais vous retenant sur le quai, cloué à ces rêves brisés qui ne font plus planer mais seulement gémir, avec la sensation que ce qu'on voit là-bas, sur cette ligne tendue du lointain, c'est le temps qui s'enfuit, c'est la vie qui s'efface…

Vivre dans son jardin face à la mer… Il faudrait pouvoir naître et mourir entre les murs de son jardin, dans la paix et l'harmonie de la nature triomphante, protégé de la folie des hommes. Ici subsistent quelques indices de la beauté du monde : le chant d'un oiseau, un rayon de soleil dans les feuilles, le parfum d'une rose. C'est une maison calme un jour de vacances. Un moment sans importance, de ces instants banals et sereins comme des évidences. Rien d'autre que d'aller dans la lumière de l'été et regarder, et sentir la caresse du soleil sur sa peau et le sel des embruns sur ses lèvres. Rien de plus. La maison aux volets clos semble dormir, une barque amarrée au quai bouge à peine. C'est la traversée qui se poursuit, paisible dans le clair silence. Rien n'est joué, c'est juste une vie qui passe, dans cette sorte de bleu qui frissonne dans l'air quand on revient des bords de l'eau.

5

L'âme de la nature

Matthieu Ricard

> « Je crois que le but de toutes les grandes traditions religieuses n'est pas de construire de grands temples à l'extérieur, mais de créer des temples de bonté et de compassion à l'intérieur, dans nos cœurs. »
>
> Le dalaï-lama

Le prospectiviste Thierry Gaudin a montré comment les religions conviennent à l'époque et aux sociétés qui les font naître[1]. Ainsi, si les esprits de la nature se sont harmonisés avec la spiritualité de nos ancêtres chasseurs-cueilleurs dont la survie dépendait d'elle, ce sont les déesses nourricières qui ont ensuite protégé les premiers villages dès l'avènement de la sédentarité et de l'agriculture. Plus tard, les déesses laisseront la place aux dieux guerriers et aux religions centrées sur l'homme qui vont s'imposer pour défendre les réalités et les obligations du commerce et du développement des empires. La crise de l'environnement s'est développée sur ce terreau. Un idéal fermé aux valeurs féminines, à la nature sauvage, aux animaux.

À la manière de ces religieux mystiques qui dans les siècles passés revendiquaient une sympathie avec la nature, on a vu ces vingt dernières années émerger un christianisme animiste sous l'impulsion du prêtre dissident américain Matthew Fox, dont l'essentiel de l'expérience spirituelle prend racine dans l'amour de la nature. L'idée étant de se réconcilier avec le monde naturel. « La spiritualité, on ne peut pas dire qu'on la choisit, ni même qu'on va la chercher, explique Jean-Marie Pelt pour qui la Bible est une fable et non un livre scientifique, elle est là, organique, dans toute constitution humaine. Elle est presque animale. C'est l'appartenance à un cosmos[2]. »

À l'heure où l'économie se redéfinit par la solidarité, où la science parle d'empathie, une spiritualité qui conçoit le monde en symbiose avec la nature semble logique pour prendre de la distance avec le fanatisme quel qu'il soit. Le bouddhisme, qui n'est ni une simple philosophie ni une religion au sens du dogme mais une tradition spirituelle et un chemin d'éveil et de transformation, voit ainsi le monde comme un ensemble de phénomènes interdépendants basé sur l'équilibre, une identification avec les êtres qui les entourent, l'idée qu'ils ne sont qu'un élément du monde. C'est à Matthieu Ricard que je suis allée demander un éclairage sur les relations entre le bouddhisme et la perspective d'un nouveau rapport à la nature.

Un père philosophe, une mère peintre, une enfance et une adolescence peuplées de penseurs, d'artistes, d'aventuriers et de scientifiques. Porte-parole français et traducteur du dalaï-lama, chef spirituel des Tibétains, écrivain, photographe, Matthieu Ricard aurait pu embrasser une carrière de chercheur en génétique cellulaire. Mais un voyage en Inde en 1967 en décida autrement. Alors qu'il obtient son doctorat d'État en 1972, sur le point d'entrer à l'Institut Pasteur, il choisit de s'établir dans l'Himalaya et de devenir moine bouddhiste.

Les grands espaces spirituels

– Qu'est-ce qui vous a conduit à devenir moine bouddhiste, puis ambassadeur de la culture tibétaine en France ?

– J'ai voyagé en Inde pour la première fois en 1967, à l'âge de vingt et un ans, pour y rencontrer des grands maîtres du bouddhisme tibétain, dont Kangyur Rinpotché, qui allait devenir mon principal maître spirituel. La même année, je commençai une thèse en génétique cellulaire sous la direction du Prix Nobel François Jacob, à l'Institut Pasteur. Je dois à ces années de formation scientifique d'avoir appris à apprécier l'importance de la rigueur et de l'honnêteté intellectuelle. Après avoir terminé ma thèse, je décidai en 1972 de m'établir en Inde, auprès de mon maître spirituel. Pendant les nombreuses années qui suivirent, en Inde, puis au Bhoutan et au Népal en présence de Dilgo Khyentsé Rinpotché après la mort de Kangyur Rinpotché, j'ai mené une vie simple. Je ne recevais guère plus d'une lettre par mois, n'avais pas de radio ni de journaux, et ne savais guère ce qui se passait dans le monde.

En 1997, je reçus un appel de France, me proposant d'engager un dialogue autour du bouddhisme avec mon père, le philosophe Jean-François Revel. La publication du livre issu de ces entretiens qui eurent lieu au Népal, *Le Moine et le Philosophe*[3], marqua la fin d'une vie tranquille et anonyme, mais elle a aussi généré des droits d'auteur que je décidai d'affecter intégralement à des projets humanitaires et à la sauvegarde de l'héritage culturel et spirituel du Tibet. Depuis lors, je consacre une grande partie de mon temps aux activités de Karuna-Shechen, une association humanitaire composée d'un groupe de volontaires dévoués et de généreux bienfaiteurs. Ensemble, nous avons mis en place et développé plus de cent dix projets, écoles, cliniques, hospices pour personnes âgées, etc., au Tibet, au Népal et en Inde. J'ai aussi la grande fortune d'avoir pu servir Sa Sainteté le dalaï-lama en tant qu'interprète en langue française, depuis 1989. Je vis au monastère de Shechen au Népal et ne suis nullement un ambassadeur de quoi que ce soit, mais je suis heureux de partager, à l'occasion, des idées qui me sont chères.

– Quelle est la place de la nature et des animaux dans le mode de vie des Tibétains et la philosophie bouddhiste ?

– Au Tibet, avant l'invasion chinoise, on voyait beaucoup plus de grands animaux sauvages – antilopes, ânes sauvages, mouflons, yaks sauvages, loups… – que d'êtres humains. Maintenant, la plupart ont été exterminés. Mais d'autres contrées bouddhistes ont été préservées, le Bhoutan notamment, où j'ai vécu dix ans, et où la protection de la nature est une priorité : la chasse et la pêche sont interdites dans tout le pays, qui est encore couvert à 70 % de forêts. Dans une belle vallée, celle de Gangtey, des grues à cou noir viennent hiverner en grand nombre. Pour ne pas les déranger, le gouvernement a décidé de ne pas introduire de lignes et de poteaux électriques dans cette vallée et on n'y trouve que de l'électricité solaire. Le dalaï-lama parle souvent de non-violence à l'égard des êtres humains, des animaux et de l'environnement.

Selon le bouddhisme, les animaux sont des êtres sensibles au même titre que les êtres humains, même si l'existence humaine représente un état privilégié pour progresser vers l'éveil par la pratique d'un chemin spirituel. Non seulement il faut prendre en compte la souffrance de tous les êtres sensibles sans exception, mais l'on doit tout faire pour y remédier. La compassion, c'est-à-dire l'intention que tous les êtres soient libérés de la souffrance et des causes de la souffrance, s'adresse à tous les êtres et à toutes les formes de souffrance. Le grand maître Shantideva écrivait dans *La Marche vers l'Éveil* (*Bodhicharyavatara*) : « Par quel privilège serais-je l'objet unique de mes efforts vers le bonheur ? Et par quel privilège aurais-je le droit d'être protégé, moi seul et non les autres ? » Dans le bouddhisme, on donne le nom d'« être sensible » à toute forme de vie capable de fuir ce qui pourrait interrompre son existence et de rechercher ce qui la favorise. Il est évident que, subjective ou non, la fonction naturelle d'une amibe, son « intérêt » en tant qu'organisme vivant, est de rester en vie, et que cet intérêt mérite considération. Ce point de vue s'accorde avec la théorie de l'évolution, selon laquelle toutes les caractéristiques d'un organisme ont été sélectionnées au cours du temps en raison de leurs facultés d'augmenter ses chances de survie.

Tous les bouddhistes ne sont pas végétariens. Les bouddhistes chinois et vietnamiens le sont. Au Tibet, le fait de vivre sur de hauts plateaux entre trois mille cinq cents et quatre mille cinq cents mètres d'altitude, avec six mois par an de gel intense, a amené les populations, nomades en grande partie, à vivre de leurs troupeaux, et la plupart des Tibétains sont friands de viande. Mais une famille qui possède une centaine de yaks et de moutons ne tuera que quelques animaux par an, juste ce dont elle a besoin pour survivre. Les Tibétains ont notamment opposé une vive résistance à la construction d'abattoirs chinois sur les hauts plateaux. En 2007, ils incendièrent un abattoir construit près d'une bourgade à l'est du Tibet. Cela dit, les méthodes que les nomades utilisent pour tuer les animaux sont cruelles : ils les étouffent avec un bâillon, et les animaux se débattent désespérément pendant de longues minutes, ce qui a inspiré ces vers à l'ermite et sage tibétain Shabkar :

« Une chèvre ou un mouton est jeté à terre,
Tout le village peut entendre
La plainte de la chèvre ou le mouton que l'on étouffe.

Lorsqu'on les bâillonne et qu'ils suffoquent,
S'ils pouvaient inspirer ne serait-ce qu'une bouffée d'air,
Y aurait-il quelque chose de meilleur au monde ? »

En dehors du Tibet, en terre d'exil en Inde ou au Népal, de plus en plus de monastères n'autorisent plus l'usage de la viande dans leurs cuisines. De nombreux pratiquants bouddhistes achètent régulièrement des animaux destinés à être tués pour les libérer dans la nature. On lit par exemple, dans l'autobiographie de Shabkar, que durant sa vie il sauva la vie à des centaines de milliers d'animaux. Au Tibet, les animaux dont on avait « racheté » ainsi la vie finissaient tranquillement leurs jours avec le reste du troupeau et n'étaient jamais tués. Ces pratiques sont encore courantes parmi les adhérents du bouddhisme.

Certains sutras du Grand Véhicule sont sans équivoque, comme le *Sutra de l'entrée à Lanka*, qui déclare : « Pour ne pas devenir source de terreur, les bodhisattvas établis dans la bienveillance ne doivent pas manger de nourriture carnée. (...) La viande est une nourriture pour bêtes féroces ; il est impropre de la manger », et le *Sutra du Parinirvana*, dans lequel Bouddha dit : « Manger de la viande détruit la grande compassion. » De nombreux maîtres tibétains ont également écrit des textes pour condamner la consommation de chair animale. Comme le disait aussi le grand poète indien Rabindranath Tagore : « Nous arrivons à manger de la chair animale uniquement parce que nous ne pensons pas à la cruauté de cet acte. »

Le temps de la compassion avec tout le vivant

– Les valeurs féminines sont-elles importantes dans la tradition bouddhiste ?

– Le dalaï-lama dit souvent de lui qu'il est un « féministe ». Il explique que les temps préhistoriques étaient le « temps de l'homme » car la force physique avait une importance capitale ; puis est venu le temps de l'éducation, des connaissances, de l'intellect, où les hommes et les femmes ont un potentiel égal, même si de nombreuses inégalités subsistent de façon inacceptable. Nous devons en venir maintenant à l'âge de la compassion, dit le dalaï-lama, et dans ce monde la femme prendra une place prééminente, car elle dispose de davantage de compassion que l'homme. Dans le bouddhisme, la femme doit être profondément respectée, car selon les textes elle symbolise la sagesse.

– Comment percevez-vous l'évolution actuelle de nos rapports avec la nature ?

– Nous avons tendance de plus en plus à vouloir instrumentaliser la nature et les autres êtres vivants. C'est une forme d'égocentrisme institutionnalisé, puisqu'on accorde peu de considération aux aspirations de ceux qu'elle instrumentalise et qu'elle néglige leur bien-être. L'exploitation massive des animaux s'accompagne de leur quasi totale dévalorisation qui les réduit à l'état de produits de consommation, de machines à faire de la viande, d'esclaves, de jouets vivants dont la souffrance amuse ou fascine les foules.

Je vis dans la nature et ne suis pas un enfant des villes. Je me souviens d'une personne qui me disait qu'en revenant à New York en voiture de la campagne, elle avait les larmes aux yeux en redécouvrant le Skyline, la ligne des gratte-ciel de Manhattan, tant elle aimait la ville. Dans la même circonstance, j'ai aussi parfois envie de pleurer, mais pas pour les mêmes raisons ! En ce qui concerne les animaux, je ne peux admettre l'égoïsme institutionnalisé que la société actuelle manifeste à leur égard. Nous tuons en France un milliard et demi d'animaux terrestres et dix fois plus d'animaux marins de toutes tailles, pour satisfaire nos désirs. Nous usons simplement du droit du plus fort, sans la moindre compassion.

De nombreux enfants ne souhaitent pas manger de la viande, lorsqu'ils établissent la relation entre le bout de chair qui est dans leur assiette et les animaux vivants pour qui ils ont de la sympathie. Mais leurs parents les y forcent, ils leur disent que c'est « bon pour la santé ». Trois cent cinquante millions de personnes en Inde sont végétariennes et sont en excellente santé.

Jane Goodall me racontait récemment l'anecdote suivante : « Lorsqu'il avait cinq ans, le petit-fils de ma sœur a appris d'où venait le poulet et il a dit : "Je ne veux plus manger de poulet." Ce fut son dernier poulet. Puis il est allé dans un aquarium et a déclaré : "Je ne vais plus manger de jolis poissons." Puis sa mère l'a emmené dans une autre partie de l'aquarium, où se trouvaient les poissons moins chamarrés. Il les a observés un très long moment et il a finalement dit : "Tu sais, je ne vais plus manger aucun poisson." Et il n'a que sept ans ! »

Les hommes se donnent toutes sortes de raisons pour continuer à tuer ou asservir les animaux avec un minimum de bonne conscience. Le raisonnement le plus souvent employé consiste à dire : « Les animaux sont trop différents de nous et inférieurs à nous du fait que leur intelligence est limitée ou inexistante pour que leur vie ait une valeur et pour que nous ne puissions pas les utiliser comme bon nous semble à la satisfaction de nos besoins. En fin de compte, nous ne faisons qu'appliquer la loi de la nature, de la lutte pour la survie, qui a toujours prévalu dans le monde : les forts mangent les plus faibles. » Ces arguments se fondent donc sur l'idée que l'être humain est supérieur, que son existence a infiniment plus de valeur que celle des animaux et que tuer ces derniers, c'est simplement suivre la loi de la nature. À cela s'ajoutent les traditions ancestrales qui servent d'alibi, et les croyances religieuses selon lesquelles les animaux ont été créées pour le seul usage de l'homme. D'autres raisons, assez stupides, ont également été avancées : les animaux ne souffriraient pas ou d'une manière si fruste qu'il n'y pas lieu de s'en préoccuper ; l'homme ne pourrait survivre sans nourriture carnée ; les animaux domestiques ou d'élevage auraient une meilleure existence que les animaux sauvages, etc.

L'intelligence humaine est sans conteste supérieure à celle de la plupart des animaux. Grâce à elle, les humains peuvent faire le plus grand bien mais aussi le plus grand mal. Les animaux, quant à eux, n'ont qu'un impact limité sur le monde, en bien comme en mal. C'est l'intelligence qui donne toute sa valeur à la vie humaine, qui permet de s'interroger sur le sens de notre présence dans le monde, de réfléchir aux causes de la souffrance, de discerner entre le bien et le mal, etc. La question est simple : le fait d'être plus intelligent confère-t-il le droit d'exploiter ou de faire souffrir ceux qui le sont moins ? Non, répondait déjà Jean-Jacques Rousseau : « Il semble, en effet, que, si je suis obligé de ne faire aucun mal à mon semblable, c'est moins parce qu'il est un être raisonnable que parce qu'il est un être sensible : qualité qui, étant commune à la bête et à l'homme, doit au moins donner à l'une le droit de n'être point maltraitée inutilement par l'autre[4]. » Aussi précieuse soit-elle, l'intelligence ne s'applique qu'à certains aspects de l'existence. Elle ne peut pas servir à déterminer si quelqu'un doit recevoir ou non un coup de couteau dans le ventre.

Pour le philosophe américain Charles Patterson : « En les gardant et en les nourrissant, les humains ont d'abord noué les liens d'amitié avec les animaux, puis ils les ont tués. Pour en arriver là, ils ont dû tuer en eux une partie de leur sensibilité. (...) Le fait de garder les animaux semble avoir été le modèle de l'asservissement des êtres humains, en particulier l'exploitation à grande échelle des femmes captives pour la procréation et le travail[5]. » La dévalorisation de l'être humain pourrait ainsi procéder en deux étapes : on dévalorise tout d'abord les autres espèces animales, les assimilant à des commodités dont on peut faire n'importe quel usage et assujettissant leur vie et leur mort à notre bon vouloir ; ensuite, on assimile certains êtres humains à des animaux que l'on méprise et on les traite avec la même cruauté aveugle. La compassion véritable ne doit pas connaître de barrières car, selon le poète Lamartine, « on n'a pas deux cœurs, un pour les animaux et un pour les humains. On a un cœur ou on n'en a pas ».

« L'interdépendance est la nature fondamentale du monde »

– L'idée d'une vision harmonieuse de la vie et de la nature fait défaut à nos sociétés. Qu'est-ce qui selon vous peut la faire progresser ?

– Il faudrait envisager trois indicateurs : le PNB, le produit national brut, auquel les sociétés modernes s'intéressent en premier lieu, mais aussi la satisfaction de vie, le BNB ou bonheur national brut et la qualité de l'environnement. Le PNB ne peut servir qu'à mesurer la croissance économique. La révolution scientifique, technologique et industrielle qui a pris de l'ampleur à partir du XIXe siècle a conduit à une amélioration des conditions de vie. Mais aujourd'hui nombre de facteurs associés à la croissance née de cet essor ont des effets délétères sur la qualité de vie et sur l'environnement. Il semble même que pour la première fois dans l'histoire de l'humanité les activités humaines pourraient avoir bientôt un effet nocif irréversible sur notre écosystème.

Il importe donc d'introduire de nouveaux critères permettant de juger de la prospérité des nations. Si la prospérité d'une nation était mesurée à la fois en termes de PNB, de BNB et de qualité environnementale, les dirigeants et les citoyens pourraient se réjouir d'une croissance annuelle des deux derniers indicateurs, même en cas de baisse corrélative du PNB. Selon Richard Layard, professeur à la London School of Economics, nous avons plus de nourriture, plus de vêtements, plus de voitures, des maisons plus grandes, plus de chauffage, plus de vacances à l'étranger, une semaine de travail plus courte, un travail plus agréable et, surtout, nous sommes en meilleure santé ; et pourtant, nous ne sommes pas plus heureux. Si nous voulons rendre les gens plus heureux, il faut vraiment que nous identifions les conditions propices à leur épanouissement ainsi que les moyens de mettre celles-ci en œuvre[6]. Davantage de « simplicité volontaire » serait bienvenue à notre époque. Le bouddhisme dit : « Celui qui sait se contenter tient un trésor dans le creux de sa main. » La frénésie de consommation et la poursuite de possessions parfaitement inutiles aurait un côté enfantin si cela n'avait pas des conséquences tragiques. Un rapport plus harmonieux avec la nature et les autres espèces vivantes serait certes un facteur essentiel d'équilibre dans nos sociétés. Les grandes religions et voies spirituelles parlent toutes des vertus du « contentement », de la modestie, de la simplicité, et bien sûr de l'altruisme.

– Comment expliquez-vous l'état actuel de la planète ?

– Certains animaux ont appris à utiliser, à façonner parfois des outils rudimentaires. *Homo habilis* a généralisé la fabrication d'outils et *Homo sapiens* a élevé cette fabrication à un niveau de sophistication à peine pensable. Le nombre, la puissance et la complexité de ces outils sont tels que les répercussions de leur usage sur la vie de l'homme, des autres espèces vivantes et sur la planète ont multiplié de manière exponentielle ce que les mains nues de l'homme auraient pu accomplir. La fabrication d'un outil consistait tout d'abord à modifier puis à assembler des objets naturels, afin d'aider l'homme à faire mieux et plus vite ce qu'il réalisait à mains nues. Lorsqu'ils n'étaient plus utiles, ces outils et les produits qu'ils avaient permis de réaliser étaient jetés ou délaissés et retournaient à la nature. L'homme a ensuite appris à faire du feu, à extraire des métaux des minéraux bruts, à mélanger et à faire réagir entre elles des substances pour produire des composés doués de propriétés nouvelles. Ceux-ci sont ensuite abandonnés dans la nature qu'ils contribuent à modifier de diverses façons, souvent de manière imprévisible, avec parfois des conséquences nocives à court ou à long terme.

Il y a peu de temps, j'ai eu l'occasion de nager au milieu d'une trentaine de requins-baleines, au large des côtes du Mexique. Mais dans le faisceau des rayons chatoyants qui illuminait l'océan et les requins qui nous entouraient, flottaient comme de grandes bulles des sacs en plastique et des déchets de toutes tailles et, bizarrement, un coupon d'enregistrement de bagage aérien. Le développement de l'utilisation des outils humains est tel que, pour la première fois dans l'histoire de l'humanité, le foisonnement d'objets manufacturés est susceptible d'engendrer des dommages irréversibles à notre écosystème. En effet, aux avantages recherchés s'adjoignent des effets secondaires de ce développement sur nos conditions de vie et notre environnement naturel. Les objets et les déchets prolifèrent, des réactions en chaîne sont provoquées par certaines substances libérées dans la nature, des modifications de la surface et de l'atmosphère de la planète sont dues à cette dissémination tout comme à ces outils complexes et puissants utilisés aujourd'hui[7].

– Pour changer le monde, il faut nécessairement se changer soi. Mais comment faire pour se réconcilier avec la nature et envisager avec elle une symbiose ?

– Il suffirait d'avoir davantage de considération pour les autres. Davantage de considération pour la grande famille humaine et davantage de considération pour les autres espèces animales. Pour cela il faut commencer par leur accorder de la valeur et se défaire de notre arrogance, ou plus généralement de notre indifférence. Comme un arc-en-ciel qui se forme lorsque le soleil brille sur un rideau de pluie, et s'évanouit dès que l'un ou l'autre disparaît, les phénomènes existent sur un mode essentiellement interdépendant et n'ont pas d'existence autonome et permanente. La compréhension de l'interdépendance entraîne une certaine vision du monde et un sentiment de responsabilité universelle. Nous sommes fondamentalement et irréversiblement interdépendants avec les autres et avec la nature. Aller à l'encontre de cette réalité ne peut fonctionner efficacement. La compréhension de cette interdépendance est également à la source même de l'altruisme. Nous commençons par prendre conscience de notre désir profond d'échapper à la souffrance, de connaître le bonheur. Puis, saisissant que tous les êtres sont reliés par leur humanité commune ou, dans le cas des animaux, par le fait d'être en vie, il devient facile de nous mettre à leur place et de reconnaître qu'ils partagent leurs aspirations et nos droits à vivre heureux. Une telle compréhension conduit naturellement à respecter leurs aspirations et, plus encore, à être intimement concerné par leur accomplissement.

Considérer la nature d'un point de vue trop particulier, qu'il soit économique, esthétique ou spirituel, ne peut qu'être une vision réductionniste de l'interdépendance et de la complexité de la nature. Ce faisant on ne peut aboutir qu'à une attitude et des modes d'action dysfonctionnels. Il faut donc commencer par comprendre que l'interdépendance est la nature fondamentale du monde des phénomènes et harmoniser notre relation au monde avec cette compréhension.

6

Le biomimétisme : quand la nature inspire la science

Gauthier Chapelle

> « Comment agir, sachant que nous ignorons plus de choses que nous n'en savons ?
> En adoptant les ajustements qui se sont opérés au cours du long processus de l'évolution, et en tentant de les imiter, en gardant toujours à l'esprit que l'intelligence humaine doit se soumettre à la sagesse de la nature. »
>
> Wes Jackson

Il fut un temps où, pour en finir avec la magie, la science s'est imposée comme capable de tout expliquer, tout contrôler. Dépositaire de la vérité, manipulatrice du vivant, gardienne de l'avenir, elle a très vite remplacé les autels religieux. Poussé à l'excès, son désir d'objectivité l'a rendue en bien des occasions aveugle à d'autres champs de connaissance. Savante pour expliquer l'univers, nos origines et décrypter les mécanismes du vivant, cette science-là s'est aussi compromise en servant des économies voraces, en pliant la nature à ses désirs. Notre système industriel s'est développé sur ces bases, on en connaît les résultats. Pour autant, c'est justement la somme de nos dérives et le point de non-retour atteint qui nous offrent aujourd'hui l'opportunité de réviser notre manière de faire et de penser. « J'étais frappé de voir qu'après avoir longtemps proscrit les qualités secondes, tourné le dos au sensible, la science s'appliquait maintenant à les réintégrer, confiait Claude Lévi-Strauss. Elle s'interroge sur ce que sont une odeur, une saveur, sur les formes des fleurs et leur évolution, la structure mélodique du chant des oiseaux, (…) j'aperçois dans la science contemporaine un effort pour (…) intégrer de très vieux savoirs à sa vision du monde[1] ». Un avis aujourd'hui partagé par le prospectiviste américain Jeremy Rifkin[2] qui revendique et encourage une nouvelle science, plus proche d'un mode de pensée empathique : « La vieille science envisageait la nature comme des objets, la nouvelle science envisage la nature d'abord comme des relations. La vieille science se caractérisait par le détachement, l'expropriation des phénomènes, leur dissection et leur réduction, la nouvelle science se caractérise par la participation, la régénération, l'intégration et le holisme. La vieille science avait pour but de rendre la nature productive, la nouvelle science cherche à la rendre durable. La vieille recherchait la domination de la nature, la nouvelle cherche à établir un partenariat avec elle. » Et si la nature, modèle d'ingéniosité, devenait source d'inspiration pour nous aider à trouver des solutions ? La comprendre plutôt que la piller ?

La nature n'a jamais cessé de nous enseigner

L'idée n'est pas nouvelle. Il y a longtemps que les hommes, par hasard ou non, ont profité de l'inventivité du vivant. On se souvient que pour créer un engin volant, Léonard de Vinci étudia le vol des libellules, des chauves-souris et des oiseaux et qu'il s'inspira des pissenlits pour penser les premiers parachutes. C'est la structure en réseau d'un fémur humain qui donna au dessinateur de la tour Eiffel l'idée de son architecture. Quant à la propulsion à réaction qui déplace les avions et les sous-marins, elle figure comme un mode de déplacement propre à certains mollusques depuis des millions d'années.

Si dès les années 60 des ingénieurs se penchèrent sérieusement sur les multiples options offertes par la nature, avec plus ou moins d'infortune, il a fallu toutefois attendre le début des années 90 et l'éclair de génie d'une femme d'exception, l'Américaine Janine M. Benyus, fondatrice du biomimétisme[3], pour que le concept s'améliore, dépasse la seule imitation en envisageant cette fois la durabilité. C'est en observant la manière efficace avec laquelle les animaux s'intègrent dans leur environnement, à l'inverse de notre civilisation qui s'en éloigne, qu'elle eut l'idée de faire se rencontrer des chercheurs et biomiméticiens aux disciplines différentes mais complémentaires – médecine, énergie, informatique, écologie, commerce, agriculture et science des matériaux – pour développer de nouvelles technologies.

« Heureusement pour nous, nos compagnons – le formidable réseau de plantes, d'animaux et de microbes avec qui nous partageons notre planète – ont, de leur côté, patiemment perfectionné leur technique (...), souligne-t-elle. Autrement dit, les êtres vivants ont accompli tout ce que nous voulons faire, sans épuiser les combustibles fossiles, sans polluer la planète ou engager leur avenir. Quels meilleurs modèles pourrions-nous imaginer ? (...) Plus notre monde fonctionnera comme le monde de la nature, plus on aura de chances de perdurer sur cette Terre qui est la nôtre, mais pas seulement. (...) La biodiversité doit être considérée comme une source de solutions et non comme une source de services. (...) Lorsque nous plongeons aussi profondément notre regard dans celui de la nature, nous nous rendons compte que toutes nos inventions existent déjà (...) sous une forme plus élégante et à bien moindre coût pour la planète. En architecture, nos poutres et nos étais les plus sophistiqués sont déjà présents dans les feuilles de nénuphar et les pousses de bambou. Les termitières, avec leur température constante de 30 °C, surpassent notre chauffage central et notre climatisation (...). Notre radar le plus performant est dur d'oreille si on le compare à la transmission multifréquence des chauves-souris. Quant à nos nouveaux "matériaux intelligents", ils ne sauraient rivaliser avec la peau des dauphins ou la trompe des papillons.

« Même la roue, que nous avons toujours prise pour une création exclusivement humaine, a été retrouvée dans le minuscule moteur rotatif qui propulse le flagelle de la plus ancienne bactérie du monde. (...) Les algues bioluminescentes projettent des produits chimiques les uns contre les autres pour transformer leur corps en lanterne. Les poissons et grenouilles arctiques gèlent avant de revenir à la vie, ayant protégé leurs organes des dommages causés par la glace. Les ours bruns hibernent tout l'hiver sans s'empoisonner avec leur urine, tandis que leurs cousins, les ours polaires, restent actifs, un manteau de poils creux et transparents recouvrant leur peau comme les parois d'une serre. Les caméléons et les seiches se cachent sans un mouvement, modifiant les motifs et la couleur de leur peau pour se fondre instantanément dans leur environnement. Les abeilles, les tortues et les oiseaux se dirigent sans cartes ; les baleines et les pingouins plongent sans scaphandre. Comment y parviennent-ils ? Comment les libellules font-elles pour surpasser nos meilleurs hélicoptères ? Comment les colibris traversent-ils le golfe du Mexique avec moins de trois grammes de carburant ? Comment les fourmis font-elles pour porter l'équivalent de centaines de kilos à travers la jungle, sous une chaleur accablante[4] ? »

Partout dans le monde, des entreprises ont sollicité le savoir de cette grande dame et des chercheurs travaillent avec elle pour trouver des solutions naturelles à leurs problèmes[5]. Les exemples de cette démarche révolutionnaire sont multiples et laissent augurer d'un nouveau modèle écologique plus respectueux de la nature : de la solidité des matériaux produits par le corail ou certaines algues unicellulaires à la résistance des fils de soie de l'araignée en passant par un pacemaker inspiré du rythme cardiaque de la baleine à bosse ou une imperméabilité des tissus imaginée sur la base d'une étude de la structure des pattes d'une araignée qui marche sur l'eau[6].

Le biomimétisme, nouvelle discipline, démontre ainsi qu'en imitant les espèces animales et végétales au travers de formes, matières et stratégies, l'homme peut trouver des solutions fantastiques. Une voie sûre pour opérer cette transition vers le durable et la révision de nos créations industrielles. Voilà donc la nature qui redevient cette partenaire d'autrefois. Et ces promesses d'un monde où l'homme fabriquerait son milieu de concert avec elle. Un monde où, selon Janine M. Benyus, « les cellules solaires imiteraient les feuilles, les fibres d'acier seraient tissées à la façon des araignées, des céramiques incassables seraient tirées de la nacre, des remèdes contre le cancer nous seraient offerts par les chimpanzés, des céréales vivaces seraient issues des grandes graminées, les ordinateurs enverraient des signaux telles des cellules, et une économie circulaire prendrait modèle sur les séquoias, les récifs coralliens et les forêts de chênes et de caryers[7] ».

En somme, le principe du biomimétisme ressemble un peu à la manière dont les populations traditionnelles et les chamanes s'adressent à la nature : face à un problème, ils cherchent en elle la solution, se laissent guider par les fleurs et les animaux, entretiennent cette alliance avec humilité. Physicien américain d'origine autrichienne, Fritjof Capra est devenu célèbre pour avoir, dès les années 70, souligné la confluence entre la physique moderne et la vision mystique de certaines traditions orientales pour appréhender le fonctionnement du vivant, de l'univers. Un point d'appui rejeté par la communauté scientifique essentiellement anglo-saxonne, sur lequel il développera ensuite un regard écologique : « La physique moderne ainsi que la nouvelle biologie, la nouvelle psychologie, la nouvelle médecine, nous mènent à une vision du monde profondément écologique. J'entends écologique non pas au sens de superficiel et utilitaire de protection de l'environnement, je parle ici d'écologie profonde, une vision du monde qui s'accompagne du sentiment que nous sommes interreliés, interconnectés[8]. »

De l'aérodynamique du martin-pêcheur aux facultés autonettoyantes du lotus

L'histoire de Gauthier Chapelle, c'est d'abord une enfance itinérante de la Belgique à l'Afrique, en passant par la France, puis une passion naissante pour les oiseaux et les dauphins qui le conduisent à embrasser un parcours de biologiste. Il part alors en Antarctique, dans les îles Shetland du Sud, et à son arrivée, la beauté sauvage des lieux exacerbe son attachement à la nature. Seulement, au retour, la découverte d'une autre partie de l'île où il se trouve, l'île du Roi-George, lui révèle un tout autre visage : des plages polluées de matières plastiques, encombrées de détritus. Il prend conscience de l'interconnexion entre les écosystèmes, de l'impact de notre civilisation sur la nature et de la nécessité de s'engager au plus vite, en l'occurrence en transmettant des découvertes des scientifiques concernant l'état de la planète. Dans la foulée, il devient donc responsable scientifique au sein d'un institut appelé à sensibiliser le grand public à l'environnement[9]. À cette occasion, il est appelé à consulter et rendre accessibles au grand public une foule de données concernant le réchauffement climatique et l'état de la planète. Gauthier Chapelle en sort une fois encore ébranlé : les solutions proposées pour remédier aux bouleversements planétaires – des gestes écologiques et citoyens – lui apparaissent bien dérisoires face aux dégâts et à l'urgence de la situation. Lui ne conçoit déjà plus l'avenir autrement que par une transformation profonde et totale de la pensée, un véritable changement de paradigme. La révélation aura lieu en 2003 au cours d'un séminaire de Janine M. Benyus au Schumacher College en Angleterre[10]. Il découvre là l'approche de la naturaliste et depuis n'a de cesse de la transmettre dans les pays francophones, notamment auprès d'entreprises. Il a depuis co-fondé l'association Biomimicry Europa et le bureau d'études Greenloop, au service de la transition vers la durabilité à travers le biomimétisme[11].

« L'évolution, c'est 3,8 milliards d'années de recherche et développement en durabilité, explique-t-il. En somme, nous partageons la même planète, le même écosystème avec des millions d'espèces vivantes qui ont à peu près tout essayé pour maîtriser leur propre durabilité. C'est-à-dire que ces espèces ont trouvé toutes d'innombrables solutions pour s'adapter à un environnement changeant et qu'il est dans notre intérêt de rendre nos propres technologies durables en allant voir ce que renferme le sac à malices de ces "anciens" comme j'aime à les nommer, étudier ce qu'ils ont utilisé jusque-là et aussi ce qu'ils ont cherché à éviter. Par exemple, les plantes n'utilisent pas de transfert de gènes horizontal de la manière dont le font les OGM que nous avons créés. Pourquoi consulter ces autres espèces ? Parce que le principe de résilience du vivant, c'est avant tout la diversité et l'adaptation au changement. Dans un environnement qui change, les espèces les plus adaptées ou qui tissent entre elles des coopérations qui marchent sont celles qui durent. Or les changements climatiques actuels entraînent des modifications. Une diversité dans les espèces et les variétés cultivées serait donc nécessaire pour faire face. Les OGM, ou plus précisément encore les PGM (plantes génétiquement modifiées), vont à l'inverse de ce principe puisqu'elles consistent à uniformiser les plantes cultivées, augmentant ainsi leur vulnérabilité en dehors de leur zone de confort.

« À chaque impasse, on peut interroger ces espèces pour voir quelles sont les solutions qu'elles nous proposent. Le biomimétisme que les peuples premiers pratiquent d'ailleurs spontanément, et ce depuis toujours, est une approche qui se distingue en imitant les espèces animales et végétales au travers de trois niveaux de complexité : la forme, la matière et la stratégie. Dans le premier cas, tout le monde connaît l'exemple classique de l'aérodynamisme du fameux TGV japonais, le Shinkansen. Une conception issue de l'observation d'un oiseau, le martin-pêcheur, qui plonge brutalement dans l'eau pour capturer les poissons dont il se nourrit. Cet oiseau n'est pas seulement un formidable pêcheur, il s'est fait également remarquer pour ses compétences à passer de l'air à l'eau sans déperdition d'énergie. Et c'est donc cette propriété qui a inspiré le chercheur et l'a conduit à envisager la forme du train au plus près du crâne de l'oiseau afin de réaliser des économies d'énergie. On a aussi l'inspiration des propriétés autonettoyantes de la feuille de lotus pour la mise au point d'une peinture capable de s'autonettoyer pendant deux ans. Celle de la carapace d'un scarabée du désert côtier de Namibie dont le grain lui permet de récupérer de l'eau à partir d'une brume. Cette observation réalisée par un chercheur anglais a permis de fabriquer des bâches de *fog catchers* pour récupérer de manière efficace l'eau des brouillards[12].

« Vous avez aussi des systèmes de ventilation[13] inspirés de ceux de la termitière dont les termites règlent constamment le refroidissement grâce à un vaste et ingénieux réseau de galeries et de cheminées. Le panneau solaire possédant une surface aux propriétés antireflet est désormais une possibilité après qu'un chercheur anglais a observé ce principe dans l'œil d'une mouche de trente-cinq millions d'années dénichée dans un morceau d'ambre. L'hydrolienne produisant de l'électricité avec les courants sous-marins a été inventée par les Australiens sur le modèle de la queue du requin, quand d'autres ont pu transformer l'énergie des vagues en courant électrique en copiant les mouvements de certaines grandes algues sous-marines.

« Le second niveau de complexité concerne la chimie des matériaux qui engendrera des retombées en durabilité gigantesques remettant en cause notre sacro-sainte approche pétrochimique. Pour l'heure, on est le plus souvent dans une chimie de hautes températures, de solvants généralement toxiques et de hautes pressions, en d'autres termes un processus de fabrication qui nécessite une énergie considérable et produit beaucoup de CO_2. Hier, ça se justifiait parce que nous avions une énergie à bon marché et des ressources que l'on pensait infinies. Ce n'est plus le cas. En revanche, dans la grande chimie du vivant, nous avons à disposition les trucs de plusieurs espèces, dont une éponge qui est capable de fabriquer de la fibre de verre à 4 °C, sans polluer, alors que nous, nous devons atteindre 1500 °C avec des solvants toxiques. Pour rester dans les coquillages marins, on a aussi les modèles des mollusques, les ormeaux par exemple, pour faire des céramiques. La solidité est exceptionnelle du fait de leur structure en fractale. Ailleurs, une étude sur un autre mollusque, le nautile, a permis de découvrir le mécanisme permettant à ce fossile vivant d'arrêter la production de calcaire construisant sa coquille. Ce principe adapté à notre technologie pourrait éviter d'utiliser des produits hypertoxiques lorsqu'il s'agit de déboucher des canalisations encombrées par le calcaire.

« Plusieurs laboratoires travaillent actuellement sur l'avenir de l'industrie photovoltaïque organique et biodégradable en se basant sur le fonctionnement des chloroplastes (les descendants d'un groupe de bactéries très particulier : les algues bleues) présents dans les cellules végétales, un système perfectionné vieux de deux milliards d'années, fruit d'une symbiose, qui permet aux plantes de capter l'énergie solaire, de la transformer en énergie pour ensuite la stocker sous forme de sucre.

« Le troisième niveau concerne l'organisationnel, les imitations de stratégies et d'interrelations au sein des écosystèmes, et en particulier les matures comme les récifs coralliens, les marais littoraux ou les vieilles forêts. On estime souvent la valeur de la nature au nombre d'espèces en oubliant les interactions qui les lient à leur environnement et qui permettent la stabilité de l'ensemble. C'est cette diversité des relations qui fait la valeur d'un écosystème bien plus que la valeur monétaire ou même la somme des espèces. Partant de ces observations, Janine M. Benyus a souligné plusieurs grands principes du vivant : compter sur la diversité et la coopération, utiliser la quantité d'énergie appropriée, adapter la forme à la fonction, consommer local, fonctionner en réseau, recycler les déchets et les utiliser comme ressources, optimiser plutôt que maximiser, etc. Des principes que l'on retrouve ailleurs, comme en écologie industrielle – ou symbiose industrio-environnementale ou encore *cradle to cradle* – où l'on tente de concilier plusieurs activités de manière à ce que la production des uns serve les autres en relais. Les entreprises et les zones industrielles devront être pensées sur ce principe symbiotique.

Croiser les recherches et les savoirs

« Un des obstacles culturels au biomimétisme reste encore cette condescendance vis-à-vis de tout ce qui n'est pas technologique, ainsi que le cloisonnement entre les disciplines et les savoirs. Le biomimétisme oblige en effet à croiser les savoirs des uns et des autres, à fonctionner en réseau, dans la complémentarité, à établir des connexions pour qu'un biologiste spécialiste des mouches rencontre un spécialiste en photovoltaïque. Quand on sait qu'à l'heure actuelle, en biologie marine, les chercheurs en crustacés ne rencontrent même pas les chercheurs en éponges, on peut se dire que les choses risquent d'être compliquées. C'est assez ironique, d'ailleurs, parce que sur le plan des solutions des matériaux, on sait finalement comment la nature s'y prend. Par exemple, on sait depuis vingt ans comment les coquillages fabriquent leur coquille mais il n'existait jusqu'à maintenant aucune passerelle pour que ces savoirs se conjuguent. Il y a encore du chemin, des bases de données à construire, à élargir, une prospection et une communication importantes à faire. Pourtant, ça avance, des organisations actives voient le jour à travers le monde. Janine et ses collègues, en collaboration avec plusieurs universités américaines, ont créé un cursus en biomimétisme, les entreprises commencent à être à l'écoute.

« Nous sommes une espèce immature, dans l'adolescence, en pleine transition et évolution. L'intelligence collective favorisée par le Net, le retour vers des sagesses anciennes, le biomimétisme, tout cela participe de cette transition. Ce regard attentif porté à la nature nous permet de nous reconnecter avec elle, de la regarder autrement, d'éprouver une certaine humilité face à la complexité maîtrisée des espèces qui nous entourent, de nous réinsérer dans les flux planétaires.

« Lorsqu'on se laisse blesser par les agressions que l'on inflige au monde, on finit par se détester en tant qu'espèce et ça n'est pas du tout constructif. À partir du moment où l'on reste sensible à la beauté de la nature, ouvert à d'autres visions, d'autres modes de vie et d'intelligence, où l'on prend conscience que nous ne sommes qu'un élément parmi d'autres dans l'arbre du vivant, on retrouve de l'espoir. De plus, nous ne sommes pas seuls face à cette histoire, même les arbres ont corrigé leur façon de fonctionner d'hier à aujourd'hui : depuis que le CO_2 augmente dans l'atmosphère, nombreuses sont les espèces qui croissent plus vite, et absorbent du coup plus de CO_2. Et lorsqu'elles font ce travail, elles le font "pour tout le monde". Quand on prend conscience des merveilles d'organisation et de technologie que renferme un arbre, on ne peut plus regarder les forêts de la même manière. C'est valable aussi pour l'animal. Ce sont les dauphins, et plus particulièrement les dauphins ambassadeurs, qui m'ont permis d'ouvrir une porte dans ma perception de l'individualité chez les animaux et plus généralement dans le vivant. Lorsqu'on est naturaliste, on raisonne souvent en espèces et en protection d'espèces et on ne voit pas l'individu. Il est stupéfiant d'entendre encore aujourd'hui que l'organe le plus complexe est le cerveau humain et tout aussi stupéfiant de considérer les baleines et les cachalots uniquement comme de la viande, alors que leurs cerveaux pèsent neuf kilos, et sont d'une complexité infinie. Alors, laissons-nous rêver : quand ça m'arrive, je me dis parfois que la version ultime du biomimétisme, ce sera le jour où plutôt que d'essayer de les imiter, on leur demandera comment ils font....

« Tous les enfants passent par un stade très intuitif et très direct dans leur relation avec tous les êtres vivants et à un moment donné on leur dit que ça n'est pas important. On rabaisse les animaux et les plantes. À l'école, et bien qu'il existe une volonté de la part des professeurs pour qui j'ai beaucoup d'admiration, les programmes scolaires imposés sont loin de traiter la nature comme il le faudrait. Il y a de plus en plus de questions environnementales abordées, on y apprend la biologie et le changement climatique, mais nous en sommes encore à une vision du vivant et de la nature très cartésienne, très matérialiste. L'enseignement, comme d'ailleurs une majorité de secteurs de la société, ne suit pas ce que par ailleurs la science met au grand jour. Rien ou si peu concernant par exemple la symbiose alors qu'il n'y a pas un seul être multicellulaire qui ne soit symbiotique. Nous le sommes tous. Rien ou si peu sur le partage nécessaire, sur la manière dont les espèces occupent chacune une niche écologique en résonance avec d'autres, sur le danger à ignorer ce principe de base. Le biomimétisme est une discipline de plus qui nous montre la voie pour changer et nous laisser guider par la nature. »

7

Pensée subtile et vagabonde

Jean Malaurie

> « Les Peuples Racines sont en réserve. Ils ne sont pas en arrière de l'Histoire. Non, ils sont en réserve pour être nos éclaireurs et nous protéger de nos folies en rappelant les lois éternelles. »
>
> Jean Malaurie

La Nuit des temps est un roman de science-fiction de René Barjavel publié en 1968 qui raconte la découverte d'une civilisation disparue dans les profondeurs de l'Antarctique. Or, plutôt que d'écouter la sagesse transmise par les derniers représentants de ce peuple venu du fond des âges, ce sont les promesses d'exploitation financière de cette découverte qui enflamment d'emblée les puissances cupides. Mais est-ce vraiment de la science-fiction ? Groenland, Tchoukotka (Russie), nord du Canada, Alaska, autant de régions où vivent les Inuit, qui n'ont jamais cessé de susciter l'intérêt des Occidentaux pour leurs richesses naturelles : pétrole, minéraux, gaz. À ce jour, les opérations d'exploration et d'extraction continuent de se multiplier. Les terres vierges et sauvages sont convoitées, disputées. Des accords sont signés. À quoi s'ajoutent les conséquences du changement climatique qui vont provoquer davantage encore de transformations écologiques, sociales, économiques et culturelles.

L'Esquimau blanc

Jean Malaurie est un esprit libre qui s'est forgé au cœur du berceau boréal des Inuit ou esquimaux polaires, là-bas à l'autre bout de la Terre, « à l'écart des grands courants de l'histoire de l'humanité[1] ». Explorateur, inventeur de l'anthropogéographie (étude de l'homme dans ses relations avec son environnement terrestre), directeur de recherche au CNRS, auteur de textes puissants où la poésie – cette faculté, selon Novalis, de rendre la réalité[2] – se marie à la science et au journal d'exploration, fondateur de la célèbre collection "Terre humaine" visant « à décentrer le regard de l'homme occidental » afin qu'il s'ouvre à l'Autre, une collection réunissant des auteurs pas comme les autres[3]. Un homme modeste que ce géant de l'ethnologie, que l'on surnomme « l'Esquimau blanc » ou encore *Hummock* qui veut dire « roc » en langue Inuit mais qui désigne aussi les êtres farouches.

Son engagement est total pour ceux qu'il nomme les « maîtres silencieux » car ils vivent leur expérience avec la nature sauvage en silence et c'est encore en silence, à distance des mots qui, disent-ils, gèlent la pensée, qu'ils communiquent entre eux. « Il est urgent de reconnaître la prescience des peuples premiers et d'humblement prendre enfin conscience que leur manière obstinée pour sauvegarder durant des siècles toutes les facettes de leur intime relation avec cette nature ne fait pas d'eux des retardataires mais des précuseurs[4]. » Une prière à laquelle s'ajoute un autre souhait, celui que les jeunes Inuit qui ont perdu leur culture sous la pression occidentale se la réapproprient désormais et comprennent l'importance de leur civilisation pour l'avenir de la planète. Retrouver la fierté qui fut la leur, le courage du chasseur et du guerrier. Exister dans le refus de plier.

Résister au progrès en trompe-l'œil. À l'assistanat qui rend captif, au profit immédiat qui brise la solidarité et les communautés, qui asservit les âmes. Aux ravages causés par l'alcool, la drogue autant que « les folies industrielles non maîtrisées des nations conquérantes » qui ne cessent de déverser leurs pollutions dans les eaux glacées éternelles, provoquent la fonte du toit du monde et meurtrissent hommes et bêtes dans leur chair. « La pollution affecte non seulement l'air, mais aussi les animaux, c'est-à-dire les cétacés, qui constituent la base de la nourriture des Inuit. Les Inuit de l'île Broughton (Terre de Baffin), particulièrement suivis depuis plusieurs années par les biologistes, présentent des taux extrêmement élevés de PCB, le dangereux polychlorinobiphényle. Les eaux et l'air sont suspectés d'être à l'origine de dérèglements sexuels : le sperme est de moins en moins fertile, et des animaux mâles (poissons, oiseaux, ours) naissent hermaphrodites[5]. »

C'est seulement aujourd'hui, soixante ans après sa première expédition dans le Grand Nord, que Jean Malaurie commence à prendre conscience du sens de sa quête, « des raisons tacites qui ont motivé tout à la fois ma volonté de partir dans le Grand Nord et de celles qui ont eu pour conséquence ma relation aussi mystérieuse que spécifique avec les Inuit. Un esprit primitif relégué au plus profond de ma pensée et qui a été éveillé par sa découverte d'un peuple[6] ».

Avant, il y a eu l'enfant né à Mayence, l'amoureux de l'obscurité et de la solitude, bercé par les contes des frères Grimm et les vieux chants allemands. Le gamin réservé, sauvage, qui aime s'évader au fond du jardin pour, à l'abri d'une cabane nichée dans les branches d'un merisier, passer tout son temps à rêver. Porté déjà par ce besoin d'échapper à toutes les prisons contre lesquelles son esprit se cogne, l'école, la famille, les conventions sociales. Entre ciel et terre. Entre le réel et les récits légendaires. Plus loin qu'ici-bas. Car si le jeune Malaurie n'est pas malheureux au vrai sens du terme, il se consume d'ennui. « Le fait, en vérité, qu'un enfant et même un adolescent ne ressente ni hostilité ni souffrance dans sa famille ne signifie pas qu'il se contente d'y survivre mais bien plutôt qu'il sous-vit[7]. »

Orphelin à vingt ans, il prend sa vie en main, décide de « s'enfuir ailleurs ». Comme le naturaliste, explorateur et géographe allemand Alexander von Humboldt, il veut être un découvreur. Il devient spécialiste des éboulis dans le désert saharien, étudie l'érosion au pied des falaises, sur les versants. Le déplacement des pierres le fascine, il repère très vite que dans ces masses jugées à tort informes règne en réalité un ordre, mieux, une histoire. La pierre est bien plus qu'elle ne laisse paraître, elle évolue, elle l'inspire. « Je saisis parfois dans ma main un échantillon de gneiss ou de granite. J'en examine le corps, le lit, la tête, les yeux. Je ressens l'énergie retenue dans les roches métamorphiques comme un appel d'une force cosmique cherchant à se libérer. Processus relevant d'une rouerie de démiurge et ayant abouti, du fait des hautes températures et de la pression, à des roches cristallophylliennes. Méditatif, j'apprécie le rugueux, je sens le rêche et parfois le gras de l'épiderme de la pierre. L'écho lointain du feu central, qui tient en équilibre les atomes de l'univers, y est perceptible[8]. »

L'étude de la Terre le conduit à participer dans la foulée à la première expédition polaire française dirigée par Paul-Émile Victor. Nous sommes en 1948, la géophysique lui ouvre les portes du Groenland. Il ne lui faudra pas longtemps pour quitter cette équipe et se lancer seul à l'aventure dans ce désert de neige pour une mission qui mêle cette fois la géographie à l'ethnographie. Et là, miracle. Sur le site d'Ultima Thulé, Jean Malaurie rencontre des chasseurs de morses : sa vie commence enfin. « J'étais de retour, comme on dit en Occident, à la maison, ma maison[9]. »

À l'écoute du vent et du murmure de la pierre

Les Inuit s'interrogent, ils voudraient bien savoir ce qui conduit cet homme blanc à vouloir vivre ici, parmi eux, si loin des siens. Méfiants d'abord, ils l'accueillent chez eux pendant un an. Jean Malaurie est initié à l'intimité de leur monde, à ses silences et à ses mystères. à une pensée panthéiste en harmonie avec les éléments et les animaux. « Le panthéisme est une pensée de liberté. Il n'affirme rien. Il est à l'écoute du vent, de l'air, de ce qui ébranle sa sensibilité, sa pensée la plus intime. C'est un corps de doctrine ouvert, plurimillénaire, de la Chine à l'Afrique, de l'Asie à la vieille Europe. Il s'interroge sur l'ordre du monde et sur la beauté qui le gouverne[10]. » Jean Malaurie comprend très vite que pour vivre dans une nature aussi rude, ces hommes ont besoin d'établir avec elle un dialogue. « Les Inuit m'ont aidé quand ils ont compris que j'avais la volonté de survivre à leur manière pour établir la cartographie de leur pays et de leur société. À leur contact, à l'école de leur pédagogie silencieuse, je suis passé de la pierre à l'homme[11]. » C'est-à-dire que l'homme, la nature, le cosmos sont intimement liés, que cet environnement dans lequel vivent les hommes guidés par leurs mythes, leurs relations avec les animaux et les éléments, compose la structure même de leur société. Une société construite sur les sens, le ressenti du concret, une pensée sauvage à l'écoute de la vie, laquelle « participe à l'enrichissement de la pensée universelle[12] ».

Et tandis qu'il construit leur généalogie, il se laisse enseigner leur langue et, dans la foulée, apprend à chasser et à conduire un attelage de chiens sans radio, sans balise ni boussole, à dormir dans des igloos. Sa pensée s'aiguise autant que ses sens. Le subtil devient palpable. « Je me découvrais dans l'euphorie d'être biologiquement et mieux encore profondément libéré de toute inquiétude existentielle – soudain comme relié au bien et au mal que dispense la nature, débarrassé de la notion de faute, de péché originel que ma religion m'avait inculquée. Je vivais en ce pôle cruel un Éden avec des populations qui en avaient, par leurs mythes métaphoriques et leur stupéfiante fraternité avec le monde animal, profondément conscience[13]. » Il mange de la viande crue, supporte des températures très basses et accueille les dangers sans angoisse, bien au contraire. « Le danger stimule, aiguise les sens maintenus en éveil, procure des facultés d'intelligence d'une façon hors du commun et une singulière perception de l'événement, permettant parfois de l'anticiper[14]. »

Il comprend aussi que les pierres ont des choses à dire à qui veut les entendre. Et là, il se rend compte que son étude des éboulis entreprise plus tôt aura finalement été une entrée en matière pour lui permettre de saisir à quel point ces pierres sont importantes dans la religion chamanique. Une spiritualité qui enseigne que tout est vivant et interdépendant pour celui dont la vision s'étend au-delà des apparences. Si la lune peut être le lieu de prédilection des chamanes, ces guides et responsables, afin d'y méditer, les pierres, elles, ont cette compétence de pouvoir accueillir les humains après leur mort. Une religion qui dit que les animaux chassés ne sont pas tués mais qu'ils se donnent par amour et dont la chasse, comme dans le chamanisme sibérien, nécessite des rituels de pardon, de séduction et de réconciliation entre les hommes et les bêtes[15].

« Le Grand Nord exerce sur moi une force d'appel si profonde qu'elle est devenue une obsession. Je ressens la nuit polaire comme un environnement amniotique. Jamais je n'ai senti plus la nostalgie d'un bonheur perdu, cette part de vérité exprimée par l'*Émile* de Jean-Jacques Rousseau, que lorsque, avec un de mes compagnons, nous quittions le groupe de Siorapaluk avec nos chiens et nos traîneaux. Franchissant les *hummocks* littoraux, j'entendais le chasseur grommeler un : "Ouf ! enfin libre...", loin des femmes arbitres, des enfants qui dénoncent, du groupe omniprésent, protecteur et juge. En toute hâte, l'homme, enfin libéré, retrouvait sa vraie personnalité de solitaire et partait rejoindre ses cousins : Nanok (l'ours), Arwèq (la baleine), Awèk (le morse), et, d'abord et avant tout Krimèq (le chien), son père géniteur[16]. »

Le choc brutal a lieu en juin 1951 lorsque Jean Malaurie découvre avec sa famille inuit une base nucléaire américaine ultrasecrète au beau milieu de leur territoire de Thulé. Jean

Malaurie se sent investi ce jour-là d'une mission supplémentaire : porter loin la voix des minorités et montrer au plus grand nombre combien l'avenir même de la planète dépend d'elles. Il tiendra parole. De la résistance à l'engagement, leur tourmente devient sienne. Dernier témoin d'une société heureuse avant que tout bascule, il sait que lorsque l'homme perd contact avec la Terre, il oublie d'où il vient et meurt avec elle. Il sait aussi que notre mobilisation écologique occidentale est laborieuse, que nous sommes davantage préoccupés par le confort de nos modes de vie que par le « remords d'avoir irréversiblement détruit nos liens ancestraux avec la nature[17]. »

Aujourd'hui, le chercheur, et avant tout l'ami des rois de Thulé, n'en finit pas de rappeler l'importance de ce « peuple racine » dans nos vies artificielles sans repère. « Nous exportons nos vices, nos tares, nos virus, nous devons respecter la spécificité de ces peuples, ils sont les sentinelles de notre planète, nous avons besoin d'eux, de leur vision, du lien sacré, toujours vivant en dépit de l'endoctrinement des Églises ou du marxisme, qui les relie au cosmos et à la Nature[18]. » Il l'affirme : pour réveiller en nous le sensible et le sensoriel, porter plus loin nos regards, nous devons être à leur écoute car eux seuls peuvent nous rappeler ce qui nous rattache à la vie. « Dans le Nord, comme dans le Sud, comme en Occident, comme en Orient, il faut que la conscience de tous devienne une conscience écologique, c'est-à-dire enracinée dans ce qui nous donne la vie. Le citoyen du monde doit être convaincu que l'homme vit une révolution, une révolution philosophique. Il faut respecter la nature ; mieux, il faut intégrer cette nature, *Natura naturans*, accéder à l'esprit de "l'homme nature" selon le mot de Jean-Jacques Rousseau que je reprends ici autrement, non plus pour dire un nostalgique regret mais le souci crucial de notre proche futur[19]. »

Nous souvenir que ce sont ces peuples-là, que nos sociétés veulent voir passéistes, qui ont maintenu jusqu'à nous une certaine harmonie. Deux mondes donc : d'un côté le nucléaire et de l'autre la nature sauvage et les sites sacrés des peuples du froid.

D'un côté le matérialisme, de l'autre la présence silencieuse des chamanes comme le long de l'Allée des baleines – un lieu où sur quatre cents mètres se dressent de chaque côté des os de baleines dont treize groupes de gigantesques crânes d'une tonne et demie soigneusement disposés et gravés[20].

Quatrième partie

CHANGER LE MONDE

Octobre 1983. À la question que Claude Macherel, chercheur au CNRS, posa ce matin-là à Claude Lévi-Strauss à propos du vœu qu'il aimerait voir exaucé, le célèbre anthropologue répondit : « Ce serait de pouvoir communiquer avec un animal. La mélancolie, c'est de me sentir coupé de l'essentiel de la création et d'être resté, comme tout un chacun, cantonné dans ce petit fragment qui est représenté par l'espèce humaine, alors qu'il y a en dehors d'elle tant d'autres choses qui mériteraient d'être connues, d'être comprises, et avec lesquelles on aimerait pouvoir communiquer. »

Introduction

> « Quelqu'un qui respecte vraiment la vie ne doit pas se contenter de réciter ses prières. Il se jettera à corps perdu dans le combat permettant de la préserver, ne serait-ce que parce qu'il n'est lui-même qu'une extension de la vie qui l'entoure. »
>
> Albert Schweitzer

Dans un discours prononcé en 1908, Theodore Roosevelt clamait : « Le temps est venu d'envisager sérieusement ce qui arrivera quand nos forêts ne seront plus, quand le charbon, le pétrole seront épuisés, quand le sol aura encore été appauvri et lessivé vers les fleuves, polluant leurs eaux, dénudant les champs et faisant obstacle à la navigation. » Un constat déjà formulé par Karl Marx en 1867[1]. Songer que la notion d'écologie et d'interdépendance ait eu besoin d'être définie dans nos cultures – en l'occurrence par le naturaliste allemand Ernst Haeckel en 1866 – paraît incroyable. Et plus encore que ce concept soit resté réservé au seul domaine scientifique pendant des lustres, gagnant avec une lenteur infinie les milieux intellectuels et le théâtre politique français sous l'impulsion utilitariste anglo-saxonne alors préoccupée par l'épuisement des ressources naturelles.

De l'utopie à la prise de conscience

Étonnant qu'il y ait eu besoin de lois pour faire entendre le bon sens, que la zoologiste et biologiste américaine Rachel Carson ait dû être traînée dans la boue après la publication en 1962 de son livre *Printemps silencieux* révélant l'impact désastreux des pesticides et des insecticides sur le vivant. D'autres heureusement ont appuyé son propos, comme le naturaliste français Jean Dorst qui, en 1964 avec son livre *Avant que nature meure*, participa à faire de la protection de la nature une réalité. Au début des années 70, il a fallu des groupes de résistants suffisamment pugnaces pour réveiller la société et s'opposer aux activités immorales des industriels, pseudo-experts scientifiques et des gouvernements – notamment aux essais nucléaires américains sur le site d'Amchitka en Alaska[2]. Une époque où l'écologie est encore loin d'être un parti politique, où elle porte peu. Seulement le monde est en état de fièvre. La jeunesse veut transformer cette société qu'elle juge sclérosée et fourbe et partout mène une révolte sociale, culturelle et politique.

C'est l'histoire d'un monde en perpétuelle mutation, d'une Terre à ménager pour épargner et conserver les espèces qui l'habitent dont la nôtre, d'une société à pacifier. Un cheminement qui montre à quel point les utopies les plus folles peuvent finir par faire plier les Goliath de l'industrie et de la politique. Face à la folie des hommes – de la course aux armements aux dérives de l'expérimentation animale et des recherches génétiques – il en aura fallu des résistances. Quelles que soient les étiquettes qui leur ont été collées – d'« hippies naïfs » à « éco-facho-terroristes » –, on peut se demander où nous en serions aujourd'hui si de tels anarcho-naturalistes et lanceurs d'alertes n'avaient pas existé[3] ? En face, les conservateurs ligués aux lobbies industriels s'emploient depuis toujours à tirer à boulets rouges sur les écolos, du Congrès américain au Parlement européen, pour descendre en flamme les lois en faveur de la nature et des animaux afin de privilégier les intérêts économiques. D'autres utilisent des chemins de traverse comme le Japon qui, selon une enquête du *Sunday Times* en 2010, a affirmé, preuves à l'appui, qu'il corrompait depuis longtemps certains pays afin qu'ils acceptent de voter en faveur de la chasse à la baleine lors des réunions de la Commission baleinière internationale (CBI). Des représentants africains et des Caraïbes ont ainsi admis avoir voté contre le moratoire censé protéger les baleines en échange d'argent, de prostituées et de promesses d'aides du Japon. Les intérêts en jeu sont si importants qu'on ne s'étonnera pas que les militants comme les journalistes qui s'intéressent à la déforestation, à la pollution ou aux OGM soient ou décrédibilisés ou menacés. Directeur de l'International Media Support, Jesper Højberg a en effet constaté que « les attaques contre les journalistes couvrant les sujets liés à l'environnement n'ont cessé d'augmenter depuis la conférence de Rio en 1992[4] ».

C'est sous l'impulsion de ces empêcheurs de tourner en rond que vont donc s'organiser les premières conférences mondiales sur l'environnement, que l'état de la planète fera l'objet d'études scientifiques qui entraîneront des stratégies, des actions, des mobilisations et des changements de regards et de comportements. S'agissant par exemple des opposants à l'expérimentation animale, ce sont eux qui dans les années 70 ont empêché la poursuite d'expériences contestables après avoir rendus publics des documents filmographiques volés ou tournés clandestinement. Un remue-ménage qui conduira à faire adopter des lois et des règlements prenant en compte la sensibilité animale.

Un cheminement difficile

Bien sûr, certaines sociétés traditionnelles dévastées par la culture occidentale et le piège de la société de consommation sont devenues à leur tour des destructeurs de la faune sauvage, quand certaines grandes institutions écologiques ayant pignon sur rue s'investissent davantage dans leur campagne de publicité que sur le terrain au mépris des plus humbles qui agissent. N'ignorons pas non plus que les grandes puissances, non contentes d'attiser les conflits en cours et à venir dans les pays en voie de développement pour soutenir le commerce des armes et voler les richesses naturelles de ces peuples, s'en vont dans la foulée ériger des réserves naturelles sans hésiter à chasser les populations humaines qui y vivent.

Quand George Catlin propose en 1832 les premiers parcs nationaux américains, c'est pour préserver la nature sauvage (en réaction à l'arrivée massive des colons européens), nous explique l'ethnologue Philippe Descola[5], mais aussi pour protéger les tribus indiennes afin qu'elles puissent garder leur mode de vie traditionnel. Or c'est uniquement la première partie de l'idée qui va être reprise puisque les Indiens seront au contraire chassés. Un fait qui s'est reproduit à travers le monde jusqu'à aujourd'hui, attisant la colère des populations locales.

La démarche qui consiste à acquérir des étendues sauvages pour en assurer la conservation est une pratique qui se développe activement aux États-Unis depuis une dizaine d'années. Avec, c'est vrai, plus ou moins de bon sens selon les individus, les organismes et les projets. Au Chili, Doug et Kris Tompkins, pionniers de ce mouvement, ont déjà ouvert une dizaine de parcs naturels qui représentent des centaines de milliers d'hectares de nature sauvage. Après avoir rayonné des années durant sur le marché des affaires[6], le couple décida de tout quitter en 1989 pour s'installer dans le sud du Chili au plus près de la nature. Trois ans plus tard, ils commencèrent à racheter des terres pour les préserver des pratiques agricoles et industrielles. Une démarche qui suscita l'hostilité des fermiers, des politiques et de l'Église locale. Selon une enquête du journaliste Frank Zeller[7], si la philanthropie écologique, à l'origine de nombreux parcs naturels, existe depuis longtemps en réponse à l'incurie des institutions et des organismes politiques, investir des fonds privés pour sauvegarder la nature connaît désormais un intérêt croissant.

« Comme toujours l'Occidental, qui a trouvé comment surexploiter la nature, donne des leçons aux autres civilisations et ne voit que les avantages de son système alors qu'il aurait pu limiter ses populations et s'interdire les techniques d'exploitation à court terme s'il avait pensé plus loin et plus globalement, souligne l'éthologue Pierre Jouventin, spécialiste de la faune polaire. Le problème de la mondialisation, c'est que l'Occidental – qui commence à se rendre compte du guêpier dans lequel il s'est fourré – a convaincu des pays aussi industrieux et populeux que la Chine et l'Inde qui ne voient pour le moment que les avantages puisqu'ils sortent de la pénurie. Les pays qui découvrent en ce moment la société de consommation auront nécessairement un retard pour prendre conscience des dangers du progrès uniquement matériel et il n'est pas dit que leurs gouvernements les laissent ensuite s'exprimer. L'avenir n'est pas souriant pour la nature et les animaux au niveau mondial comme au niveau français. Mais les excès comme les abus provoquent au final un phénomène de rejet qui en train d'inverser les opinions publiques dans les pays "riches". Le problème est de savoir si cet effet positif pourra se manifester avant que les effets négatifs aient provoqué des bouleversements sociaux, car l'homme est nécessairement concerné par ces dégradations de la nature et de la biodiversité qui sont liées à un esprit de rapacité propre au libéralisme extrême dans lequel nous baignons[8]. »

À une époque où l'on sait qu'il n'existe presque plus aucun territoire sauvage sur la Terre susceptible d'échapper à l'emprise humaine, où la liste des espèces menacées ne cesse de s'allonger et où la consommation mondiale en ressources naturelles a désormais dépassé les capacités biologiques de renouvellement, il est bon de savoir qu'il existe un peu partout à travers le monde des noyaux de résistance, quels qu'ils soient.

1

Face au pillage de l'Amazonie

Hélène Collongues

> « Pour échapper à la barbarie, je pense qu'il nous faut réussir à fabriquer des liens, des innovations qui exigent que les gens se réunissent, réfléchissent et agissent ensemble pour trouver comment vivre intelligemment avec le monde. »
>
> Isabelle Stengers

C'est au bord du fleuve Mayo, à Tarangué, au cœur du pays andin (nord-est du Pérou), qu'Hélène Collongues et son mari, Carlos Palomino Medina, ont créé en 1997 une réserve pour offrir à la faune et à la flore un refuge devant la pression de l'agriculture industrielle, des grands programmes péruviens de construction qui dévastent la forêt et du business du trafic d'animaux sauvages. C'est dans ce lieu qu'ils préservent en particulier une espèce de primate, le titi des Andes, une espèce endémique victime de la fragmentation de son habitat. En 2006, ils créent un second sanctuaire installé cette fois en lisière de la réserve Pacaya Samiria avec pour objectif la protection des populations de singes laineux et d'atèles (singes-araignées), les plus grands primates du Nouveau Monde et aussi les plus menacés par la destruction de la forêt dont ils sont, avec d'autres espèces, les jardiniers. Pionniers en la matière, Hélène et Carlos ont aussi fondé en 2002 l'association Ikamaperu[1] qui protège cent trente hectares de forêt et développe un programme d'écovolontariat axé sur le travail avec les populations locales[2].

Rébellion

« J'ai appris très tôt à désobéir, raconte Hélène Collongues, en fait, vers dix ans, dès que j'ai eu conscience que j'étais l'objet d'une entreprise de domestication de la part de ma famille et de l'école. Pour échapper à cette politique d'enfermement, je m'enfuyais en forêt des journées entières. La nature était pour moi un espace de liberté et c'est au milieu des arbres, auprès des animaux, que j'ai ressenti ce qui peut ressembler à une appartenance à ce monde, à un sentiment du sacré. Ma spiritualité s'est enracinée au cœur de la forêt.

« Pendant des années, j'ai monté des chevaux de course, des chevaux de spectacle, j'ai fait l'École nationale d'équitation de Saumur, mais au bout du compte, je me suis aperçue que la vision occidentale de l'équitation faisait du cheval un élément de pouvoir, de rivalités, de tensions et jalousies entre les gens. L'animal en lui-même était effacé, n'était en définitive qu'un instrument, un piédestal de l'ego. Là encore la compétition comme une fin en soi n'était finalement rien d'autre qu'un enfermement de plus. Je me suis libérée de ces contradictions par le voyage. Là, les chevaux sont devenus un élément non plus de concurrence mais de lien. C'est avec eux que j'ai découvert des pays, des cultures, des hommes : l'Espagne, le Portugal, le monde arabe, l'Afrique. Les chevaux ont été de fabuleux ambassadeurs, ils m'ont permis de tisser des liens d'amitié et de respect très profonds avec ces peuples et ces cultures.

« J'ai découvert les primates au Pérou dans un contexte dramatique, celui de leur disparition, de leur souffrance, le tout lié au sort des communautés indiennes avec qui je travaillais à l'époque dans le cadre de projets de développement. Avec mon mari, nous avons acheté au début des années 90 un terrain pour protéger la faune sauvage qui s'y trouvait, puis nous avons très vite collaboré avec la communauté indienne pour nous conseiller dans le choix des espèces de plantes et d'arbres fruitiers préférés de la faune, et grâce à eux nous avons lancé un long programme de reboisement sur les sanctuaires.

« Il y a quelque chose de très puissant dans le regard des primates, à la fois une innocence et un questionnement qui vous interpellent. Ils semblent nous dire : "Qui es-tu, toi ? Qu'est-ce que je peux attendre de toi ?" C'est une vraie question sur notre humanité. Cela nous oblige à apporter une réponse sur notre place et notre rôle face à l'animal. Et puis il y a quelque chose de troublant, c'est qu'ils savent qu'on fait partie de la famille primate et ils le voient parfaitement. Notre visage est plus proche du leur que n'importe quel autre animal… Pour réhabiliter chaque singe à la vie sauvage, les soigneurs ou animaliers – Ujukam, Ildemar, Exaltacion, Nilo, qui sont des Péruviens issus des communautés indigènes – s'investissent beaucoup pendant un à deux ans. Pour les singes les plus traumatisés ou dépendants de l'homme, ils se mettent à leur rythme, parfois les promènent sur leur dos pour apaiser leur peur de la forêt, demeurent à leurs côtés jusqu'à ce qu'ils reprennent confiance dans leur propre espèce et acceptent la séparation pour enfin retourner à la vie sauvage. C'est un travail et un dévouement de longue haleine, un échange entre l'homme et l'animal extraordinaire parce qu'il est basé sur la confiance, le lien. »

Trafics contre nature

Considérée jadis par les Européens comme inaccessible et funeste, la forêt amazonienne est une forêt pluviale d'Amérique du Sud qui s'étend sur neuf pays et près de six millions de kilomètres carrés. Terrain de jeu des premiers explorateurs, son rôle est primordial dans le climat de la planète. La variété des espèces animales et végétales y est vertigineuse, la plus importante au monde. Un seul hectare renferme plus d'essences d'arbres que la totalité des forêts européennes. Sur moins de dix kilomètres carrés de forêt tropicale humide, il est en effet possible de recenser environ sept cent cinquante espèces d'arbres et près de cent cinquante espèces de plantes à fleurs sans oublier une centaine d'espèces de papillons et autant de mammifères et de reptiles et pas moins de quatre cents espèces d'oiseaux. Un écosystème complexe lié aux contraintes du milieu. Tantôt plongée sous un soleil brûlant ou des pluies abondantes qui immergent les plaines, la nature subit de tels écarts entre les saisons que les animaux et les plantes ont été contraints de s'adapter et se diversifier. Un processus étonnant, base de l'évolution, dont le rythme est, dans ce lieu, plus rapide qu'ailleurs. Sous cette cathédrale végétale, comme partout, aucune espèce ne peut exister indépendamment des autres. Toutes sont tributaires les unes des autres, hommes compris. Un équilibre pourtant remis en cause ces trente dernières années, fragilisé par des millions d'hectares abattus, brûlés, transformés.

On se souvient par exemple que la compagnie pétrolière étasunienne Texaco-Chevron a déversé près de soixante-dix milliards de litres de déchets toxiques dans la jungle équatorienne. En dépit de millions de dollars dépensés en lobbying et relations publiques pour s'acheter une image respectable, la firme brillera encore longtemps au peloton de tête des grands délinquants de la planète en matière d'environnement et de droits humains. Dès 1967, l'entreprise a en effet exploité le pétrole de la forêt puis abandonné les lieux sans aucune mesure de protection environnementale. En vingt-huit ans de présence, les conséquences de la pollution générée par ses activités ont été considérables tant sur les animaux, la forêt que sur la santé des populations locales. C'est ainsi que des centaines de milliers d'hectares furent détruits, privant les communautés des plantes et des animaux nécessaires à leurs coutumes et besoins nutritionnels ou médicinaux. L'eau des rivières et les réserves d'eau douce ont été polluées, les animaux empoisonnés ou englués dans le brut répandu à l'air libre, tandis que les populations ont été victimes à la fois des maladies apportées par les ouvriers américains et des cancers dus à la pollution. Certaines communautés ont été contraintes de quitter leur terre quand d'autres ont été menées au bord de l'extinction comme les Tetetes et les Sansahuaris[3].

Depuis trente ans, le nombre et la surface des réserves naturelles n'ont pas cessé d'augmenter. Plus de cent mille sites terrestres et marins ont été ainsi protégés[4]. Pour autant, les réserves naturelles n'ont jamais vraiment permis d'assurer la conservation de plantes ou d'animaux. La corruption et le braconnage étant, en bien des endroits, plus rentables que la sauvegarde.

« Le trafic est le résultat d'une déforestation massive qui a permis aux chasseurs d'entrer dans des zones restées pendant longtemps impraticables, explique Hélène Collongues. Là-dessus, l'économie de marché et la modernisation ont conduit à transformer la chasse de subsistance des populations locales en chasse commerciale, y compris au sein des populations indigènes. S'agissant de ces peuples, on a souvent tendance à penser qu'ils vivent en parfaite harmonie avec la nature. C'est encore vrai pour certains d'entre eux encore isolés à travers l'Amazonie, mais pour la majorité, la situation a changé parce que leur culture s'est transformée sous l'influence occidentale[5].

« Les trafiquants, à l'égard desquels règne une étonnante impunité, parcourent régulièrement le long du fleuve, s'arrêtent une à deux fois par semaine dans chaque village pour prendre livraison de toutes sortes d'espèces : de jeunes aras dénichés, des animaux transformés en viande de brousse à destination des villes et marchés amazoniens pour la viande. À Lima, la capitale, dans les grandes villes de la côte et même dans les montagnes, ils jouent le rôle de jouets vivants pour les particuliers, les bars, les cirques et les restaurants qui pensent attirer ainsi les touristes. Toutefois, les trafiquants internationaux assurent le relais pour l'exportation illégale aux États-Unis et en Espagne. Les animaux suivent souvent le même chemin que la drogue. Le tourisme est aussi un facteur qui aggrave considérablement le trafic. Depuis quinze ans, on voit en effet une recrudescence du nombre de touristes qui achètent des animaux pour, pensent-ils, les sauver sans se rendre compte qu'ils participent à créer un marché et alimenter le trafic. »

Le trafic d'animaux sauvages menacés d'extinction est considéré comme la troisième source la plus importante en termes de revenus illicites après la drogue et les armes au niveau mondial. C'est aussi la deuxième cause de disparition de ces animaux, après la destruction de leur habitat naturel. Le marché des nouveaux animaux de compagnie ne cessant de croître, ce sont ainsi des milliers de bêtes (reptiles, poissons, oiseaux) qui sont capturées directement dans la nature afin d'alimenter les animaleries du monde entier et de finir comme objets de décoration chez des particuliers en mal d'exotisme. Un négoce autorisé aberrant qui s'ajoute aux espèces protégées rapportées comme souvenirs de vacances par des touristes inconscients.

« La réponse au trafic commence par un travail sur le long terme à la fois avec les populations locales et les autorités. C'est ce que nous essayons de faire depuis vingt ans. Des réunions ont lieu avec la police, les autorités de protection de la faune et la flore et les représentants du pouvoir judiciaire. Nous leur donnons à connaître les enjeux et l'importance de la protection de la biodiversité. Leur ignorance est stupéfiante et par conséquent leur indifférence totale en ce qui concerne la vie sauvage. Il faut les poursuivre, les harceler pour leur faire confisquer un animal. Ils sont focalisés sur le trafic de bois pour une raison simple : ils font un excellent négoce en rackettant les forestiers illégaux pour leur donner un permis. La classe politique est largement impliquée dans ce trafic de bois, ce qui explique que 90 % du bois péruvien exporté est illégal.

« Il y a au Brésil des filières de blanchiment du bois. Concernant les populations traditionnelles, on tente de leur faire retrouver la relation qu'elles entretenaient auparavant avec la nature, qu'elles ont pour la plupart perdue, qui racontait une manière d'appréhender le monde et de considérer les plantes et les animaux comme des parents par alliance. Nous recherchons avec elles les légendes, les mythes, les connaissances qui organisaient leur société. On tente d'amener les enfants à retrouver leur propre culture. Mais la priorité pour que le message soit perçu c'est d'améliorer le bien-être des gens. C'est-à-dire améliorer les revenus familiaux bien sûr, mais aussi leur ouvrir grand les fenêtres sur le monde extérieur dans ce qu'il a de plus enrichissant pour l'individu, la connaissance scientifique, l'art et surtout le sentiment de beauté à l'égard de la nature, leur responsabilité à son égard.

« Les chasseurs indigènes sont des gens qui vivent dans ce que nous appellerions en Occident la "pauvreté", maisons en terre battue, toits de palme, pas de voiture, ni de réfrigérateur ni de portable ou de téléviseur. Pourtant tous ont conscience d'être privilégiés par la nature. Ici, personne n'a faim et personne n'a de patron ni d'horaires, il n'y a pas d'écarts sociaux importants et tout le monde a un fort esprit d'entraide. Seulement, ils souhaitent désormais acquérir tous ces biens, les jeunes en particulier, parfois même avant la santé ou l'éducation pourtant très déficientes. C'est la raison pour laquelle ils chassent et approvisionnent pour beaucoup les trafiquants. Donc on discute avec eux, on évalue ensemble leurs difficultés, leurs besoins et le meilleur moyen d'éviter la chasse et le braconnage.

« À Lagunas, on a ainsi une quarantaine de familles qui se sont engagées à ne plus chasser les espèces menacées comme les tapirs, les aras, les tortues, les jaguars, les ocelots et bien sûr toutes les espèces de primates. À la place, elles ont trouvé un revenu alternatif en faisant de l'artisanat et vont participer à des services d'écotourisme que nous avons mis en place avec elles. Avec leur aide nous avons construit un grand bungalow pour recevoir des écotouristes et nous avons travaillé avec les femmes pour assurer une cuisine locale. Les hommes accompagnent les visiteurs en canoë sur l'immense lagune et leur font connaître les dix-huit mille hectares de forêt primaire qui les entourent et qu'ils veulent protéger. De cette façon ils vivent de la forêt sans la détruire, ce qui est la devise d'Ikamaperu.

« Ce sont des sociétés qui ont été saccagées mais qui se reconstruisent, elles sont porteuses d'espoir. Les femmes sont à la fois le moteur du changement et les gardiennes de la tradition, en cela l'espoir passe par elles. Ce sont elles, les jardinières, qui sont en charge des plantes médicinales, des secrets à transmettre, des plantes à échanger entre régions voisines sur le mode du don. Elles ont toujours été et demeurent très méfiantes par rapport à la modernité, à l'inverse des hommes qui en ont tiré des bénéfices relatifs : le divertissement, un certain pouvoir, de l'argent, des connaissances techniques et politiques.

« Dans les années 60, les fonctionnaires sont arrivés chez les Awajuns (une des ethnies appelées jadis "Jivaros"), qui à cette époque vivaient encore sur des terres immenses. Ces hommes leur ont dit qu'ils étaient paresseux, que la forêt était improductive, comme eux ; ils ont exigé qu'ils y cultivent du riz et du café, sans quoi leurs terres leur seraient retirées. Le choc fut immense pour ces populations. Les ravages écologiques de la monoculture ont commencé. Quarante ans plus tard, ce sont d'autres fonctionnaires qui sont venus leur donner des cours pour protéger l'environnement. Entre-temps, les fondements mêmes de leur culture et de leur spiritualité ont été fragilisés, autant que leur santé. Eux qui n'avaient eu jusque-là aucun problème de nutrition sont désormais en dénutrition chronique.

« Tout a basculé dans les années 70 avec la construction de la route transamazonienne, une voie de plusieurs milliers de kilomètres reliant l'Amazonie aux autres régions du pays. Un projet qui a entraîné une déforestation importante (un kilomètre de route entraîne la disparition de mille hectares de forêt), une intrusion constante des compagnies forestières, pétrolières et minières, des éleveurs, des migrants qui achètent et revendent les terres. Au final, une vaste mise aux enchères de l'Amazonie. Tout cela a engendré l'appauvrissement et l'invasion des territoires de plusieurs centaines de milliers d'Indiens, par ceux qu'ils appellent les "colons" comme aux temps de la conquête espagnole, un changement considérable dans leur mode de vie, le trafic des animaux, une exploitation illégale de la forêt.

« Ce qui ne semble pas possible aujourd'hui le sera peut-être demain »

« L'éducation au Pérou ignore ses Indiens et sa nature. Il y a quinze ans, j'ai mené une étude sur la manière dont la société contemporaine péruvienne se représentait les populations indiennes. J'ai consulté les manuels scolaires d'histoire, d'instruction civique. L'Indien était alors perçu comme un obstacle au développement, de la même manière que la nature sauvage. Ce qui veut dire que la classe dirigeante actuelle est celle qui est passée sur les bancs de cette école-là, qui a considéré et considère encore les Indiens comme des "citoyens de seconde catégorie". C'est l'expression qu'a utilisée l'ex-président de la République Alan Garcia en 2009, lorsque des milliers d'indigènes dans le pays ont bloqué les routes pour protester contre la mise en vente des territoires amazoniens au plus offrant sans aucune consultation préalable des populations locales alors même que cette consultation est obligatoire dans la Constitution. La répression de l'État a causé des dizaines de morts à ce moment-là. Ils étaient présentés dans les communiqués comme des sauvages sanguinaires qui avaient tué des policiers. "Ces peuples encombrent autant que les arbres et les animaux, ils sont des obstacles au progrès." Depuis cinq ans, il y a certes un discours officiel distillé dans les écoles à propos de la nature mais concrètement, sur le terrain, la pratique reste opposée.

« Faire cohabiter l'homme et la nature est indéniablement le défi de ce siècle. Pour autant, la conservation de la nature, ce n'est pas uniquement les méchantes compagnies minières ou pétrolières contre les gentilles organisations de défense de l'environnement. C'est beaucoup plus complexe. D'abord, on trouve des organisations de protection de l'environnement célèbres qui montrent un décalage important entre les budgets colossaux qu'elles possèdent et leurs actions sur le terrain. La plupart sont inféodées aux multinationales qui causent les ravages contre lesquels elles sont censées lutter ; elles font en sorte de publier une foule d'études et de rapports inutiles pour justifier la pérennité de leur train de vie. Leurs représentants sont postés dans des locaux somptueux avec des salaires alléchants, leurs réunions ont lieu dans des hôtels de luxe où chacun se congratule. À part ça, les gens qui sur le terrain font un travail sur le long terme ne les intéressent pas, parce que ça les obligerait à créer des partenariats. Lorsqu'ils acceptent de collaborer avec de petites associations, c'est généralement pour s'approprier leurs projets, utiles en termes d'image et de communication. La réalité sur le terrain, elle, n'est pas prise en compte.

« Pourquoi ? Les personnes qui ont la responsabilité de ces organismes au Pérou n'ont pas une connaissance pratique de la nature, des écosystèmes, des animaux et des cultures locales, et surtout aucun amour véritable pour tout cela. Ce sont pour la plupart des bureaucrates. Si le projet est bien présenté sur le papier et qu'il y a des copains derrière, peu importent la réalité du terrain et les résultats concrets, on les maquillera si nécessaire. De la même façon des études longues et onéreuses sont menées par des institutions ou des scientifiques sur la biodiversité, qui n'ont aucune conséquence pratique sur le terrain ; trop souvent il s'agit de faire sa thèse ou de faire carrière sans aucun engagement personnel pour l'espèce étudiée. Combien d'ONG puissantes ont consacré des travaux sur le trafic d'animaux dans la région où nous nous trouvons sans jamais s'engager à lutter contre ce qu'elles dénoncent comme un fléau ? Et pendant ce temps, les animaux sont massacrés, les peuples et la biodiversité disparaissent avec la forêt.

« Malgré tout cela, je suis convaincue que l'Occident qui a détruit tant de cultures de par le monde, qui a saccagé tant de choses, a aussi la capacité de participer à reconstruire. Dans certaines communautés quechuas au Pérou, on peut voir beaucoup d'exemples de jeunes universitaires issus de communautés indigènes qui réapprennent le respect du savoir traditionnel à travers ce que l'Occident leur enseigne de leur culture. C'est paradoxal mais ça fonctionne.

« Un projet à la fois scientifique, social mais aussi et peut-être d'abord poétique, voilà mon objectif. Transmettre la beauté du monde me paraît important car une fois ce sentiment de beauté intégré, y compris par les populations locales, il y a un espoir qu'on protège ce qu'on a ressenti comme beau et fragile. Ce sentiment affectif, profond, de lien avec la nature est indispensable à sa préservation, comme d'ailleurs pour l'avenir de l'espèce humaine.

« Nous avons choisi, Carlos et moi, de parcourir ce chemin avec beaucoup de philosophie, bien qu'il nous ait fallu faire face à beaucoup de menaces, d'intimidations, et plusieurs attaques à main armée. Nous dormons rarement en paix. Les premières années, je n'en revenais pas de la quantité d'obstacles à dépasser, d'efforts à faire au quotidien pour réussir à avancer. J'étais indignée, en colère en permanence. Il y a une multitude de choses qui n'ont jamais cessé de m'indigner, comme le trafic d'enfants, le mépris des indigènes, la prostitution infantile, la cruauté envers les animaux. Ces horreurs permanentes au Pérou sont largement alimentées par les pays occidentaux. Qui consomme des enfants à Iquitos et dans de nombreuses villes amazoniennes ? Où va le bois ? Où vont les NAC, les "nouveaux animaux de compagnie" ? Qui est derrière la destruction et l'invasion des territoires indigènes ? Nous connaissons tous la réponse.

« Tout peut sembler bien inutile, nos actions comme le reste, face à la destruction planifiée de l'Amazonie. Il ne manque jamais de voix ou de rires sarcastiques pour tenter de nous décourager et dévaloriser des actions comme les nôtres, surtout d'ailleurs de la part de ceux qui n'agissent pas ou qui raisonnent en termes de compétition plutôt que d'alliance. Peu importe, ce qui ne semble pas possible aujourd'hui le sera peut-être demain, et dans tous les cas il faut se situer au-delà de l'idée de la victoire ou de la défaite comme le faisaient les résistants à la barbarie nazie. Il faut d'abord être là debout sur leur chemin. Car c'est la grande barbarie à laquelle notre époque est confrontée. Il faudra pouvoir dire où nous étions à ceux qui viendront après nous. »

2

Des éléphants sans défense

Stéphanie Vergniault

> « On commence par dire, mettons, que les éléphants, c'est trop gros, trop encombrant, qu'ils renversent les poteaux télégraphiques, piétinent les récoltes, qu'ils sont un anachronisme, et puis on finit par dire la même chose de la liberté – la liberté et l'homme deviennent encombrants à la longue… »
>
> Romain Gary

Le commerce de l'ivoire en Afrique est aussi lucratif que le trafic d'armes et de drogue. En cause : la forte demande des pays asiatiques qui attribuent aux défenses d'éléphant et aux cornes de rhinocéros des vertus médicinales[1]. La croissance chinoise s'accompagne en effet depuis quelques années d'une augmentation du braconnage pour alimenter le commerce illégal de l'ivoire qui bénéficie de la puissance des réseaux mafieux, de l'inertie et la corruption des gouvernements. Tandis que les conférences se succèdent pour légiférer, les éléphants continuent de mourir dans l'indifférence générale. À cela s'ajoute le perpétuel conflit de territoire entre ces géants et les hommes qui les jugent encombrants. Plus la pauvreté est grande, plus la violence est acharnée.

Stéphanie Vergniault, une avocate française et experte en élections pour l'ONU, découvre la réalité de la faune sauvage au

Tchad à l'occasion d'un voyage professionnel. Alors qu'elle est censée rentrer en France sitôt sa mission terminée, elle décide contre toute attente de se lancer dans la chasse aux braconniers et trafiquants d'ivoire qui déciment là-bas les éléphants. Une disparition totale annoncée bien que le commerce de l'ivoire ait été interdit en 1990 par la Convention des Nations unies[2].

Coup de cœur radical

– Qu'est-ce qui vous a conduite à vous installer au Tchad et à créer une association pour venir en aide aux éléphants ?

– En 1995, j'ai effectué un premier voyage au Tchad et rencontré le chef de l'État Idriss Déby dans le cadre de la préparation des élections. Je l'ai revu ensuite plusieurs fois entre Paris et son pays. Au cours d'un déplacement au Tchad, j'ai fait une escapade dans la brousse de N'Djamena et réalisé à quel point la faune sauvage y était riche et les éléphants nombreux. À l'époque, je n'étais pas très consciente du problème du braconnage car je ne résidais pas en Afrique. Puis en 2007, dans le cadre de la Commission européenne, je suis revenue au Tchad pour mettre en place un programme de réformes de la loi électorale. C'est là que j'ai réalisé qu'il y avait beaucoup de braconnage des éléphants et aucune sensibilisation. Dès la fin de ma mission, en 2008, j'ai décidé de créer une association, SOS Éléphants du Tchad, flanquée de quelques locaux passionnés de la faune sauvage.

– Comment fonctionne votre association ?

– Sa mission est de sauver les éléphants du Tchad et de préserver leur habitat. Nous sommes enregistrés comme une association auprès du ministère de l'Intérieur au Tchad et soumis à la loi tchadienne. L'association est constituée d'un bureau avec plusieurs membres conseillers à la lutte antibraconnage, à la sensibilisation, et de points focaux qui surveillent les éléphants dans la brousse. Nous avons deux vétérinaires et un secrétaire général. Me concernant, je ne peux pas rester en permanence au

Tchad car le peu de moyens dont nous disposons m'a obligée à reprendre mes activités d'experte en élections et de voyager pour pouvoir injecter mon propre argent dans le fonctionnement de l'association. Le Programme des Nations unies pour le développement (PNUD), dont le rôle est d'aider les pays en voie de développement, nous a aidés en 2009 dans le cadre de la distribution des microcrédits du Fonds mondial de l'environnement. Pour le reste, nous avons reçu un vieux pick-up d'une entreprise française implantée au Tchad mais malheureusement, le moteur nous a lâchés, et depuis un an nous louons des véhicules ou sillonnons le pays en bus et en moto.

Nous avons parcouru chaque hameau du pays, pour rencontrer les autorités administratives, les chefs de villages et les communautés afin de les alerter sur la disparition des éléphants. Nous avons fait beaucoup de sensibilisation, organisé des séminaires, formé les paysans aux techniques de protection des récoltes, mais aussi procédé au sauvetage de plusieurs éléphanteaux. Notre objectif a toujours été d'impliquer les communautés dans la lutte antibraconnage mais nous manquons cruellement de moyens. Quand les opportunités se présentent, nous déposons des plaintes contre les braconniers et trafiquants. Nous collaborons aussi au programme de collecte des excréments des éléphants pour les envoyer à Washington chez le professeur Sam Wasser. Un travail qui permet d'identifier génétiquement les éléphants braconnés et par conséquent l'ivoire commercialisé, et ainsi procéder à l'arrestation des trafiquants et des braconniers d'ivoire où qu'ils se situent sur la planète.

Les débuts en 2008 ont été plutôt faciles car notre ONG faisait l'unanimité auprès des responsables et nous étions animés de cet espoir que l'État allait nous aider. Force est de constater qu'avec les années, nous sommes toujours autant dépourvus de logistique et que le braconnage n'a pas cessé, bien au contraire, puisqu'il a empiré sous la pression de la présence chinoise en Afrique et certaines complicités tchadiennes.

La présence chinoise en termes humains et économiques sur le continent africain est en perpétuelle augmentation, or les éléphants et les rhinocéros sont massivement tués sur ce continent en raison de la demande chinoise. La corne des rhinocéros aurait des vertus bénéfiques sur la virilité et l'ivoire serait le nec plus ultra pour orner l'appartement du nouveau riche chinois. L'augmentation du pouvoir d'achat de la population et l'émergence des classes moyennes vont-elles anéantir les derniers éléphants et rhinocéros d'Afrique ? La Chine s'est engouffrée dans ce que l'Afrique a de plus sensible, le complexe de la colonisation, et joue avec les autorités des pays africains en faisant miroiter l'âge d'or du développement. L'Afrique est riche et possède désormais des chercheurs, des ingénieurs, mais les richesses sont mal gérées. Nous nous heurtons à une mafia qui fait de l'argent sur la vente des ivoires des éléphants que nous tentons de protéger. C'est très dur mais mon équipe et moi savons que si nous baissons les bras, les abattages passeront inaperçus. En 2008, le président de la République a pourtant validé une loi qui interdit le braconnage des éléphants[3].

Nous avons été obligés de procéder au sauvetage de plusieurs bébés éléphants et à leur entretien sans aide du gouvernement, le directeur de cabinet du chef de l'État m'ayant bien fait comprendre que les éléphants, ce n'est pas la priorité de l'État. Je pense que ces gens qui ont refusé qu'une ONG telle que la nôtre fonctionne avec de vrais moyens sont au courant du trafic et ont tout fait pour nous faire barrage et minimiser le problème des tueries des éléphants. En mai 2011, alors que deux Chinois ont été interceptés à l'aéroport de N'Djamena, il nous a fallu redoubler d'efforts pour obtenir leur nom et demander à ce que le procureur soit saisi. Pendant ce temps les Chinois, ingénieurs dans une compagnie pétrolière, ont essayé de monnayer le silence de la sécurité de l'aéroport et de la police. Au final, ils ont été relaxés, semble-t-il sur pression de leur ambassade.

Un animal à la fois convoité et abandonné

– Pourriez-vous me parler de la place des éléphants au Tchad, au cœur des modes de vie, de l'état d'esprit des populations ?

– Les communautés du sud du Tchad jusqu'à N'Djamena ont toujours cohabité avec les éléphants. On estime qu'en 1978 les pachydermes comptaient environ vingt mille individus sur le territoire. Aujourd'hui ils ne sont plus que deux mille. Les éléphants ont depuis toujours détruit les récoltes et les paysans s'en sont accommodés plus ou moins bien. Les ancêtres des villages racontent beaucoup d'histoires sur les éléphants et, à ce titre, la culture rurale du Tchad est empreinte de ces contes et légendes africains qui vont disparaître si nous n'y prenons pas garde puisque les éléphants sont menacés d'extermination. Les générations qui sont actuellement aux commandes de l'État tchadien n'ont pas totalement compris pourquoi il fallait protéger les pachydermes et cela rend le combat encore plus difficile, d'autant que la tribu qui dirige le Tchad aujourd'hui est de culture nomade et que la référence animalière de ses membres est le chameau, pas l'éléphant. J'évoque souvent l'éléphant au Tchad comme un patrimoine et j'explique aux communautés que dans d'autres pays, comme le Kenya, les touristes qui viennent les voir génèrent des revenus. La conclusion est que les Tchadiens d'aujourd'hui pensent que la défense des éléphants ne sert à rien, ne leur produit pas de revenus immédiats par rapport au pétrole exploité depuis quelques années, et que si l'on parle des éléphants dans les médias tchadiens, ce n'est que le fruit d'une fantaisie de la part d'une *'assara* (Blanche) venue d'Europe pour les protéger.

– Concrètement, quelle est la situation des éléphants au Tchad à l'heure actuelle ?

– Elle est mauvaise, ils continuent à être abattus à un rythme tel que j'anticipe leur disparition totale d'ici deux ans. La brigade mobile de protection de l'environnement est présente sur le terrain mais insuffisamment formée pour pouvoir appréhender les braconniers qui savent comment évoluer sur ce territoire. Au braconnage s'ajoute un autre problème : celui des moyens accordés par la communauté internationale, en l'occurrence la Commission européenne, laquelle s'est focalisée sur une seule aire protégée, celle du parc national de Zakouma, au sud-est du Tchad[4], où il reste quatre cent cinquante éléphants, en ignorant totalement l'aide dont ont besoin les autres situés autour des fleuves Chari et Logone où leur nombre est estimé à mille cinq cents. Ces animaux vont être exterminés faute de moyens adaptés. Il me semble qu'il serait nécessaire d'aider la biodiversité là où elle se trouve même si elle est à l'extérieur d'une aire protégée.

– Quels sont les enjeux du braconnage ? Qui opère ?

– Traditionnellement les braconniers étaient des gangs armés venus du Soudan, principalement issus des réseaux mafieux. Des hommes venus à dos de cheval qui payaient des pisteurs parmi les communautés rurales pour leur montrer les points d'eau des éléphants en échange de quelques devises. Une très grosse base arrière de braconniers se situe en République centrafricaine et ils écoulent leur marchandise par le Soudan ou le Nigeria vers la Chine qui demeure le pays le plus gros acheteur d'ivoire. Aujourd'hui, malheureusement, il nous faut admettre qu'en plus de ce syndicat du crime organisé, le braconnage s'est étendu à la population tchadienne dont certains intermédiaires bénéficient d'appuis auprès de certaines autorités. Ils payent les communautés pour qu'elles abattent les éléphants, de mon point de vue, au profit des expatriés chinois qui passent leurs commandes directement au Tchad. SOS Éléphants a déposé en avril 2010 une plainte contre deux braconniers tchadiens arrêtés en train de couper la tête d'éléphants et, en avril 2011, contre ces deux Chinois qui ont essayé de faire sortir plusieurs kilos d'ivoire par l'aéroport de N'Djamena. L'ivoire partait en Chine par Addis-Abeba.

– Ces massacres génèrent des fortunes. A-t-on des évaluations chiffrées, des estimations ?

– Bien qu'il soit difficile d'obtenir des informations précises, on peut dire qu'environ vingt mille éléphants ont été abattus en vingt ans et quatre mille depuis 2006. En moyenne une défense pèse environ huit kilos. Acheté localement autour de 120 USD (dollars américains) le kilo, on peut estimer que l'ivoire a rapporté 7,68 millions d'USD au trafic local depuis 2006. Il semblerait que, vendu en Chine, il atteigne plus de 1 000 USD le kilo, ce qui équivaudrait donc à 64 millions d'USD depuis 2006.

– Comment se comportent les instances officielles ? Qui fait réellement quelque chose ?

– La loi punit les braconniers, la brigade mobile de protection de l'environnement les traque et le président de la République semble très attaché à la faune de son pays, mais tous ces efforts ne sont pas suffisants car l'appareil d'État est gangrené par la corruption. Jusqu'à quel point ces gens peuvent-ils refuser les tentatives de pots-de-vin ? La vie au Tchad est chère, les gens très pauvres et les bouches sont nombreuses à nourrir.

– Le nombre et la superficie des réserves naturelles augmentent à travers le monde mais, en face, le braconnage et la corruption sont tellement plus lucratifs que la sauvegarde que les efforts sont parfois vains. Qu'en est-il au Tchad et en Afrique en général ?

– Au Tchad, les éléphants se situent désormais pour leur grande majorité (environ 80 % de leur population) en dehors des zones protégées. Je l'ai dit, il y a environ quatre cents individus dans le parc national de Zakouma et mille cinq cents dans le Sud et vers le fleuve Chari. Mon ONG se bagarre en vain pour que l'État trace des corridors et dessine de nouvelles aires protégées. Le parc national de Zakouma est passé entre 2006 et 2008, en seulement deux ans, de quatre mille éléphants à moins de cinq cents ! Ce parc est équipé de gardes armés, c'est bien la preuve que la corruption a eu raison des éléphants.

– Comment motiver les communautés africaines à protéger leurs animaux ?

– Il faudrait sans doute qu'elles y trouvent leur compte, ce qui est le cas au Kenya dans certains projets communautaires. Les réseaux de braconnage sont identifiés mais il y a trop peu de moyens mis en œuvre pour les démanteler, surtout en Afrique centrale, parent pauvre du tourisme animalier.

– Pour quelle raison ce massacre s'effectue dans le plus grand silence médiatique ? Que fait la communauté internationale ? Les instances de protection de la faune sauvage ?

– Notre équipe est très amère. Nous n'avons pas reçu d'aide extérieure et même l'Union européenne qui aurait pu faire un effort ne l'a pas fait hormis donc pour le parc de Zakouma, qui est un parc où seuls peuvent se rendre les diplomates et les gens fortunés. Ce sont ainsi de très gros moyens déployés par l'UE pour payer des expatriés et des locaux qui en plusieurs années ont prouvé à mon ONG que la motivation principale des hauts fonctionnaires locaux du ministère de l'Environnement était avant tout l'appât du gain et pas du tout l'amour de la faune sauvage.

– Concrètement, comment faites-vous pour tenter de stopper le braconnage ?

– Nous renforçons notre présence actuellement sur les deux zones à éléphants pour les surveiller avec les communautés locales, et nous communiquons aussi en permanence avec la brigade mobile que nous orientons sur le terrain lorsqu'il y une alerte.

– Il a été constaté une recrudescence d'éléphants dits « délinquants », en réalité de jeunes éléphants qui ont assisté aux massacres de leur famille et qui, n'ayant plus de repères sociaux, se réunissent en bandes et agressent hommes et animaux. Avez-vous fait ce constat sur place ?

– Oui, tout à fait. Tous les mois des villageois sont tués, chargés par les éléphants qui sont effectivement des survivants de ces massacres. Ce sont de jeunes bêtes traumatisées qui prennent leur revanche sur les hommes. Ma vie au Tchad est constituée d'histoires fascinantes et très tristes à la fois. En 2010, je suis arrivée sur un site où il y avait de très nombreuses carcasses d'éléphants dont beaucoup de têtes coupées. Parmi les cadavres, il y avait une femelle en lactation allongée au sol, sa trompe avait été sectionnée. Je me suis demandé où était le bébé et j'ai commencé à faire des recherches. Rien, volatilisé. J'ai pensé qu'il était décédé, abandonné dans la brousse. Finalement, des paysans m'ont dit qu'un éléphant avait survécu au carnage, qu'il était blessé et que tous les jours il revenait sur les carcasses porter son deuil en boitant. Cette histoire m'a rendue folle de colère. Avec mon vétérinaire, nous avons pris l'initiative de le soigner. Seulement nous n'avions pas d'anesthésiant sous la main et, le temps que nous en trouvions, l'animal avait tué un paysan. Un drame terrible pour sa famille comme pour cet éléphant que nous avons finalement retrouvé mort des suites de ses blessures. Devant ces tragédies qui hélas se répètent constamment, je ressens à chaque fois beaucoup de peine et d'aigreur. Impossible dans ces cas-là de ne pas penser à ceux qui arborent fièrement de belles voitures acquises à ce prix-là.

Un devoir sacré

– Que vous inspirent l'éléphant et la nature sauvage africaine ?

– Les éléphants m'inspirent beaucoup de respect et d'admiration mais aussi une immense tristesse. Respect parce que j'admire leur sens de la famille, leur sagesse, la cohabitation millénaire que ces deniers entretiennent avec la nature. L'immense chagrin, c'est de savoir qu'au Tchad, ils sont menacés de mort imminente. Outre l'impact du braconnage, il y a également le manque total de planification de l'espace dans la plupart des régions rurales et, de ce fait, les paysans sont installés sur les corridors, empêchant les éléphants d'accéder aux points d'eau. Je ne sais pas comment on va s'en sortir sans que l'État nous écoute davantage et donne des moyens réels à la seule ONG qui se sera réellement préoccupée de cette espèce.

Il y a quelques années, lorsque j'ai commencé à les protéger, j'étais plus animée par un souci de faire quelque chose de bien pour le Tchad qui est un pays que j'aime. J'ai toujours aimé la faune sauvage. Aujourd'hui je suis littéralement amoureuse des éléphants, quasiment « connectée » à eux. S'ils sont en danger, je le ressens et je ne suis rassurée que lorsque le danger s'est éloigné. Certains Tchadiens m'appellent *'Amma fils* (la maman éléphant). C'est vrai que je les considère comme mes enfants et je me battrai de toutes mes forces pour les protéger. J'espère de tout cœur que ce sera le combat d'une vie car je sais que nous pouvons encore les sauver à condition de recevoir l'aide nécessaire et d'être entendus.

– Aujourd'hui, la vision occidentale des animaux a changé avec les découvertes scientifiques. Quel regard portez-vous sur cette évolution ? Pensez-vous qu'elle va contribuer au fil du temps à modifier plus généralement nos rapports avec eux ?

– Je ne pense pas que le regard des humains ait fondamentalement changé. Nous sommes une poignée de « fous » à nous intéresser à la cause animale, mais lorsque je constate les exactions faites tous les jours sur les animaux – les abattoirs, l'expérimentation animale, les tueries de mammifères marins, le trafic d'Ivoire… – par des citoyens d'États prétendument civilisés, je ne pense pas que le règne animal soit enviable. Les animaux, dans la nomenclature juridique, sont au service de l'humain et l'humain est encore cette espèce qui se croit tout permis. Les animaux n'ont pas vraiment de droits. Il faudrait pour cela une charte universelle des animaux où figurerait le droit à la non-torture, au respect, à la dignité. On en est très loin et d'ailleurs il suffit de regarder les chiffres qui font état des projections sur la biodiversité dans quelques années pour se rendre compte que c'est une catastrophe[5].

– Beaucoup de sociétés traditionnelles vivent en harmonie avec les animaux et la nature. Qu'en est-il en Afrique, coincée désormais entre tradition et modernité ?

– Les Africains des campagnes savent cohabiter avec les éléphants et d'une manière générale avec la faune sauvage, mais ils sont de plus en plus nombreux à partir dans les villes et pour certains perdent tout contact avec la nature et deviennent méprisants pour cette dernière. Leurs standards de mode de vie sont ceux du monde de la consommation. Je ne crois pas que ces « citadins d'un nouveau genre » se retrouvent dans un pareil univers, car ils sont sans cesse en quête de nouveaux biens. Au Tchad, certains d'entre eux me font penser à des nouveaux riches et quand ils prennent des vacances, ce n'est pas dans le village en brousse mais en Europe ou ailleurs, dans les grandes cités. Cet état d'esprit est la raison pour laquelle je passe à leurs yeux pour une excentrique car l'activité que je mène au sein de SOS Éléphants m'oblige à vivre en brousse dans des conditions spartiates.

– Modifier nos regards et nos comportements vous semble-t-il envisageable quand la nature représente si peu de chose au regard des lobbies, des économistes et des systèmes institutionnels ?

– Oui, il faut modifier nos comportements, mais encore faudrait-il que les pouvoirs publics suivent et prennent surtout conscience que l'environnement n'est pas l'affaire de groupes marginaux mais que de la survie de la nature va dépendre notre propre survie. Si des espèces comme les éléphants disparaissent d'Afrique, l'impact sur l'équilibre et la sauvegarde de certains écosystèmes va être conséquent. On sait aujourd'hui que certaines plantes ne peuvent en effet germer et être transportées que dans le tube digestif des éléphants. Je ne crois pas qu'on ait vraiment mesuré toutes les conséquences de ce qui est en train de se passer. Rares sont les leaders des pays africains qui ont reçu une éducation environnementale leur permettant de mesurer les catastrophes qui se préparent. Il faut que les Africains prennent leur destin en main, et dans le cadre de la protection des éléphants et des rhinocéros, les autorités doivent être très sévères. Malheureusement, on se rend compte que les pénalités infligées aux braconniers et trafiquants d'ivoire sont dérisoires. À quand le sursaut de l'Unité africaine pour protéger leur culture et la faune sauvage ?

– L'éducation environnementale dès le plus jeune âge pourrait contribuer à ce que les humains prennent conscience de la catastrophe qui se prépare et qui est déjà amorcée : un monde où la biodiversité va disparaître, où des millions de citoyens seront sans abri du fait des catastrophes climatiques qui vont se multiplier, où les océans seront vides et où les ours polaires vont mourir engloutis par les eaux résultant de la fonte des glaciers. Le productivisme est allé trop loin. Il faut changer nos modes de vie, arrêter cette frénésie de consommation qui détruit tout sur son passage et n'apporte pas plus de bonheur aux individus. Il faut que les éléphants d'Afrique survivent dans un cadre qui est le leur : celui de leur habitat originel. Nous avons hérité de ce devoir de transmettre cette nature sauvage à ceux qui vont nous succéder. C'est un devoir sacré.

*

Lettre à l'éléphant

« Monsieur et cher éléphant, (...) À mes yeux, monsieur et cher éléphant, vous représentez à la perfection tout ce qui est aujourd'hui menacé d'extinction au nom du progrès, de l'efficacité, du matérialisme intégral (...). Il semble évident aujourd'hui que nous nous sommes comportés tout simplement envers d'autres espèces, et la vôtre en particulier, comme nous sommes sur le point de le faire envers nous-mêmes. (...) Dans notre existence frustrée, limitée, contrôlée, répertoriée, comprimée, l'écho de votre marche irrésistible, foudroyante, à travers les vastes espaces de l'Afrique, ne cesse de me parvenir et il éveille en moi un besoin confus. Il résonne triomphalement comme la fin de la soumission et de la servitude, comme un écho de cette liberté infinie qui hante notre âme depuis qu'elle fut opprimée pour la première fois. J'espère que vous n'y verrez pas un manque de respect si je vous avoue que votre taille, votre force et votre ardente aspiration à une existence sans entrave vous rendent évidemment tout à fait anachronique. Aussi vous considère-t-on comme incompatible avec l'époque actuelle. Mais à tous ceux parmi nous qu'écoeurent nos villes polluées et nos pensées plus polluées encore, votre colossale présence, votre survie, contre vents et marées, agissent comme un message rassurant. Tout n'est pas encore perdu, le dernier espoir de liberté ne s'est pas encore complètement évanoui de cette terre, et qui sait ?

si nous cessons de détruire les éléphants et les empêchons de disparaître, peut-être réussirons-nous également à protéger notre propre espèce contre nos entreprises d'extermination. (...)

Il y a des gens qui, bien sûr, affirment que vous ne servez à rien, que vous ruinez les récoltes dans un pays où sévit la famine, que l'humanité a déjà assez de problèmes de survie dont elle doit s'occuper sans aller encore se charger de celui des éléphants. En fait, ils soutiennent que vous êtes un luxe que nous ne pouvons plus nous permettre. C'est exactement le genre d'arguments qu'utilisent les régimes totalitaires, de Staline à Mao, en passant par Hitler, pour démontrer qu'une société vraiment rationnelle ne peut se permettre le luxe de la liberté individuelle. Les droits de l'homme sont, eux aussi, des espèces d'éléphants. Le droit d'être d'un avis contraire, de penser librement, le droit de résister au pouvoir et de le contester, ce sont là des valeurs qu'on peut très facilement juguler et réprimer au nom du rendement, de l'efficacité, des "intérêts supérieurs" et du rationalisme intégral. Dans un camp de concentration en Allemagne, au cours de la dernière guerre mondiale, vous avez joué, monsieur et cher éléphant, un rôle de sauveteur. Bouclés derrière les barbelés, mes amis pensaient aux troupeaux d'éléphants qui parcouraient avec un bruit de tonnerre les plaines sans fin de l'Afrique et l'image de cette liberté vivante et irrésistible aida ces concentrationnaires à survivre. Si le monde ne peut plus s'offrir le luxe de cette beauté naturelle, c'est qu'il ne tardera pas à succomber à sa propre laideur et qu'elle le détruira... Pour moi, je sens profondément que le sort de l'homme, et sa dignité, sont en jeu chaque fois que nos splendeurs naturelles, océans, forêts ou éléphants, sont menacées de destruction. C'est ainsi, monsieur et cher éléphant, que nous nous trouvons, vous et moi, sur le même bateau, poussés vers l'oubli par le même vent puissant du rationalisme absolu. Dans une société vraiment matérialiste et réaliste, poètes, écrivains, artistes, rêveurs et éléphants ne sont plus que des gêneurs ».

Romain Gary, *Le Figaro littéraire*, mars 1968.

*

3

Compagnons au long cours

Prajna Chowta-Gautier

> « La grandeur d'une nation et ses progrès moraux peuvent être jugés à la façon dont elle traite ses animaux. »
>
> Mahatma Gandhi

Née au Ghana, de parents indiens de la communauté bunt, Prajna Chowta-Gautier décide après ses études de renouer avec ses racines. Elle vit aujourd'hui à Dubare, dans une exploitation agricole au cœur d'un parc national au sud-ouest de l'Inde. Elle est une des rares femmes *mahout* ou dresseuses d'éléphants.

– Qu'est-ce qui vous a conduite à vous rapprocher des éléphants ?

– C'est un cheminement un peu compliqué. J'ai fait des études d'anthropologie à la School of Oriental and African Studies, à l'université de Londres. À travers ces études, j'ai ressenti le poids de l'héritage colonial sur la perception, la description des cultures « étrangères » par les Européens. Je ne reconnaissais pas ma culture dans les descriptions et les analyses des anthropologues occidentaux qui sont considérés comme les grands maîtres de cette discipline. Pour moi, cela restait toujours le regard d'un étranger, un peu faux, avec une tentative insidieuse de s'approprier intellectuellement le sujet. Après cela, j'ai eu besoin de retourner à mes sources, et en tant qu'Indienne, mes sources, c'était d'aller vivre avec des tribus dans la forêt. Les étrangers ne le savent pas souvent, mais il y a de très nombreuses tribus en Inde qui appartiennent à des groupes très anciens et encore très à part de la société majoritaire indienne. Je suis allée vivre dans une tribu dont certains hommes travaillent avec les éléphants : les *mahout*. J'ai été fascinée par la relation complexe, intuitive et très ancienne qui lie les *mahout* aux éléphants en Inde depuis au moins quatre mille ans. C'est ce sur quoi je me suis penchée tout d'abord et j'ai appris ce métier. Et puis, j'ai vite compris que ce qui est vraiment intéressant dans le couple homme-éléphant, c'est l'animal. L'éléphant suscite des impressions, des émotions très étonnantes chez les êtres humains, parce qu'il est un animal extrêmement puissant, intelligent et sensible. Et, encore une fois, le regard qu'on porte sur lui reste un regard d'étranger, un étranger qui veut absolument définir en ses termes ce qu'est un éléphant mais en est au fond incapable. Il vaut mieux ne rien dire, regarder, toucher. Le travail de *mahout* est une bonne façon de les comprendre. Ça prend des années. Ça a quelque chose d'initiatique. Les *mahout* ne sont pas du tout des intellectuels et certains parviennent à comprendre ce qu'est un éléphant. Mais ils n'en parlent pas. Ils savent qu'on ne peut pas l'expliquer.

– Comment votre vision de cet animal a-t-elle évolué au fil du temps ? Quelles ont été pour vous les étapes essentielles de cette évolution, les grands bouleversements ?

– Mon intérêt pour l'éléphant a toujours été la relation intuitive qu'on peut avoir avec lui. Plus qu'un intérêt pour un animal symbolique en voie de disparition et qu'il faut sauver. Avec le temps et l'expérience, très progressivement, je pense m'être approchée d'une perception plus juste de l'animal, sentir davantage comment il pense, selon ses besoins et les facultés qui sont les siennes. Il n'y a pas eu d'étapes décisives. Seulement des petits signes qui m'ont fait comprendre que j'étais sur la bonne voie et qui ne s'expliquent pas. C'est tout. Et je me sers de cette expérience pour trouver des méthodes appropriées qui peuvent aider à leur conservation. J'ai publié un livre, *Elephant Code*

Book, qui permet de mieux comprendre l'animal en fonction de mon expérience personnelle et de multiples données rigoureuses sur sa biologie, son alimentation, son comportement, ses maladies, etc.

– En quoi votre découverte de cet animal, de l'animal et de la nature en général, a modifié votre regard sur l'homme ?

– La découverte de cet animal n'a pas modifié mon regard sur l'homme qui est davantage un prédateur qu'un créateur. Heureusement qu'il y a quelques exceptions. Mais tant que l'homme pensera qu'il est propriétaire de la Terre, de la nature dont il sait si peu même s'il a beaucoup appris, des animaux qu'il détruit si bien mais qu'il est toujours incapable de créer, et même de protéger, j'aurai peu d'admiration pour lui.

Un patrimoine national fragile

– Où en est la protection de l'éléphant en Inde ? Quelle est la situation avec les populations locales ?

– La protection de l'éléphant en Inde est une priorité nationale soutenue par une législation solide adoptée depuis 1972, appliquée par le Département des forêts et défendue vigoureusement par un certain nombre d'associations. Le pays compte vingt-cinq mille à vingt-huit mille éléphants sauvages pour quarante mille, quarante-cinq mille en tout dans les treize pays d'Asie concernés. Toutefois, à l'échelle d'une espèce, cela est très peu. En comparaison, il y a quatre cent mille à cinq cent mille éléphants en Afrique. Le gouvernement de l'Inde a désigné l'éléphant comme « animal du patrimoine national » il y a quelques mois. L'autorité (Central Zoo Authority) qui contrôle les zoos et les cirques a décidé en 2011 de replacer tous les éléphants de ces établissements dans leur habitat naturel, une décision courageuse, pas simple à exécuter, mais qu'aucun autre pays n'a prise à ce jour alors qu'on sait très bien que c'est la seule solution pour les seize mille éléphants d'Asie captifs qui se reproduisent peu ou pas du tout en captivité. Bien entendu, cela ne se passe pas sans problème. La surpopulation et le développement pèsent énormément sur l'habitat des éléphants. Les agriculteurs empiètent illégalement sur la forêt, les politiciens corrompus accordent des licences à des entreprises pour l'exploitation des ressources naturelles dans les réserves. Certaines sociétés outrepassent les limites qui leur sont accordées (une société française de ciment bien connue était ciblée à ce sujet dans le Nord-Est récemment).

Alors les éléphants se retrouvent plus souvent face aux hommes et à leurs méthodes : coups de fusil, empoisonnement, électrocution à l'aide de câbles suspendus à des lignes à haute tension, appâts piégés à l'explosif, sans parler des points d'eau pollués, des routes et voies ferrées, etc. Pourtant, un véritable intérêt pour la vie sauvage s'est développé depuis quelques années : le tourisme écologique (même s'il ne l'est pas toujours), les étudiants qui s'attellent à des travaux sur les espèces animales sauvages, les médias qui relaient l'information sur ce sujet sont des signes encourageants. La notion de protection de la vie sauvage selon des termes, disons, « modernes » s'est beaucoup développée. Je crois que l'apparition des chaînes de télévision américaines National Geographic et Discovery Channel y est pour quelque chose auprès du grand public. La situation politique dans le Nord-Est est plus complexe et la protection des espèces plus délicate. Dans le Sud, la situation est meilleure sans être parfaite. Et s'il doit rester dans un siècle ou deux une population d'éléphants d'Asie viable, c'est dans les forêts du Tamil Nadu et du Karnataka où je travaille.

– Pourriez-vous me parler de la place de la nature et des animaux dans le mode de vie au quotidien comme dans la philosophie de la culture dans laquelle vous vivez ?

– Les animaux ont toujours occupé une place particulière dans la culture indienne : tout le monde ou presque a entendu parler de Ganesha, le dieu à tête d'éléphant, ou Hanuman, le dieu singe, et il y a d'innombrables animaux, et des éléphants en particulier, dans les textes fondateurs de notre culture. Les grandes philosophies qui sont nées dans ce pays, le bouddhisme, le jaïnisme, prônent un respect de toute forme de vie, y compris animale et végétale. L'hindouisme a repris certains de ces principes. Ce qui est radicalement différent du christianisme, c'est qu'il n'y a pas de hiérarchie entre les dieux, les humains et les animaux. Dans l'hindouisme, les dieux et les héros prennent parfois des formes animales, ou mi-humaines, mi-animales. Les hindous sont donc capables de vénérer des divinités animales – d'ailleurs, la majorité des Indiens sont végétariens –, mais ils sont aussi capables de les détruire pour les motifs les plus bas. Dans l'esprit de beaucoup de gens, le statut d'une divinité à forme animale et celui de l'animal réel sont souvent dissociés, même si on évite soigneusement de heurter une vache ou un singe en conduisant sa voiture, et si par malheur un accident arrive, on se précipite dans un temple pour obtenir un pardon. La place de l'animal dans la culture, dans la religion, a certainement joué un rôle fondamental dans la conservation des espèces à travers les siècles. Il faut savoir que les premières lois pour la protection des forêts et des éléphants sauvages datent de l'Empire maurya, trois cents ans avant l'ère chrétienne. Ce sont des choses profondément inscrites dans la culture. Mais cela ne change pas les problèmes de terrain, de conflits de territoire, de développement urbain, industriel, qui se sont amplifiés dans le même temps avec l'adoption d'une société de consommation. Ce développement de la société, la pollution ont un effet néfaste sur la survie de nombreuses espèces aujourd'hui.

Le jaïnisme a mené une réflexion profonde sur la perception humaine de la nature. Une parabole jaïne bien connue l'illustre d'ailleurs de façon amusante : « Six aveugles croisent un éléphant sur un chemin. Curieux, chacun d'eux le touche pour tenter de l'identifier. Le premier touche le flanc et pense que c'est un rocher. Le second touche une défense et pense que c'est une lance. Le troisième touche la trompe et pense que c'est un serpent. Le quatrième touche une patte et pense que c'est un arbre. Le cinquième touche une oreille et pense que c'est un éventail.

Le sixième touche la queue et pense que c'est une corde. Ainsi, les six aveugles reprennent leur chemin en débattant, chacun persuadé qu'il a raison et que les autres ont tort. »

La relation de l'homme à la nature sous la forme d'une hiérarchisation des espèces est un héritage judéo-chrétien. Le fameux article de Lynn White, « Les racines historiques de notre crise écologique » (1967), est probablement le premier texte qui expose cette analyse. La Genèse dit que « c'est par la volonté de Dieu que l'homme exploite la nature pour atteindre ses propres fins ». Le christianisme est certainement le système le plus anthropocentrique qui soit. Les chrétiens se sont donc investis de cette révélation et on exploité l'environnement de façon irresponsable. Toute la pensée occidentale est déterminée par ces principes. De la même manière que dans leur for intérieur, la plupart des Occidentaux se sentent supérieurs aux Africains, aux Indiens, aux Chinois. C'est l'héritage colonial.

On peut gommer ces aspects aujourd'hui dans le langage officiel, faire des lois pour éviter les excès, mais on ne refait pas l'histoire et les cultures. Voyez comment dans les documentaires sur la nature, la vie sauvage, le présentateur ou le scientifique de service pose toujours un regard paternaliste sur le site, la culture ou l'animal qu'il présente. Certains scientifiques ne se désignent-ils pas comme « inventeurs » d'une espèce qu'ils ont découverte ? Alors quand on voit des Indiens se prosterner devant un animal comme ils le font parfois aux pieds des éléphants, on comprend qu'on est dans une autre aventure humaine, avec une lecture du monde radicalement différente. Le bouddhisme, le jaïnisme ont fait des principes de cette relation à la nature depuis vingt-six siècles. Mis à part le système religieux que je ne partage pas, ces philosophies sont sûrement les modèles du genre les plus éprouvés. Cela n'a pas empêché les réfugiés tibétains de couper tous les arbres des terres que leur a accordées le gouvernement indien, d'appauvrir les sols par des cultures inadaptées ou de polluer les nappes phréatiques avec des engrais chimiques. Ils descendaient de leurs montagnes à la suite de leur terrible exode. On peut leur pardonner. Par contre, le pipal, ou *Ficus religiosa* sous lequel le Bouddha atteignit l'illumination il y a deux mille six cents ans, lui, est encore debout !

– Aujourd'hui, les publications sur l'intelligence, les émotions des animaux sont beaucoup plus fréquentes que voilà quinze ou vingt ans. Concernant les éléphants, quelles ont été les grandes découvertes de ces dernières années sur leur comportement ?

– Le gros du travail a été réalisé par des scientifiques anglais et américains en Afrique à partir des années 60. Des pionniers comme Iain Douglas-Hamilton, puis Cynthia Moss ou encore Joyce Poole ont bénéficié de moyens et de circonstances exceptionnels pour étudier le comportement des éléphants en Afrique et pour développer des méthodes d'étude novatrices, sur leur structure sociale, leur communication, par exemple. Or, si les éléphants d'Afrique ont des différences biologiques avec l'éléphant d'Asie, au niveau du comportement les similitudes sont très fortes, et donc les méthodes élaborées en Afrique s'adaptent bien à l'étude des éléphants d'Asie. Pourtant, l'étude du comportement n'est pas ce qui a primé en Asie jusqu'à présent. Les priorités ont été portées, et c'est bien naturel, sur l'étude des populations afin de parer à la diminution de l'espèce. Mais il y a un autre facteur, c'est que l'éléphant d'Afrique est – en dehors du cyclotis, ou éléphant d'Afrique dit « de forêt » qui est minoritaire – un animal de savane, facilement repérable et observable. Au contraire, l'éléphant d'Asie est un animal de forêt, formant des groupes plus restreints et difficiles à repérer et observer dans la végétation. Les conditions ne sont donc pas idéales pour l'étude comportementale, bien que des éthologues s'y penchent peu à peu.

La grenouille et le scorpion

– Qu'est-ce qui selon vous peut ou va faire progresser la société occidentale dans sa vision de la nature ?

– Je ne crois pas à un changement global spontané de civilisation. Les hippies et leur *flower power*, le retour à la terre des années 70, les ashrams pour jet-setters… voilà les « grands mouvements prometteurs » auxquels on a pu assister depuis cinquante ans. Qu'en reste-t-il ? Il me semble que dans la société occidentale, la nature est réduite à deux fonctions primaires : nourrir la population (agriculture, élevage) et la distraire (passer des vacances dans un beau site). Mais je crois l'humanité capable de se nourrir de produits entièrement artificiels et de se distraire dans un cadre complètement virtuel. D'ailleurs, la majeure partie de la population est aujourd'hui concentrée dans les villes, nourrie de produits profondément transformés de qualité souvent très médiocre et avec la télévision et Internet pour seule fenêtre ou presque sur le monde. Nous sommes déjà très avancés sur ce chemin. Alors pourquoi irait-on engager des ressources précieuses à protéger la nature ? Et qui est prêt à payer la facture ? Si j'ai bien compris, dans une société essentiellement économique, tout acte doit être rémunérateur. Si la nature peut prendre la valeur d'un produit commercialisable, alors oui. Sinon, elle est condamnée.

Bien entendu, ce que j'avance ici, je le déplore profondément, mais ça me semble le scénario le plus probable. Alors, me demanderez-vous, pourquoi se consacrer à la protection des animaux si j'estime que l'avenir est compromis ? Eh bien, parce que justement c'est ma nature – comme le dit le scorpion dans cette histoire : « Un scorpion veut traverser une rivière et comme il ne sait pas nager, il s'adresse à une grenouille. “Tu n'y penses pas, répond la grenouille, si je te laisse monter sur mon dos, tu me piqueras et je mourrai. – C'est absurde, rétorque le scorpion. Si je te pique, tu mourras et je me noierai !” L'argument convainc la grenouille qui le laisse monter sur son dos et se met à nager. Mais au beau milieu de la rivière, le scorpion pique la grenouille. Frappée par le poison, la grenouille demande avant de mourir: "Mais pourquoi as-tu fait ça ? – C'est plus fort que moi. C'est ma nature", répond le scorpion. » Je fais donc ce que je veux même si ce n'est pas ce que je devrais faire. Il y a sûrement une part d'égoïsme : je profite de ces merveilles tant qu'elles existent encore. Enfin, et c'est aussi une raison valable, il n'y a pas plus attachant qu'une cause perdue.

– Et une éducation environnementale à grande échelle, cela vous semblerait une solution ?

– L'éducation, certainement. C'est essentiel et ça ne fâche personne. Mais il y a surtout deux sujets qu'il faudrait aborder et dont on ne parle jamais parce qu'ils sont tabous, et pour cause : nous sommes trop nombreux sur la planète et il faudrait réduire la population humaine ; nous consommons trop et il faut apprendre à vivre de peu. Évidemment, il n'y a pas un leader politique (ou religieux) prêt à assumer ce discours. Notre système économique est fondé sur un principe de croissance perpétuelle. Vous connaissez quoi que ce soit de perpétuel, d'inépuisable, vous ? Je vis dans un pays qui comptait trois cents millions d'habitants en 1950, et qui approche aujourd'hui de 1,2 milliard. Pour le moment, ça crée de la main-d'œuvre bon marché, des hordes de consommateurs et ça booste l'économie. Mais après ? Si vous aviez la même densité de population en France, vous seriez deux cent quarante millions ! Parleriez-vous encore d'« entraide », de « société harmonieuse et symbiotique » ? Quels engagements environnementaux peuvent encore tenir dans ces conditions ?

– Nombreux sont désormais les ethnologues à penser que nos sociétés devraient s'ouvrir davantage à la vision des sociétés traditionnelles proches de la nature. Qu'en pensez-vous ?

– Il faut démystifier le rapport des peuples premiers à la nature. Je me sens très mal à l'aise par rapport à cette notion qui me semble romantique, elle-même issue du XVIIIe siècle avec le mythe du « bon sauvage ». Je crois qu'on peut trouver autant d'exemples de tribus qui ont chassé certaines espèces jusqu'à extinction que d'autres qui ont su prélever une quantité raisonnable pour préserver des ressources vitales. Jared Diamond, dans son livre *Effondrement*, expose divers cas de sociétés qui ont survécu ou péri selon des gestions responsables ou suicidaires de leurs ressources naturelles.

Effectivement, un questionnement profond de la conception occidentale de l'environnement et des remèdes qu'elle propose ne peut se faire sans aller examiner les modèles proposés par d'autres philosophies, d'autres cultures. Pourtant ce n'est pas ce qui est en train de se passer, puisque au contraire, les modèles d'économie, d'exploitation des ressources naturelles, d'urbanisation, de techniques agricoles, de consommation qui se répandent aujourd'hui dans le monde sont ceux développés en Occident. Les promoteurs de l'agriculture biologique ou organique sont aujourd'hui les dissidents héroïques et minoritaires du système. Les associations qui alertent l'opinion sur les questions d'environnement, missionnaires d'une nouvelle religion verte, sont souvent sponsorisées par des groupes industriels qui pratiquent à grande échelle le contraire de ce que ces associations professent.

Je ne doute pas que l'humanité soit suffisamment intelligente pour se sauvegarder – au moins pour une partie d'entre elle – de crises fatales de l'environnement. Mais elle préservera de la nature ce qui est nécessaire pour son ventre et son bon plaisir, pas pour sa conscience.

4

Génération de la réparation

Olivia Mokiejewski

« Quand l'homme n'aura plus de place pour la nature, peut-être la nature n'aura-t-elle plus de place pour l'homme. »

Stephan Edberg

Olivia Mokiejewski, la trentaine vaillante, est une solide nature. Journaliste télévisuelle après des débuts en presse écrite, spécialisée dans l'environnement et les animaux, elle sillonne le monde pour, à travers des films[1], témoigner de l'état de la planète, révéler au plus grand nombre les efforts de ceux qui travaillent à une solidarité planétaire. Elle n'a jamais eu besoin d'enseignement particulier ni de la carte d'un parti écologique pour ressentir au plus profond d'elle le lien vital qui court entre l'homme et la nature et par conséquent l'irresponsabilité à ignorer et détruire ce sauvage. Elle pourrait d'ailleurs aisément reprendre pour elle la supplique du naturaliste et artiste genevois Robert Hainard : « J'ai l'infini à ma portée, je le vois, je le sens, je le touche, je m'en nourris et je sais que je ne pourrai jamais l'épuiser. Et je comprends mon irrésistible révolte lorsque je vois supprimer la nature : on me tue mon infini[2]. »

Olivia fait partie de cette génération de la prise de conscience et plus encore de la réparation, de ces jeunes qui ont perdu depuis longtemps l'insouciance de leurs aînés. À vingt ans, à trente ans, difficile de vivre avec légèreté dans ce monde-là. Un monde infernal et consumériste où les ours polaires se noient, où les abeilles deviennent sourdes et aveugles au langage des fleurs, où les aliments ont perdu toute saveur, tuent la Terre et les hommes plus qu'ils ne les nourrissent. Un monde de contradictions : plus les médias étalent chaque jour dans les journaux et sur les écrans leur somme de catastrophes sanitaires, sociales et écologiques, plus la société appelle à la surconsommation. Quel autre choix pourraient avoir certains de cette génération sinon celui de réinventer une vie dans des conditions plus appropriées, de se bouger avant qu'il soit trop tard ?

De l'économie à l'écologie

Pour comprendre quelque chose à ce monde de fous, il aura d'abord fallu à Olivia commencer par décrypter l'une des composantes majeures de ce qui a contribué à le construire et à le détruire : l'économie. « Jeune journaliste économique, j'ai suivi à mes débuts le quotidien de la finance et des assemblées générales, les scandales financiers, les économies vertes, explique-t-elle lors de notre entrevue. Au final, je me suis très vite rendu compte avec stupeur que tout ce grand barnum, tous ces traders aux allures de robot dans les salles de marché bradaient la planète au plus offrant avec une irresponsabilité effrayante, incapables d'intégrer dans leurs calculs et leur système de pensée l'idée même d'une limite dans l'exploitation des ressources naturelles. Pourtant, sans ces ressources, plus de production, plus de cotation, plus d'économie, plus rien. Conscients sans aucun doute de la fragilité de ce système, les maîtres de ce monde n'ont qu'une priorité : s'enrichir le plus possible, prendre tout très vite, avant les autres, avant qu'il ne soit trop tard. Demain n'existe pas. Les autres non plus. » Découvrant l'exploitation accélérée des trésors de la planète, l'esprit de domination des uns sur les autres, le partage inégal des pouvoirs et des richesses, trop de déshumanisation, d'aberrations, elle quitte l'économie pour l'écologie.

« Le progrès aujourd'hui, est-ce que ce n'est pas plutôt d'essayer de voir les choses autrement, de bâtir un monde où ce qu'on produit ne nous tue pas, où économie rime avec écologie, où la Terre peut nourrir tout le monde, où on se réapproprie son humanité, ses rêves, où on recrée un lien avec la nature ? Nous avons vendu notre âme pour une société de surconsommation qui ne nous rend pas heureux. Avoir trois télés chez soi, c'est super, mais du coup on ne communique plus. On peut manger de la viande tous les jours, mais à quoi bon, ça nous fait plus de mal que de bien. Un milliard trois cent mille tonnes de nourriture sont gaspillées chaque année dans le monde, nous jetons un tiers de ce que nous produisons et neuf cent cinquante millions de personnes souffrent de la faim. Nous consommons les téléphones portables, les fringues, les babioles en tout genre comme des cacahuètes, comme les antidépresseurs dont notre pays est si friand. Nous travaillons très dur pour obtenir tout ça, nous nous endettons. Je suis une enfant de cette société en plastique, du jetable, du paraître. Je n'avais jamais rien connu d'autre mais un jour j'ai voulu que ça change. Le toujours plus a fini par m'écœurer. On fait n'importe quoi, alors autant se le dire et trouver une solution. Je suis une femme moderne, plutôt *fashion*, *shopping addict* repentie, et je suis plus heureuse aujourd'hui en explorant et en contemplant la beauté du monde qu'en accumulant des choses qui ne servent à rien. J'ai vendu et donné une grande partie de mes vêtements, j'essaie de limiter mes achats, que je fais la plupart du temps dans des vide-greniers et des friperies.

« J'ai l'immense chance de partager mon temps avec des gens formidables et courageux qui risquent parfois leur vie pour protéger un bout de terre, sauver quelques gorilles, se battre contre des braconniers. Des soldats de la nature dont la mission profite autant aux hommes qu'aux animaux. Aujourd'hui, je fais mon possible pour les aider. Mon outil principal c'est la caméra, l'image. Informer, donner envie aux gens de se mobiliser, d'aimer cette nature, ce monde sauvage. Leur faire comprendre qu'il y a urgence, que ce qu'il y a de plus beau, de plus important dans notre monde est en train de disparaître, que ça nous concerne tous. Partout dans le monde, on fait taire ceux qui dénoncent les scandales écologiques, c'est une guerre pour la vie qui a lieu en ce moment, mais seuls, les ONG, les défenseurs de l'environnement, ne peuvent pas gagner. Les lobbies sont trop forts, les intérêts économiques trop importants.

« Ce combat est vital, ce n'est pas l'obsession de quelques Occidentaux gâtés, bobo, écolo… Garantir aux populations une gestion durable de leurs ressources, empêcher que leur eau ne soit polluée, protéger leurs forêts, leurs arbres fruitiers, leur sol, leurs animaux pour développer le tourisme sont autant de priorités pour lutter contre la pauvreté et la misère. En 2050, nous serons neuf milliards, nous n'avons plus le choix. Je reste optimiste et j'y crois à fond, c'est à nous de décider. Je n'oublie pas que quelques personnes ont suffi à renverser des dictatures. Il n'y a pas de combat plus universel que celui-ci. Quelles que soient nos idées politiques, notre position sociale, notre nationalité, notre couleur, nous avons tous le même intérêt : veiller sur cette grande maison dont nous sommes tous colocataires. »

Plus tard, sans doute, quand la vie aura été vécue, acheter des terres pour les préserver : voilà une idée qui chemine doucement en elle. Pour l'heure, la priorité est ailleurs : peser pour bousculer, agir, empêcher l'inacceptable, jouer les contre-pouvoirs, guider les jeunes, ouvrir le champ à d'autres modèles de pensée et d'action, moderniser l'image de l'écologie devenue ennuyeuse et culpabilisatrice, inciter à l'écovolontariat qui mène sur le terrain là où l'expérience, plus vive, marque les esprits.

« Je ressens le devoir et l'urgence à agir tout simplement parce que la nature disparaît et que c'est un constat que je fais depuis des années dans l'exercice de mon métier. Quand je survole une forêt en Indonésie ou en Amérique du Sud et que deux jours plus tard je constate qu'elle a disparu ; quand je vois des animaux braconnés, des océans pollués, le choc est violent. Ce n'est pas de la fiction, c'est beaucoup plus concret qu'un discours, une série de chiffres et de graphiques. C'est la réalité, c'est le monde dans lequel je vis et tout cela a un goût très amer. Dans la disparition des espèces animales et végétales, il y a ce côté irrémédiable qui me dérange. Des endroits qui étaient préservés de l'urbanisation et qui deux ans plus tard ne le sont plus. Il n'y aura malheureusement bientôt plus aucun endroit au monde qui n'aura pas subi l'empreinte de l'homme et où l'on pourra se réfugier… »

Des hommes et des femmes de bonne volonté

« Un jour, à l'occasion d'un festival à Dubaï, j'étais dans un hôtel au fin fond de l'océan Indien, en plein désert. Je vais me baigner dans la mer et en ressortant, je constate que j'ai sur moi des traces d'hydrocarbure. Aussitôt, je vois arriver un employé de l'hôtel qui m'apporte avec le sourire des lingettes spécialement fabriquées pour enlever le pétrole. Je le regarde ensuite se précipiter un peu plus loin pour retirer de l'eau des poissons morts avec le sentiment du devoir accompli. J'ai trouvé ça surréaliste. À ce rythme, on se dit que la prochaine étape, ce sera très certainement le scaphandre pour respirer. Or le bonheur de nager dans une eau pure, de respirer un air non toxique, de manger une alimentation saine, de voir encore des animaux sauvages ailleurs que dans les musées et les zoos, c'est autant de liberté qu'on nous retire et c'est inadmissible. »

Aucun plan de carrière, pas la moindre inclination à suivre les modes : Olivia Mokiejewski sait seulement que lorsqu'elle croise le regard d'un animal, marche dans une nature encore intacte, respire les embruns ou l'humus, elle participe à se maintenir en vie, corps et âme, et que cette conscience d'être au monde la rend plus responsable encore, plus douce et prévenante à l'égard de la vie.

« Je crois vraiment au fait qu'il existe une corrélation entre le bien-être de la planète et le bien-être humain, que nous avons en nous cette nature et que tout ce qui nous en éloigne nous détruit à petit feu, crée en nous un vide immense que nous tentons ensuite de combler par une surconsommation effrénée. Dans les ONG, il y a souvent d'anciens braconniers, bûcherons ou trafiquants. Tous m'ont confié être aujourd'hui fiers de ce qu'ils font, plus heureux, même s'ils gagnent moins d'argent qu'auparavant.

« Plus on se détourne de la Terre, plus nous créons une civilisation du mal-être. Nous ne sommes pas biologiquement constitués pour vivre dans des villes surpeuplées. Personnellement, j'y étouffe. En revanche, lorsque je me retrouve à vivre pendant plusieurs semaines dans des conditions spartiates au milieu de la nature, curieusement je n'ai besoin de rien. Je retrouve un état naturel qui m'apaise. Ces derniers mois, j'ai suivi le travail de Valentin et Svetlana Pajetnov[3], un couple de biologistes qui vit à Boubonitsy, un hameau perdu à quatre cents kilomètres au nord-ouest de Moscou. Ils vivent au cœur de la taïga russe et recueillent des oursons bruns orphelins victimes de la chasse et condamnés à périr. Ils ne parlent pas en présence des oursons, portent des gants et une capuche pour masquer leur odeur afin d'éviter l'imprégnation. Il neige six mois de l'année et les températures peuvent atteindre moins quarante. Le confort est sommaire, les pannes d'électricité fréquentes. L'essentiel de la nourriture provient du potager, du lac et de la forêt. Des repas simples mais exquis. Une vie quasi en autarcie où on construit tout avec ses mains. J'ai partagé le quotidien de cette famille modeste, unie et passionnée, et je n'ai jamais été aussi heureuse. Il n'y a chez les Pajetnov aucun discours, aucune idéologie. Ils m'ont prouvé qu'on pouvait vivre naturellement au milieu des animaux sauvages, au cœur de la forêt sans éprouver le moindre manque. Je les admire beaucoup et ils sont devenus pour moi un modèle. Je fais ce que je peux pour être en accord avec moi-même mais je ne suis pas parfaite. Je ne sais pas si je vivrai un jour comme eux, mais ce qui est sûr, c'est que je ne vivrai plus jamais comme avant.

« Née dans une société d'assistés, je ne savais ni cuire un œuf ni coudre un bouton, totalement dépendante de cette société de consommation qui, à la manière d'une secte, nous enlève tout discernement, toute marge de liberté et de créativité, qui nous induit en erreur en nous répétant chaque jour que pour être, il faut avoir. Et si encore tout ça nous rendait satisfaits, épanouis, en bonne santé mais même pas ! Les hôpitaux et les cabinets de médecins débordent de gens malades et dépressifs. Des maladies de civilisation qui alimentent l'économie. J'ai découvert le plaisir d'apprendre à cuisiner et à manger autre chose que ces plats industriels coûteux et mauvais pour la santé, à me débrouiller avec trois fois rien, ces petites choses qu'on devrait apprendre à l'école. »

Plus Olivia se libère de l'encombrement et de la possession, plus son rapport à la vie et aux autres s'approfondit. Plus elle retrouve cette simplicité de l'enfance au contact des êtres et de la nature, plus elle garde les pieds sur terre, rattrape le temps perdu à courir après des chimères. L'enfance, par où tout commence, celle qu'on oublie pas, qui continue de pulser en soi jusque tard. Des animaux, une maison-refuge, un équilibre entre la ville et la montagne grenobloise.

« Fille unique, les animaux ont été mes premiers partenaires de jeu. Cet éveil sensoriel auprès d'eux explique sans doute l'attirance naturelle que j'ai aujourd'hui pour leurs mondes. La conscience que je mangeais des animaux, je l'ai eue seule, sans que personne ne dicte ma conduite. À un moment, j'ai juste trouvé ça étrange et j'ai décidé de m'en passer. J'ai parfois du mal à comprendre nos relations avec les animaux. Certaines femmes achètent du parfum et des vêtements à leur chien, portent des manteaux de fourrure… J'essaye d'avoir un rapport sain et naturel aux animaux, sans excès, en faisant attention au piège de l'anthropomorphisme. J'ai vécu des moments merveilleux à leur côté, instauré un lien, tenté de communiquer avec un éléphant, un gorille, ou un ours, et c'est tout simplement magique. On partage cette Terre avec eux, les respecter s'impose.

« Beaucoup d'entre nous ne les voyons que comme des objets dépourvus d'émotions et d'intelligence, une bonne façon de n'éprouver aucune culpabilité en les exploitant ou en les torturant. Nous naissons avec cet amour spontané pour les animaux – quel enfant n'est pas émerveillé face à eux – et puis nous grandissons. Il devient suspect, voire ridicule d'éprouver de la compassion pour une autre espèce que la nôtre. Pourquoi ? Notre cœur d'adulte est-il trop petit pour aimer à la fois les hommes et les animaux ?

« Les animaux, c'est la part de rêve qui nous reste, ils sont source de mystère et de connaissance, possèdent cette simplicité dans le contact et la vie avec la nature que nous avons perdue. Ce qui me fascine chez eux, c'est que ce sont les seuls à pouvoir nous servir de miroir. Au fond, ne sont-ils pas là aussi pour nous interroger sur nous-mêmes, nous donner tout simplement une leçon de vie, une leçon d'envie ? »

5
Le vivant manipulé

> « Ne prenons pas des airs de demi-dieux ou même de démiurges, là où nous n'avons été que de petits sorciers. »
>
> Jean Rostand

J'ai rencontré l'écrivain et ancien pilote automobile – et accessoirement lanceur d'alerte – Hans Ruesch en 1995. Il habitait un appartement qui donnait sur le lac Lugano en Suisse. Le printemps était froid, l'homme, de noir vêtu, avait fière allure. Étonnant personnage à propos duquel on me disait à l'époque qu'il ne fallait pas être vu en sa compagnie sous peine de perdre définitivement toute crédibilité journalistique. Un chemin de vie dont certains diront qu'il s'est éparpillé – nécessité typiquement française de catégoriser par peur de ne pas identifier – quand d'autres y verront une façon de comprendre le monde et peut-être de se révéler à sa propre histoire.

Les années 30. Après une enfance passée en Italie, des études de droit à l'université, il devient pilote de formule 1 pour les écuries Alfa Romeo et Maserati, vit un temps aux États-Unis, remporte près de quarante courses et met un terme à sa carrière lorsque en 1954, une sortie de route emporte la vie d'un spectateur. Bouleversé, il se réfugie alors dans l'écriture et devient un auteur à succès. Ses livres, pour la plupart des best-sellers, sont adaptés au cinéma. Ruesch est un homme comblé. Jusqu'au jour où il rencontre par hasard une personne qui lui révèle les conditions d'utilisation des animaux dans les laboratoires de l'époque. Suspicieux, Ruesch part fouiller les archives médicales dans les universités et les bibliothèques de Londres, New York, Paris et Zurich pendant cinq ans. Il est sceptique, il veut des preuves. Il en aura.

L'ouvrage qu'il publie en 1976 à Milan, *Imperatrice Nuda*[1], cite une multitude d'expériences contestables perpétrées dans le domaine de la recherche médicale et pharmacologique depuis le début du siècle, tant sur les hommes que sur les animaux. Dès sa parution en Italie, c'est une déferlante de réactions sans précédent. En moins d'une semaine, l'ouvrage de Ruesch occupe la une de tous les quotidiens. Après la presse, le public réclame des comptes au gouvernement. Deux semaines plus tard, l'éditeur est obligé de retirer l'ouvrage du marché, plusieurs procès en diffamation s'abattant sur l'écrivain. Par le sérieux de ses sources, il les gagne tous et devient la bête noire de la recherche médicale et le chef de file du mouvement international d'opposants à l'expérimentation animale.

À toutes les époques, des voix comme la sienne se sont élevées. Pour dire l'innommable, pour pointer surtout le doigt sur cette facilité – et ses dangers – à ouvrir la boîte de Pandore à partir du moment où toutes les libertés sont permises sur les bêtes. Mais, c'est bien connu, aux vérités on préfère les propos modérés, plus rassurants. De la crédulité au scepticisme forcené, c'est du pareil au même. Le philosophe Jean-Pierre Dupuy a montré que l'humain n'est pas capable de parvenir à croire aux dangers qui pèsent sur notre espèce[2]. C'est ce qui explique pourquoi les gouvernements sont incapables d'anticipation. Pourquoi on nous a fait croire pendant longtemps que la Terre était plate, l'esclavage utile à l'économie, la femme moins intelligente que l'homme, les pesticides et le nucléaire sans danger.

De l'Antiquité à l'ère de Myc Mouse

L'expérimentation animale a commencé dans l'Antiquité, s'est développée avec la naissance de la médecine scientifique à la fin du XVIIe siècle, a généré une solide économie, des libertés et des habitudes confortables. Je ne rentrerai pas ici dans le détail d'un sujet aussi vaste, je l'ai fait par le passé dans un livre qui a nécessité une longue enquête. Pour comprendre, il m'aura fallu remonter aux origines mêmes de la médecine et de la recherche scientifique en passant par le développement de la protection animale et sa portée ainsi que les apports ou non de l'expérimentation animale dans chaque discipline. Il est impossible de généraliser et celui qui prétend le contraire est de mauvaise foi.

Pour autant, plus la science progresse, plus la pratique de l'expérimentation animale soulève de nouvelles réflexions. Tant sur le problème de la barrière des espèces – en recherche génétique et toxicologique – que sur le statut même de l'animal qui évolue avec le temps. De fait, la question de savoir s'il faut encore faire subir des expériences sur les animaux n'a jamais été plus actuelle.

Plusieurs centaines de millions d'animaux sont utilisés chaque année dans le monde à des fins diverses et variées. Dans l'enseignement supérieur, la recherche médicale, industrielle, agroalimentaire, pharmaceutique, cosmétique ou militaire ; dans le but de comprendre nos comportements – ce qui suscite la colère, l'amour ou le sommeil –, pour former des étudiants, mettre au point un médicament, fabriquer un vaccin, un cœur artificiel ; pour s'efforcer d'obtenir des informations sur nos propres maux – du cancer au diabète en passant par la dépression et l'obésité ou l'alcoolisme ; pour estimer la toxicité potentielle dans l'organisme d'un produit cosmétique, d'un colorant alimentaire, d'un détergent, d'un pesticide, avant qu'ils soient mis sur le marché, ou encore la tolérance d'une prothèse orthopédique ou d'un fil de suture. Le principe étant d'évaluer les effets indésirables et de tenter d'extrapoler ensuite les résultats à l'homme, avec tous les problèmes que cela suppose[3].

Les exploitations sont donc multiples : apprécier l'impact d'une usine chimique sur l'environnement, l'emploi d'un explosif ; préparer une sortie dans l'espace, une plongée en eau profonde ; peaufiner un rayon laser, un gaz de combat ; confirmer une hypothèse scientifique ; et aussi réaliser des prouesses, par exemple la fécondation artificielle, dont les premières tentatives chez la femme ont été précédées de travaux sur la reproduction des rongeurs, puis sur celle des animaux de ferme. Ou encore élaborer la transgenèse qui consiste à modifier le patrimoine génétique d'un animal en y insérant des gènes humains, de façon à le rendre le plus proche possible de l'homme. Nous y voilà.

Depuis longtemps, la recherche crée des modèles animaux pour étudier des maladies humaines, comprendre le vivant et le contrôler. Il est très difficile et coûteux de faire de la transgenèse. Pour une expérience réussie, on compte en général une centaine d'échecs. Quant aux animaux ainsi obtenus, la plupart ont des handicaps conséquents (stérilité, déficience immunitaire, anomalies de développement, décès précoce…) mais qu'importe. Tout commence en 1973. Les deux généticiens Stanley Cohen et Herbert Boyer viennent alors de réussir à introduire un fragment de gène étranger dans une bactérie, marquant ainsi le début de l'intervention humaine directe dans le programme génétique des espèces. Désormais, l'homme possède le pouvoir de « réinventer la vie » en manipulant les gènes de toutes les créatures vivantes ; il est capable de créer de nouvelles espèces végétales et animales. Ce qui était lié au hasard des mutations devient programmable. On peut aujourd'hui introduire n'importe quel fragment d'ADN dans le génome des animaux : soit dans les gamètes (ovules ou spermatozoïdes) avant fécondation, soit directement dans l'œuf fécondé. Les méthodes sont variées. L'une d'elles consiste à introduire un gène isolé dans un embryon et à faire en sorte qu'il soit ensuite exprimé chez l'animal et transmis à sa descendance.

Ainsi, dès 1982, grâce aux gènes de l'hormone de croissance, les chercheurs ont obtenu des animaux plus grands ou plus gros. En 1984, des scientifiques créent à l'université de Harvard, à Boston, la célèbre Myc Mouse, une souris transgénique dotée d'un oncogène humain (un gène capable d'induire une division anormale des cellules, à l'origine de l'apparition d'une tumeur). La firme chimique DuPont l'achète, puis réclame un brevet. Branle-bas de combat chez les écologistes et les intellectuels : on se révolte à l'idée de voir le vivant breveté et coté en Bourse. En 1992, après de multiples rebondissements devant les tribunaux, la loi donne finalement raison aux arguments économiques et scientifiques. L'animal transgénique est donc désormais un objet en bonne et due forme dont on dispose, un bien sans statut, sans droits, conçu légalement par et pour l'expérience scientifique. Un animal objet à qui l'on peut greffer un ou plusieurs gènes impliqués dans une maladie humaine, dans le but d'étudier leur rôle dans cette pathologie et de tester les médicaments susceptibles d'en venir à bout.

Nains, géants, diabétiques, immunodéprimés, portant un gène de cancérisation, atteints de maladies dégénératives, capables de développer du cholestérol : du singe à la souris, les animaux se prêtent à toutes sortes de manipulations génétiques. Il y a des années, la transgenèse a permis de modifier le sexe d'embryons de souris. Ailleurs, des chercheurs ont réalisé une expérience consistant à créer une souris dont le sang était devenu celui d'un rat[4]. C'est en 1993 que le premier cochon doté d'un cœur recouvert de protéines humaines a vu le jour dans le but d'être un jour transplanté chez l'homme sans que le système immunitaire de ce dernier ne le rejette[5]. On estimait alors à 6 milliards de dollars par an le profit que l'on tirerait des quatre cent mille xénogreffes envisagées. « À introduire de l'animal en l'homme et de l'homme dans la bête, expliquait à l'époque Jacques Testart, on réduit les espaces de liberté biologique qui fondent l'un et l'autre comme espèces distinctes. Cette démarche est d'essence totalitaire. Il ne s'agit pas de respecter religieusement l'état acquis par la nature à un moment donné de l'évolution, mais d'observer que, si nous soumettons la vie animale et la vie humaine à tous nos projets industrieux, à tous nos désirs de durer et de régner, nous devrons assumer aussi les conséquences de cet arbitraire. C'est-à-dire l'expansion de pouvoirs arbitraires dans la gestion des sociétés humaines. »

Repousser toujours plus loin les limites

Voyons maintenant du côté du clonage. Couramment utilisé pour les végétaux, le clonage a ensuite été étendu aux animaux, d'abord les batraciens puis les mammifères. Il consiste à obtenir plusieurs individus génétiquement identiques à partir d'un même embryon. En février 1995, les laboratoires français de l'Institut national de la recherche agronomique à Jouy-en-Josas (Yvelines) ont ainsi fait naître cinq jeunes veaux. Objectif : une sélection rapide des meilleures races d'élevage, une production plus élevée d'animaux performants, pour un coût moindre. Mais la technique du clonage a vraiment fait un bond en avant avec la naissance de Dolly, en juillet 1996, annoncée aux médias en février 1997, dans une ferme-laboratoire écossaise. Cette agnelle est née de la fusion entre une simple cellule de peau prélevée sur les glandes mammaires d'une brebis et l'ovule d'une autre brebis à laquelle on avait ôté préalablement le noyau, sans l'intervention d'un spermatozoïde ; l'embryon ainsi obtenu avait ensuite été placé dans le ventre d'une troisième brebis, qui avait joué le rôle de « mère porteuse ».

L'utilisation croissante de clones dans l'agriculture (et aussi en sylviculture) aura été une cause importante de perte de biodiversité par l'appauvrissement génétique des espèces. Sans compter la fragilité des animaux ainsi obtenus, souffrant une vie de misère imposée par nos fantasmes. Une misérabilité constatée il y a peu[6]. Depuis Dolly, des milliers d'animaux ont été clonés, jusqu'au clonage issu d'animaux morts comme cette lignée née d'une souris congelée depuis seize ans.

En 2005, dans le cadre des recherches sur la thérapie génique, des chercheurs ont réussi à introduire des cellules souches cérébrales humaines chez des singes[7] dans l'idée de traiter des maladies affectant le cerveau humain. Problème. D'une part, les animaux ne semblent pas être des modèles adéquats pour reproduire des maladies humaines du fait des différences biochimiques existant entre les espèces (l'expression des gènes est différente). D'autre part, et si l'on en croit le comité de réflexion constitué d'une vingtaine de chercheurs et de spécialistes de l'éthique qui a suggéré de freiner le développement de telles expériences, ces tests sur animaux seraient susceptibles de créer un « esprit » proche de l'humain dans le corps d'un animal. Modifiant les compétences mentales de l'animal, c'est aussi son « statut moral » qui serait transformé.

En juin 2011, Jacques Attali publie un article dans lequel il évoque une autre expérience et s'inquiète des conséquences : « Une équipe de chercheurs argentins, qui avait déjà su cloner une vache capable de produire de l'insuline, vient d'introduire simultanément deux gènes humains dans le génome d'un mammifère : une vache a reçu deux gènes humains contrôlant la production du lait maternel chez la femme ; ils permettront au lait de cette vache de contenir de la lactoferrine et du lysozyme, deux protéines très abondantes chez la femme et presque absentes chez la vache, favorisant chez les enfants qui en consommeront l'assimilation du fer, la fabrication des globules rouges, le développement des dents et de certaines cellules intestinales[8]. » Attali remarque le progrès et salue l'objectif. Pour autant, il s'alarme, s'interroge sur l'éthique et pose les mêmes questions que d'autres chercheurs se sont posées en 1975 déjà, à Asilomar, au cours d'une grand-messe réunissant le top de la recherche en génétique pour deviser sur la portée et la morale de telles entreprises. Réunion qui n'a pas empêché le brevetage du vivant en 1993. « Le lait d'une telle vache sera-t-il consommable sans risque ? poursuit Attali. Une vache ainsi clonée et modifiée génétiquement est-elle encore une vache, ou bien constitue-t-elle l'amorce d'une nouvelle espèce animale ? A-t-elle une dimension humaine ? Enfin, consommer sa viande serait-il cannibale ? » D'une chimère à l'autre, il s'interroge aussi et à juste titre sur les créations originales de la recherche dont on n'a pas fini de parler dans les années à venir et qui conduiront là encore à des dérives : « La rencontre de l'informatique, de la génomique, des nanotechnologies et des neurosciences permettra à l'homme de créer d'autres espèces, ultrahumaines, hyperhumaines. »

Une fois les connaissances acquises et mises à la disposition de tous, qu'est-ce qui empêche le pire d'être commis ? Janine M. Benyus s'interroge à juste titre à propos du biomimétisme et des capacités de l'homme à détourner systématiquement le meilleur : « Je ne peux m'empêcher de me demander quelle utilisation nous ferons de ces nouveaux modèles et procédés. Il ne s'agit pas là d'une vaine inquiétude. La dernière invention biomimétique vraiment connue fut l'avion (les frères Wright avaient observé les vautours pour apprendre les nuances de la traînée et de la portance). En 1903, nous volions comme les oiseaux pour la première fois et, en 1914, nous larguions des bombes depuis le ciel[9]. » La question est donc de savoir dans quel monde nous voulons vivre. L'auteur français, exilé aux États-Unis, Marguerite Yourcenar voyait dans les animaux et la nature sauvage des partenaires capables de nous rappeler les fondements mêmes de la vie, un miroir tendu révélant dans notre manière de les traiter notre degré de conscience, un moyen de nous enseigner, de poser des limites.

*

« Je vais vous dire quelque chose dont je ne sais si c'est une fable ou une information, mais qu'importe. Il paraît qu'au fin fond de l'Australie est une tribu d'Aborigènes qui accomplit un incessant rituel accompagné de non moins incessantes incantations, jour et nuit, sans un moment de répit, et cela depuis la nuit des temps. Pourquoi font-ils cela ? Pour préserver la vie du monde. Pour garder le monde vivant. Ces gens sont convaincus que s'ils oubliaient un seul jour, une seule minute d'inscrire leurs gestes et leurs mots sacrés dans l'espace, la fin du monde surviendrait à l'instant (...) Que savons-nous de ce qui nous maintient en vie ? »

Henri Gougaud

*

Épilogue

> « Ce qui meurt aujourd'hui, ce n'est pas la notion d'homme, mais une notion insulaire de l'homme, retranché de la nature et de sa propre nature ; ce qui doit mourir, c'est l'auto-idolâtrie de l'homme, s'admirant dans l'image pompière de sa propre rationalité. »
>
> Edgar Morin

Le dernier éléphant au Congo est mort, huit milliards d'animaux sont abattus aux États-Unis pour les besoins alimentaires – soit un million par heure –, deux cents millions par la chasse et huit à dix millions pour la fourrure ; la crise des combustibles fossiles a fragilisé l'économie mondiale, des conflits pour les ressources naturelles sont envisagés et dans cinquante ans les forêts telles que nous les connaissons aujourd'hui encore, naturelles, auront probablement été rayées de la carte. Mais nous avons créé des singes vert fluorescent, des souris qui gazouillent, des oiseaux dont on peut contrôler les mouvements par ordinateur[1] et une caverne sous la surface de la terre pour y enfouir nos déchets nucléaires censés être en sécurité pendant cent mille ans[2]. Le battage politico-médiatique autour du réchauffement climatique, les discours sombres et moralistes des grands apôtres de l'écologie autant que les batteries de chiffres complexes publiées pour traduire les services économiques rendus par la « biodiversité », intitulé froid et abstrait remplaçant désormais la nature sauvage, ont engendré en réaction une lassitude dans les esprits et, pis encore, la naissance d'une foule de détracteurs.

Au diable les mots du Zarathoustra de Nietzsche : « Restez fidèles à la terre », les prévisions de certains futurologues nous envisagent un autre avenir : un monde « connecté ». De la circulation automatisée sur les axes routiers aux robots et logiciels personnalisés pour nous assister au quotidien en passant par les systèmes électroniques de reconnaissance et de géolocalisation qui nous permettront de rester en contact les uns avec les autres en continu et d'être surveillés en permanence, il s'agit d'un monde virtuel dans lequel nos alter ego, sorte de clones ou d'avatars, vivront les vies que nous aurions voulu vivre, où la mort n'existe pas, où l'on peut contrôler son existence et nouer des échanges virtuels qui ne blessent pas à la façon du jeu Second Life. Cette vie-là sera, nous dit-on, plus importante que le réel.

Et la nature sauvage dans tout ça ? Le sauvage, antonyme de *civilis*, si souvent défini par la barbarie alors qu'en réalité, étymologiquement, il s'agit de « celui qui habite la forêt ». Un monde en soi, refuge de l'animalité. Existera-t-il encore quelques îlots sauvages retranchés, à l'abri, pour s'y enfuir comme jadis au Moyen Âge afin d'échapper au rouleau compresseur de la société, ou bien ces espaces deviendront-ils des lieux mythiques qui n'existeront et ne survivront qu'à travers contes et légendes pour libérer les esprits ?

J'ai commencé à m'informer en suivant un principe d'enfant : ne jamais croire à ce qu'on nous dit. Toujours étonnée des idées reçues répétées en boucle comme les saints sacrements. Plus passionnée par la réalité de l'Inquisition que par le mythe des saintes reliques, par les conditions de l'élevage industriel que par les rayons entiers de livres sur l'art d'accommoder le veau de printemps ; plus déterminée à honorer les lanceurs d'alertes et les infiltrés que les guides religieux, les stars de pacotille et les sportifs enrubannés de marques publicitaires. Pour autant, mes prises de conscience se sont faites par étapes, mes jobs ont permis ça. Il y a le devoir de l'action ou le déni de la réalité, la complaisance et l'art d'escamoter les problèmes, les discours consensuels. Tant d'hypocrisie, de petits arrangements. Où sont les vrais héros ? Qui fait de nous des impuissants ?

Pendant longtemps, mon métier m'a contrainte à masquer mes émotions pour privilégier la fameuse « objectivité » par peur de ne pas être jugée « crédible ». Et puis les priorités changent. Le temps passe, il presse. Je revendique aujourd'hui pleinement cette sensibilité. L'urgence de ne plus se diluer dans des complaisances indignes. Chaque jour, la nature sauvage, celle qui résiste en nous ou ailleurs malgré nous, quel que soit le théâtre que l'on joue, me rappelle à l'essentiel. « Combien de temps encore vais-je tout avaler et faire comme si rien ne s'était passé ? écrit le poète Peter Turrini. Combien de temps encore vais-je écouter tout le monde et moi-même, la mine aimable, m'oublier ? (...) Il est si difficile de dire la vérité quand on a appris à survivre par l'amabilité[3]. »

Il y a vingt ans, il fallait s'excuser d'« aimer » les animaux, la nature. Celui qui affichait cette tendance était méprisé, il avait failli à sa mission d'adorer en priorité son espèce et de se consacrer à des affaires sérieuses. Un abominable idiot, on vous dit. Bien qu'il existât déjà des chercheurs et penseurs passionnants pour bousculer la pensée dominante, cette dernière régnait, écrasante de condescendance. Il était mal vu d'accorder une conscience aux animaux comme il était discutable de repositionner l'homme à sa juste place dans la nature. Je me souviens avoir eu beaucoup de mal à publier certains articles consacrés à la condition animale qui aujourd'hui font recette en librairie. Désormais, les journaux ne sont plus seuls détenteurs de l'information, les industriels, les politiques et les comités d'experts ont de plus en plus de mal à nous faire avaler leurs mensonges. Les agents provocateurs ont gagné en crédibilité et les chercheurs ont évolué.

Lentement, la tendance s'est inversée. Année après année, des études, des articles, des conférences, des films et des livres ont fleuri un peu partout pour réunir enfin une majorité audacieuse énonçant haut et fort qu'il n'y a pas de coupure entre l'homme et l'animal, que le propre de l'homme n'a plus lieu d'être et que la nature et ses ressources ne sont pas exploitables à souhait comme nous l'avaient indiqué les religions monothéistes et la pensée industrielle. Le train est-il donc en marche pour de bon, dans la continuité des pionniers qui avait péniblement tracé la voie ? Allons-nous enfin pouvoir évoluer vers autre chose qu'une société marchande qui détruit tout sur son passage, hommes et animaux ? Il paraît que ce n'est qu'au-delà d'un certain degré de culture que l'homme peut inventer un nouveau contrat naturel avec la vie.

Au grand cirque social et au scepticisme, j'ai toujours préféré la patience des arbres et des oiseaux témoins. Au virtuel et à l'organisé, l'eau du ciel sous la gouverne du vent, ses ramages et par terre des ruisseaux qui courent. Avec la forêt tout autour, sa musique et ses odeurs. La nature demeure ma boussole quand le monde des hommes m'étouffe. Entre les textes religieux ambivalents, idéologiques et l'autosatisfaction d'un humanisme sectaire qui a validé le système dans lequel on tente aujourd'hui de survivre, définitivement je préfère l'éclat froissé du jour dans le miroir des flaques, les herbes foulées par des évolutions sans visage, la terre qui fermente. Cette nature qui réveille des souvenirs d'enfance.

On pourrait croire que ceux-ci ne pèsent pas grand-chose face à ce système bâti sur la fièvre de l'économie. Ces réminiscences-là ont pourtant du poids, une importance, elles nous empêchent de nous incliner, nous guident dans nos choix : ce sont nos assurances vie. D'où la nécessité à enseigner la nature aux enfants et plus encore à les immerger à son contact pour gagner en empathie, en capacité à anticiper. Si la prétention et l'inculture ont été à l'origine de bien des aveuglements et des méprises, l'humilité, le questionnement et le sentiment d'appartenance à cette Terre pourraient être une voie d'accès au bon sens. Certains l'ont déjà compris.

« Avec l'humilité revient aussi le sentiment de "reconnexion", souligne joliment Gauthier Chapelle, celui qui nous rend à nouveau attentifs aux plantules entre les pavés, aux cris des oiseaux de passage, à l'araignée dans l'encoignure de la fenêtre ; celui qui nous fait enfin sentir que nous partageons le même air, la même eau, ou les mêmes atomes de carbone que les ammonites, les dinosaures avant nous ou les petits-enfants de nos arrière-petits-enfants. Nous rappeler notre ascendance, c'est nous conduire à prendre du recul sur notre civilisation industrielle. Nous souvenir de la jeunesse de notre espèce par rapport à l'ancienneté des fougères, c'est nous permettre de nous réconcilier avec nous-mêmes. Penser notre avenir avec nos pairs humains aidés de nos grandes cousines baleines, nos petites-cousines orchidées et nos aïeux bactériens, c'est nous rassembler autour d'"objets-art" et de cocréations – au lieu de cultiver nos peurs. Lever les yeux vers la canopée, caresser la violette odorante, écouter le travail silencieux de fixation du carbone des arbres, épaulés par leurs champignons, c'est nous amener à sortir de ce sentiment d'impuissance face à l'ampleur de la tâche, à sentir que nous ne sommes pas seuls pour retrouver le chemin de notre planète. Et accoucher collectivement d'un monde nouveau[4]… »

En somme, prendre soin de la vie, rester fidèles à nos racines, aux aguets. Demeurer sauvages de nature.

*

« Entre l'animal domestiqué, consommé sans état d'âme dans un hamburger, et la vie exclusivement humanisée, se glisse le trouble des animaux "apprivoisés" ou dits " de compagnie ", que l'on ne consomme pas et qui avivent ce sentiment obscur où se tissent des liens filandreux avec la lointaine sauvagerie qui ne nous lâche jamais. C'est un lion, non un mouton, qui frappe les armoiries, les drapeaux, les étendards des régions les plus septentrionales, où jamais un tel félidé n'a vécu en dehors des jardins zoologiques. C'est l'aigle et non le pigeon domestique qui fut emprunté à une nature restée sauvage et noble, afin d'en transférer cette illusion à des nations très fières d'elles-mêmes. C'est l'ours que l'on dresse dans les foires, le compagnon si approprié des gens du voyage qui persistent à assumer nos aspirations au nomadisme des peuples chasseurs. Dans un sombre recoin de notre inconscience, cette liberté nous dérange, cette familiarité à l'animal sauvage attise une jalousie inavouable, véritable ressort d'un ressentiment dont on cherche de futiles prétextes pour le dissimuler. La liberté de la nature incarnée par l'animal sauvage ou par l'humanité nomade ne nous effraie pas, elle nous dérange profondément, parce qu'elle nous fascine et attise notre "nostalgie des origines". »

Marcel Otte et Pierre Noiret

*

Notes

PROLOGUE

1. « Sommes-nous entrés dans le siècle de la grande résistance ? », *Nouvelles Clés*.

I. RÉINVENTER LE LIEN

Introduction

1. Romain Gary, *La nuit sera calme*, Gallimard, Folio, 1984.
2. Gretel Ehrlich, *La Consolation des grands espaces*, 10/18, 2006.
3. Romain Gary, *Les Racines du ciel*, Gallimard, 1956.
4. Propos de Raphaël Matta. *Le petit futé Côte d'Ivoire*, par Élodie Vermeil, Dominique Auzias, Jean-Paul Labourdette, Nouvelles éditions de l'université, 2008.
5. Romain Gary, *La Promesse de l'aube*, Gallimard, Folio, 2009.
6. Jack London, *Le Fils du loup* (1900), *L'Appel de la forêt* (1903), *Croc-Blanc* (1906), tous parus au Livre de Poche.
7. Dans *Que ma joie demeure*, paru en 1935, Jean Giono définit un nouveau « contrat naturel » et propose de redécouvrir la nature par sa beauté, et pas seulement l'envisager dans un esprit utilitaire, de « réinventer une économie mystique avec elle ».
8. Romain Gary, *La nuit sera calme, op. cit.*
9. Entretien avec Jean-Marie Pelt, *Nouvelles Clés*, n° 40.
10. À lire de Jean-Marie Pelt : *La Solidarité chez les plantes, les animaux,*

les humains, Fayard, 2004 ; *La Raison du plus faible*, avec la collaboration de Franck Steffan, Fayard, 2009 ; *Les Dons précieux de la nature*, Fayard, 2010.

11. Pierre Kropotkine, *L'Entraide, un facteur de l'évolution*, Sextant, 2010.

12. « Sommes-nous entrés dans le siècle de la grande résistance ? », art. cit.

13. Yves Christen, *L'animal est-il une personne ?*, Flammarion, 2009 ; Marc Bekoff, *Les Émotions des animaux*, Payot, 2009.

14. « Emotional reactions of rats », *Journal of Comparative Psychology*, nº 52, 1959.

1. À l'école des goélands

1. Boris Cyrulnik et Émile Noël, *De la parole comme d'une molécule*, Seuil, 1995.

2. Boris Cyrulnik, *Un merveilleux malheur*, Odile Jacob, 1999.

3. Daniel Goleman, *L'Intelligence émotionnelle*, Robert Laffont, 1997.

2. Nos compagnons de toujours

1. Le psychanalyste et philosophe Erich Fromm a proposé le premier cette théorie de la biophilie, ou amour de la vie, l'opposant à l'amour de la mort, la nécrophilie, deux grandes tendances à l'œuvre selon lui chez l'homme.

2. À noter également la présence de jouets animaux présents dans la vie des enfants depuis longtemps : lions et lévriers articulés en Égypte, hochets en forme d'oiseaux à Rome jusqu'aux chevaux médiévaux et aux oursons du début du XXe siècle. Cf. Lionel Rossant et Valérie Villemin, in *Si les lions pouvaient parler*, Boris Cyrulnik (dir.), Gallimard, 1998.

3. Cf. Karine Lou Matignon, *Sans les animaux, le monde ne serait pas humain*, Albin Michel, 2003.

4. Fayçal El-Ghoul, « Enfermer et interdire les fous à Paris au XVIIIe siècle : une forme d'exclusion ? », *Cahiers de la Méditerranée*, 69, 2004, http://cdlm.revues.org/index796.html.

5. Gail Melson, *Les Animaux dans la vie des enfants*, Payot, 2009.

6. Ou *pet-oriented child psychotherapy* (thérapie infantile orientée vers l'animal) qui deviendra la « thérapie assistée par l'animal ».

7. Ange Condoret, *L'Animal compagnon de l'enfant*, Fleurus, 1973.

8. Cf. le documentaire *Parle avec les dauphins*, de Dani Menkin et Yonatan Nir, Hey Jude Productions, Micha Productions, Yonatan Nir Films. Voir aussi le centre Dolphin Reef d'Eilat à http://www.dolphinreef.co.il.

9. Ange Condoret, *L'Animal compagnon de l'enfant*, *op. cit.*

3. *Des « fauves » et des papillons*

1. Cf. Samuel B. Ross et J. R. Purdue, *The Extraordinary Spirit of Green Chimneys*, West Lafayette, Indiana, University Press, 2011.
2. Cet entretien a été réalisé par mail tout au long de l'année 2011.
3. Selon le site du Vanderbilt Kennedy Center (Nashville, Tenessee), www.vanderbilt.edu.
4. Selon le docteur Dr Katarina Weinehall de l'université d'Umeå (Suède) qui fait référence au colloque « Les hommes et la violence à l'égard des femmes », palais de l'Europe, Strasbourg, 7-8 octobre 1999.

4. *Enfance à réconcilier*

1. Notamment sur Internet. Cf. à ce sujet l'article « Droit animal, éthique et sciences », dans la revue trimestrielle de la Fondation LFDA, n° 69, avril 2011.
2. *In* Gail Melson, *Les Animaux dans la vie des enfants*, *op. cit.*
3. *Ibid.*
4. Aux États-Unis, l'histoire de la protection animale est liée à la protection des enfants depuis le début du XIXe siècle. Aujourd'hui encore, l'Americain Human Association conserve des mandats joints pour défendre à la fois les enfants et les animaux.
5. Le réseau le plus connu et le plus efficace à ce jour est le DVERT de Colorado Springs, qui réunit police, société de protection animale, protection de l'enfance, procureur, prévention de la violence. Cf. Gail Melson, *Les Animaux dans la vie des enfants*, *op. cit.*
6. Jean Decety, *Empathy*, MIT Press, 2012.
7. Jean Guilaine et Jean Zammit, *Le Sentier de la guerre. Visages de la violence préhistorique*, Seuil, 2001.
8. « Droit, animal, éthique et sciences », art. cit.
9. Cité dans « Les leçons de la violence. Les réponses des politiques jeunesse à la violence quotidienne », par Ingrid Ramberg, rapporteur d'un symposium consacré à la violence au Centre européen de la jeunesse de Budapest, 28-30 octobre 2002.
10. Gail Melson, *Les Animaux dans la vie des enfants*, *op. cit.*
11. Jean-Claude Michéa, *L'Enseignement de l'ignorance et ses conditions modernes*, Climats, 1999.
12. Jeremy Rifkin, « La civilisation empathique », allocution prononcée devant la British Royal Society for the Arts, 15 mars 2010.

13. Cité par Laurent de Bartillat et Simon Retallack, *Stop*, Seuil, 2003.

14. Joël de Rosnay, « Valeurs féminines pour construire un monde », www.agoravox.fr, 2005.

5. L'École de la nature

1. Frans de Waal, *L'Âge de l'empathie*, Les Liens qui libèrent, 2010.

2. Élisabeth Marshall-Thomas, *La Vie secrète des chiens*, R. Laffont, 1995.

3. Jane Goodall et Philip Berman, *Le Cri de l'espoir*, Stanké, 2000. Aujourd'hui les instituts Jane Goodall comptent trente-huit bureaux à travers le monde (en France, www.janegoodall.fr).

4. Archibald Belaney, *Un homme et des bêtes*, Souffle d'Or, 2009.

5. Le refuge est situé en Abitibi, au Québec, près de la ville d'Amos (www.refugepageau.ca). Il existe un film consacré à Michel Pageau, *Il parle avec les loups*, Office national du film du Canada, www.onf.ca/loups ; voir aussi Françoise Perriot, *Michel Pageau, trappeur. J'ai entendu pleurer la forêt*, Seuil, 2008.

6. Deux documentaires sur le sujet : *Dans la peau de l'ours* de Catherine Garanger, 2000, et *Les Oursons de Boubonitsy* de David Perrier, 2012. La citation est tirée du récit de Valentin Pajetnov, *Avec les ours*, Actes Sud, 1998.

7. Cité par la revue de la LFDA, n° 118, juillet 2011.

8. Charles Coocoo, « Les animaux dans la culture autochtone », *Relations*, juillet-août 2001.

9. Jean-Pierre Raffin, *Planète vie, planète mort*, Livre collectif, Cerf, 2005.

10. Le castor géant d'Amérique a disparu en 1880 du fait d'une chasse trop excessive. Même chose pour le couagga, une espèce de zèbre qui s'est éteinte à la même époque des suites de sa chasse intensive. En Amérique du Nord, le pigeon migrateur évoluait par groupes comprenant plusieurs millions d'individus ; en 1915, victime d'une chasse trop importante, l'espèce fut complètement éradiquée.

11. L'école du Colibri (Drôme) ; La Ferme des enfants (Ardèche) ; L'école Living School (Paris) ; l'école Nicolas Hulot à Branféré (Morbihan).

12. Programme de l'école municipale Hermann Müller, près de Joinville, dans l'État de Santa Catarina, au sud du Brésil (http://escolahermannmuller.blogspot.com).

13. Gail Melson, *Les Animaux dans la vie des enfants*, Payot, 2009.

6. Moisson sauvage

1. Penseur et grand critique de la société industrielle et de son système scolaire comme de l'Église et de la médecine institutionnelle. La citation est tirée de *Nemesis médicale*, Seuil, 1975.

2. Les Yekuanas sont aujourd'hui environ quatre mille, répartis en une trentaine de villages le long des hauts affluents de l'Orénoque dans les confins sud du Venezuela. Cf. David Rosane, « Paradis d'oiseaux, réalités de demain », *Survival*, printemps 2000.

3. *J'ai rêvé chez les Yekuana*, chants sacrés et paysages sonores des Indiens Yekuanas enregistrés par David Rosane, Andines, 2000. David Rosane est aussi l'auteur d'un autre album sur le monde sonore des forêts de Yutajé, au sud du Venezuela. Cf. Frémeaux & Associés, info@fremeaux.com.

4. Desmond Morris en parlait déjà en 1969 dans *Zoo humain*, Grasset.

5. Voir les chapitres consacrés aux musiques humaines et animales dans Karine Lou Matignon, *Sans les animaux, le monde ne serait pas humain, op. cit.*

7. Pensées fertiles pour monde en détresse

1. Écrivain et agriculteur, Pierre Rabhi défend depuis longtemps un mode de vie, d'agriculture et de société respectueux des hommes et de la terre. Depuis 1981, il transmet sa pratique aux plus démunis, en France, en Europe et dans les pays arides d'Afrique, afin de redonner une autonomie alimentaire au plus grand nombre tout en protégeant la terre. Initiateur du Mouvement pour la Terre et l'humanisme, il est aussi expert international pour la sécurité alimentaire. Il a publié notamment *Graines de possibles* avec Nicolas Hulot, Livre de Poche, 2006, et *Du Sahara aux Cévennes*, Albin Michel, 2002.

2. Toutes les vingt minutes, un agriculteur quitte sa terre en Europe.

3. Cf. Philippe Desbrosses, *in* Nicolas Hulot, Karine Lou Matignon et le comité de veille de la fondation Nicolas Hulot (dir.), *L'Impasse alimentaire ?*, Fayard, 2005. Cf. aussi Marie-Dominique Robin, *Le Monde selon Monsanto*, La Découverte, 2008, et *Notre poison quotidien*, du même auteur chez le même éditeur, 2011.

4. Selon la Cornell University de New York.

5. « En Amérique, les produits chimiques agricoles tuent à peu près soixante-sept millions d'oiseaux chaque année » (Jane Goodall, entretien avec Frédéric Joignot, *Le Monde 2*, mars 2008).

6. Cf. Philippe Desbrosses, *in* Nicolas Hulot et Karine Lou Matignon, *L'Impasse alimentaire ?*, *op. cit.*
7. Source : Centre international de recherches forestières.
8. Selon Jane Goodall.
9. Jeremy Rifkin, *Au-delà du bœuf*, Plume, 1993.
10. Joan Safran Foer, *Faut-il manger les animaux ?*, L'Olivier, 2010 ; Charles Patterson, *Un éternel Treblinka*, Calmann-Lévy, 2008 ; Fabrice Nicolino, *Bidoche*, Les Liens qui libèrent, 2009.

II. BESTIAIRE

Introduction

1. Desmond Morris, *Des animaux et des hommes*, Calmann-Lévy, 1992.
2. *In* Karine Lou Matignon, *L'Animal objet d'expériences,* Anne Carrière, 1998.
3. Notamment selon les vœux de l'Église, qui interdira toute dissection sur les cadavres humains au profit des animaux, qui « n'ont pas d'âme ».
4. Donald Griffin, in *L'émergence de la conscience : de l'animal à l'homme*, Flammarion, 2010.
5. Charles Darwin a défini l'intelligence des animaux dans *L'Origine des espèces* (Flammarion, 2008) et dans *L'Expression des émotions chez l'homme et les animaux* (Rivages, 2001).
6. Cf. Karine Lou Matignon, *L'Animal objet d'expériences, op. cit.*
7. Cf. Charles Patterson, *Un éternel Treblinka*, *op. cit.*
8. Safran Foer Joan, *Faut-il manger les animaux ?*, *op. cit.*
9. Entretien avec Frédéric Joignot, art. cit.
10. Cf. Maurice Agulhon, « Le sang des bêtes. Le problème de la protection des animaux en France au XIXe siècle », in *Histoire vagabonde*, t. 1, Gallimard, 1988 ; Boris Cyrulnik (dir.).

1. Sujets sensibles

1. Que ce soit dans l'animisme, le totémisme, l'analogisme, le naturalisme ou l'humanisme.
2. Cf. Karine Lou Matignon, *Tigres*, EPA, 2004.
3. G. Chapouthier, F. Kaplan, *L'Homme, l'Animal et la Machine – Perpétuelles redéfinitions*, CNRS Éditions, 2011 ; *Les Droits de l'animal*, PUF, 1992.

4. Auteur entre autres d'un *Cantique des créatures*. On lui attribue la conversion d'un loup qui aurait terrorisé la population de la ville de Gubbio.

5. Jean-Louis Hue, magazine *Le Sauvage*, mars 1978.

2. Dans l'intimité des bêtes

1. *In* Karine Lou Matignon, *Sans les animaux, le monde ne serait pas humain*, *op. cit.*

2. Jean Malaurie, *Hummocks,* t. 1, Plon, coll. « Terre humaine », 1999.

3. Cf. Gustavo Catalán Deus, *El Mundo*, 26 février 2009.

4. Une tradition ancestrale du village de Pulau Tengah, dans la province de Jambi, à Sumatra.

5. Dès le début du XXe siècle, l'entomologiste français Jean Henri Fabre observait la nature et les animaux à la manière des éthologues actuels.

6. Cf. Karine Lou Matignon, *Sans les animaux, le monde ne serait pas humain*, *op. cit.*

3. Les animaux rendent les hommes intelligents

1. Vinciane Despret est l'auteur de nombreux essais, notamment : *Penser comme un rat*, Quae, 2009 ; *Bêtes et hommes*, Gallimard, 2007 ; *Hans, le cheval qui savait compter*, Les Empêcheurs de penser en rond, 2007.

2. Vinciane Despret, *La Danse du cratérope écaillé, naissance d'une théorie éthologique*, Les Empêcheurs de penser en rond, 1996.

3. Bertrand Russell, *Histoire de mes idées philosophiques*, Gallimard, 1961.

4. Les témoignages des femmes primatologues interrogées par Haraway présentent, à cet égard, une similitude intéressante ; elles décrivent une méfiance croissante par rapport aux catégories qui avaient constitué les grandes questions de la primatologie : passivité activité ; dominance subordination ; compétition coopération ; universalité particularités ; nature culture, etc. Si cette suspicion semble bien liée au fait d'être femme, la réponse ne doit pas s'arrêter là. Il ne s'agit pas d'une qualité « féminine » abstraite, ou généralisable.

5. Vicki Hearne, *Adam's Task, Calling Animals by Name*, New York, Knopf, 1986.

6. Donna Haraway, Routledge, 1989.

7. Chargée de recherches à l'INRA, Jocelyne Porcher est devenue l'une des meilleures spécialistes des relations entre l'homme et l'animal dans les

systèmes d'élevage. Cf. *Éleveurs et animaux, réinventer le lien*, PUF, 2002 ; *La mort n'est pas notre métier*, Éd. de l'Aube, 2003 ; *Une vie de cochon*, La Découverte, 2008. L'article de Jocelyne Porcher et Tiphaine Schmitt, « Les vaches collaborent-elles au travail ? Une question de sociologie » a paru dans la *Revue du* MAUSS, n° 35, premier semestre 2010.

4. Leçon d'altérité

1. Yves Christen a aussi été rédacteur en chef de la revue *La Recherche* et responsable de la rubrique scientifique du *Figaro Magazine*. Spécialiste de la maladie d'Alzheimer, il a mené des recherches en immunogénétique dans le laboratoire de Jean Dausset à l'hôpital Saint-Louis et en immunologie à l'Institut Pasteur, avant de se spécialiser dans le domaine des neurosciences. Il est l'un des membres fondateurs du Groupement de recherche et d'études pour la civilisation européenne (GRECE).

2. Yves Christen, *L'animal est-il une personne ?*, *op. cit.*

3. Il a rendu compte de cette incroyable expérience dans *Le Peuple léopard. Tugwaan et les siens*, Michelon, 2000.

4. Jean-Marie Schaeffer, *La Fin de l'exception humaine*, Gallimard, 2007.

5. The Gorilla Foundation/Koko. org. P. 0. Box 620530, Wood-side, CA9W62.

5. Sensibilités animales

1. Brigitte Piquetpellorce, *Hurler avec les chiens*, Anne Carrière, 1995.

2. Cité par Marc Bekoff, *Les Émotions des animaux*, *op. cit.*, « Les émotions chez le cheval ».

3. Résultats d'une étude internationale entre des chercheurs originaires d'Italie et des États-Unis publiée dans la revue *Current Biology*. « Pendant des années, on pensait que ces capacités étaient réservées aux humains, bien que partagées dans une certaine mesure avec les chimpanzés », déclare le professeur Pier Francesco Ferrari de l'Università degli Studi di Parma en Italie.

4. Frans de Waal, *Quand les singes prennent le thé*, Fayard, 2001.

5. Cité par Gail Melson.

6. *In* Karine Lou Matignon, *Émotions animales*, EPA Chêne, 2005.

7. *Ibid.*

8. Patrick Hof, du service de neurosciences de l'école de médecine du Mont-Sinaï, et Estel van der Gucht du Consortium de primatologie évolutive,

ont rendu compte de cette découverte en 2006 dans la revue *Anatomical Record*.

9. Marc Bekoff, *Les Émotions des animaux*, *op. cit.* ; *The Animal Manifesto*, New World Library, 2010. Cf. www.marcbekoff.com.

10. Cité par Marc Bekoff, *Les Émotions des animaux*, *op. cit.*

6. Des « machines » qui pleurent

1. Boris Cyrulnik (dir.), *Si les lions pouvaient parler*, *op. cit.*

2. Notamment le philosophe italien Giulio Cesare Vanini déjà cité.

3. Les ouvrages de Joan Safran Foer (*Faut-il tuer les animaux ?*, *op. cit.*) et Charles Paterson (*Un éternel Treblinka, op. cit.*) comme les rapports de comptes rendus de visites d'abattoirs de l'OABA sont remplis de cas de maltraitances de ce type et d'autres, plus horribles les uns que les autres. Voir aussi Jean-Luc Daub, *Ces bêtes qu'on abat. Journal d'un enquêteur dans les abattoirs français* (1993-2008), L'Harmattan, 2009.

4. En témoigne le travail remarquable de la zootechnicienne Jocelyne Porcher, déjà citée.

5. Entretien avec Frédéric Joignot, art. cit.

6. *Ibid.*

7. Élisabeth de Fontenay, *Le Silence des bêtes*, Fayard, 1998.

8. Cf. « Le sang des bêtes », art. cit., et *La Violence du monde rural en France au XIXe siècle* de Maurice Agulhon, cité par Boris Cyrulnik, *Si les lions pouvaient parler*, *op. cit.*

9. Cf. Alfred Kastler, Michel Damien, Jean-Claude Nouët, *Le Grand Massacre*, Fayard, 1981. Voir aussi les travaux de Jocelyne Porcher, déjà cités.

10. www.agrobiosciences.org/IMG/pdf/Integrale_CNMPP_Cochon_novembre_2009-2.pdf ; Philippe Desbrosses, *Guérir la terre*, ouvrage collectif, Albin Michel, 2010.

11. Lylian Le Goff est engagé depuis de nombreuses années dans la préservation de l'environnement et la prévention sanitaire.

12. Jacques Testart, *Le Désir du gène*, François Bourin, 1999.

13. Le Conseil des ministres européens de l'Agriculture a décidé en 2001 d'interdire ces stalles à truies gestantes à partir de 2006 pour les nouvelles installations et à partir de 2012 dans l'ensemble des élevages de l'Union européenne.

14. Ces fameuses « libertés » ont été ensuite reconnues par différents pays et sont à la base des « Principes sur le bien-être animal », établis par l'Organisation mondiale de la santé animale.

15. Cf. Rosamund Young, *The Secret Life of Cows*, Farming Books & Video, 2003, où l'on apprend que les vaches ont une vie mentale complexe, que l'on retrouve chez les cochons, chèvres et poules.

16. *Ibid.*

17. *National Post*, Toronto, 2002.

18. Jocelyne Porcher, *Éleveurs et animaux, réinventer le lien*, *op. cit.*

19. Konrad Lorenz, *Essai sur le comportement animal et humain*, Seuil, 1970.

20. Georges Chapouthier, *La Question animale*, Presses universitaires de Rennes, 2011.

21. Cité par Catherine David, Karine Lou Matignon, « Les animaux malades de l'homme », *Le Nouvel Observateur*, 25 novembre 1999.

22. *Ibid.*

23. C'est en 2007, aux États-Unis, qu'a été organisé le premier atelier destiné aux transporteurs d'animaux d'élevage, en présence des principaux représentants de l'industrie, afin que les bêtes soient mieux traitées et, selon l'agent de formation Harvey Wagner de Sask Pork, qu'elles soient vues « comme des individus ». À l'origine de ce programme canadien, l'action de l'Alberta Farm Animal Care.

24. Boris Cyrulnik (dir.), *Si les lions pouvaient parler*, *op. cit.*

25. Un distributeur suisse, Migros (http://www.migros.ch/fr/supermarche/labels-de-durabilite/msc.html), s'est engagé depuis des années contre la surpêche, n'hésitant pas à retirer de ses rayons des poissons en voie d'extinction ou fragilisés, et à privilégier des conditions d'élevage respectueuses des poissons et du milieu marin.

26. Le compte rendu de cette étude a paru dans la revue *Animal Behaviour* en 2009.

7. Élevage à la chaîne et abattage automatisé

1. Loi du 10 juillet 1976.

2. Le bien-être se définit alors comme une expérience subjective qui associe l'absence d'émotions négatives et la présence d'émotions positives.

3. Par exemple, l'étiquetage des méthodes d'élevage a eu une répercussion sur le choix des œufs. Le pourcentage des œufs provenant d'élevage en plein air est passé à 22 % en 2011.

4. Avec la révision générale des politiques publiques (RGPP), cette situation n'est pas près de s'améliorer compte tenu de la réduction du personnel administratif de contrôle.

5. Ainsi, l'OABA se voit confier de plus en plus d'animaux et consacre un

budget annuel de près de 200 000 euros, sans aide des pouvoirs publics ou des professionnels.

6. Un rapport de l'INRA de décembre 2009 dresse un tableau complet des pathologies des élevages industriels : www.inra.fr.

8. Offrandes animales et prières sacrées

1. Jacques Barrau, « Les hommes dans la nature », in « Histoire des mœurs », *Encyclopédie de la Pléiade*, Gallimard : 9-58.

2. Jean-Louis Flandrin, *Histoire de l'alimentation*, Fayard, 1996.

3. La boucherie – dont la première échoppe connue remonte à huit mille cinq cents ans, en Jordanie – était considérée comme un art par les Égyptiens deux mille ans av. J.-C., puis les Florentins à la Renaissance.

4. Boris Cyrulnik, *L'Ensorcellement du monde*, Odile Jacob, 2001.

5. Claude Fischler, *L'Homnivore*, Odile Jacob, 2001.

6. Jean-Louis Flandin, *ibid.*

7. Cf. « Faut-il tuer pour manger ? », *Nouvelles Clés*, n° 25.

9. La peur du sauvage

1. Robert Pogue Harrison cite David Attenborough, Collins, 1987, dans *Forêts*, Flammarion, 1992.

2. Cf. Boris Cyrulnik (dir.), *Si les lions pouvaient parler*, *op. cit.*

3. *Ibid.*

4. *In* Robert Pogue Harrison, *Forêts*, *op. cit.*

5. Cf. Michel Pastourau, *L'Ours, histoire d'un roi déchu*, Seuil, 2007 ; Christian Bernadac, *Le Premier Dieu*, Michel Lafon, 2000.

6. Jean-Pierre Raffin, *La Nature n'est plus ce qu'elle était*, éd. de L'Aube, 2002.

7. www.assofrani.org.

8. www.tendua.org.

9. Peter Matthiessen et Maurice Hornocker, *Tigres dans la neige*, Actes Sud, 2000.

10. Peter Beard, *The End of the Game*, Viking Press, 1965.

11. *Ibid.*

10. Un peu d'humilité

1. Dominique Leglu et Catherine Mallaval, *Libération*, 16 septembre 1997.
2. Stephen J. Gould, *La vie est belle*, Points Seuil, 2004.
3. Cf. Alan Weisman, *Homo disparitus*, Flammarion, 2007.
4. Robert Pogue Harrison, *Les Morts*, Le Pommier, 2003.

III. LA NATURE, SOURCE D'INSPIRATION

Introduction

1. Entretien avec Paule Lebrun, « Fritjof Capra : entre Newton et le tao », *Le Magazine du livre*, n° 33, 1988.
2. Sur les trois mille espèces végétales répertoriées comme possédant des propriétés anticancéreuses par l'Institut américain du cancer, 70 % proviendraient des forêts tropicales alors même que celles-ci disparaissent à un rythme effréné (dix-sept millions d'hectares par an selon l'Unesco). La moitié des produits actifs que nous utilisons en médecine humaine et vétérinaire et en phytopathologie proviennent des plantes et de quelques animaux.
3. Stephen Jay Gould, *Le Pouce du panda*, Grasset, 1996.
4. À lire de Maurice Genevoix, *Tendre bestiaire*, Presses Pocket, 1989 ; *La Forêt perdue*, Plon, 1967 ; *La Dernière Harde*, Flammarion, 1988.
5. Il est vénéré, protégé par un ensemble de tabous, notamment alimentaires dont la transgression entraîne, dit-on, de grands malheurs. Cf. Jiang Rong, *Le Totem du loup*, Bourin éditeur, 2008.
6. Si les manuels scolaires, les films, les bandes dessinées et les romans de la seconde moitié du XXe siècle représentent l'homme luttant contre la nature pour mieux la contrôler et marquer sa supériorité sur elle, la préservation de l'environnement et les dérives industrielles sont des thèmes majeurs de la science-fiction bien longtemps avant que la « protection de la nature » ne devienne une préoccupation du grand public. Dans *La Forêt de cristal* (1966), J. G. Ballard prophétise les dérèglements climatiques qui nous menacent aujourd'hui ; dans *Sécheresse* (1963) du même auteur, l'activité industrielle humaine a pour conséquence de recouvrir la surface des océans d'une pellicule grasse qui contrarie l'évaporation de l'eau et la formation de pluie – l'Europe se transforme alors progressivement en désert. Aujourd'hui,

les films du cinéaste américain Terrence Malick pointent la façon dont la civilisation humaine, en se détournant des bienfaits de la nature, s'est transformée en conquérante.

7. Edward Abbey, *Désert solitaire*, Payot, 1995.

8. Le langage des experts technologiques ne peut pas reconnaître la radicale nouveauté du sauvage : au contraire, il a précisément été façonné pour nier celle-ci. La littérature comme modèle de comportement écologique est évoquée par Neil Evernden dans la conclusion de son étude *The Social Creation of Nature*, Johns Hopkins University Press, 1992. Cf. Nathalie Blanc, chargée de recherches au CNRS, spécialisée dans les questions d'environnement et d'esthétique, qui a notamment dirigé avec Jacques Lolive le numéro de *Cosmopolitiques* intitulé « Esthétique et espace public », 2007.

1. Si la Terre m'était contée

1. Henri Gougaud, *Le Rire de la grenouille*, Carnets Nord, 2008.

2. *Ibid.*

3. *Ibid.*

2. Fraternités végétales

1. Ces jardins ont été institués en France par l'abbé Lemire, député-maire d'Hazebrouck, initiateur du repos hebdomadaire. À noter aussi qu'en 1902, en Grande-Bretagne, afin de combattre la violence et l'alcoolisme, Ebenezer Howard suggère un modèle de villes moyennes érigées aux portes des cités où les gens peuvent habiter dans des maisons individuelles entourées de nature.

2. Il a notamment réalisé le jardin du musée du Quai-Branly, le jardin d'orties de Melle (Deux-Sèvres), coréalisé le parc André-Citroën et écrit de nombreux et fabuleux ouvrages, dont *Thomas et le voyageur*, Albin Michel, 2011 ; *Le Salon des berces*, Nil, 2009 ; *Où en est l'herbe ? Réflexions sur le jardin planétaire*, avec Louisa Jones, Actes Sud, 2006 ; *Voyage au jardin planétaire, carnet de croquis*, avec Raymond Sarti, Spiralinthe, 1999 ; *Éloge des vagabondes*, Nil, 2002.

3. Les papillons des prairies ont régressé en France et en Angleterre de 50 % à 70 % entre 1990 et 2005 en raison de l'agriculture intensive et du réchauffement climatique qui réduit la variété florale et par conséquent leur source de nourriture.

4. Gilles Clément, *Thomas et le voyageur, op. cit.*

5. *Ibid.*

6. À Châtillon, dans l'Essonne, l'École de reconnaissance de la diversité en ville, aussi appelée « École du jardin planétaire », propose de combler les manques actuels par une formation appropriée. La biodiversité, les plantes et les animaux y sont au programme. Un jardin de la biodiversité a aussi été inauguré en juin 2010 à Viry-Châtillon. Cf : www.gillesclement.com ; http://www.leslacsdelessonne.fr/pdf/programmeJardin.

7. À lire de Serge Latouche, *Sortir de la société de consommation*, Les Liens qui libèrent/Actes Sud, 2010 ; *Vers une société d'abondance frugale. Contresens et controverses sur la décroissance*, Fayard/Mille et une nuits, 2011 ; *Manifeste d'économistes atterrés*, Les Liens qui libèrent, 2010.

3. De nature poétique

1. Kenneth White a publié une série de « conversations imaginaires » avec Whitman. Ses livres *La Figure du dehors* et *Le Plateau de l'Albatros* évoquent sa rencontre imaginaire avec Thoreau.

2. À lire, dans l'immense bibliographie de Kenneth White : *Les Cygnes sauvages,* Grasset, 1990 ; *La Maison des marées,* Albin Michel, 2005 ; *Le Rôdeur des confins,* Albin Michel, 2006 ; *Le Plateau de l'albatros : introduction à la géopoétique,* Grasset, 1994 ; *Le Visage du vent d'est*, Albin Michel, 1980, rééd. poche 2007.

3. Kenneth White est l'animateur de la revue *Cahiers de géopoétique,* et le fondateur de l'Institut international de géopoétique en 1989 (www.geopoetique.fr).

4. Kenneth White, *La Route bleue*, Grasset, 1983.

4. L'âme de la nature

1. Cf. Thierry Gaudin, *L'Avenir de l'esprit. Prospectives. Entretiens avec François L'Yvonnet*, Albin Michel, 2001 ; *Prospective des religions*, Ovadia, 2007.

2. Cité par Patrice van Eersel, *Le monde s'est-il créé tout seul ?,* Albin Michel, 2007.

3. Jean-François Revel, Matthieu Ricard, *Le Moine et le Philosophe*, Nil, 1997, Pocket, 1999.

4. Jean-Jacques Rousseau.

5. Charles Patterson, *Un éternel Treblinka*, *op. cit.*

6. Richard Layard, *Le Prix du bonheur. Leçons d'une science nouvelle*, Armand Colin, 2007. À consulter également : www.psychologie-positive.net.

7. Voir le remarquable livre et les photographies saisissantes de Didier Ruef, *Recycle*, Labor et Fides, 2011. Didier Ruef est un photographe suisse engagé en écologie dont le livre raconte les déchets produits par notre société de la surabondance.

5. Le biomimétisme : quand la nature inspire la science

1. Dans un entretien mené en 1988 par le sociologue et philosophe Didier Eribon (*De près et de loin*, Points Seuil, 1991), Claude Lévi-Strauss revient sur la publication de l'un de ses ouvrages fondateurs, *La Pensée sauvage* (Plon, 1962). Un ouvrage qui a permis de réhabiliter la pensée des peuples dits « primitifs » en montrant qu'il n'y avait aucun fossé qualitatif entre la leur et celle de nos sociétés.

2. Jeremy Rifkin, « La civilisation empathique », allocution citée.

3. Janine M. Benyus a fondé la société Biomimicry Guild (Montana, États-Unis), laquelle a dressé, en collaboration avec le groupe de recherche ZERI (Zero Emissions Research Initiatives), une liste de plus de deux mille exemples et solutions. Cf. son livre, *Biomimétisme. Quand la nature inspire des innovations durables*, Rue de l'Échiquier, 2011. À consulter aussi : http://www.biomimicry.org.

4. Janine Benyus, *Biomimétisme*, *op. cit.*

5. Boeing, General Electric, Procter & Gamble, Nike, Hewlett Packard, etc.

6. Xuefeng Gao et Lei Jiang, de l'Académie des sciences de Pékin, sont les deux chercheurs qui ont conduit cette dernière étude. Cf. *Nature*, 4 novembre 2004.

7. Voir aussi Agnès Guillot et Jean-Arcady Meyer, *La Bionique. Quand la science imite la nature*, Dunod, 2009.

8. Entretien avec Paule Lebrun, « Entre Newton et le tao », art. cit.

9. Il intègre la Fondation polaire internationale cofondée en 2002 par l'explorateur belge Alain Hubert, le climatologue André Berger et Hugo Decleir, président du Comité national belge de recherche en Antarctique et glaciologue à l'Université libre de Belgique.

10. Le Schumacher College a été fondé en 1991 à Totness, dans le Devon. Il s'agit d'un centre international qui dispense un enseignement autour de la vie durable et où l'on prépare une maîtrise en science holistique en partenariat avec l'université de Plymouth. De nombreuses personnalités très impliquées dans l'écologie telles Vandana Shiva, James Lovelock, David Abram,

Deepak Chopra ou Lynn Margulis sont venues y dispenser des cours et conduire des stages. Cf. www.schumachercollege.org.

11. L'ONG Biomimicry Europa a vu le jour en 2006, avec un bureau de consultants Greenloop. Cf. www.biomimicry.eu ; www.greenloop.eu ; www.biomimicry.net.

12. Dans l'Atacama, désert côtier du Chili.

13. Des bâtiments ont été conçus sur ce modèle en Australie et au Zimbabwe.

6. Pensée subtile et vagabonde

1. Aujourd'hui directeur de recherches au CNRS et directeur d'études à l'École des hautes études en sciences sociales, Jean Malaurie y dirige le Centre d'études arctiques. Depuis 1994, il est président de l'Académie polaire de Saint-Pétersbourg, qui forme les cadres supérieurs autochtones sibériens, et président du Fonds polaire Jean-Malaurie.

2. Novalis, *Fragments*, José Corti, 1992.

3. « Terre humaine » est une collection des éditions Plon, fondée en février 1954 par Jean Malaurie et inaugurée par son livre *Les Derniers Rois de Thulé*. Le deuxième ouvrage sera signé d'un inconnu à l'époque, Claude Lévi-Strauss : *Tristes tropiques* (1955).

4. Jean Malaurie, *Lettre à un jeune Inuit de l'an 2022*, CNRS éditions, 2011.

5. « Les mémoires du dernier grand explorateur de l'Arctique », *Le Monde diplomatique,* octobre 1999.

6. Jean Malaurie, *Terre Mère*, CNRS Éditions, 2008.

7. *Ibid.*

8. Jean Malaurie, *L'Allée des baleines*, Mille et une nuits, 2003.

9. « Les mémoires du dernier grand explorateur de l'Arctique », art. cit.

10. *Ibid.*

11. *Ibid.*

12. *Ibid.*

13. Jean Malaurie, *Terre Mère, op. cit.*

14. Jean Malaurie, *Uummaa. La prescience sauvage*, Plon, « Terre humaine », 2012.

15. Voir l'entretien avec Roberte Hamayon dans *Karine Lou Matignon, op. cit.* Directeur d'études à l'École pratique des hautes études, section des sciences religieuses, Roberte Hamayon a effectué de nombreuses missions en Bouriatie et Mongolie à l'époque du communisme. Elle a fondé en 1969 le Centre d'études mongoles, ainsi que la revue *Études mongoles et sibériennes*,

au sein du laboratoire d'ethnologie et de sociologie comparative de l'université de Paris X-Nanterre.

16. « Les mémoires du dernier grand explorateur de l'Arctique », art. cit.

17. Jean Malaurie, *Lettre à un jeune Inuit de l'an 2022*, *op. cit.*

18. « Les mémoires du dernier grand explorateur de l'Arctique », art. cit.

19. Jean Malaurie, *Terre Mère*, *op. cit.*

20. Jean Malaurie, *L'Allée des baleines*, *op. cit.*

IV. CHANGER LE MONDE

Introduction

1. « Chaque pas vers le progrès de l'agriculture capitaliste, chaque gain de fertilité à court terme, constitue en même temps un progrès dans la ruine des sources durables de cette fertilité. Plus un pays, les États-Unis du nord de l'Amérique par exemple, se développe sur la base de la grande industrie, plus ce procès de destruction s'accomplit rapidement. La production capitaliste ne développe donc la technique et la combinaison du procès de production sociale qu'en épuisant en même temps les deux sources d'où jaillit toute richesse : la terre et le travailleur » (Karl Marx, *Le Capital*, 1867).

2. Greenpeace vient alors de naître au Canada et avec eux une nouvelle forme d'activisme à une époque où l'environnement est encore loin de faire la une des journaux. Voir le documentaire *L'Aventure Greenpeace*, de Didier Lestrade, What's Up Films, 2011.

3. À lire : Christophe Noisette, Frederic Prat, Robert Ali Brac de la Perrière, *Des veilles citoyennes pour des choix technologiques éclairés*, Éd. Charles Léopold Mayer, 2011, www.infogm.org ; Marie-Dominique Robin, *Le Monde selon Monsanto*, *op. cit.*, www.reseau-etal.org.

4. International Media Support.

5. Philippe Descola, « À qui appartient la nature ? », 21 janvier 2008, www.laviedesidees.fr.

6. Doug a créé la ligne North Face, de vêtements et équipements de sport, et co-fondé la ligne Esprit ; Kris a dirigé la compagnie Patagonia.

7. Frank Zeller, « Pour sauver la nature, achetez-la ! », juillet-août 2005.

8. Pierre Jouventin, *Kamala*, Flammarion, 2012.

1. Face au pillage de l'Amazonie

1. L'association devrait lancer à partir de 2012 plusieurs projets :

– la réintroduction d'une quinzaine de singes-araignées à l'intérieur de la réserve nationale Pacaya Samiria pour renforcer les populations sauvages ;

– la création d'un centre d'interprétation de la forêt tropicale humide à Lagunas avec l'aide des populations indigènes pour montrer son fonctionnement et son importance ;

– l'installation d'une radio FM à l'intention des populations vivant à l'intérieur de la réserve et aussi dans la ville de Yurimaguas, plaque tournante d'un énorme trafic de la vie sauvage ;

– la création de sentiers pédagogiques dans quarante hectares de forêt pour la population locale et les touristes pour faire comprendre et observer la faune sauvage présente.

Ikamaperu a reçu notamment les soutiens de la Société d'encouragement pour la conservation des animaux sauvages (SECAS), de la Fondation Brigitte-Bardot, du musée d'Histoire naturelle de Paris et du zoo d'Apenheul en Hollande.

2. Artisanat, cinéma itinérant dans les communautés indigènes, sensibilisation dans les écoles, aide vétérinaire pour les animaux de ferme, ateliers sur les mesures d'hygiène préventive pour les parasitoses, ateliers de cuisine végétarienne et soutien scolaire.

3. Lâchées par leur gouvernement corrompu, promises à une mort lente, ces communautés ont décidé de porter plainte contre la firme la plus puissante au monde. Au bout de seize ans de procédure, la multinationale pourrait être condamnée à verser près de 20 milliards d'euros de dommages et intérêts. Un documentaire plus que nécessaire.

4. C'est en 1971 que l'Unesco a lancé le programme MAB (Man and Biosphere) conduisant entre autres à la réalisation d'un réseau mondial de zones protégées, les « réserves de la biosphère ». L'Union internationale pour la conservation de la nature et de ses ressources est un organisme international fondé peu après la seconde guerre mondiale, date à partir de laquelle la prise de conscience de l'écologie s'est réellement manifestée. L'UICN détermine donc et classe les aires protégées (parcs nationaux, réserves dédiées à la recherche scientifique comme en Antarctique, sites classés, etc.). Ces zones vont d'une superficie de dix kilomètres carrés à sept cent mille kilométres carrés (parc national du nord-est du Groenland).

5. Ces populations correspondent à une soixantaine d'ethnies en Amazonie péruvienne. Les plus importantes – les Awajuns, les Shipibos, les Ashaninka, les Matsiguengas – sont aujourd'hui organisées au plan politique.

2. Des éléphants sans défense

1. Lire à ce sujet l'enquête du journaliste, écrivain et auteur-compositeur Alex Shoumatoff, très investi sur les sujets de nature sauvage et diversité culturelle.

2. Selon l'ONG International Fund for Animal Welfare, qui enquête sur le commerce international des espèces de faune et de flore sauvages menacées d'extinction (CITES), trente-sept pays africains sont touchés par un braconnage qui entraîne la mort de près de cent éléphants par jour sur l'ensemble du continent !

3. Cette loi concerne en général la protection de la faune et de la flore.

4. Créé en 1963, ce parc couvre environ trois cent mille hectares dans la région du Salamat.

5. À signaler une excellente série de documentaires du réalisateur Phil Stebbing sur le commerce criminel des espèces en voie de disparition. Des petits braconniers aux puissants hommes d'affaires implantés à Londres, New York ou Hong Kong, l'enquête très fouillée décryptait les circuits de ces trafics juteux.

4. Génération de la réparation

1. À voir la série documentaire, *Les Orphelins du paradis*, plusieurs films contant le combat d'hommes et de femmes pour défendre la nature, les hommes et les animaux qui y vivent (One Planet, contact@oneplanet.fr).

2. Robert Hainard, *Recours à la nature sauvage*, Utopie, 2008.

3. Valentin Pajetnov, *Avec les ours*, *op. cit.* ; Catherine Garanger, *Dans la peau de l'ours*, film cité.

5. Le vivant manipulé

1. Hans Ruesch, *L'Impératrice nue ou la grande fraude médicale*, Mont Sion, 2004.

2. Jean-Pierre Dupuy, *Pour un catastrophisme éclairé*, Le Seuil, 2004.

3. Karine Lou Matignon, *L'Animal objet d'expériences*, *op. cit.*

4. Après l'ablation du thymus (dont la fonction est de rejeter tout corps étranger) de la souris, après une irradiation visant à détruire son système producteur de cellules sanguines et une greffe de moelle osseuse de rat, l'objectif était de créer une souris porteuse de sang humain.

5. David White, ancien directeur d'une société anglaise spécialisée dans les biotechnologies, Imutran, déclarait à l'époque : « Nous avons greffé les cœurs de dix porcs à autant de macaques. La survie moyenne a été de quarante jours, et deux animaux ont atteint 60 jours. Ces très bons résultats nous autorisent à penser que le rejet hyperaigu est vaincu et qu'il faut franchir la dernière étape : passer à l'expérimentation chez l'homme. »

6. En décembre 2007, la FDA, l'autorité américaine de sécurité alimentaire, a produit un rapport annonçant que la viande et les produits laitiers provenant de bétail, porcin et caprin, cloné étaient propres à la consommation. Mais trois mois plus tard, la Commission européenne a demandé à ses propres autorités de sécurité alimentaire de formuler une opinion. Elle s'est aussi tournée vers le Groupe européen d'éthique des sciences et des nouvelles technologies (GEE) afin d'obtenir un avis sur l'éthique même du clonage : « Étant donné le niveau actuel de maladies et de problèmes de santé des mères porteuses et des animaux clonés, le Groupe doute que le clonage d'animaux à des fins alimentaires soit justifié d'un point de vue éthique. (...)Des débats publics sur les thèmes suivants devraient être encouragés : l'impact du clonage d'animaux d'élevage sur l'agriculture et l'environnement, les effets de l'augmentation de la consommation de viande et de l'élevage de bovins sur la société ainsi que sur la distribution équitable des ressources alimentaires devraient être encouragés. »

7. Les scientifiques sont convaincus que les recherches portant sur les fœtus animaux et humains vont enfin offrir la possibilité de franchir la barrière des espèces dans les cas de transplantation d'organes animaux. Il suffirait pour cela de greffer des cellules animales sur l'organe malade du fœtus humain, par exemple un cœur ou un foie, de façon à ce que ce dernier induise une tolérance. Sitôt après la naissance du bébé, on pourrait alors greffer un foie ou un cœur d'animal sans risque de rejet.

8. Jacques Attali, « Humain, plus qu'humain », *L'Express*, 12 juin 2011.

9. Janine Benyus, *op. cit.*

ÉPILOGUE

1. En 2007, des chercheurs chinois du Centre de recherches sur la robotique et l'ingénierie de l'université de sciences et technologie du Shandong ont pu contrôler et orienter les mouvements directionnels d'un pigeon en implantant des micro-électrodes dans le cerveau d'un oiseau, reliées à un ordinateur. En 2010, ce sont les chercheurs de l'Institut central d'expérimen-

tation animale de Kawasaki qui ont génétiquement modifié des embryons de ouistiti en y incorporant un gène venant d'une méduse qui produit une protéine vert fluorescent, ce afin d'étudier certaines maladies humaines et tester des traitements en conséquence. Cette même année, des chercheurs de l'université d'Osaka au Japon ont donné naissance à une souris qui gazouille comme un oiseau : « Nous avons croisé des souris génétiquement modifiées sur plusieurs générations afin de voir ce qui allait se passer », a déclaré Arikuni Uchimura, le chef d'équipe.

2. Voir le documentaire *Into Eternity* de Michael Madsen (sorti en France en mai 2011), sur le projet Onkalo, premier site d'enfouissement de déchets nucléaires au monde situé en Finlande.

3. Peter Turrini, *La Chasse aux rats*, Actes Sud, 1998.

4. Gauthier Chapelle, préface au livre de Janine M. Benyus, *Biomimétisme*, *op. cit.*

Bibliographie

Abbey Edward, *Désert solitaire* (1971), Petite bibliothèque Payot, 2006.

Auffret Van Der Kemp Thierry, Nouët Jean-Claude (dir.), *Homme et animal : de la douleur à la cruauté*, L'Harmattan, 2008.

Beavan Colin, *No Impact Man*, 10/18, 2010.

Bekoff Marc, *Les Émotions des animaux*, Payot, 2009 ; *The Animal Manifesto* ; *Six Reasons for Expanding Our Compassion Footprint,* New World Library, 2010 ; *Encyclopedia of Animal Rights and Animal Welfare*, Greenwood, 2009 ; *Wild Justice. The Moral Lives of Animals*, avec Jessica Pierce, University of Chicago Press, 2009 ; *Encyclopedia of Human-Animal Relationships. A Global Exploration of Our Connections with Animals*, M. Bekoff (dir.), 4 vol., Greenwood Press, 2007.

Benyus Janine M., *Biomimétisme,* Rue de l'Échiquier, 2011.

Cannavo Richard, *La Connivence des lâches*, Seuil, 2001.

Chapouthier Georges, *Kant et le chimpanzé. Essai sur l'être humain, la morale et l'art*, Belin, 2009 ; *Humanité, animalité : quelles frontières ?,* J.-C. Nouët, G. Chapouthier (dir.), Connaissances et savoirs, 2006 ; *L'Homme, ce singe en mosaïque,* préface de Patrick Blandin, Odile Jacob, 2001 ; *La Question animale. Entre science, littérature et philosophie,* J.-P. Engélibert, L. Campos, C. Coquio, G. Chapouthier (dir.), Presses universitaires de Rennes / Espace Mendès France Poitiers, 2011.

Clément Gilles, *Thomas et le voyageur*, Albin Michel, 2011 ; *Une écologie humaniste,* avec Louisa Jones, Aubanel, 2006 ; *Le Jardin en mouvement. De la vallée au jardin planétaire,* Sens et Tonka, 1999 (rééd. augmentée).

Christen Yves, *Le Peuple léopard*, Michalon, 2000 ; *L'animal est-il une personne ?,* Flammarion, 2009 ; *Les Surdoués du monde animal*, Éd. du Rocher, 2009.

Condoret Ange, *L'Animal, compagnon de l'enfant*, Fleurus, 1973.

Cyrulnik Boris, *Mémoire de singe et paroles d'homme*, Hachette, 1983 ; *Sous le signe du lien, Hachette*, 1989 ; *Si les lions pouvaient parler. Essais sur la condition animale,* B. Cyrulnik (dir.), Gallimard, 1998.

Bartillat Laurent de, Retallack Simon, *Stop,* Seuil, 2003.

Gravelaine Joëlle de, *La Déesse sauvage, les divinités féminines,* Dangles, 1993.

Fontenay Élisabeth de, *Le Silence des bêtes. La philosophie à l'épreuve de l'animalité*, Fayard, 1998.

Desbrosses Philippe, *Guérir la terre*, P. Desbrosses (dir.), Albin Michel, 2010 ; *Nous redeviendrons paysans*, Alphée, 2007.

Despret Vinciane, *Penser comme un rat*, Quae, 2009 ; *Bêtes et hommes,* Gallimard, 2007 ; *Être bête,* avec Jocelyne Porcher, Actes Sud, 2007 ; *Hans, le cheval qui savait compter*, Les Empêcheurs de penser en rond, 2004 ; *Quand le loup habitera avec l'agneau,* Les Empêcheurs de penser en rond, 2002.

Waal Frans de, *L'Âge de l'empathie*, Les Liens qui libèrent, 2010.

Digard Jean-Pierre, *L'Homme et les animaux domestiques. Anthropologie d'une passion*, Fayard, 1990, rééd. 2009.

Ehrlich Gretel, *La Consolation des grands espaces*, Albin Michel, 1996.

Farrachi Armand, *Les poules préfèrent les cages. Quand la science et l'industrie nous font croire n'importe quoi*, Albin Michel, 2000 ; *Une semaine chez les ours*, Les Liens qui libèrent, 2010.

Fouts Roger, *L'École des chimpanzés*, J'ai Lu, 2000.

Gaudin Thierry, *2100. Récit du prochain siècle*, Payot, 1993 ; *L'Avenir de l'esprit,* entretiens avec François L'Yvonnet, Albin Michel, 2001 ; *Prospective des religions,* Ovadia, 2006.

Genevoix Maurice, *Bestiaire sans oubli*, Plon, 1971 ; *La Dernière*

Harde (1938), Garnier-Flammarion, 1988 ; *La Forêt perdue,* Plon, 1967.

Goodall Jane, *Nous sommes ce que nous mangeons*, Actes Sud, 2008 ; *Le Cri de l'espoir*, avec Phillip Berman, Stanké, 2000.

Goldsmith Edward, *Le Défi du* XXI*e siècle. Une vision écologique du monde*, Éd. du Rocher, 2002.

Gouraud Jean-Louis, *Célébration du cheval, les plus beaux textes et poèmes*, Le Cherche Midi, 1995 *;* *Serko*, Éd. du Rocher, 2006.

Griffin Donald, *La Pensée animale,* Denoël, 1988.

Hawken Paul, *L'Écologie de marché. Ou l'économie quand tout le monde gagne,* Souffle d'or, 1997 ; *Le Capitalisme propre. La pensée écologiste à l'origine de la révolution économique moderne*, Scali, 2008.

Krakauer Jon, *Into the Wild. Voyage au bout de la solitude*, Presses de la Cité, 2008.

Gougaud Henri, *Le Rire de la grenouille*, Carnets Nord, 2008 ; *Les Sept Plumes de l'aigle*, Seuil, 1995 ; *L'Arbre à soleils. Légendes du monde entier*, Seuil, 1979.

Giono Jean, *Que ma joie demeure* et *Le Serpent d'étoiles*, Grasset, 2011.

Hamayon Roberte, *La Chasse à l'âme. Esquisse d'une théorie du chamanisme sibérien,* Société d'ethnologie, 1990.

Harrison Robert Pogue, *Forêts. Essai sur l'imaginaire occidental*, Flammarion, 1992.

Jeangène Vilmer Jean-Baptiste, *L'Éthique animale*, PUF, 2011 ; Anthologie d'éthique animale. Apologies des bêtes, PUF, 2011.

Jouventin Pierre, *Kamala, une louve dans ma famille*, Flammarion, 2012 ; *La Raison des plus forts*, P. Jouventin (dir.), Radicaux libres, 2010 ; *Les Confessions d'un primate*, Belin, 2001.

Latouche Serge, *Vers une société d'abondance frugale. Contresens et controverses sur la décroissance*, Fayard/Mille et une nuits, 2011.

Lorenz Konrad, *Essai sur le comportement animal et humain*, Seuil, 1970 ; *Les Oies cendrées*, Albin Michel, 1989.

Malaurie Jean, *Les Derniers Rois de Thulé. Avec les Esquimaux polaires, face à leur destin,* Plon, Terre Humaine, 1989 ; *Ultima Thulé. De la découverte à l'invasion,* Éd. du Chêne, 2000 ;

Hummocks, 2 vol., Plon, Terre Humaine, 1999 ; *L'Allée des baleines*, Mille et une nuits, 2008.

Marshall Thomas Elizabeth, *La Vie secrète des chiens. Un anthropologue en pays canin*, Robert Laffont, 1995.

Matthiessen Peter, *Tigres dans la neige*, Actes Sud, 2000.

Melson Gail, *Les Animaux dans la vie des enfants*, Payot, 2009.

Méry Fernand, *Les bêtes aussi ont leurs langages,* Presses Pocket, 1971.

Michéa Jean-Claude, *L'Enseignement de l'ignorance et ses conditions modernes,* Climats, 1999.

Montagner Hubert, *L'Animal et l'Enfant*, Odile Jacob, 2002 ; *L'enfant, l'animal et l'école*, Bayard / AFIRAC, 1995.

Morris Desmond, *Des animaux et des hommes*, Calmann-Lévy, 1992.

Moussaieff Masson Jeffrey, *Le Cochon qui chantait à la lune. Le monde émotionnel des animaux de ferme,* One Voice, 2010 ; *Quand les éléphants pleurent. La vie émotionnelle des animaux,* avec Susan McCarty, Albin Michel, 1997.

Navet Eric, *L'Occident barbare et le philosophe sauvage*, Homnisphères, 2007.

Nicolino Fabrice, *Bidoche. L'industrie de la viande menace le monde*, Les Liens qui libèrent, 2009, rééd. Babel, 2010.

Narby Jeremy, *Intelligence dans la nature*, Buchet-Chastel, 2005.

Pajetnov Valentin, *Avec les ours*, Actes Sud, 1998.

Pelt Jean-Marie, *La Solidarité chez les plantes, les animaux, les humains*, Fayard, 2004 ; *Les Dons précieux de la nature*, Fayard 2010.

Patterson Charles, *Un éternel Treblinka*, Calmann-Lévy, 2008.

Pearce Fred, *Les Tribulations d'un consommateur ordinaire qui se prenait pour un écolo exemplaire. Voyage aux origines de mes objets quotidiens*, La Martinière, 2011.

Perriot Florence, *Michel Pageau, trappeur. J'ai entendu pleurer la forêt*, Seuil, 2008.

Porcher Jocelyne, *Éleveurs et animaux, réinventer le lien*, PUF, 2002 ; *La mort n'est pas notre métier,* Éd. de l'Aube, 2003 ; *Une vie de cochon*, avec Christine Tribondeau, La Découverte, 2008.

Pinkola Estés Clarissa, *Femmes qui courent avec les loups. Histoires et mythes de l'archétype de la femme sauvage*, Grasset, 1996.

Ravages, n° 3, Adieu bel animal, Descartes et Cie, automne 2009.

Rabhi Pierre, *Parole de Terre. Une initiation africaine*, Albin Michel, 1996 ; *Écologie et spiritualité,* collectif, Albin Michel, 2006 ; *Vers la sobriété heureuse,* Actes Sud, 2010.

Ross Samuel, *The Extrardinary Spirit of Green Chimneys,* Purdue University Press, Indiana, 2011.

Ricard Matthieu, *Le Moine et le Philosophe*, avec Jean-François Revel, Pocket, 1999 ; *Chemins spirituels*, Nil, 2010 ; *Un voyage immobile*, La Martinière, 2010.

Rifkin Jeremy, *Une nouvelle conscience pour un monde en crise*, Les Liens qui libèrent, 2011.

Safran Foer Joan, *Faut-il manger les animaux ?*, L'Olivier, 2010.

Thoreau Henry David, *Walden ou la vie dans les bois*, Gallimard, 1990.

Tesson Sylvain, *Dans les forêts de Sibérie*, Gallimard, 2011.

van Eersel Patrice, *Le Cinquième Rêve*, Grasset, 1997 ; *Le Cercle des anciens*, avec Alain Grosrey, Albin Michel, 1998.

White Kenneth, *La Route bleue*, Grasset 1983 ; *Les Cygnes sauvages*, Grasset, 1990 ; *Le Rôdeur des confins*, Albin Michel 2006 ; *La Maison des marées*, traduit de l'anglais par Marie-Claude White, Albin Michel, 2005 ; *Le Plateau de l'albatros. Introduction à la géopoétique*, Grasset, 1994.

Vialles Noélie, *Le Sang et la Chair*, Éd. de la Maison des sciences de l'homme, 1987.

http://www.planetoscope.com : un site où défilent en temps réel des milliers de données statistiques environnementales thématisées, du nombre d'hectares de forêts détruits chaque heure à celui des animaux tués sur les routes.

Table

III. La nature, source d'inspiration

IV. Changer le monde

Remerciements

Mes remerciements les plus sincères, ma reconnaissance et mon affection vont à tous ceux qui ont éclairé et partagé ce périple par leur humanité, leur rigueur, leur patience, leurs connaissances et suggestions.

Un hommage particulier à mes filles ainsi qu'à mon éditeur et à sa vaillante équipe pour leur implication et leur soutien.

DU MÊME AUTEUR

Émotions animales, beau livre, EPA/Chêne, 2005.

Et pour vivre, on fait comment ?, roman, Fayard, 2005.

L'Impasse alimentaire ?, essai, avec Nicolas Hulot et le Comité de veille, Fayard, 2004.

Deux frères, roman adapté du film de Jean-Jacques Annaud, Hachette Jeunesse, 2004.

Tigres, beau livre, EPA/Chêne, 2004.

La Fabuleuse Aventure des hommes et des animaux avec Frédéric Fougea et Boris Cyrulnik, Chêne, 2001.

Sans les animaux, le monde ne serait pas humain, prix « 30 Millions d'amis », préface de Boris Cyrulnik, Albin Michel, 2000, Poche, 2003.

La Plus Belle Histoire des animaux, avec Pascal Picq, Jean-Pierre Digard et Boris Cyrulnik, Seuil, 2000.

L'Animal, objet d'expériences, entre l'éthique et la santé publique, Anne Carrière, 1998.

À paraître à l'automne 2012

Enfant et animal, des liens en partage, La Martinière, 2012.

La Plus Belle Histoire de la naissance, avec Jacques Gélis, René Frydman, Henri Atlan, Robert Laffont, 2012.

DANS LA MÊME COLLECTION

Entretiens/Clés

Votre cerveau n'a pas fini de vous étonner
avec Boris Cyrulnik, Pierre Bustany, Jean-Michel Oughourdian, Christophe André, Thierry Jansen et Patrice van Eersel

Le monde s'est-il créé tout seul ?
Trinh Xuan Thuan, Ilya Prigogine, Albert Jacquard, Joël de Rosnay, Jean-Marie Pelt, Henri Atlan et Patrice van Eersel

J'ai mal à mes ancêtres !
La psychogénéalogie aujourd'hui
Catherine Maillard et Patrice van Eersel

L'Avenir de l'esprit
Thierry Gaudin et François L'Yvonnet

Et le divin dans tout ça ?
Jean E. Charon et Erik Pigani

Quelle langue parlaient nos ancêtres préhistoriques ?
Marcel Locquin et Vahé Zartarian

Enquête sur la réincarnation
M. Ricard, A. Steinsaltz, M. de Gandillac, J.-Y. Leloup

Amour, sexe et spiritualité
Ouvrage collectif

La nature nous sauvera
Réponses préhistoriques aux problèmes d'aujourd'hui
François Couplan et Patrice van Eersel

Oui, nous pouvons nous transformer
Arnaud Desjardins et Jean-Louis Cianni

Donner du sens à sa vie
40 entretiens sous la dir. de Marc de Smedt
et Patrice van Eersel

Essais/Clés

La mort n'est pas une terre étrangère
Stéphane Allix

Retour à l'émerveillement
Bertrand Vergely

Ce héros qui est en chacun de nous
Laureline Amanieux

La Mutation du futur
Colloque de Tokyo

Le Cercle de vie
Initiation chamanique d'une psychothérapeute
Maud Séjournant

Le Rire du sacré
Jean-Claude Marol

Réapprivoiser la mort
et *Mettre au monde. Enquête sur les mystères de la naissance*
Patrice van Eersel

Le Cercle des Anciens
Patrice van Eersel/Alain Grosrey

Qui croyez-vous être ?
Dr Carlos Walter

Le Grand Livre des rêves
Roger Ripert, Sylvain Michelet, Nicolas Maillard

Le Chemin des neuf mondes
et *Kogis. Le réveil d'une civilisation précolombienne*
Éric Julien

Chamanes au fil du temps
Jeremy Narby et Francis Huxley

Les Cévennes, rêve planétaire
Marie-Joséphine Grojean

L'homme qui a tué mon frère
Brigitte Sifaoui

Le Grand Roman des bactéries
Martine Castello et Vahé Zartarian

Une boussole pour la vie
Les nouveaux rites de passage
Fabrice Hervieu-Wane

Composition : IGS-CP
Impression : Imprimerie Floch, mai 2012
Éditions Albin Michel
22, rue Huyghens, 75014 Paris
www.albin-michel.fr

ISBN : 978-2-226-24078-1
N° d'édition : 19118/01 – N° d'impression : 82504
Dépôt légal : juin 2012
Imprimé en France.